KB268001

내부통제 평가와 적발감사 실무 [개정판]

통계기법을 이용한 적발감사 실무

Detective Inspection

통계기법을 이용한 적발감사 실무

내부통제 평가와 적발감사 실무[개정판]

초 판 인쇄 2014년 5월 16일
개정판 발행 2017년 6월 23일

지 은 이 박 태 수
펴 낸 이 손 형 국
펴 낸 곳 ㈜북랩
편 집 인 선일영 　　　　　**편 집** 이종무, 권혁신, 송재병, 최예은, 이소현, 김한결
디 자 인 이현수, 이정아, 김민하, 한수희 　　**제 작** 박기성, 황동현, 구성우
마 케 팅 김회란, 박진관
출판등록 2004. 12. 1(제2012-000051호)
주　　소 서울시 금천구 가산디지털 1로 168, 우림라이온스밸리 B동 B113, 114호
홈페이지 www.book.co.kr
전화번호 (02)2026-5777 　　　　　**팩 스** (02)2026-5747
ISBN 　　979-11-5987-641-7 13320(종이책)　979-11-5987-642-4 15320(전자책)

잘못된 책은 구입한 곳에서 교환해드립니다.
이 책은 저작권법에 따라 보호받는 저작물이므로 무단 전재와 복제를 금합니다.

이 도서의 국립중앙도서관 출판예정도서목록(CIP)은 서지정보유통지원시스템 홈페이지(http://seoji.nl.go.kr)와
국가자료공동목록시스템(http://www.nl.go.kr/kolisnet)에서 이용하실 수 있습니다.
(CIP제어번호 : CIP2017014386)

(주)북랩 성공출판의 파트너

북랩 홈페이지와 패밀리 사이트에서 다양한 출판 솔루션을 만나 보세요!
홈페이지 book.co.kr　•　**블로그** blog.naver.com/essaybook　•　**원고모집** book@book.co.kr

이 책을
김순희에게 드립니다.

통계기법을 이용한 적발감사 실무

내부통제 평가와 적발감사 실무

박 태 수 지음

[개정판]

book Lab

공인회계사에 의해 수행되는 외부회계감사는 공공재이다. 의사는 환자만을 위해 치료하고 변호사는 의뢰인을 위해서만 변호한다. 그러나 회계사는 자본주의 시장의 핵심인 회사의 재무제표에 대한 평가를 수행하여 의뢰인인 회사뿐만 아니라 투자자, 금융기관, 근로자, 정부기관 등 공공의 필요를 위해 용역을 수행한다.

외부회계감사는 우리 사회의 유한한 자원의 효율적인 사용을 위해 재무제표에 대한 공정한 평가를 수행한다. 이러한 평가는 우리 사회의 모든 구성원에게 중요한 정보를 제공하며, 해당 회사의 재무적 측면 및 내부통제의 측면에서 회사의 체질을 강화시켜 준다.

현재의 외부회계감사제도는 회계법인 간의 과당경쟁을 심각하게 유발하여 회계감사에 적정한 시간을 투입되는 것을 막는다. 회계감사의 품질을 높이기 위해서는 충분한 시간을 투입할 수 있는 외부회계감사제도의 변화가 필요하며 아울러 회계사들의 회계감사 기법 개발에도 적극적인 모색과 탐구가 필요하다. 더구나 매스미디어에 자주 등장하는 오류와 부정에 의한 사건, 사고가 많이 발생하는 요즘에는 더욱 그러하다.

이러한 때에 『내부통제 평가와 적발감사 실무』는 우리 사회의 오류와 부정을 막는 데 일조할 것이다. 본서는 조직의 내부통제제도에 대하여 각 주요 사이클별로 검토했으며, 그 유용성과 한계에 대해서도 잘 설명했다. 또한 통계를 사용하여 적발감사의 과학적 근거를 높여 준 점이 특기할 만하며 많은 사례를 들어 이해를 쉽게 한 점이 뛰어나다고 할 수 있다.

본서는 조직에서 발생하는 거래에 대한 정보의 비대칭을 감소시켜 조직에서 발생하는 오류와 부정을 모두는 아니어도 상당 부분 감소시킬 것이다. 본서를 저술함으로써 본 회계법인의 기본역량을 업그레이드해준 것에 대해 감사의 말씀을 드리며 회계사뿐만 아니라 일반 독자에게도 일독을 권할 것을 감히 추천한다.

삼덕회계법인 대표이사 공인회계사 **장 영 철**

우리나라는 이제 경제력 면에서 세계 10위권의 선진 경제권에 접어들었음은 물론이고 스포츠와 한류 문화에 이르기까지 여러 면에서 우리의 높아진 위상을 확인할 수 있는 실정이다. 이제 과거 다른 선진 문화를 배우던 나라에서 남을 가르쳐주거나 선도하는 자랑스러운 국가로 탈바꿈한 것이다.

그럼에도 불구하고 우리나라는 아직 선진사회라고 내세우기에는 떳떳하지 못한 분야가 잔존하고 있음을 매우 안타깝게 생각한다. OECD 국가 중 가장 높다는 자살률이 그러하고, 아시아 여러 나라 중에서 최하위권에 속한다는 국가 부패지수가 그러하다.

다 아는 바와 같이 부패지수는 공정하고 투명한 사회 질서의 확립을 통해 국가의 경쟁력과 브랜드 이미지를 좌우하는 핵심지표이고, 따라서 글로벌 경제 시대를 살아가는 오늘날에는 투명한 사회는 선택사항이 아니라 필수적으로 갖추어야 할 기본 요소라고 볼 수 있다.

이러한 때에 본서는 우리 사회의 투명성을 확보해 나가는 데 꼭 필요한 참고서적이 아닐까 한다. 책의 내용도 인류 사회가 시장 경제를 통한 경제 활동을 활발하게 하면서 이러한 경제 활동을 체계적으로 기록하는 회계의 발전사를 알기 쉽게 설명하였고, 영리조직이든 비영리조직이든 필요한 재무제표의 생성 과정에 대해서도 알기 쉽게 설명하였다.

본서는 대학의 학부 과정뿐만 아니라 경영층에서도 필독서로 일독할 가치가 충분하다고 생각되며, 특히 공공기관의 감사실에 근무하는 사람들에게는 반드시 정독하여야 할 하나의 지침서가 될 것으로 생각하여 감히 추천의 글을 올린다.

전 행정자치부 장관 오 영 교

개정판에 부침

2014년 책이 나온 이후 독자들의 꾸준한 관심에 힘입어 개정판을 출간하게 되었다. 개정판을 출간하게 용기를 준 독자들에게 깊은 감사를 드리며 개정판에 보완된 사항은 다음과 같다.

첫째, 투명성을 강조하기 위하여 후반부에 있던 도덕적 해이에 대한 부분을 그 내용을 보완하여 책의 전반부로 재배치함으로써 각국의 청렴도와 국민소득에 대한 상관관계를 구하였다. 청렴도와 국민소득은 매우 높은 상관관계가 있는 것으로 파악되었다. 기업이나 비영리조직의 경우에도 청렴도는 조직의 성과를 좌우하는 매우 중요한 요소라고 할 수 있으며, 이는 내부통제의 근본 목적인 투명성의 제고에 대한 독자의 관심을 충분히 받을 것으로 생각된다.

둘째, 오늘날의 IT 전산환경하에서의 IT 감사 목적은 IT 시스템의 적절성과 효과성, 급여시스템 또는 재무회계 시스템과 같은 특정시스템의 운영절차, 시스템의 보안에 대한 성과, 시스템 개발프로세스와 절차 등에 대한 평가를 목표로 하고 있다. 그러나 본서는 IT 전산환경하에서 회계 관련 내부통제 평가와 오류, 부정에 대한 적발 분야에만 집중하였으며 개정판에서 더 강조하였다. 또한 인공지능(AI)에 의한 데이터회계 감사가 화두로 제시되고 있는 미래 상황에서도 오류와 부정에 대한 본서의 통계적 접근 방법은 그 의의가 더 크다고 할 수 있다.

셋째, 2016년 9월부터 적용되는 부정청탁금지법에 대한 접근법과 국민권익위원회의 사례를 부록에 수록하였다. 제도가 아직 정착되지 않아 많은 혼란을 주고 있지만, 시간이 지나 부정청탁금지법이 정착된다면 동 법은 우리 사회의 투명성 제고에 큰 계기가 될 것이다.

넷째, 많은 연구에서는 내부통제제도가 조직만을 위해서 설계되고 운영되는 것으로 설명되었으나 내부통제제도의 본질은 조직에 속한 개인의 보호를 통하여 조직의 발전을 이루도록 설계되고 운영되어야 함을 설명하였다.

마지막으로 외부감사 관련 규정의 개정내용 반영과 초판에 불비했던 오자 그리고 도표의 내용을 일부 수정하였으며, 책의 내용 중 독자들이 이용할 수 있는 양식 등은 관련 카페(내부통제평가와 적발감사, http://cafe.naver.com/inspection777)에 올려놓았고, 앞으로도 자료는 계속 카페에 올릴 예정이다.

어떤 조직에서든 내부통제제도가 매우 중요한 분야임에도 불구하고 아직 그에 대한 전문적인 연구는 아직 미흡한 상태이다. 본서가 그러한 미흡한 분야를 발전시키는 데 조금이나마 기여하였으면 하는 바람을 가져본다.

2017년 6월
견지동에서 박 태 수

✽ 부패지수는 관리되어야 함

한 연구보고서에 의하면 부패가 1단위 줄어들면, 1인당 국내총생산(GDP)이 2.64% 상승한다는 연구결과가 있다. 2013년 기준으로 싱가포르의 부패지수는 1.3, 한국은 6.98이므로 만일 싱가포르 정도로 깨끗해진다면 우리나라는 2.64%×5.68=14.99%의 국내총생산 증가를 가져올 수 있다는 것이다.[1] 상식적으로 부패가 심각한 나라는 공정경쟁 기회가 적고, 경영 리스크가 높은 것으로 인식되어 외자 유치에도 마이너스 요소로 작용할 수밖에 없기 때문일 것이다. 그러므로 부정에 의한 부패는 반드시 철저하게 관리되어야 한다. 다행스러운 점은 부정청탁 및 금품 등 수수의 금지에 관한 법률(일명 '김영란법')이 2016.9.28.부터 시행된다는 점이다. 이 법은 우리 사회가 좀 더 투명해지는 데 일조할 것으로 기대된다.

✽ 선악과(善惡果)에의 손쉬운 접근이 화근

부정(不淨)과 오류(誤謬)의 첫 발생은 성경에 따르면 최초 인류인 아담과 이브로 거슬러 올라간다. 에덴동산에서 모든 과실은 다 먹을 수 있으되, 선악과(善惡果)는 따 먹지 말라는 조물주의 명을 어기고 아담과 이브는 금단의 열매를 따 먹어 후손들의 인생을 고해(苦海)로 만들었다. 선악과 옆에 접근하지 못하게 철조망을 이중, 삼중으로 설치하였더라면, 그래서 선악과를 따먹을 수 없었더라면 인류는 에덴동산에서 잘살고 있지 않았을까 하는 실없는 생각을 해본다. 성경의 창세기에는 선악과 따먹는 장면을 다음과 같이 묘사하고 있다.

야훼 하느님께서 만드신 들짐승 가운데 제일 간교한 것이 뱀이었다. 그 뱀이 여자에게 물었다. "하느님이 너희더러 이 동산에 있는 나무 열매는 하나도 따먹지 말라고 하셨다는데 정말이냐?" 여자가 뱀에게 대답하였다. "아니다. 하느님께서는 이 동산에 있는 나무 열매는 무엇이든지 마음대로 따먹되, 죽지 않으려거든 이 동산 한가운데 있는 나무 열매만은 따 먹지도 말고 만지지도 말라고 하셨다." 그러자 뱀이 여자를 꾀었다. "절대로 죽지 않는다. 그 나무 열매를 따 먹기만 하면 너희의 눈이 밝아져서 하느님처럼 선과 악을 알게 될 줄을 하느님이 아시고 그렇게 말씀하신 것이다." 여자가 그 나무를 쳐다보니 과연 먹음직하고, 보기에 탐스러울뿐더러 사람을 영리하게 해줄 것 같아서, 그 열매를 따 먹고 같이 사는 남편에게도 따주었다. 남편도 받아먹었다. ……후략……

위의 짧은 문장 안에는 부정과 오류가 발생하는 과정이 아주 적나라하게 표현되어 있다. 먼저 뱀의 유혹이 있었으며, 먹기만 하면 하느님처럼 될 수 있을 것 같았고(부정의 동기), 쳐다보

---

[1] 자세한 내용은 본서 제12장 참조.

니 먹음직스럽고 영리하게 해줄 것 같아서(부정의 합리화) 금단의 열매에 손을 뻗치게 된다(부정의 기회). 그러나 그 반대급부는 참혹하게도 에덴동산에서의 내쫓김이었다.

이러한 부정과 오류는 오늘날 우리가 사는 세상에도 어김없이 발생하고 있다. 영리조직이든 비영리조직이든 오류와 부정에 의한 뉴스가 매스컴에 심심치 않게 등장하고 있다. 오류와 부정을 막기 위하여 모든 조직은 내부통제제도를 갖추고 있다. 조직을 구성함에 있어서 중요한 것은 조직의 목표에 맞는 형태를 선택함과 아울러 사람에 대한 가정이 필요하다. 아무리 좋은 조직을 만들었다고 하여도 그 조직을 운영하는 사람이 어떤 사람인가에 따라 조직의 성과는 최상부터 최하까지 천차만별로 나타날 것이다.

여기서 경영학의 가장 전통적인 이론 중의 하나인 더글라스 M. 맥그리거의 사람에 대한 X이론과 Y이론이 나온다. X이론은 사람을 게으르고 책임지기 싫어하며 부도덕한 것으로 정의한다. 그러나 Y이론에 따르면 사람을 성실하고 자기 책임을 감당하며 정직한 것으로 정의한다. 오늘날과 같이 조직을 둘러싼 경영환경이 예측불허로 바뀌는 상황에서는 수동적 인간을 가정한 X이론보다는 능동적 인간을 가정한 Y이론이 글로벌 경쟁환경 상황에서는 더 타당하며 이상적(理想的)이라고 생각된다. 그러나 앞에서 언급했던 창세기의 '선악과 사건'처럼 사람은 유혹에 취약한바, 그에 대한 대책이 필요하다.

✽ 유입이 유출보다 커야 생존함

조직은 목표를 달성하기 위해 조직 내부에 프로세스를 구축하고 그 프로세스를 지원할 시스템을 구성한다. 모든 조직에는 예외 없이 크게 2개의 흐름을 갖고 있다. 조직 외부에서 조직 내부로 흐르는 가치의 유입 흐름인 수입(A)과 조직 내부에서 조직 외부로 유출되는 비용의 지출(B)이 있다. A가 B보다 커야 조직이 생존할 수 있다. 따라서 모든 조직은 A를 크게 하기 위하여 기술을 개발하고 신제품과 새로운 서비스를 만든다.

기술혁신이 여의치 않을 경우 B를 A보다 작게 하기 위하여 비용절감을 고민한다. A가 우세한 기업은 성공하는 기업이며, B가 과다한 기업은 쇠퇴하는 기업일 것이다. 본서의 핵심 주장인 기업거래(존속)방정식인 A〉=B, 즉 회사로의 유입가치는 회사 외부로의 유출가치보다 더 커야 한다는 것은 많은 기업과 조직, 나아가 개인에게 있어서도 자명한 사실이다.

✽ 기업존속방정식은 오류와 부정에 의해 깨질 수 있음

기업의 정당한 수많은 노력에도 불구하고 기업존속방정식은 깨질 수 있지만, 예외적으로 기업 구성원 일부의 오류와 부정에 의하여서도 훼손될 수 있다. 많은 기업과 조직은 상당히 높은 도덕적 태도를 갖게끔 조직문화를 유지하고 있어 아무런 문제가 없지만, 일부 소수 구성원의 경우에는 도덕적 해이에 의한 부정에 빠지거나 실수에 의한 오류를 범할 수 있다.

그리고 오류와 부정이 소수라 하여도 그러한 오류와 부정이 조기에 발견되지 않고 수정되지 않는다면 이러한 오류와 부정은 조직에 큰 위험이 될 수 있다. 세월호 참사가 그 단적인 예이다. 아주 오랜 옛날부터 대부분의 조직에서는 오류와 부정을 방지하기 위하여 많은 제도와 인력을 배치하고 이를 방지하기 위하여 내부감독기관과 내부통제제도를 두고 상시 모니터링을 하고 있다.

그러나 오류와 부정직에 의한 손실의 발생은 끊임이 없다. 국내의 경우 은행에서 발생한 횡령 사건, 국내 굴지의 대기업에서 발생한 사건, 지방정부기관에서 발생한 횡령 사건 등 끊임없이 미디어에 오르내리고 있다. 세계적으로는 미국의 엔론 및 월드컴의 회계부정사건, 인도의 새티암 회계부정사건 등 세계 곳곳에서 크고 작은 회계 부정사건 및 횡령 사건 등이 발생하고 있다.

♣ 통계를 이용하여 비정상적인 거래를 파악

본서는 오류와 부정의 방지에 대하여 답을 찾아보고자 한다. 부정직한 사건이 발행하는 원인에 대하여 비록 사람에 대한 가정은 맥그리거의 Y이론이 타당한 것처럼 보이기는 하지만, 앞의 에덴동산에서의 사건처럼 사람은 상황에 따라, 또 어떤 경우에는 취약한 내부통제제도에 기인하여 그런 사건이 발생할 수 있다. 이렇게 조직 내에 오류와 부정이 발생했을 때 사건이 커지기 전에 조기에 발견해내는 기법에 대하여 통계학적 방법을 통하여 고찰할 것이다.

통계학적 표본감사와 미국 공인회계사사회(AICPA)의 표본추출표(Sampling Table)를 통하여 거래의 적정성을 검증할 것이다. 추출된 표본 거래에 대하여 각 거래의 기업생존부등식의 성립 여부와 내부통제제도의 준수 여부 등을 검토할 것이며, 80%의 결과는 20%의 원인에서 발생한다는 파레토 법칙이 성립하는 주요 거래에 대해서는 유사 거래와의 형평성 및 거래의 통계적 적정성을 검토할 것이다. 적발감사를 통하여 발견된 오류와 부정 등 특이 사항들은 기존 설정된 내부통제제도의 취약성에 대한 정보를 제공하여 그에 대한 보완책을 검토하도록 할 것이다.

본서의 접근방법은 발생되는 거래 건별 자체를 검토함으로써 거래에 관여된 오류나 부정을 적발하고자 한다. 통계적으로 입증된 여러 방법, 예를 들면 95% 신뢰수준 하에서의 효과적인 표본추출에 의한 오류 부정에 대한 탐색이나, 관련성이 깊은 자료들 간의 상관분석, 파레토 법칙 등, 제반 통계적 기법들을 이용하여 추출된 표본을 정밀하게 감사함으로써 정상적이 아닌 거래를 밝혀내고자 한다.

그러나 그렇다고 하여 모든 오류와 부정을 찾아낸다고 기대하는 것은 절대 금물이다. 본서는 통계적 방법을 통하여 접근함으로써 오류와 부정을 찾아내는 하나의 방법만을 제시할 뿐이다. 오늘날 자본주의가 고도로 발전함에 따라 상거래는 점점 더 복잡해지고, 이해하기 어렵게 변하고 있다. 그리고 기업에서 발생하는 거래 역시 대량화되고 접근하기조차 쉽지 않게 변하

고 있다. 본서는 기업 내에 발생하는 방대한 자료들에 어떻게 접근하고 어떻게 검토할 것인지
에 대하여 방향만을 제시하고자 하는 데서 그 의의를 찾고자 한다.

✽ 본서는 정보의 비대칭을 해소하고자 노력

본서는 크게 4부로 구성되어 있다.

제1부는 감사와 내부통제제도에 대하여 기술하였다. 제1장에서 감사(監査)의 역사와 감사
의 종류에 대하여 서술하였고, 제2장에서는 내부통제를 위한 회계구조에 대하여 설명했으며,
제3장에서는 내부통제제도의 장점과 그 한계에 대하여 설명하였다. 제2부는 내부통제와 통계
에 대한 설명으로, 제4장에서는 통계의 중요성과 통계가 적발감사에 유용하게 적용될 수 있음
을 설명하였다. 제5장에서는 적발감사에 중요하게 사용되는 속성표본감사에 대하여 설명하였
다. 제3부에서는 조직에서 발생하는 오류와 부정을 다루며 그 발생 원인과 사례를 제6장과 7장
에서 설명하였다. 마지막 제4부에서는 적발감사를 실시하는 방법론에 대하여, 제8장에서는 적
발감사의 접근방법들에 대하여 기술하고, 제9장에서는 표본추출에 대하여 서술하였다. 사실
적발감사에서의 핵심은 표본을 과학적으로 선정함으로써 통계적 합리성을 견지하는 것이라고
할 수 있다. 제10장에서는 계정군별 적발감사에 대하여 서술하였고, 제11장에서는 제조업(도
매업), 서비스업을 중심으로 적발감사 사례를 서술하였다. 마지막 제12장에서는 부정직한 사
건을 방지하기 위한 방안 및 차후 해결되어야 할 점들에 대하여 서술하였다.

본서의 전체 개요를 그림으로 표시하면 다음과 같다. 회사의 1년 또는 수년간에 발생한 전산
시스템(블랙박스)의 수많은 거래를 통계기법을 이용하여 내부통제 평가와 거래 검증을 통하여
기중거래에 대한 정보의 비대칭을 해소하고자 하는 것이다.

본서는 많은 조직의 부정과 오류를 적발하는 데 도움을 주고자 저술하여 영리조직이든 비영
리조직이든, 경영자는 물론 내부감사 업무에 참여하는 사람 모두에게 참고될 것으로 생각하
며, 특히 공공기관의 감사실 등에 필요할 것이며 대학의 학부 과정에서도 필요할 것으로 생각
한다.

옛 경험에 의하면 대학에서 수강하는 회계감사 과목의 경우 감사의 실체가 도무지 손에 잡히
지 않아 공부에 어려움이 많았다. 본서는 학부의 학생들이 감사에 관한 사례와 구체적인 접근
방법을 배움으로써 더욱 현실감 있게 회계감사를 배울 기회를 갖지 않을까 기대해본다.

〈본서의 개요도〉

| 기초의
자산
부채
자본 | → | 기중의
수많은 거래들
(블랙박스) | → 적발감사의
수행 | 정보의
비대칭
해소 | → | 통계적
으로
검증된
기말의
자산
부채
자본 |

회계구조의 파악
내부통제의 평가
통계기법 이용
거래방정식의검증

본서의 전체 개요는 기초 잔액에서 출발하여 기중거래에 대한 통계적 검증을 통하여 기말잔액의 합리성을 테스트하고자 하는 것이다.

♣ 도와주신 분들께 진심으로 감사드림

본서의 완성에 도움주신 분들께 지면을 빌려 감사드린다. 삼덕회계법인의 장영철 대표께 감사드리며, 오영교 미래와 세계의 이사장께 감사드린다. 특히 이 책의 방향을 잡아주신 신찬수 회계사께 감사드리며, 한국외국어대학교의 김문현 교수, 한국항공대학교의 김기웅 교수께도 감사드린다. 또한 이 책의 통계부분을 구성하는 데 인용을 허락해 주신 서울대학교의 이창우 교수께 감사드리며, 숭실대학교의 전규안 교수께 감사드린다.

실무적으로 조언해주신 소시에떼 제너럴 은행의 임은수 준법감시인과 한국석유공사의 김준일 감사실장, 동 감사실의 직원들께도 감사드린다. 실질적으로 많은 사례를 제공해주고 교정에 수고를 아끼지 않은 이승훈 회계사, 한일도 회계사, 정동식 회계사, 김형선 회계사, 이승용 회계사께도 깊은 감사의 말씀을 드리며, 본서의 편집과 교정에 수고를 아끼지 않으신 북랩 출판사에 심심(深心)한 감사의 말씀을 올린다.

오늘날의 글로벌 자본주의 경제의 발전이 복잡다단하게 발전함으로 인하여 모든 분야에서의 전문화는 피할 수 없는 추세라고 아니할 수 없다. 오류와 부정의 발견에서도 전문화가 필요함에 따라 본서를 서술하였으나 논리의 일관성과 명쾌함이 부족함이 있을 것이다. 이에 대하여 독자 제현의 따뜻한 충고를 구할 따름이다. 각 장의 말미에 영화 한 편씩을 소개하였는바, 본서의 내용인 오류와 부정과 관련이 있는 영화로 피곤함을 풀어주고자 하는 의도로 삽입하였다.

견지동에서 박태수

차 례

추천의 글 1 ································· 6

추천의 글 2 ································· 7

개정판에 부침 ······························ 8

책의 개요 ································· 9

1부 감사와 내부통제제도

1장 감사(audit)의 중요성과 개요__25

1. 감사(audit)의 중요성 ································· 25

  1) 청렴도와 소득의 상관관계 / 25

  2) 한국의 청렴도/ 32

  3) 감사와 내부통제제도는 조직구성원을 위한 것 / 33

2. 시대에 따른 감사(audit) 초점의 변화 ································· 34

  1) 중세(中世)까지의 회계와 감사 / 34

  2) 근대(近代)의 감사 / 37

  3) 현대의 감사 / 38

3. 감사의 종류 ································· 39

  1) 감사 주체에 따른 분류 / 39

  2) 감사 내용에 따른 분류 / 41

  3) 감사 범위에 따른 분류 / 42

  ■ 영화 속의 오류와 부정 - 진실의 입(로마의 휴일) / 44

2장 내부통제를 위한 회계구조의 파악__45

1. 회계의 의미 ································· 45

  1) 모든 측정은 회계로 / 45

2) 회계는 고급정보 / 46

3) 회계는 관리 언어 / 47

2. 회계 프로세스의 이해 ·· 48

1) 거래의 파악 / 49

2) 거래의 예시 / 49

3) 분개의 실행 / 50

4) 장부의 작성 / 51

5) 계정별 원장의 작성 / 51

6) 장부의 작성 / 52

7) 회계 프로세스의 시사점 / 53

3. 회계의 기본적 개념 및 흐름 ······························· 54

1) 가치교환의 기록 / 54

2) 가치의 흐름 / 55

3) 가치교환의 결과 예시 / 56

4. 회계구조(계정)의 파악 ·· 61

1) 분개장의 입수 / 61

2) 분개장의 분석 / 62

3) 회계구조 파악에 따른 계정의 분석/66

5. 리스크 중심의 접근법 ·· 66

1) RBA의 배경 / 67

2) 정보기술 위험 / 67

3) 위험평가 시 고려사항 / 67

6. 장부외(帳簿外) 거래 ··· 68

1) 장부외 거래의 위험성 / 68

2) 장부외 거래의 파악 / 69

▌영화 속의 오류와 부정 - 괴물 / 70

*3*장 내부통제제도의 의의와 한계__71

1. 내부통제제도의 의의 ··· 71

1) 내부통제제도의 목표 / 72

2) 내부통제제도의 구분 / 72

2. 내부통제제도의 구성요인 ·· 73

1) 통제환경(내부통제제도의 외부적 요소) / 73

2) 통제 절차(내부통제제도의 내부적 요소) / 74

3) 통제 절차 기법 / 75

3. 내부통제제도의 유용성 ·· 77

1) 기업의 재무보고 신뢰성 향상 / 77

2) 기업의 경영성과 향상 / 77

3) 기업의 자산 보호 / 78

4) 구성원의 사기 진작 / 78

4. 내부통제제도의 주요 사이클 ·· 78

1) 수익 사이클-가치유입 사이클 / 79

2) 구매 사이클 / 87

3) 급여지급 사이클 / 98

4) 제조 사이클 / 103

5) 스톡(stock) 사이클 / 105

5. 내부통제제도와 내부회계관리제도의 비교 ················· 106

1) 내부통제제도 / 106

2) 내부회계관리제도 / 108

6. 내부통제제도의 한계 ·· 109

1) 내부통제 구축비용 / 109

2) 불가피한 인적 오류 / 110

3) 공모에 의한 통제의 회피 / 110

4) 기업환경의 변화 / 111

7. 내부통제제도의 한계 극복 ·· 111

1) 개별 거래의 통계적 검증 / 112

2) 회계구조 분석을 통한 검증 / 113

3) 구성원 모럴(사기)의 제고 / 116

＊사례 1-매출 관련 내부통제제도 / 116

＊사례 2-구매 관련 내부통제제도 / 119

＊사례 3-급여 관련 내부통제제도 / 121

＊사례 4-제조 및 재고 관련 내부통제제도 / 123

▌영화 속의 오류와 부정-공모에 의한 사기(스팅) / 126

2부 내부통제와 통계

4장 내부통제 평가에 있어서 통계의 중요성__129

1. 통계의 역사 ··· 129

1) 통계학의 발달 / 129

2) AICPA에 있어서 통계의 역사 / 130

2. 통계의 유용성 ·· 131

1) 우연으로부터 규칙성 찾기 / 131

2) 미래를 예측하는 통계 / 132

3) 파레토 법칙 / 133

4) 블랙박스에 등불 달기 / 133

3. 표본감사의 종류 ·········· 134

1) 속성표본감사(attribute sampling) / 135

2) 색출표본감사(discovery sampling) / 136

3) 전통적 변량표본감사 / 137

4) 금액비례확률표본감사 / 137

4. 통계용어에 대한 설명 ·········· 137

1) 빅데이터(big data) / 137

2) 95% 신뢰수준의 의미 / 139

3) p 값 / 139

4) 상관계수(상관관계) / 140

5) 평균과 표준편차 / 140

6) 정규분포 / 141

7) 포아송분포 / 142

▌영화 속의 오류와 부정-부러진 화살 / 143

*5*장 속성표본감사의 적용__144

1. 표본 크기의 결정 ·········· 144

1) 표본 크기 결정요소 / 144

2) 과대신뢰위험 / 145

3) 허용오류율 / 145

4) 모집단의 기대오류율 / 146

5) 표본 크기의 결정 / 146

2. 속성표본감사의 중요성 ·········· 148

1) 과학에 근거한 확신의 제공 / 149

2) 내부통제제도 유지 비용 절감 / 149

3) 내부통제제도의 개선 / 150

3. 표본감사 결과에 대한 평가 ·········· 151

1) 유효한 내부통제제도 / 151

2) 취약한 내부통제제도 / 151

▌영화 속의 오류와 부정-어 퓨 굿 맨(톰 크루즈 주연) / 153

 **3**^부 **오류와 부정**

6장 오류와 부정__157

1. 오류와 부정의 발생 ·· 157
   1) 관리계층에 따른 오류와 부정 / 158
   2) 오류의 특징 / 160
   3) 부정의 특징 / 161
2. 오류와 부정의 동기 ·· 161
   1) 부정과 오류를 유발하는 요인들 / 161
   2) 오류와 부정을 유발하는 요인들의 특징 / 162
3. 부정의 기회 ·· 162
   1) 부정의 기회 요인들 / 162
   2) 부정의 기회 요인들의 특징 / 163
   3) 승인절차와 업무분장 / 163
4. 부정에 대한 합리화 ·· 164
   1) 합리화의 의미 / 164
   2) 합리화를 막는 방법 / 164
5. 부정 및 횡령의 유형 ··· 165
   1) 실질 거래의 왜곡 / 165
   2) 허위 거래 / 165
   3) 단가의 왜곡 / 166
   ▮영화 속의 오류와 부정-변호인(송강호 주연) / 167

7장 실제 오류 및 횡령 사례의 분석__168

1. K기업 재고수량 차이 사례 ··· 170
   1) 재고 관련 상황 / 170
   2) 오류와 부정 유형 / 171
   3) 오류 및 부정 방지대책 / 171
2. A은행 래핑(lapping) 사기 사례 ··· 171
   1) 래핑 관련 상황 / 171
   2) 횡령 유형 / 172
   3) 횡령 방지 대책 / 172
3. Y 증권사의 경우 ·· 173
   1) 증권투자 상황 / 173

2) 횡령 유형 / 174

3) 횡령 방지대책 / 174

4. 서울의 모 구청 공사비 과대 지급 사례 ·········· 174

1) 공사 관련 상황 / 174

2) 횡령 유형 / 175

3) 횡령 방지대책 / 175

5. J 지방자치단체의 부실 계약 사례 ·········· 175

1) 용역 발주 상황 / 175

2) 오류 유형 / 176

3) 오류 적발 기법 / 176

▌영화 속의 오류와 부정-트루먼 쇼(짐 캐리 주연) / 177

4부 적발감사

8장 적발감사의 이해__181

1. 적발감사의 개요 ·········· 181

2. 적발감사 접근방법 ·········· 182

1) 비율분석 접근법 / 182

2) 표본감사 접근법 / 182

3) 포렌식 접근법 / 183

4) 투서와 고발에 의한 접근법 / 183

3. 적발감사와 관련한 규정 및 연구들 ·········· 184

1) 한국공인회계사회 회계감사기준 / 184

2) 감사원 감사매뉴얼 / 185

3) 포렌식 회계학 / 186

4. 적발감사의 수행단계 ·········· 188

▌영화 속의 오류와 부정-폼페이 최후의 날 / 189

9장 적발감사의 수행__190

1. 해당 조직의 일반 상황 및 위험요소 검토 ·········· 190

1) 조직의 일반적 특성 / 190

2) 위험요소 검토 / 190

3) 회계감사기준서 315 / 191

2. 기업 업무 프로세스 검토 ·· 193
1) 유입(수익) 사이클 검토 / 193
2) 유출 사이클 / 194
3) 스톡 사이클 / 195

3. 계정들의 파악 및 망라성 검토 ·································· 196
1) 분개 내역의 파악 / 196
2) 전산시스템 자료의 망라성 검토 / 201
3) 자산·부채계정의 파악 / 203
4) 손익계정의 파악 / 203

4. 분개장의 검토 ·· 205
1) 복식부기시스템하의 분개 원칙 / 205
2) 분개 원칙의 위배 사례 / 206

5. 기업존속방정식 ··· 207
1) 기업존속방정식의 의미 / 207
2) 기업으로의 유입가치 / 209
3) 기업 외부로의 유출가치 / 209
4) 기업존속방정식의 적용 / 210

6. 제1차 표본 수의 계산 및 표본의 추출 ····················· 210
1) 제1차 표본 수의 계산 / 210
2) 중요성에 따른 표본의 배분 / 212
3) 표본의 추출 / 213
4) 표본의 계정별 집계 / 214

7. 추출된 제1차 표본에 대한 감사의 수행 ··················· 215
1) 매출 사이클 감사 / 215
2) 구매 사이클 감사(매입채무/미지급금) / 217
3) 비용지급 사이클 감사(미지급금) / 220

8. 제1차 표본감사에 대한 중간 보고서 작성 ················ 220
1) 가치유입 사이클에 대한 보고서 / 221
2) 가치유출 사이클에 대한 보고서 / 221

9. 제2차 표본추출 ··· 222
1) 2차 표본추출 시 고려사항 / 222
2) 계정군별 2차 표본 수 산정 / 223
▌영화 속의 오류와 부정-브레이브 하트(멜 깁슨, 소피 마르소 주연) / 225

10장 계정(군)별 적발감사 절차__226

1. 현금 및 현금성 자산 ··· 226

1) 감사절차 / 226

2) 점검 포인트 / 227

2. 매출액 및 매출채권 ·· 229

1) 감사절차 / 229

2) 점검 포인트 / 229

3. 매입 및 매입채무 ·· 230

1) 감사절차 / 230

2) 점검 포인트 / 230

4. 기타 계정 및 주요 계약에 대한 감사 ··· 231

1) 감사절차 /231

2) 점검 포인트 / 232

5. 재고자산 ··· 233

1) 감사절차 / 233

2) 점검포인트 / 234

6. 급여 ··· 234

1) 감사절차 / 234

2) 점검포인트 / 235

7. 판매관리비 ·· 232

1) 감사절차 / 235

2) 점검 포인트 / 235

8. 제조경비 ··· 236

1) 감사절차 / 236

2) 점검 포인트 / 236

▌영화 속의 오류와 부정-쉰들러 리스트(스티븐 스필버그 감독, 리암 니슨 주
연) / 237

*11*장 적발감사 사례__238

1. 제조업(도매업)에서의 적발감사 ··· 238

1) 감사 개요 / 238

2) 회사재무구조 분석 / 238

3) 분개장의 망라성 검토 / 242

4) 제1차 표본추출 / 244

5) 제1차 감사 수행 / 247

6) 제2차 표본추출 / 249

7) 제2차 감사 수행 / 255

8) 보고서 작성 / 257

2. 서비스업에서의 적발감사 ·· 257
   1) 감사 개요 / 257
   2) 적발감사 예비단계 / 258
   3) 분개장의 망라성 검토 / 258
   4) 제1차 표본추출 / 260
   5) 제1차 감사 수행 / 263
   6) 제2차 표본추출 / 265
   7) 제2차 표본감사 / 267
   8) 보고서 작성 / 268
   ▌영화 속의 오류와 부정-빠삐용(스티브 매퀸, 더스틴 호프먼 주연) / 269

*12*장 부정직한 사건을 방지하기위한 방안 및 남은 숙제들__270

1. 도덕적 해이(moral hazard) ·· 272
2. 정보의 비대칭 ·· 272
3. 부외거래 감사 ·· 273
   1) 매출의 누락 / 273
   2) 자산 처분의 누락 / 277
   3) 차입의 누락 / 278
4. 방지 방안 ·· 278
5. 남은 숙제들 ·· 280
   1) 신뢰수준 95%의 한계 / 280
   2) 기업거래방정식의 한계 / 280
   3) 검증틀 구성의 어려움 / 281
   4) 구성원 사기(士氣) 측정의 어려움 / 281
   5) 추출된 표본 검토의 어려움 / 281
   ▌영화 속의 오류와 부정-JFK(케빈 코스트너 주연) / 282

부록__283

부록 1. 부정청탁 및 금품등 수수의 금지에 관한 법률(약칭: 청탁금지법) ········· 284
부록 2. 재무제표감사에서 부정에 관한 감사인의 책임(회계감사기준 240) ······ 315

찾아보기__327

표 및 그림 찾아보기__330

참고문헌__331

1 부
감사와
내부통제제도

감사(audit)의 중요성과 개요　1장

1. 감사(audit)의 중요성

전통적인 관리 프로세스인 PDS 사이클(Plan-Do-See cycle)은 감사가 중요함을 잘 표현하고 있다. 왜냐하면 계획을 세우고 실행을 했으면 그에 따른 사후관리가 필요함을 명시적으로 표현하고 있기 때문이다. 사후관리가 필요한 이유는 계획과 실행 프로세스가 효과적으로 수행되었는지에 대한 평가를 수반하며 미흡한 면이 있을 경우 그에 대한 개선책을 제시할 수 있기 때문이다. 그러므로 사후관리의 대표적인 수단이라고 할 수 있는 감사의 중요성은 아무리 강조하여도 지나치지 않을 것이다. 투명성을 제고하여 조직의 가치를 높이기 위한 감사의 효용은 세계 각국의 청렴도와 소득의 상관관계에서도 잘 나타나고 있다.

1) 청렴도와 소득의 상관관계

감사는 사후관리의 핵심기능이라고 할 수 있으며 오류와 부정을 찾아내어 관련 조직의 투명성을 높이는 데 큰 기여를 한다. 다음은 한 국가의 청렴도와 해당 국가의 국민소득이 어떠한 상관관계를 갖는지를 조사한 것이다.

아래 표에서 보듯이 세계 각 국가의 2015년도 청렴도 순위와 각 국가의 개인별 소득순위를 비교하여 청렴도 순위와 소득순위의 상관계수를 구하였다. 둘 사이의 상관계수를 구한바, 상관계수 r은 0.77로 나타났다. 상관계수 $r=0.77$은 강한 양적 선형관계가 있음을 보여준다. 즉, 한 국가의 청렴도와 그 나라의 개인별 국민소득은 깊은 상관관계가 있다는 것을 의미한다. 물론 국민소득이 높아 청렴도가 높을 수도 있지만 이 책에서는 청렴도가 높기 때문에 국민소득이 높다고 가정한다.

> r이 +0.1과 +0.3 사이이면, 약한 양적 선형관계,
> r이 +0.3과 +0.7 사이이면, 뚜렷한 양적 선형관계,

r이 +0.7과 +1.0 사이이면, 강한 양적 선형관계,
r이 −1.0과 −0.7 사이이면, 강한 음적 선형관계,
r이 −0.7과 −0.3 사이이면, 뚜렷한 음적 선형관계,
r이 −0.3과 −0.1 사이이면, 약한 음적 선형관계,
r이 −0.1과 +0.1 사이이면, 거의 무시될 수 있는 선형관계

한국의 경우 청렴도 순위는 45위에도 불구하고 개인별 소득순위는 28위로 비교적 높다. 이웃 나라 일본의 경우에는 청렴도는 21위이고 소득순위는 24위를 기록하였다. 다음은 각국의 청렴도 순위와 개인별 소득순위표[2]이다.

[표− 각 나라의 청렴도 순위와 소득순위 비교표]

[청렴도 순위 1-10위]- OECD국은 대부분 여기에 속함

국가	청렴순위(Y2015)	소득순위(Y2015)
덴마크	1	8
핀란드	2	17
스웨덴	3	10
뉴질랜드	4	21
네덜란드	5	13
노르웨이	6	3
스위스	7	2
싱가포르	8	9
캐나다	9	15
독일	10	18

[청렴도 순위 11-20위]- 영국과 미국이 여기에 속함

국가	청렴순위(Y2015)	소득순위(Y2015)
룩셈부르크	11	1
영국	12	14
아이슬란드	14	6
벨기에	15	19
오스트리아	16	16
미국	17	5
홍콩	18	18
아일랜드	19	7
바베이도스	20	43

---

[2] 출처: 국제투명성기구 한국본부인 한국투명성기구의 자료와 인터넷 나무위키(https://namu.mirror.wiki/w/) 등에서 구하였으며, 청렴도와 개인소득의 상관관계를 검토하기 위한 것임.

[청렴도 순위 21-30위]- 일본이 여기에 속함

국가	청렴순위(Y2015)	소득순위(Y2015)
일본	21	24
우루과이	22	42
바하마	23	30
세인트루시아	24	73
카타르	25	4
칠레	26	52
에스토니아	27	40
프랑스	28	20
세인트 빈센트 그레나딘	29	77
아랍에미리트	30	N/A

[청렴도 순위 31-40위]- 이스라엘이 여기에 속함

국가	청렴순위(Y2015)	소득순위(Y2015)
부탄	31	127
보츠와나	32	83
포르투갈	33	38
브루나이	35	27
폴란드	36	54
타이완	37	32
키프로스	38	34
이스라엘	39	22
리투아니아	40	50

[청렴도 순위 41-50위]- 한국이 여기에 속함

국가	청렴순위(Y2015)	소득순위(Y2015)
슬로베니아	41	35
도미니카 연방	42	75
스페인	43	29
체코	44	41
대한민국	45	28
몰타	46	33
카보베르데	47	121
코스타리카	48	61
라트비아	49	51
세이셸	50	48

[청렴도 순위 51-60위]- 사우디아라비아가 속함

국가	청렴순위(Y2015)	소득순위(Y2015)
르완다	51	163
요르단	52	89
모리셔스	53	65
나미비아	54	85
조지아	55	115
사모아	56	99
사우디아라비아	57	37
바레인	58	31
크로아티아	59	59
헝가리	60	56

[청렴도 순위 61-70위]- 이탈리아가 속함

국가	청렴순위(Y2015)	소득순위(Y2015)
슬로바키아	61	44
말레이시아	62	62
쿠웨이트	63	25
가나	65	145
그리스	66	39
루마니아	67	68
오만	68	45
이탈리아	69	26
레소토	70	155

[청렴도 순위 71-80위]- 터키가 속함

국가	청렴순위(Y2015)	소득순위(Y2015)
몬테네그로	71	82
세네갈	72	160
남아프리카 공화국	73	86
마케도니아	75	95
터키	76	64
불가리아	77	81
자메이카	79	94
세르비아	80	91

[청렴도 순위 81-90위]- 인도가 속함

국가	청렴순위(Y2015)	소득순위(Y2015)
엘살바도르	81	108
몽골	82	104
파나마	83	58
트리니다드 토바고	84	36
보스니아 헤르체고비나	85	107
브라질	86	69
부르키나파소	87	169
인도	88	140
태국	89	90
튀니지	90	110

[청렴도 순위 91-100위]- 인도네시아가 속함

국가	청렴순위(Y2015)	소득순위(Y2015)
잠비아	91	141
베냉	92	165
콜롬비아	94	87
라이베리아	95	179
스리랑카	96	114
알바니아	97	103
알제리	98	100
인도네시아	100	118

[청렴도 순위 101-110위]- 필리핀이 속함

국가	청렴순위(Y2015)	소득순위(Y2015)
모로코	101	122
페루	102	88
수리남	103	66
아르메니아	104	116
말리	105	168
멕시코	106	63
필리핀	107	123
볼리비아	108	124
지부티	109	137
가봉	110	71

[청렴도 순위 111-120위]- 아르헨티나가 속함

국가	청렴순위(Y2015)	소득순위(Y2015)
니제르	111	180
도미니카 공화국	112	79
에티오피아	113	166
코소보	114	111
몰도바	115	139
아르헨티나	116	53
벨라루스	117	80
코트디부아르	118	146
에콰도르	119	84
토고	120	176

[청렴도 순위 121-130위]- 베트남과 러시아가 속함

국가	청렴순위(Y2015)	소득순위(Y2015)
온두라스	121	128
말라위	122	183
모잠비크	124	171
베트남	125	131
파키스탄	126	144
탄자니아	127	158
아제르바이잔	128	78
가이아나	129	109
러시아	130	72

[청렴도 순위 131-140위]- 이란이 속함

국가	청렴순위(Y2015)	소득순위(Y2015)
시에라리온	131	167
감비아	132	182
과테말라	133	112
카자흐스탄	134	60
키르기스스탄	135	152
레바논	136	57
마다가스카르	137	181
동티모르	138	119
카메룬	139	151
이란	140	93

[청렴도 순위 141-150위]- 네팔이 속함

국가	청렴순위(Y2015)	소득순위(Y2015)
네팔	141	162
니카라과	142	136
파라과이	143	105
우크라이나	144	133
코모로	145	164
나이지리아	146	125
타지키스탄	147	159
방글라데시	148	148
기니	149	177
케냐	150	143

[청렴도 순위 151-165위]- 라오스가 속함

국가	청렴순위(Y2015)	소득순위(Y2015)
라오스	151	138
파푸아뉴기니	152	129
우간다	153	172
차드	156	157
미얀마	158	147
부룬디	159	185
캄보디아	160	153
짐바브웨	161	156
우즈베키스탄	162	132
에리트레아	163	170
투르크메니스탄	165	76

[청렴도 순위 166-177위]- 북한이 속함

국가	청렴순위(Y2015)	소득순위(Y2015)
예멘	166	150
아이티	167	161
기니비사우	168	175
베네수엘라	169	102
이라크	171	98
리비아	172	97
앙골라	173	106
남수단	174	154
수단	175	130
아프가니스탄	176	173
북한	177	174

청렴도가 제일 낮은 국가는 북한으로 조사되었으며 소득수준 역시 최하위층에 속하는 것으로 조사되었다. 이는 북한 사회가 권력에 대한 견제장치가 없는 폐쇄적인 사회이기 때문에 당연한 귀결이라 할 수 있다.

2) 한국의 청렴도

청렴도가 하락한 사회에는 부정직한 사건이 발생하기 마련이다. 부정직한 사건은 해당 기업의 경쟁력을 위태롭게 할 뿐만 아니라 사회적으로도 부정적인 영향을 미친다. 몇 년 전 국제조사 결과에 따르면 우리나라는 아시아 선진국 중 최악의 부패국가라는 결과가 나왔다고 한다. 관련 기사를 인용[3]하면 다음과 같다.

2013년, "한국은 아시아 선진국 중 최악의 부패국가"라는 조사 결과가 나왔다. 아시아 각국에서 활동 중인 외국인 기업인들을 상대로 현지 부패수준을 질문한 결과, 한국은 싱가포르와 일본, 호주, 홍콩 등에 비하여 최소한 2~3배나 더 부패한 것으로 평가받았다. 한국보다 부패점수가 높았던 곳은 인도, 인도네시아, 필리핀, 베트남, 미얀마, 캄보디아, 중국 정도였다.

특히, 한국은 기업 부패의 정도와 부패에 대한 '솜방망이' 처벌에서 아시아 2위의 불명예를 기록했다. 2013년 7월 14일, '세계일보'가 단독 입수한 홍콩 정치경제리스크컨설턴시(PERC) 보고서에 따르면, 아시아 17개국(미국, 홍콩, 마카오 포함)이 얼마나 부패했는지에 대한 설문조사 결과, 한국은 6.98점을 기록했다.

1976년 설립된 PERC는 아시아 각국에 상주 연구원을 두고 각국 정치 및 경제이슈를 분석하고, 국가와 기업 리스크 관리를 자문하는 업체다. 이곳은 리스크 자문을 위해 20여 년 전부터 매년 각국에서 활동한 외국 기업인 1~2천 명이 현지국가의 부패 정도(최악 부패 10점~최고 청렴 0점)를 평가하는 설문조사를 실시하고 있다.

PERC는 2013년 조사 보고서에서 한국의 부패조사 결과를 "아시아 선진국(Developed Countries) 가운데 최악이자, 지난 10년 이래 최악"으로 평가했다. 2004년 6.67점까지 상승했던 부패지수가 2010년 4.88점까지 떨어졌으나 이후로 다시 상승, 이번 조사에서 최고점을 경신한 것이다. 외국인들이 바라보는 한국의 청렴도가 10년 전만도 못하다는 이야기다.

PERC 관계자는 "더욱 심각한 것은 부패에 둔감한 한국의 도덕관이 국경을 넘어선 부패에까지 기여하는 점"이라며, "부패의 뿌리가 정경(政經) 피라미드의 최상층부까지 뻗어 있다."고 꼬집었다. '국경을 넘어선 부패'란 한국기업들이 벌인 해외사업에서의 비리를 의미한다. 반면, 싱가포르는 10여 년간 부패점수 0.37~1.3점으로 부동의 아시아 청렴도 1위를 지켰다. 일본과 호주는 각각 2.35점, 홍콩은 3.77점, 미국은 3.82점, 중국은 7.79점이었다.

---

3 한국, 아시아 선진국 중 최악의 부패국가 2013.7. epoque.egloos.com/3966825.

한국의 부패수준에 대한 차가운 평가는 불명예만으로 끝날 문제가 아니다. 부패가 심각한 나라는 공정경쟁 기회가 적고, 경영 리스크가 높은 것으로 인식되어 외자 유치에 마이너스 요소로 작용할 수밖에 없기 때문이다.

윤은기 한국부패학회장은 "국제투명성기구(TI)의 부패인지도 기준으로 부패가 1단위 줄어들면, 1인당 국내총생산(GDP)이 2.64% 상승한다는 연구결과도 있다."고 지적하며 "싱가포르의 기적 같은 경제성장은 반(反)부패 활동을 통하여 가능했다."고 말했다.

또한, PERC는 한국에 대한 평가에서 단적으로 "지난 20년간 한국의 10대 재벌 중 SK를 포함해 6곳이 유죄선고를 받았는데, 형기를 마친 사례는 단 한 건도 없었다."고 언급하면서 "재벌 총수는 유죄를 선고받아도 집행유예나 특별사면 등 다양한 방법으로 풀려나 법 위에 군림하고 있다."고 단언하는가 하면, 모 전(前) 중앙부처 차관의 성(性) 추문 의혹으로 인한 사임사건도 만연한 부패 실상을 보여주는 사례로 거론하였다.

그러나 한국에서는 2016년 9월부터 청탁금지법이 시행됨에 따라 한국사회의 청렴도가 올라가지 않을까 예측되고 있다. 시행 초기에는 많은 부작용이 있겠지만, 앞에서 언급된 각국의 청렴도 순위와 소득순위가 강한 상관관계가 있음이 증명되었는바, 한국의 청렴도를 높이는 데 사회 구성원 모두가 노력한다면, 그에 따른 좋은 결과를 기대할 수 있을 것이다.

3) 감사와 내부통제제도는 조직구성원을 위한 것

감사와 내부통제제도는 조직구성원을 보호하기 위한 것이다. 책 서문에서 소개했던 내용을 강조의 의미로 다시 인용하면 다음과 같다. 부정(不淨)과 오류(誤謬)의 첫 발생은 성경에 따르면 최초 인류인 아담과 이브로 거슬러 올라간다. 에덴동산에서 모든 과실은 다 먹을 수 있으되 선악과(善惡果)는 따 먹지 말라는 조물주의 명을 어기고 기어코 금단의 열매를 따 먹어 후손들의 인생을 고해(苦海)로 만들었다. 만약 선악과 옆에 접근하지 못하게 철조망을 이중, 삼중으로 설치하였더라면, 그래서 선악과를 따먹을 수 없었더라면 인류는 에덴동산에서 잘살고 있지 않았을까 하는 상상을 해본다. 성경의 창세기에는 선악과 따먹는 장면을 다음과 같이 묘사하고 있다.

야훼 하느님께서 만드신 들짐승 가운데 제일 간교한 것이 뱀이었다. 그 뱀이 여자에게 물었다. "하느님이 너희더러 이 동산에 있는 나무 열매는 하나도 따 먹지 말라고 하셨다는데 정말이냐?" 여자가 뱀에게 대답하였다. "아니다. 하느님께서는 이 동산에 있는 나무 열매는 무엇이든지 마음대로 따먹되, 죽지 않으려거든 이 동산 한가운데 있는 나무 열매만은 따 먹지도 말고 만지지도 말라고 하셨다." 그러자 뱀이 여자를 꾀었다. "절대로 죽지 않는다. 그 나무 열매를 따 먹기만 하면 너희의 눈이 밝아져서 하느님처럼 선과 악을 알게 될 줄을 하느님이 아시고 그렇게 말씀하신 것이다." 여자가 그 나무를 쳐다보니 과연 먹음직하고, 보기에 탐스러울뿐더러 사람을 영리하게 해줄 것 같아서, 그 열매를 따 먹고 같이 사는 남편에게도 따주었다. 남편도 받아 먹었다. ……후략……

위의 짧은 문장 안에는 부정과 오류가 발생하는 과정이 아주 적나라하게 표현되어 있다. 먼저 뱀의 유혹이 있었으며, 먹기만 하면 하느님처럼 될 수 있을 것 같았고(부정의 동기), 쳐다보니 먹음직스럽고 영리하게 해줄 것 같아서(부정의 합리화) 금단의 열매에 손을 뻗치게 된다(부정의 기회). 그러나 그 반대급부는 참혹하게도 에덴동산에서의 내쫓김이었다.

여기서 경영학의 가장 전통적인 이론 중의 하나인 더글라스 M. 맥그리거의 사람에 대한 X이론과 Y이론이 나온다. X이론은 사람을 게으르고 책임지기 싫어하며 부도덕한 것으로 정의한다. 그러나 Y이론에 따르면 사람을 성실하고 자기 책임을 감당하며 정직한 것으로 정의한다. 오늘날과 같이 조직을 둘러싼 경영환경이 예측불허로 바뀌는 상황에서는 수동적 인간을 가정한 X이론보다는 능동적 인간을 가정한 Y이론이 글로벌 경쟁환경 상황에서는 더 타당하며 이상적(理想的)이라고 생각된다. 그러나 Y이론이 사람에 대한 가정으로 타당하더라도 선악과에서의 에피소드처럼 사람은 오류를 범할 수 있으며 실수할 수 있다. 사람의 그러한 오류와 실수를 내부통제제도로 사전에 방지하고, 사후에 점검하여 더 큰 오류와 실수를 방지하여 조직구성원을 보호하고 그 결과로 조직이 발전할 수 있다.

2. 시대에 따른 감사(audit) 초점의 변화

감사란 영리조직이든 비영리조직이든 조직이 수행한 일에 대하여 그 결과를 검토하여 그 실행이 잘되었는지 또는 잘못되었는지, 그리고 오류와 부정은 없었는지에 대해 판정하는 작업으로, 이러한 감사의 초점은 시대에 따라 크게 변화하여 왔다. 아주 먼 옛날로는 이집트의 파라오 때까지 거슬러 올라갈 수 있으며, 농경사회를 거쳐 산업사회 그리고 정보화 사회를 겪으며 발전하여 왔다. 이를 회계적인 측면에서 간단히 분류한다면 중세까지의 감사와 근대의 감사 그리고 현대의 감사로 크게 세 가지로 분류할 수 있을 것이다.

1) 중세(中世)까지의 회계와 감사[4]

고대 이집트에서는 왕실 재정조직이 강하여 각 지방의 창고에는 물품으로 지방공세가 수납되었으며, 그중에서 부패성이 적은 물품은 중앙의 국고로 이송되었다. 이들 제국에서는 기록에 의하여 결속되어 있었으므로 기록관들은 "국고 및 기타 부문 등의 전 기구가 원활히 기능하

---

4 회계사상사, p.7-8, 마이클 체트필드 저, 이정호 역, 경문사, 1985.9.20

기 위한 중심적 존재"였다. 각 창고에 소속된 기록관들은 물품의 수납 및 사용에 관한 모든 사항을 세심한 주의를 가지고 기록하였다.

문서에 의한 명령서 없이는 누구에게도 국고로부터 지급되는 일이 없었다. 또한 어떤 한 관리의 기록이 다른 관리의 기록과 일치되도록 요구함으로써 정밀한 내부통제조직에 의한 안전성을 더욱 보강하였다. 그리고 기록관의 제 결정은 창고의 감독관에 의하여 감사되었고, 큰 부정행위가 있을 때에는 수족을 절단하거나 사형에 처하였으므로 무엇보다 정확성이 중시되었다.

이것은 오늘날의 업무분장과 같은 개념으로, 내부통제의 효시라고 할 수 있다. 또한 이집트의 파라오는 세금을 거두는 세리들의 횡포를 견제하기 위한 특별 조사제도를 두고 있었는데, 조사원들은 농부들의 불평을 듣고 세리가 잘못한 점이 있는지를 조사하는 임무를 맡았으며 그에 대한 처벌이 엄중하였다.[5] 로마에서는 비용지출에 대한 승인이 이중으로 검증되었다고 한다. 이 또한 내부통제의 한 형태이다. 사실상, 고대부터 근대 이전까지는 부정의 적발 및 예방이 세금을 담당하는 관리들의 주된 임무였다. 고대 이집트의 파라오 시대로부터 1900년대 초기까지, 감사인(auditor)의 임무는 부정적발과 예방에 있었다.

이러한 감사의 기초가 되는 원시 회계기록이 고대에도 있었다. 인류가 회계기록을 행한 사실은 이집트, 고대 바빌로니아, 그리스, 로마 등에서 찾을 수 있다. 고대 바빌로니아에서는 노예, 우마, 토지, 금전 등의 매매 내지 대여 기록 등이 있었다. 고대 이집트에서는 기원전 3000년경부터 왕실의 재정을 상세하게 기록하였다. 이때의 기록관은 매우 높은 관직으로 대우받았으며, 세입 세출에 관한 국고를 기록하였다. 또한 기원전 6세기경의 로마에서는 원로원 밑에 재무관을 두어 매 5년마다 센서스가 실시되었다. 센서스는 과세부담의 형평성을 기하기 위하여 토지, 동산, 채권이 조사 대상이 되었다. 이를 기록하기 위해 회계기록이 필요했고, 현금수지표 등이 작성되었다.

현대 회계의 뿌리인 복식부기는 지중해 무역의 융성과 더불어 이탈리아에서 발달하였으며, 계정과목이나 대차기입의 방법은 문예 부흥의 중심지였던 피렌체, 제노아, 베네치아 등의 도시국가에서 발달하였다. 이탈리아 상인들이 지중해의 상권을 독점하게 된 원인은 그들의 영업제도와 조직이 우수했기 때문이며, 그들의 복식부기와 환어음제도 그리고 해상보험제도가 그 밑바탕이 되었다.

세계 최초로 복식부기의 원리를 설명한 해설서[6]는 1494년에 출판된 베네치아의 파치올리의 『산술, 기하, 비례 및 비율요론』이다. 이 책은 당시 베네치아에서 행해지고 있던 복식부기법을

---

5 세금이야기, p.18, 전태영 지음, 생각의 나무, 2005.5.30.
6 세계 최초의 복식부기회계에 대해서는 이견이 있으며, 우리나라의 '사개송도치부법'이 세계 최초의 복식부기 회계라는 주장의 저서로『사개송도치부법의 발자취』(조익순·정석우 공저, 박영사, 2006.3.10)가 있으며 '사개송도치부법'이 세계 최초 복식부기회계이며 이것이 파치올리의 복식부기회계에 영향을 주었다는 저서로『사개송도치부법 정해』(현병주 저, 이원로 번역 및 해설, 다산북스, 2011.1.5)가 있다.

집대성하고 체계화하여 일반에게 소개한 최초의 저서였다. 파치올리가 설명한 복식부기의 구조에서 상업장부로는 일기장, 분개장 및 원장의 3종이 있었다. 파치올리는 사업 성공의 조건으로 상인은 자기 사업의 전부를 정확히 알아야 하며, 한눈에(at a glance) 알아야 하며, 모든 것을 한눈에 알려면 베니스 부기, 즉 복식부기를 알고 실천해야 한다고 설명하였다.[7]

이탈리아인은 항상 회계에 대하여 관심을 가지고 있었으며, 더 나은 실무를 표준화하고 법전화하려는 그들의 성향이 복식부기 발달의 중요한 요인이 되었다. 일찍이 11세기에 제노아의 해상법은 기록관이 선적상품의 명세를 제출할 것을 요구하였다. 밀라노의 회계사는 토지 과세대장을 작성하여 밀라노 대사원 건설에 관한 회계장부를 재검토하였다. 또 플로렌스에 있는 은행업자 길드의 가맹자는 회계장부를 기록하고 당해 길드의 대리인에 의한 불시감사를 받는 일이 의무화되어 있었다. 제노아의 은행부기 담당자는 반드시 공중인이어야 했으며, 그들의 기록은 날인증서와 동일한 공식적인 지위를 인정받았다. 최초의 회계사단체가 1582년에 베니스에서 설립되어 사실상 모든 실무를 독점하고, 그 지원자에게는 6년간의 실무수습기간과 면접시험을 과하고 있었다.

13세기의 이탈리아에는 리틀톤(Littleton)이 제시한 체계적인 부기가 형성되기 위한 일곱 가지 '선행조건'이 명확하게 구비되어 있었다. 이탈리아의 상인계급에 읽고 쓰는 능력이 널리 보급되었고, 종이의 발명에 의하여 기록하는 일이 촉진되었다. 아라비아 숫자는 피사의 레오나르도에 의하여 해설된(1202년) 후, 이탈리아 상인에 의하여 널리 사용됨으로써 이탈리아인은 북아프리카와의 교역을 통하여 아라비아 숫자를 습득한 최초의 유럽인이 되었다.

세련된 화폐경제와 로마 시대 이후 가장 안정된 화폐제도가 나타나게 됨에 따라서 복식부기의 필수조건인 공통계산 단위로 모든 거래를 환산할 수 있게 되었다. 또 재산권은 고대사회와 비교하여 훨씬 많은 국민에게 확대되어 있었다. 상업에서 축적된 자본은 재투자되었다. 화폐의 부족은 중세에 만성적인 문제였기 때문에 외국인은 화폐를 사용하지 않고도 사업을 하는 이탈리아인의 능력에 경탄하였다.

또한 신용거래의 광범위한 이용은 채권·채무액의 문서기록을 필요로 하게 되었다. 미결제잔액을 청산하기 위하여 동일한 사람에 관한 전 항목을 집계하여야 할 필요성이 대차의 좌우대조적인 계정형식을 발생시키게 하는 최초의 동기가 되었다.[8] 이러한 회계자료를 바탕으로 이집트의 서기관과 로마의 재무관 및 중세의 회계관리자들은 감사를 수행하거나 감독을 수행하였을 것이다.

---

[7] 1494 베니스 회계, p.24, 루카 파치올리 지음, 2011. 11.5, 이원로 번역 및 해설, 다산북스.
[8] 회계사상사. p.45-46, 마이클 체트필드 저, 이정호 역, 경문사, 1985.9.20.

2) 근대(近代)의 감사

19세기 초부터 20세기 후반까지 미국 등 선진국의 자본시장이 발전하기 시작하면서 감사의 주안점이 부정적발에서 재무보고('재무제표'를 포함하는 개념)로 전환되었다. 발생주의 회계의 적용이 일반화되었으며, 재무보고가 회계전문직에게 최우선순위의 관심사가 되었다. 과거에 행해졌던 '출생에서 폐기까지' 각 거래의 시작에서 종료에 이르기까지 처음부터 끝까지 증빙서류와 장부를 대조하는 vouching기법[9]의 적용은 많은 부정을 예방·적발할 수 있었다. 그러나 이 방식의 적용이 근대의 감사에서는 소홀하게 취급됨에 따라 부정의 적발 혹은 예방은 감사의 이차적인 역할로 전락하였다.

감사의 초점이 부정적발에서 재무제표의 공정표시 여부에 대한 의견표명으로 바뀌었다. 많은 회계도구 중에서 재무제표는 누적된 역사적 영향의 결과다. 산업혁명 이전에는 주로 원장 잔액의 산술적 검증을 위하여 재무제표가 작성되었으나 후에는 그 역할이 뒤바뀌어 오히려 재무제표의 작성을 용이하게 하는 것이 회계장부라고 인식하게 되었다.

재무제표가 단순한 부기 과정의 요약수단에서 전달수단으로 변화함에 따라 분개장 및 원장도 또한 문장형식에서 잔액을 용이하게 파악할 수 있는 통계표로 발전하게 되었다.[10] 이러한 과정을 통하여 감사의 기법이 정밀감사로부터 시사(試査)의 방법으로 바뀐 것이다. 이러한 변화는 다음과 같은 산업혁명과 주식회사제도의 발달에 기인한다.

(1) 산업혁명과 회계의 발달

산업혁명은 18세기 말부터 19세기 중엽에 걸친 기술혁신에 따른 변화로서 영국에서 시발하여 프랑스, 독일, 미국으로 전파되었다. 이를 통한 획기적인 공업기술의 발달은 회계환경을 크게 변화시켰고, 회계영역도 크게 확대시켜 회계이론이나 실무기법을 발전시켰다.

기술의 발달과 제조공업의 확대로 제품의 정확한 원가계산이 매우 필요하게 되었으며, 그로 인하여 재고자산의 평가문제, 제조간접비의 예정배부, 노무비의 세부적 파악 등 일련의 원가계산방법이 발달하였으며, 계산된 원가는 제품가격의 결정수단으로 활용되었다. 복식부기는 기업의 경영계획과 경영자의 의사결정 능력을 발전시켰고 그때까지와는 전혀 다른 산업혁명의 환경하에서도 잘 적응할 수 있는 도구가 되었다.

(2) 주식회사제도와 회계의 발달

주식회사의 출현과 발전은 투자가들에게는 무기한으로 자본을 투자할 수 있는 투자대상을 찾게 하였고, 기업에서도 토지와 기계를 구매할 수 있는 자본을 쉽게 조달할 수 있게 되어 계속

---

9 vouching기법: 증거서류에 의한 거래 확인 방법
10 회계사상사, p.93, 마이클 체트필드 저, 이정호 역, 경문사, 1985.9.20.

기업의 개념이 자리잡게 되었다. 이러한 계속기업의 가정하에 회계기간의 설정, 납입자본의 유지, 자본적 지출과 수익적 지출의 구분, 회계보고서 작성 의무화, 정확한 손익계산서의 작성과 배당 이익의 산출, 발생주의 및 실현주의, 자산평가의 방법 및 충당금의 설정 등 많은 부분에서 회계이론의 발전과 세무와 법률에 관한 규정의 도입을 촉진하였다.

이러한 주식회사 형태의 기업발달은 자본의 거대화와 주주 수의 증대를 촉진하였다. 주식회사인 기업은 주주, 채권자, 근로자, 소비자, 국가기관 등의 이해자 집단에 대한 사회적 책임을 떠안게 되었다. 그리하여 기업은 일정 기간의 재무상태와 경영성과를 재무제표라는 수단에 의해 정기적으로 공시해야 할 책임을 떠안게 되었으며, 이로부터 감사의 주목적이 재무제표의 공정표시로 전환되었다.

3) 현대의 감사

20세기 후반까지 재무제표의 공정표시를 강조하여 오다가 오늘날 21세기 들어 감사환경에서 부정적발 목적 감사의 중요성이 다시 부각되고 있다. 미국에서 일어난 엔론사건, 월드컴사건, 인도에서 일어난 새티암 회계부정사건[11], 한국의 대우 및 SK 회계부정사건 등으로 부정적발 감사의 중요성이 대두되고 있다.

1980년대 미국의 회계전문 업계는 부정문제에 대처하기 위하여 상당히 많은 자원을 투자하기 시작했으며, 우리나라의 정부 및 민간 부문도 IMF 외환위기 이후 최근까지 회계투명성 제고를 위해 회계분야에 대한 투자를 계속 늘리고 있는 추세다.

미국의 공공감시위원회(POB-Public Oversight Board)는 한 특별연구보고서에서 "일반 대중은 부정적발에 대한 역할을 독립적인 감사인(=외부감사인)에게 기대하고 있다. 따라서 감사인은 그렇게 할 책임이 있다."고 결론지었다. 그리고 1997년 미국의 감사기준서 SAS.No.82도 부정적발에 대한 감사인의 책임을 확인하였다. 그럼에도 불구하고 2000년대 초 미국 에너지기업 엔론과 장거리전화회사 월드컴의 분식결산은 2002년 기업회계개혁법(Sabanes-Oxley Act)의 도입을 불가피하게 만들었다.

---

[11] 2009년 인도기업 사상 최대의 사건인 새티암(Satyam Computer) 회계부정사건이 터졌을 때 인도 전역은 발칵 뒤집혔다. 인도 국내는 물론이고 해외 언론들도 이를 '인도판 엔론 사건'이라며 대서특필했다.
인도 4위 정보기술(IT) 업체인 새티암의 라말링가 라주 회장은 이사회에 제출한 편지에서 "지난해 9월 말 현재 새티암 장부에 적혀 있는 자산 536억 루피(한화 약 15조 5,000억 원) 가운데 94%는 부풀려진 돈"이라고 자백했다. 그는 또 "원래 3%였던 분기 영업이익을 24%로 높여 보고하는 등 지난 몇 년간 회사의 회계를 조작했다."고 실토했다. 이후 그는 이에 대한 책임을 지고 회장직을 사퇴했으며, 직권남용 등의 혐의로 구속됐다.

위에서 설명한 바와 같이 감사의 초점이 아주 오랜 옛날 오류 및 부정적발 감사에서 근대 국가 들어 재무보고 감사로 변화하였다가 최근 들어 오류 및 부정적발에 대한 감사의 중요성이 증대되고 있다.

3. 감사의 종류

감사의 종류에는 감사 주체에 따라 내부감사와 외부감사, 그리고 감사 내용에 따라 업무감사, 회계감사, 세무감사, 그리고 감사 범위에 따라 일반감사와 적발감사로 구분할 수 있다. 이는 편의에 따른 분류로 필요에 따라 다르게 분류할 수 있을 것이다. 이를 도표로 표시하면 다음과 같다.

[표- 감사의 구분]

구 분		내 용	예 시
감사주체	내부감사	기업이나 조직의 내부감사인에 의해 수행되는 감사	기업내부감사, 조직내부감사
	외부감사	외부감사인에 의해 수행되는 감사	외감법에 의한 감사, 감사원감사, 정부기관의 상급기관에 의한 감사 등
감사내용	업무감사	업무관련 감사	내부감사가 주로 수행
	회계감사	회계관련 감사	외감법에의한 감사 내부감사에 의한 감사
	세무감사	세무관련 감사	국세청에 의한 감사
감사범위	일반감사	포괄적인 감사	감사규정에 의한 감사
	적발감사	오류와 부정을 적발하기 위한 감사	적발감사에 특화

1) 감사 주체에 따른 분류

감사의 종류에는 감사의 주체에 따라 내부감사와 외부감사가 있다. 내부감사는 조직의 내부감사인에 의해 이루어지며, 주로 업무감사를 중점적으로 수행하나 회계감사도 수행한다. 외부감사는 조직 외부의 감사인에 의하여 이루어지며, 정부기관의 경우에는 감사원 감사가 대표적이다. 일정 규모 이상의 주식회사의 경우, 외감법[12]에 의한 공인회계사에 의한 외부감사를 받는다.

---

[12] 외감법: 주식회사의 외부감사에 관한 법률로 분식결산에 대해 피감사회사와 외부감사인에게 책임이 가중되는 방향으로 개정되고 있다. 개정의 주요 내용은 분식회계 및 부실감사 등에 대한 형사처벌 강화, 분식회계 조치사항 외부공개 확대, 회사의 재무제표 작성 책임 강화, 외부감사인 손해배상 책임제도 개선, 회계법인의 대표이사 책임 강화 등이 있다.

내부감사는 기업 내의 감사인이 해당 기업의 내부통제조직을 관리하며 회계감사와 업무감사 기능을 수행한다. 우리나라 상법에 의하면 주식회사의 내부감사에 대하여 최근에 더욱 강화된 다음과 같은 의무와 권한을 갖고 있는바, 상법 규정대로 내부감사인에게 좀 더 독립적인 환경과 권한이 주어진다면 기업 내부의 부정과 오류는 상당한 정도로 감소시킬 수 있다. 상법에 정하여진 내부감사인에 대한 규정은 다음과 같다.

상법 제412조(감사의 직무와 보고요구, 조사의 권한) ① 감사는 이사의 직무의 집행을 감사한다.
② 감사는 언제든지 이사에 대하여 영업에 관한 보고를 요구하거나 회사의 업무와 재산상태를 조사할 수 있다.
③ 감사는 회사의 비용으로 전문가의 도움을 구할 수 있다. [신설 2011.4.14]
상법 제412조의2(이사의 보고의무) 이사는 회사에 현저하게 손해를 미칠 염려가 있는 사실을 발견한 때에는 즉시 감사에게 이를 보고하여야 한다.
[본조신설 1995.12.29]

외부감사는 주식회사의 외부감사에 의한 법률(이하 "외감법")에 의한 것과 감사원의 국가기관 및 공공기관에 대한 감사를 들 수 있다. 외감법에 의한 감사 대상회사는 외감법령 제2조에 다음과 같이 정하여져 있다.

외감법령 제2조(외부감사의 대상) ① 법 제2조에 따라 외부의 감사인에 의한 회계감사(이하 "외부감사"라 한다)를 받아야 하는 주식회사는 다음 각 호의 어느 하나에 해당하는 주식회사로 한다.
1. 직전 사업연도 말의 자산총액이 120억 원 이상인 주식회사(그 주식회사가 분할하거나 다른 회사와 합병하여 새로운 회사를 설립한 경우에는 설립 시의 자산총액이 120억 원 이상인 주식회사를 말한다)
2. 주권상장법인(「자본시장과 금융투자업에 관한 법률」에 따른 주권상장법인을 말한다. 이하 같다)과 해당 사업연도 또는 다음 사업연도 중에 주권상장법인이 되려는 주식회사
3. 직전 사업연도 말의 부채총액이 70억 원 이상이고 자산총액이 70억 원 이상인 주식회사(그 주식회사가 분할하거나 다른 회사와 합병하여 새로운 회사를 설립한 경우에는 설립 시의 부채총액이 70억 원 이상이고 자산총액이 70억 원 이상인 주식회사를 말한다)
4. 직전 사업연도 말의 종업원(제1조의4 제2항 제2호 후단에 따른 종업원을 말한다. 이하 같다) 수가 300명 이상이고 자산총액이 70억 원 이상인 주식회사(그 주식회사가 분할하거나 다른 회사와 합병하여 새로운 회사를 설립한 경우에는 설립 시의 종업원수가 300명 이상이고 자산총액이 70억 원 이상인 주식회사를 말한다)

감사원법에 정하여진 감사원의 임무와 감사 범위는 다음과 같다. 감사원의 감사 기능은 국가행정기관의 전 부문에 걸쳐 있으며, 관련 공공기관에 대한 감사까지 매우 많은 업무를 수행하고 있다.

감사원법 제20조(임무)　　감사원은 국가의 세입·세출의 결산검사를 하고, 이 법 및 다른 법률에서 정하는 회계를 상시 검사·감독하여 그 적정을 기하며, 행정기관 및 공무원의 직무를 감찰하여 행정 운영의 개선과 향상을 기한다.

[전문개정 2009.1.30]

감사원법 제21조(결산의 확인)　　감사원은 회계검사의 결과에 따라 국가의 세입·세출의 결산을 확인한다.

[전문개정 2009.1.30]

2) 감사 내용에 따른 분류

수행되는 내용에 따라 업무감사와 회계감사 그리고 세무감사가 있다. 업무감사는 조직의 고유목적에 따른 업무를 효율적으로 그리고 효과적으로 수행하였는지에 대하여 감사하는 것이며, 회계감사는 일정 회계기준에 따라 회계처리가 수행되었는지에 대하여 감사하는 것으로 주로 공인회계사에 의해 수행된다. 세무감사의 경우에는 주로 국세청에 의한 세무감사를 말한다.

내부감사에 의해 주로 수행되는 업무감사는 업무가 회사의 제반 절차 및 정책에 따라 수행되고 있는가 확인하고, 회사의 모든 활동이 기업 이익을 증대시키기 위한 활동인지 확인하는 것이 주요 임무다. 특히 공공기관의 경우에는 공익성 준수 여부에 대한 확인도 포함된다. 이를 위하여 회사의 재산이 적정하게 보고되고, 모든 종류의 손실로부터 안전하게 보호되고 있는가 확인하며, 회사의 방침·계획·절차가 잘 지켜지고 있는지 확인하고, 계획에 비추어 실행상황을 평가하는 것 등이 포함된다.

회계감사는 내부감사에 의해서도 수행되지만 통상 외감법에 의한 감사를 의미한다. 법에 정하여진 감사이며, 회계감사기준에 준거하여 수행된다. 재무제표감사를 수행할 때, 감사인의 전반적인 목적은 다음과 같다.[13]

(a) 재무제표가 전체적으로 부정이나 오류에 의하여 중요하게 왜곡 표시되지 아니하였는지 여부에 대하여 합리적인 확신을 얻는다. 감사인은 이에 따라 재무제표가 중요성의 관점에서 해당 재무보고체계에 따라 작성되었는지에 대하여 의견을 표명할 수 있다.

---

[13] 한국공인회계사회(KICPA) 재정 회계감사기준서 200 문단 11, 한국공인회계사회 2011년 10월 28일 의결, 금융위원회 2012년 12월 12일 승인.

(b) 감사인의 발견사항에 근거하여 감사기준이 요구하는 바에 따라 재무제표에 대하여 보고하고 커뮤니케이션 한다.

세무감사(조사)는 국가기관인 국세청에 의해 이루어지며 탈루세금의 추징을 목적으로 수행된다. 납세의무자에 대한 세금은 원칙적으로 신고에 의하여 결정하게 되어 있으며, 이는 세법의 기본 원칙이다. 세법에서 규정하고 있는 세무조사에는 납세자가 신고한 대로 하는 서면조사결정, 납세자의 신고가 없거나 신고가 있어도 그 내용이 불비하여 과세관청이 확인하여 세액을 결정하는 실지조사결정이 있으며, 장부 등이 없을 경우에 세액을 결정하는 추계조사가 있다.

3) 감사 범위에 따른 분류

감사 범위에 따른 분류로는 일반감사와 적발감사가 있다. 일반감사는 상기의 감사들이 조직 또는 기관의 모든 부분에 대하여 포괄적으로 이루어지는 감사를 말하며, 적발감사는 조직 또는 기관의 일반업무 중 감사의 범위를 한정하여 조직의 오류나 부정에 의하여 기업의 재산이 유출되는 취약부분에 대하여 중점적으로 이루어지는 감사를 말한다.

그러나 일반감사의 경우에도 적발감사가 수행되지 않는 것은 아니다. 다만 적발감사의 경우 오늘날 경제구조의 복잡화와 규모의 거대화로 인하여 오류와 부정을 찾아내기가 쉽지 않기 때문에 적발감사에 집중하여 감사의 효율성을 높이고자 하는 것이다.

이러한 적발감사에는 최고경영층에 의한 오류부정을 적발하는 것과 중간관리층에 의한 오류부정 적발 그리고 일반직원에 의한 오류부정 적발로 구분할 수 있다. 최고경영층에 의한 오류와 부정은 엔론이나 월드컴의 경우와 같이 그 파급효과가 중간관리층이나 일반직원에 의한 오류부정과는 그 규모 면에서 엄청난 차이가 있으며 사회에 미치는 영향도 지대하다.

그러나 일반직원에 의한 오류부정의 파급효과도 결코 작은 것은 아니다. 예를 들어 베어링 파산의 주범인 닉 리슨[14]의 경우 경영층 또는 고위직이 아닌 경우에 해당되지만, 유수한 전통을 자랑하는 베어링사를 단 1달러에 ING사에 매각하게 만든 초대형 비리사고가 발생한 경우도 있다. 본서는 최고경영층에 의한 부정이든 일반직원에 의한 부정이든 접근하는 방법은 동일하지만, 적발의 성과는 회계 및 영업 등의 관련 자료의 접근성에 크게 좌우된다고 하겠다.

오늘날의 세계적인 경제불황은 경영자가 회계부정의 유혹에 빠질 기회를 제공한다. 왜냐하

---

[14] 베어링사의 선물옵션 트레이더로 '88888'이라는 계좌를 개설하여 손실을 감추고 이러한 손실을 만회하기 위해 대량의 선물옵션 거래를 하다가 일본 고베 지진으로 인해 Nikkei지수의 변동성 확대로 결국 회사에 엄청난 손실을 끼쳐 베어링이 파산하게 함. 88888 계좌가 회사의 시스템에서 드러나지 않고 적발되지 않자 닉 리슨은 이 계좌를 악용하게 되었다고 하며, 그에 따르면 이틀 동안 들키지 않으면 200일이 지나도 들키지 않았다고 함.

면 오늘날의 단기 업적(성과) 지상주의의 경제 흐름은 경영자의 단기 경영실패를 용납하지 않기 때문이다. 그러한 단기 업적지상주의의 경제 환경에서 경영자는 가능하면 이익을 많이 올리려 하고, 결손은 절대로 나타내지 않으려 하기 때문이다. 이러한 무리수가 불경기 때 회계부정의 길로 들어서게 하며 다시는 돌이킬 수 없는 지경까지 이르게 된다. 평소에 묻어둔 오류부정의 지뢰(地雷)는 불경기 때 엄청난 폭발력으로 그 진가를 발휘한다. 이러한 사례들은 위의 엔론, 월드컴 등의 거대 기업에서뿐만 아니라 중소기업의 경우에도 많이 발생하고 있다.[15]

간혹 "과거에 숨겨둔 부정이나 오류를 합법적으로 되돌려놓을 방법은 없는가?" 하는 경우가 있다. 그러나 편법(便法)이나 부정으로 처리한 것을 정법(正法)으로 돌려놓을 방법은 없다. 따라서 오류와 부정은 사전에 방지되어야 하며, 기업은 이를 위하여 효율적인 내부통제제도를 구축하는 데 노력하여야 한다.

---

[15] 역사적으로 부정을 저지른 기업의 최고경영자들은 예외 없이 모두 구속되었으며 사회적으로 불명예를 안게 되었다. 따라서 현재의 최고경영자들은 막다른 의사결정을 할 때가 오면 2개의 카드를 준비해야 한다. 카드 1은 실패를 감수하는 카드이고, 카드 2는 모험이라는 요행수의 카드를 준비하여야 한다. 그리고 카드 2를 버리고 카드 1를 선택할 용기를 내야 한다.

영화 속의 오류와 부정 - 진실의 입(로마의 휴일)

　영화 「로마의 휴일」에는 '진실의 입'이 나온다. 오드리 헵번이 한 나라의 공주이자 여자 주인공으로 그리고 그레고리 팩이 신문기자인 남자주인공으로 나오는 영화다. 그 옛날 참 많이 본 영화로 두 주인공 간의 로맨스가 담백하게 그려진 영화다. 오드리 헵번의 개성을 잘 보여준 영화이면서 전 세계 뭇 남성의 가슴을 설레게 했던 영화이기도 했다. 인기가 좋아 요즘도 공중파에서 가끔 소개되는 경우도 있는 영화다. 영화 속에서 그레고리 팩과 오드리 헵번이 진실의 입에 손을 넣는 장면이 나온다.

　진실의 입은 거짓말을 할 경우 입에 넣은 손이 잘린다는 전설이 내려오는 약간은 무시무시한 장면이다. 영화 속에서는 그레고리 팩이 감쪽같은 장난으로 여자 주인공을 안타깝게 하여 실소를 자아내는 명장면을 연출하였다. 정말로 그러한 입이 있다면 현대의 모든 부정을 예방하는 데 응용해볼 수 있겠지만 안타깝게도 그러한 입은 존재하지 않는다. 그러나 어떤 면에서는 기업에 설정된 내부통제제도가 그러한 역할을 수행하고 있다고 할 수 있다. 의도한 부정이든 의도하지 않은 오류든 적정하게 설정된 내부통제제도는 설정된 통제 점에서 오류와 부정을 걸러주는 기능을 하기 때문에 기업에 발생하는 위험을 사전에 방지할 수 있는 것이다.

[진실의 입]

내부통제를 위한 회계구조의 파악 2장

1. 회계의 의미

회계는 기업의 언어로, 기업의 재무상태와 기업의 성과를 측정하는 도구다. 한 기업의 재무구조가 건실하고 수익성이 좋은가의 기준은 그 기업이 제시하는 회계자료에 의하여 판단된다. 기업뿐만 아니라 모든 조직에 있어서 공통적으로 그 조직의 건전성과 발전 가능성을 판단하는 데 있어 회계자료만큼 유용한 판단기준을 제공하는 도구는 없다.

과거 단식부기에서 현대의 복식부기로 진화하면서 회계는 자기검증의 기능까지 갖추며 발전해오고 있다. 오늘날 회계라고 하면 복식부기에 의한 회계를 말한다. 독일의 유명한 철학자 괴테는 "복식부기만큼 오묘한 것은 없다."고 했을 정도로 회계제도를 평가하였다고 전해진다. 이처럼 회계제도는 기업 활동을 측정하는 중요한 도구이며, 오늘날에는 전 세계적으로 통일적인 회계제도를 갖추기 위해 IFRS(International Financial Reporting Standard-국제회계기준)를 실행하고 있거나 도입이 진행되고 있으며, 우리나라를 포함한 많은 선진국과 개발도상국에서도 받아들여지고 있다.

이처럼 회계제도는 글로벌 경제시대에 맞추어 세계의 모든 나라가 이해가 가능하게 표준화되고 있으며, 이를 통하여 세계 어느 곳의 기업이든지 그 실적을 이해하고 기업 간의 비교나 평가를 용이하게 하는 방향으로 발전해가고 있다.

1) 모든 측정은 회계로

영리조직이든 비영리조직이든 그 종류와 규모를 막론하고 기업과 조직의 성과는 회계적 수치로 표시된다. 동종 업종에 속한 기업들 간의 성과 차이뿐만 아니라 동일한 기업의 어떤 부서, 어떤 직원이 수행하는 업무가 무엇이든지 간에 그 결과는 회계적 수치로 요약될 수 있다. 예를 들어 마케팅부서의 마케팅 팀별 성과는 회계적 수치로 귀결된다. 즉 A팀의 이익은 얼마이고,

"

B팀의 이익은 얼마로 표시된다.

이렇듯 기업의 모든 궁극적인 성과는 회계로 표시된다. 어떤 기업의 성적표는 매년 말에 작성되는 재무제표에 의해 판가름난다. 재무제표로 표시되는 성과에 따라 경영자와 근로자의 성과급이 결정된다. 비영리조직에서도 해당 비영리조직의 고유목적 달성의 정도를 판단하기 위해서는 해당 조직이 모금한 수치나 해당 목적을 위해 지출한 금액으로 측정된다.

물론 회계 수치 이외의 것으로도 조직의 성과를 측정할 수는 있다. 예를 들어 공공기관의 경우에는 그 고유목적이 이익 창출이 아니기 때문에 이익으로 그 조직의 성과를 측정할 수는 없다. 그러나 공공기관의 경우에도 원가의 효율적인 집행에 대하여 많은 주의를 기울이고 있다. 특히 인건비의 효율적인 관리를 위하여 많은 노력을 경주하고 있는바 이 경우에도 회계자료의 중요성은 매우 크다.

2) 회계는 고급정보

기업이나 조직의 모든 성과는 회계로 귀결되기 때문에 회계 수치는 기업의 정보 중에서도 고급정보에 해당한다. 오늘날에는 대부분 기업들의 회계수치가 인터넷을 통한 전자공시 등을 통하여 너무도 쉽게 접할 수 있다. 그럼에도 회계정보가 전문성이나 이해 가능성의 난해함 등의 여러 가지 이유로 그 가치에 비하여 저평가되고 있지만, 회계는 많은 정보를 내포하고 있기 때문에 그 가치는 평가절하될 수 없다.

다만 그 가치를 알아보는 사람만이 회계정보로부터 유용한 가치를 찾을 수 있다. 음악을 듣거나 그림을 감상할 때 아는 만큼 보이고, 아는 만큼 들린다고 하듯이 회계 역시 아는 만큼 보인다고 할 수 있다. 중소기업이나 대기업을 불문하고 경영자는 회계에 대하여 잘 알아야 한다. 그렇지 못할 경우 기업이 성공하기 어렵고, 심한 경우에는 구성원의 오류와 부정에 의해 쇠퇴의 길로 떨어질 수 있다. 조직의 구성원은 모두 회계를 알아야 하며 고급 임원으로 승진할수록 회계를 더 잘 알아야 한다. 왜냐하면 회계는 많은 정보를 갖고 있기 때문이다.

오늘날 빅데이터(big data)[16]에 대한 관심이 커지고 있다. 빅데이터 기술이란 기존 데이터베

---

[16] 빅데이터(big data): 생성 양·주기·형식 등이 기존 데이터에 비해 너무 크기 때문에 종래의 방법으로는 수집·저장·검색·분석이 어려운 방대한 데이터를 말한다. 빅데이터는 각종 센서와 인터넷의 발달로 데이터가 늘어나면서 나타났다. 컴퓨터 및 처리기술이 발달함에 따라 디지털 환경에서 생성되는 빅데이터와 이 데이터를 기반으로 분석할 경우 질병이나 사회현상의 변화에 관한 새로운 시각이나 법칙을 발견할 가능성이 커졌다. 일부 학자들은 빅데이터를 통해 인류가 유사 이래 처음으로 인간 행동을 미리 예측할 수 있는 세상이 열리고 있다고 주장하기도 한다. 이를 주장하는 대표적인 학자로는 토머스 멀론(Thomas Malone) 미국 매사추세츠공과대학 집합지능연구소장이 있다.
빅데이터는 초대용량의 데이터 양(volume), 다양한 형태(variety), 빠른 생성 속도(velocity)라는 뜻에서 '3V'라고도 불리며, 여기에 네 번째 특징으로 가치(value)를 더해 '4V'라고 정의하기도 한다. 빅데이터에서 가치가 주요 특징으로 등장한 것은 엄청난 규모뿐만 아니라 빅데이터의 대부분은 비정형적인 텍스트와 이미지 등으로 이

이스 관리 도구로 데이터를 수집, 저장, 관리, 분석할 수 있는 역량을 넘어서는 대량의 정형 또는 비정형 데이터 집합 및 이러한 데이터로부터 가치를 추출하고 결과를 분석하는 기술을 의미한다.

다양한 종류의 대규모 데이터에 대한 생성, 수집, 분석, 표현을 그 특징으로 하는 빅데이터 기술의 발전은 다변화된 현대사회를 더욱 정확하게 예측하여 효율적으로 작동케 하고, 개인화된 현대사회 구성원마다 맞춤형 정보를 제공, 관리, 분석 가능케 하며 과거에는 불가능했던 기술을 실현시키기도 한다.

이같이 빅데이터는 정치, 사회, 경제, 문화, 과학기술 등 전 영역에 걸쳐 사회와 인류에게 가치 있는 정보를 제공할 수 있는 가능성을 제시하면서 그 중요성이 부각되고 있다. 이러한 빅데이터와 회계자료의 결합은 또 다른 부가가치를 창출할 것이다.

3) 회계는 관리 언어

새로운 신사업을 위한 투자계획을 세울 경우 관련 신사업의 수익성과 경제성을 판단하기 위해서는 관련 회계자료에 대한 수집과 손익에 대한 추정이 선행된다. 제품 계획을 위하여 생산하고 있는 제품 A, B, C와 신제품 D, E가 있을 경우 어떤 것을 계속 생산하고 신제품 중 어떤 것을 새로이 제조할 것인가를 판단하기 위해서는 관련 손익에 대한 회계자료가 필수적이다.

서비스의 경우도 마찬가지다. 용역서비스 상품이 여러 유형이 있고 신상품을 개발하려고 할 경우에도 관련 회계자료는 꼭 필요하다. 이처럼 기업의 신사업 투자결정이나 신상품 전략의 의사결정을 할 때 관련 회계자료는 그러한 판단의 중요한 근거가 된다. 중간관리자를 포함한 최고경영자는 회계 수치가 의미하는 바와 회계 수치들의 추세를 정확하게 파악하고 있어야 한다. 잘못된 회계정보는 기업 발전에 중대한 저해 요인이 된다.

요즘 도입되고 있는 경영결과의 공유시스템(OBM-Open Book Management)에 의한 경영과 가치중심경영(VBM- Value Based Management)에서도 회계자료는 매우 중요하다. 오픈북경영(OBM)은 예산과 손익계산서, 대차대조표 등의 재무정보를 비롯한 각종 경영정보를 근로자에게 모두 공개함으로써 근로자가 보다 능동적이고 창조적으로 업무를 수행하도록 유도하는 경영기법이다.

경영자와 소수의 관리자만이 기업이 어떻게 운영되는지를 알고 대부분의 근로자는 경영에 대한 이해 없이 명령과 통제에 따라 수동적으로 자신의 업무를 수행하는 종전의 방식으로는 치열한 경쟁과 급속하게 변하는 시장 상황에서 지속적 성장에 필요한 경영혁신을 꾀할 수 없다는

루어져 있고, 이러한 데이터들은 시간이 지나면서 매우 빠르게 전파하며 변함에 따라 그 전체를 파악하고 일정한 패턴을 발견하기가 어렵게 되면서 가치 창출의 중요성이 강조되었기 때문이다.

인식에 따라 오픈북 경영이 대두되었다.

오픈북 경영은 기업이 어떤 과정을 거쳐 이익을 창출하고 근로자의 업무가 기업의 이익창출에 어떻게 기여하는지, 또 기업의 재무상황은 어떠한지를 근로자가 이해함으로써 근로자 스스로 작업상의 문제해결, 생산성과 효율성 향상, 비용절감, 소비자 만족을 위한 방안 마련에 적극 동참하고 창조성을 발휘할 수 있는 계기를 마련하기 위해 시도된다. 기업의 입장에서는 단순한 위기관리가 아닌 지속적 성장에 필요한 경영혁신을 꾀하려는 목적으로 활용된다.

OBM경영이 제대로 수행되기 위해서는 근로자 모두가 기업의 운영현황에 관련된 정보를 쉽게 접하고, 정확히 이해할 수 있도록 교육하여 기업의 전략과 일치된 방향으로 자신의 업무를 연계하고 스스로 응용할 수 있게 해야 한다. 또, 근로자에게 실질적인 권한을 부여하여 주인의식을 갖게 하고, 기업의 성공에 대한 보상이 근로자에게 돌아갈 수 있는 공정하고 실질적인 보상 시스템을 구축하여 지속적인 동기부여가 가능하도록 해야 한다.

OBM경영과 달리 가치중심경영(VBM)은 기업경영의 최우선순위를 가치창출에 두는 것을 뜻한다. 경영의 초점을 매출액 증대나 시장점유율 확대, 단순한 적정이익 확보에 두는 것이 아니라 중·장기적 가치에 초점을 두는 것이다. 가치중심경영은 특히 진정한 이익이라고 할 수 있는 '현금흐름(cash flow)'을 장기적으로 최대화하는 것을 목표로 한다.   이를 위해서는 미래의 현금흐름 예상치를 현재의 가치로 계산해 경영관리지표로 만들어야 하는 만큼 가치경영은 기업의 성과측정과 의사결정과정을 명확히 하는 효과를 가져다주기도 한다.

요컨대 기업경영의 근본으로 돌아가 외형적 성장이나 장부상의 이익이 아니라 실질적 이익이 나도록 경영을 혁신시킨다는 것이 가치중심경영의 기본개념이다. 이렇듯 오픈북 경영과 가치중심경영에서도 회계는 매우 중요한 관리 언어임에 틀림없다.

2. 회계 프로세스의 이해

회계는 기업을 발전시키고 관리하는 데 매우 중요한 정보인바, 이러한 회계정보가 어떻게 만들어지는지에 대한 프로세스를 이해할 필요가 있다. 오늘날에는 자동화가 너무 잘되어 있어서 전표만 입력하면 그 이후 단계는 자동으로 진행되기 때문에 회계담당자라고 하여도 그 과정에 대하여 잘 알고 있는 경우가 많지 않다.

그러나 회계에 관련된 프로세스를 이해하여야만 제시된 회계자료가 어떤 의미를 갖고 있으며 제시된 재무제표에 어떤 취약점이 있을 수 있는지 알 수 있기 때문에 회계 프로세스에 대한 이해가 필수적이다. 회계 프로세스는 크게 거래의 파악, 거래에 대한 분개, 계정별 원장의 작성 그리고 재무제표 작성 절차를 거친다.

1) 거래의 파악

재무제표가 만들어지는 회계 프로세스를 이해하기 위해서는 먼저 회계의 출발점인 거래를 먼저 이해하여야 한다. 회계상 거래에는 다음과 같은 것들이 있다.

(1) **교환거래**: 수익이나 비용이 발생하지 않고 자산, 부채 및 자본을 증감시키는 거래. 예를 들어 현금으로 차량을 구입하거나 자본 증자를 할 경우 등을 들 수 있다.

(2) **손익거래**: 자산, 부채 및 자본의 증감이 수익이나 비용의 발생에 따라 일어나는 거래. 예를 들어 예금이자를 현금으로 받으면 '현금'이라는 자산이 증가하고, '이자수익'이라는 수익이 발생한다.

(3) **혼합거래**: 교환거래와 손익거래가 동시에 발생. 예를 들어 장부가액이 3백만 원인 차량을 현금 5백만 원을 받고 매각하였을 경우 현금이 수취되고 차량은 양도되며 차량처분이익 2백만 원이 실현되는 혼합거래다.

2) 거래의 예시

(1) 차량을 2천5백만 원에 구입하기로 계약하다

본 거래의 경우에는 회계상 인식할 거래가 없다. 왜냐하면 자산이 기업에 유입되거나 유출된 거래가 없기 때문이다. 물론 계약에 따른 법적 의무사항은 발생할 수 있으나 회계상 거래는 없다.

(2) 급여 3백만 원이 지출되다

본 거래는 현금이라는 자산이 기업 외부로 유출된 것으로 회계상의 거래로 인식된다. 또한 유출된 현금이 급여의 대가로 지급된 것으로 비용이 발생하였음을 의미한다.

(3) 여비로 10만 원을 지급하다

본 거래는 현금이라는 자산이 기업 외부로 유출된 것으로, 회계상의 거래로 인식된다. 또한 유출된 현금이 여비의 대가로 지급된 것으로 비용이 발생하였음을 의미한다. 상기 제시된 거래처럼 회계 프로세스의 첫 출발점은 회계로 인식될 거래를 분간하는 것이다. 이러한 거래가 파악되었으면 이를 복식부기 방법을 사용하여 거래를 분개하는 과정을 거친다.

분개(分介)라 함은 파악된 회계 거래를 회계구조로 받아들이기 위하여 회계적인 용어를 사용하여 분류하는 과정을 의미한다. 이 과정이 회계 프로세스에서 가장 중요하다. 오늘날의 전산환경시스템에서는 분개만 잘 수행된다면 그다음 과정은 자동으로 이루어져 재무제표 작성까지 일사천리로 수행된다.

그러나 본서의 목적이 회계 프로세스를 파악하기 위한 것인바, 수작업에 의한 회계 프로세스를 설명한다. 오늘날의 전산환경시스템은 너무 잘 구축되어 있어서 그에 대한 부정적인 측면도 부각되고 있다.

부정적인 측면이란 실무진을 포함한 관리자들이 회계정보 산출의 중간과정에 대하여 잘 알지 못한다는 것이다. 그 폐단은 복잡하게 설정된 전산환경시스템에 대한 이해 가능성이 떨어진다는 점과 회계정보가 우연이나 고의에 의하여 오염될 가능성이 있다는 것이다. 그리고 오염된 정보가 어떤 검증 과정도 없이 그대로 통용될 위험이 있다는 것이다.

현실적으로 대기업에 구축된 SAP이나 ORACLE 등에 의해 구축된 전산환경시스템을 제대로 이해하는 사람이 많지 않다. 이러한 이유로 전산환경이 고도로 복잡하게 구축된 시스템은 전산 처리 자료의 망라성과 일관성을 수작업으로 검증할 필요가 있으며, 후술하는 통계적 방법을 통한 개별 거래에 대한 검증이 필요하다.

3) 분개의 실행

(1) 분개란 어떤 거래가 발생하면 해당 계정과목의 차변과 대변에 얼마씩 기록할 것인가를 결정하고 기록하는 것을 말한다. 예를 들어 책상을 50만 원에 현금 구입했을 경우 이 거래를 파악하고 분개하면 다음과 같다.

거래의 파악 : 자산 간의 교환거래	
분개 : 차변) 비품(책상) 500,000	대변) 현금 500,000

간단하게 보이지만 위의 분개에는 심오한 철학적 바탕이 깔려 있다. 즉 무엇인가를 받기 위해서는 무엇인가를 희생하여야 한다는 것이다. 역으로 무엇인가를 희생하였다면 그 반대로 받는 것이 있다는 것을 의미한다. 위의 예에서 책상을 얻기 위해서는 그에 상당하는 현금의 유출이 반드시 발생한다는 것이다. 만일에 현금의 유출이 있었음에도 기업에 들어오는 것이 없거나 적다면 그것은 오류나 부정이 발생한 것이 된다.

이처럼 유입되는 것이 있으면 유출되는 것이 있다는 철칙은 회계에서 움직일 수 없는 진리다. 이러한 진리를 회계학적으로 표시하기 위하여 '차변'과 대변이라는 용어를 사용한다. 이러한 용어 대신에 '차변'은 '왼쪽', 대변은 '오른쪽'이라고 표현하여도 아무런 문제가 없다. 그러나 차변과 대변이라는 용어는 500년 넘게 사용되어온 용어이므로 굳이 이를 부인할 이유는 없다고 하겠다.

거래를 파악하고 이를 체계적인 회계구조로 파악하여 기업과 조직의 성과를 측정하기 위해서는 최소한의 전문용어와 최소한의 법칙은 당연히 수용하여야 할 것이다. 차변과 대변은 그러한 최소한 전문용어의 중요한 하나다. 다음은 분개의 법칙이 있다. 이것도 그리 복잡하지 않은 다음과 같은 것들이다.

(2) 분개의 법칙

우리가 사용하는 재무상태표와 손익계산서는 자산, 부채, 자본, 수익, 비용의 5가지로 구성된다. 자산은 예금이나 차량 등의 적극적 재산으로서 이를 처분하면 기업에 현금의 유입이 발생할 수 있는 재산을 의미하며, 부채는 미지급금과 은행차입금 등의 채무로서 언젠가는 기업에서 현금의 유출이 발생할 의무를 의미하고 자본은 자산과 부채의 차이를 말한다. 수익은 기업에 현금의 유입을 가져오는 거래이며, 비용은 기업으로부터 현금의 지출을 가져오는 거래를 말한다. 재무제표를 구성하는 요소의 특징에 따라 분개는 다음과 같은 5가지 법칙이 있다.

① 자산의 증가는 차변에, 자산의 감소는 대변에
② 부채의 감소는 차변에, 부채의 증가는 대변에
③ 자본의 감소는 차변에, 자본의 증가는 대변에
④ 수익의 감소는 차변에, 수익의 발생은 대변에
⑤ 비용의 발생은 차변에, 비용의 감소는 대변에

4) 장부의 작성

(1) 분개장의 작성

거래를 파악하고 파악된 거래를 분개의 법칙에 따라 분개하여 기록하여 집계한 것이 분개장이 된다. 따라서 분개장에는 한 기업의 모든 거래가 일자별로 망라되어 있으며 분개장만 정확히 작성된다면 오늘날의 전산시스템에서는 거의 자동적으로 재무제표가 완성된다.

(2) 전기

거래를 분개한 다음에는 분개 내역을 분개장이라는 장부에 발생순서대로 기록한다. 재무제표를 산출하기 위해서는 분개장에 기록된 분개를 총계정원장에 설정된 계정계좌로 옮겨 적어야 한다. 이를 '전기(傳記)'라고 하는데 전기란 이와 같이 분개장에 기록된 분개를 총계정원장에 설정된 해당 계좌로 옮겨 적는 것을 말한다.

5) 계정별 원장의 작성

분개장의 거래를 각 계정별로 기록하게 되면 계정별 원장이 만들어진다. 계정별 원장은 분개장에 혼합되어 있는 모든 거래를 같은 종류의 거래끼리 집계하여놓은 것이다. 예를 들어 복리후생비는 복리후생비끼리, 보통예금은 보통예금끼리 일자별로 모아놓은 것이다.

전산환경이 아닌 수작업 환경에서는 분개장의 건별 분개 거래를 참조하여 각 분개의 거래 내용을 해당 계정에 건별로 옮겨 적어야 한다. 엉뚱한 계정에 잘못 옮겨 적으면 재무제표는 엉망이 되고, 해당 계정을 일일이 수작업으로 수정하는 엄청난 작업을 하여야 한다. 불과 약 2, 30년 전만 하여도 그렇게 수작업으로 재무제표를 작성하였다.

그러나 오늘날의 전산환경 하에서는 분개 행위만 틀리지 않게 수행한다면 분개장과 계정별 원장이 자동으로 생성되며, 이에 따른 재무제표가 작성된다. 실수로 계정을 잘못 기록하여도 해당 분개만 수정하면 별다른 절차 없이 수정된 재무제표가 만들어진다.

이렇게 장부가 만들어지면 많은 회계정보를 얻을 수 있다. 특정 매출 거래처에 대한 미수금 현황과 매출 규모를 알 수 있고, 소모품비 계정 원장을 찾아보면 한 기업의 소모품의 사용내역을 일자별로 모두 알 수 있게 되며, 본 소모품비 계정의 하위 계정을 만든다면 부서별로 사용한 소모품비의 내용도 쉽게 파악할 수 있게 된다. 앞서 파치올리가 주장했듯이 한눈에 거래 내용을 파악할 수 있게 된다.

6) 장부의 작성

상기 프로세스에 의하여 주요 장부인 분개장과 총계정원장이 만들어지고, 이 주요 장부 중 총계정원장의 숫자들을 계정별로 집계하면 중요한 재무제표인 손익계산서와 재무상태표가 작성된다. 오늘날에는 재무제표가 가장 중요한 회계자료로 인식되고 있지만, 산업혁명 이전까지는 재무제표는 중요하게 취급되지 않았다.[17] 근대와 현대에 이르러 재무제표가 중요한 회계 자료로 인정된 것이다.

소규모 기업의 경우 주요장부만 작성하다가 기업이 성장하면서 보조원장의 작성이 필요해지며 나아가 기타 보조장부들이 만들어진다. 오늘날에는 모든 것이 전산화되어 분개 전표 작성만 이루어지면 자동으로 재무제표가 작성된다.

그러다 보니 회계담당자들도 회계의 실제 흐름에 대해 잘 알고 있는 사람이 많지 않다. 이로 인하여 회계에 관한 내부통제제도를 구축해놓았으면서도 어디가 취약한지 알기가 어렵고, 오류와 부정이 있음에도 그것을 파악하기가 용이하지 않다. 다음은 일반적인 회사들에서 작성되고 있는 회계장부의 체계다.

---

17 회계사상사 p.93, 마이클 체트필드 지음, 이정호 역, 경문사, 1985

[표– 회계장부의 체계]

주요장부	보조장부		
	보조원장	보조기입장	기타보조장부
분개장 총계정원장	매출처원장 매입처원장 상품재고장 비품대장 주주원장 사채원장	현금출납장 매입장 매출장 투자자산기입장	어음기입장 상품수령장

7) 회계 프로세스의 시사점

회계 거래의 파악부터 장부 작성에 이르기까지 일련의 회계 프로세스는 우리에게 기업을 운영하면서 맞닥뜨리는 재무제표의 실체를 알려준다. 즉 "개별 거래는 무엇인가를 주고 무엇인가를 받는 것으로, 모든 거래는 '쌍(pair)'으로 발생하며 파트너 관계가 있다."는 것이며 "재무제표는 개별 거래들을 계정별로 체계적으로 모아놓은 것"이라는 것이다.

따라서 재무제표상의 어느 계정이 궁금하다고 생각되면 해당 계정의 계정별 원장을 파악하면 그 해답을 알 수 있으며, 모든 거래는 해당 파트너가 있으므로 한쪽의 진실을 알고 싶다면 반대쪽의 진실을 검증함으로써 거래의 합리성을 검증할 수 있다는 것이다. 예를 들면 중고차량을 천만 원을 주고 구입하였을 때 본 거래의 합리성을 검증하기 위해서는 다음의 과정을 거치면 된다.

거래의 파악: 중고차량을 현금 1천만 원을 지급하고 구매하다.

분개: 차변) 차량　10,000,000　　　　　　대변) 현금　10,000,000

거래의 유출가치: 현금 10,000,000원

거래의 유입가치: 중고차량 10,000,000원

여기서 거래의 유출가치 현금 천만 원은 원화 화폐경제하의 한국 땅에서는 자명한 사실이다. 그러나 거래의 유입가치 중고차량 천만 원은 자명하지 않다. 과연 상기 거래가 정상적인 거래인지 판단하기 위해서는 중고차량 천만 원의 가치를 합리적으로 검증할 수 있는 수단이 필요하다.

만일 상장 주식시장에서처럼 A라는 회사의 주식을 만 원에 구입하였다면 이는 시가로서 의문의 여지 없이 거래 당시의 A사의 주식 가치는 만 원이며, 우리가 지불한 현금 만 원과 똑같다고 할 수 있다. 이렇게 공개 주식시장에서 거래되는 시가만큼 명백하지는 않지만 기업에서 발생하는 개별 상품이나 서비스에는 공정한 가치, 즉 시가가 있게 된다.

위의 중고자동차의 경우에도 중고시장이 존재한다면 그에 대한 시가를 획득할 수 있게 된다. 구매한 차량의 시가가 중고자동차 시장에서 950만 원이라면 다음의 부등식이 성립할 것이다.

> 유출된 가치: 현금 10,000,000원 〉 유입된 자동차 가치 9,500,000원

이 거래는 유출된 가치보다 유입된 가치가 작아 손실을 초래한 거래임을 알 수 있다. 만일 반대로 구매된 자동차의 중고자동차 매매시장에서의 가치가 1,050만 원이라면 다음의 부등식이 성립한다.

> 유출된 가치: 현금 10,000,000원 〈 유입된 가치: 자동차 10,500,000원

이 거래는 유출된 가치보다 유입된 가치가 더 커서 이익이 발생한 거래임을 알 수 있다.

기업은 계속적으로 이익을 창출하여야 발전할 수 있다. 거래를 한다 함은 이익을 남기고, 즉 유입가치가 유출가치보다 커야 한다는 것이다. 여기서 다음과 같은 거래(기업)의 생존부등식이 성립한다.

> 거래(기업)의 생존부등식: 유입가치 〉= 유출가치

3. 회계의 기본적 개념 및 흐름

기업을 가치(價値)의 집합이라고 단순화하여 표현할 수 있다면 기업의 모든 활동은 가치의 유입과 가치의 유출이라고 단순화할 수 있다. 회계의 기본 개념은 기업을 둘러싸고 있는 주변환경과의 가치(價値)의 교환에 대한 기록이라고 할 수 있다.

1) 가치교환의 기록

회계의 기본 개념은 기업이 주변환경과 가치를 교환하는 것을 기록하는 것이라고 할 수 있다. 예를 들어 처음에 100만 원을 출자하여 기업을 만든다고 할 때, 기업이라는 법적인 실체가 생기고 그 기업으로 현금 100만 원이라는 가치가 유입될 것이다. 기업이 설립되기 위하여 처음 발생하는 자본금의 출자는 첫 회계기록이라고 할 수 있다. 이렇게 출자된 자본금은 그냥 갖고만 있어서는 더 큰 가치를 창출할 수 없는바, 더 큰 가치를 창출하기 위해 기업 활동을 수행한다.

54

예를 들어 상품을 취득할 경우 상품을 취득하기 위하여 현금이라는 가치의 유출이 발생하고 그 대가로 상품이라는 가치가 유입된다. 회계는 이러한 가치의 유출과 유입을 기록하는 하나의 방법이다. 본서에서 사용하는 가치는 주로 교환가치로 이해하면 된다. 가치에는 크게 교환가치와 사용가치가 있다.

영국의 고전학파 경제학의 시조인 애덤 스미스는 그의 저서 『국부론』에서 가치에는 사용가치(value in use)와 교환가치(value in exchange)의 2가지가 있는데, 사용가치란 재화를 사용하여 얻는 효용을 의미하며 교환가치란 소유하고 있는 재화가 그 밖의 재화에 대해 가지는 구매력을 의미한다고 진술하고 있다. 그리고 물과 다이아몬드의 예를 들어 이들 2가지 가치가 서로 같지 않을 뿐만 아니라 경우에 따라서는 상호 모순될 수도 있음을 설명하고 있다.

살아가는 데 물만큼 유용한 것이 없음에도 불구하고 물을 가지고 무엇인가를 사는 일은 쉽지 않다. 즉, 물은 사용가치는 높지만 교환가치는 작다. 이에 반해 다이아몬드는 사용가치는 거의 없지만 교환가치는 매우 높다. 회계에서 사용하는 가치는 거의 모두 교환가치다. 물론 회계에서도 사용가치가 있다. 예를 들어 감가상각이 다 끝나고 다른 용도에는 사용할 수 없는 기계의 경우 교환가치는 매우 작을 수 있지만 해당 기업에서의 사용가치는 높을 수 있다. 그리고 대부분 교환가치에는 사용가치가 공존하고 있다.

2) 가치의 흐름

유입된 상품이라는 가치는 원가에 이익이 부가된 매출로 판매된다. 즉 100만 원의 원가로 유입된 상품가치에 이익 30만 원이 가산되어 매출이라는 과정을 거쳐 더 큰 가치인 130만 원의 현금 가치가 될 수 있다. 회계는 모든 가치가 기업이라는 경계를 통과하는 순간을 포착하여 기록하는 것이다. 기업에서 유출되는 가치보다 더 많은 가치가 유입되는 기업은 점점 더 성장할 것이며, 유입되는 가치보다 더 많은 가치가 유출되는 기업은 점점 쇠퇴할 것이다.

앞에서 언급된 가치의 유입과 유출을 회계적으로 정리하면 다음과 같다.

자본금 출자	100만 원: 현금 100만 원 가치 유입과 출자증서 100만 원 유출
상품구입	100만 원: 상품 100만 원 가치 유입과 현금 100만 원 가치 유출
매출	130만 원: 현금 130만 원 가치 유입과 상품 100만 원 가치 유출

위의 거래를 가치와 시간의 공간에 회계 형식으로 표시하면 다음과 같다.

[그림– 시간과 가치의 관계]

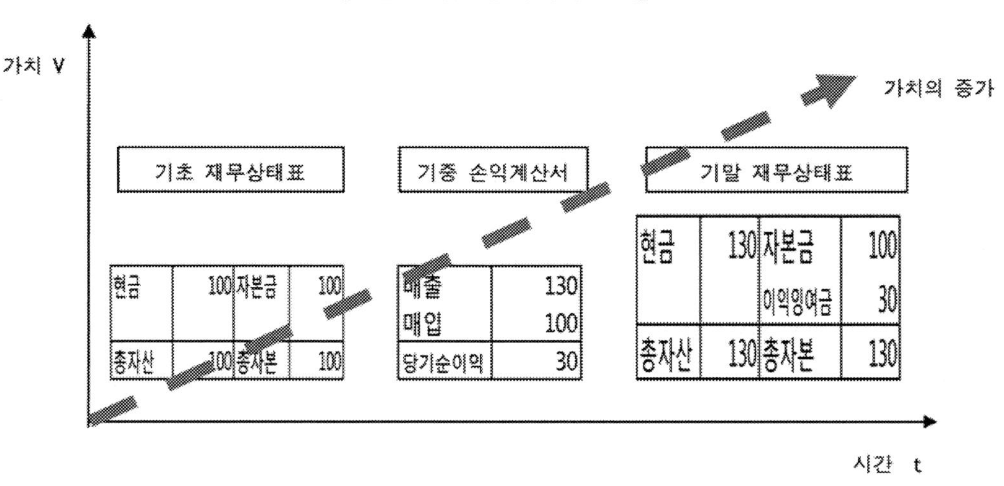

그림은 기초 가치 100만 원에서 기중 흐름을 거쳐 기말 가치 130만 원이 되는 과정을 시간과 가치의 증가로 나타내고 있다. 본 예에서는 단순한 거래를 가정하여 개념만 소개하였다. 그러나 복잡한 대량 거래의 경우에도 기본 개념은 동일하다. 단지 재무상태를 구성하는 자산과 부채, 자본이 보다 다양하게 구성되고 기중의 손익계산서를 구성하는 항목이 많아진다는 점이 다르다.

회계의 흐름은 거래에 관련된 가치의 흐름을 효율적으로 파악하고자 하는 것이다. 거래가 발생하면 그에 따라 일정한 원칙에 따라 기록하고, 기록한 거래를 유사한 항목끼리 집계하고, 이를 바탕으로 손익계산서가 작성되고. 기말의 재무상태를 파악할 수 있는 재무상태표가 작성된다.

3) 가치교환의 결과 예시

다음은 한 외부감사 대상 회사인 ㈜CNU상사의 재무상태표(과거에는 대차대조표라고 함)이다. 많은 자산계정과 부채계정 그리고 자본계정으로 구성되어 있음을 알 수 있다. 재무상태표에서 자산과 부채, 자본은 계정별로 집계되어 표시되어 있다. 계정별로 집계되어 표시되었다는 것은 그 자체만으로도 큰 의미를 갖고 있다.

[표- ㈜CNU상사의 재무상태표, 자산]

(단위: 원)

과 목	제 10(당)기		제 9(전)기	
	금 액		금 액	
자 산				
Ⅰ. 유 동 자 산		13,356,435,738		12,495,706,763
(1) 당 좌 자 산		13,356,435,738		12,495,706,763
현 금		4,615,443		14,412,451
보 통 예 금		1,161,794,427		1,859,659,006
정 기 예 . 적 금		3,500,000,000		3,558,784,266
외 화 예 금		193,112,334		54,480,025
외 상 매 출 금	2,438,291,735		2,127,959,904	
대 손 충 당 금	233,893,901	2,204,397,834	233,893,901	1,894,066,003
단 기 대 여 금	4,348,129,849		2,422,684,931	
대 손 충 당 금	24,000,000	4,324,129,849	24,000,000	2,398,684,931
미 수 수 익		643,387,060		424,231,129
미 수 금		146,383,299		327,256,447
선 급 비 용		430,000		707,200
가 지 급 금		337,728		0
부 가 세 대 급 금		9,366,967		0
선 납 세 금		211,360,360		0
주 . 임 . 종 단 기 채 권		915,800,305		1,963,425,305
전 도 금		41,320,132		0
(2) 재 고 자 산		0		0
Ⅱ. 비 유 동 자 산		5,703,847,659		5,436,445,694
(1) 투 자 자 산		5,304,330,252		5,052,330,252
장 기 성 예 금		1,703,127,753		1,451,127,753
투 자 유 가 증 권		2,498,088,439		2,498,088,439
회 원 권		1,103,114,060		1,103,114,060
(2) 유 형 자 산		114,384,321		157,921,826
토 지		14,858,963		14,858,963
건 물	103,029,958		103,029,958	
감 가 상 각 누 계 액	62,853,615	40,176,343	19,318,110	83,711,848
차 량 운 반 구			59,545,190	
감 가 상 각 누 계 액			59,543,190	2,000
비 품	293,907,863		293,907,863	
감 가 상 각 누 계 액	241,477,899	52,429,964	241,477,899	52,429,964
시 설 장 치	95,085,500		95,085,500	
감 가 상 각 누 계 액	88,166,449	6,919,051	88,166,449	6,919,051
(3) 무 형 자 산		0		0
(4) 기 타 비 유 동 자 산		285,133,086		226,193,616
임 차 보 증 금		146,227,270		128,851,800
기 타 보 증 금		138,905,816		97,341,816
자 산 총 계		19,060,283,397		17,932,152,457

예를 들어 자산계정 중 정기예금 35억 원이 있어 기업의 당장의 가용 자금이 적지 않음을 나타내고, 매출채권 계정 2,438백만 원은 가까운 시일 안에(길어야 1년) 현금 유입이 있을 것을 의미한다. 또한 투자자산은 53억 원이 투자되어 있어 ㈜CNU상사의 총자산 190억 원 중 28%가 회사의 주 업종 이외의 유가증권과 장기성 예금에 투자되고 있음을 보여주고 있다. 상기의 재

무제표 구성은 재무구조가 건실한 중소기업의 한 예다.

이렇게 재무상태표의 각 계정은 각각의 고유한 특징을 갖고 있으며, 기업의 재무상태를 적정하게 나타내는 데 필수적이다. 그러므로 각 계정이 실질적으로 정확하게 기록되어야 함은 필수적이다. 만일 각 계정의 금액이 과대 또는 과소하게 기록된다면 기업의 재무제표는 신뢰할 수 없게 되며 기업은 불확실성에 직면할 것이다. 이러한 불확실성은 기업의 존속과 발전에 위험으로 작용한다.

[표- ㈜CNU상사의 재무상태표, 부채 / 자본]

과 목	제 10(당)기 금 액	제 9(전)기 금 액
부　　　　　채		
Ⅰ. 유 동 부 채	556,899,614	708,122,668
미 지 급 금	143,832	0
예 수 금	153,699,655	144,196,665
부 가 세 예 수 금	112,628,186	111,372,711
가 수 금	17,470	0
미 지 급 세 금	0	42,098,413
미 지 급 비 용	290,410,471	410,454,879
Ⅱ. 비 유 동 부 채	24,669,016	317,941,117
퇴 직 급 여 충 당 부 채	24,669,016	317,941,117
부 채 총 계	581,568,630	1,026,063,785
자　　　　　본		
Ⅰ. 자 본 금	1,500,000,000	1,500,000,000
자 본 금	1,500,000,000	1,500,000,000
Ⅱ. 자 본 잉 여 금	0	0
Ⅲ. 자 본 조 정	0	0
Ⅳ. 기 타 포 괄 손 익 누 계 액	902,500	902,500
투 자 주 식 평 가 이 익	902,500	902,500
Ⅴ. 이 익 잉 여 금	16,977,812,267	15,405,186,172
이 익 준 비 금	123,500,000	58,500,000
미 처 분 이 익 잉 여 금	16,854,312,267	15,346,686,172
(당 기 순 이 익)		
당기 : 2,022,725,996 원		
전기 : 1,631,816,565 원		
자 본 총 계	18,478,714,767	16,906,088,672
부 채 및 자 본 총 계	19,060,283,397	17,932,152,457

부채계정 중 미지급비용 290백만 원은 조만간 기업으로부터 현금유출이 있을 것을 나타낸다. ㈜CNU상사의 부채가 5.8억 원에 불과하여 회사 총자산의 3%에 불과하다. 자기자본 대비 부채비율 역시 3.1%에 불과하여 매우 건실한 재무구조를 보여주고 있다.

㈜CNU상사의 손익계산서는 다음과 같다. 손익계산서는 매출액 계정과 많은 비용계정으로 구성되어 있다. 매출액은 77억 원에서 69억 원으로 전년도에 비하여 감소하였으나 법인세 차

감 전 이익은 20억 원 정도를 유지하고 있다.

재무상태표의 계정들과 마찬가지로 손익계산서의 계정들도 각각의 특징을 갖고 있다. 예를 들어 매출액 6,975백만 원의 경우 기업의 경영성과를 나타내는 가장 중요한 계정으로 외부로 부터의 직접적인 현금흐름을 보여준다.

㈜CNU상사는 예외이지만 일반적으로 기업이 분식을 하게 되는 출발점은 열에 아홉은 매출 부진에서 출발한다. 기업 밖으로 나가야 하는 가치의 유출은 일정한데 매출을 통한 가치의 유입이 축소된다면 이를 감추기 위하여 비정상적인 방법으로 가공매출을 계상하는 등의 방법으로 기업의 재무제표를 왜곡하게 되는 것이다.

[표- ㈜CNU상사의 손익계산서]

(단위: 원)

과 목	제 10 (당)기		제 9 (전)기	
	금 액		금 액	
Ⅰ. 매　　　　출　　　　액		6,975,292,924		7,741,075,868
운　송　주　선　수　입	6,975,292,924		7,741,075,868	
Ⅱ. 매　　　출　　　원　　　가		0		0
Ⅲ. 매　　출　　총　　이　　익		6,975,292,924		7,741,075,868
Ⅳ. 판　매　비　와　관　리　비		5,382,685,442		6,705,742,680
직　　원　　급　　여	2,404,607,294		2,324,142,550	
상　　　여　　　금	712,311,120		1,700,187,876	
퇴　　직　　급　　여	246,754,864		348,659,241	
복　　리　　후　　생　　비	460,796,433		464,902,017	
여　　비　　교　　통　　비	132,709,709		132,850,363	
접　　　대　　　비	458,323,964		516,974,616	
통　　　신　　　비	51,710,058		58,189,818	
수　　도　　광　　열　　비	2,498,570		2,784,820	
세　　금　　과　　공　　과　　금	57,490,296		56,490,630	
감　　가　　상　　각　　비	43,535,505		61,756,815	
지　　급　　임　　차　　료	250,668,000		250,668,000	
보　　　험　　　료	65,964,800		45,975,091	
차　　량　　유　　지　　비	224,281,462		177,288,321	
운　　　반　　　비	2,339,500		3,005,800	
교　　육　　훈　　련　　비	13,707,046		11,920,000	
도　　서　　인　　쇄　　비	15,115,590		14,059,663	
소　　모　　품　　비	28,684,674		31,203,734	
지　　급　　수　　수　　료	194,836,253		165,720,844	
광　　고　　선　　전　　비	3,209,091		3,953,091	
대　　손　　상　　각　　비	0		161,578,900	
건　　물　　관　　리　　비	2,659,400		1,846,090	
운　송　주　선　수　수　료	10,481,813		152,246,400	
문　　화　　접　　대　　비	0		19,338,000	
Ⅴ. 영　　　업　　　이　　　익		1,592,607,482		1,035,333,188
Ⅵ. 영　　업　　외　　수　　익		665,103,056		1,340,767,794
이　　자　　수　　익	542,881,655		539,854,193	
외　　환　　차　　익	35,307,306		114,384,895	
대　　손　　충　　당　　금　　환　　입	0		562,500,000	

과목	당기		전기	
외 화 환 산 이 익	0		21,043,304	
유 형 자 산 처 분 이 익	16,816,182		22,270,726	
잡 이 익	70,097,913		80,714,676	
Ⅶ. 영 업 외 비 용		234,984,542		281,201,869
이 자 비 용	13,150,684		0	
외 환 차 손	100,071,193		158,523,855	
기 부 금	35,652,930		31,549,680	
기 타 의 대 손 상 각 비	0		31,669,520	
외 화 환 산 손 실	86,109,579		126,112	
투 자 증 권 손 상 차 손	0		59,319,561	

또한 지급계정인 직원급여 2,404백만 원은 기업의 직원급여로 지출되어 전년 대비 약간 증가하였음을 보여주고 있다. 마찬가지로 상여금은 714백만 원 지출되어 전년도 대비하여 약 10억 원 정도 감소하였음을 알 수 있다. 이렇게 정상적인 회계처리를 통하여 생성된 재무제표는 회사의 경영에 대한 정보를 포함한다.

아래의 영업외수익과 영업외비용은 기업의 주된 영업이 아닌 기업의 재무적 성과 등을 보여준다. 영업외손익은 기업의 주된 영업에 의한 직접적인 결과는 아니지만 주된 영업의 간접적인 성과를 알려준다.

만일 즉각적으로 한 기업의 재무상태와 경영성과의 단면도를 보고 싶다면 그 회사의 이자수익과 이자비용을 비교하여보면 된다. ㈜CNU상사는 이자수익이 542백만 원, 이자비용이 13백만 원임을 보여주고 있다. 이자수익이 많다는 것은 그만큼 은행에 예금계좌가 많다는 것이며, 지급이자가 적다는 것은 차입금 등의 부채가 적다는 것을 의미하기 때문이다. 주된 영업의 성과는 회사의 영업외손익에 간접적으로 영향을 미치기 때문이다. 본 예시의 회사는 건실한 기업임을 한눈에 알 수 있다. 영업외수익과 영업외비용만 따로 분리하여 보면 다음과 같다.

과 목	제 10 (당)기		제 9 (전)기	
	금 액		금 액	
Ⅴ. 영 업 이 익		1,592,607,482		1,035,333,188
Ⅵ. 영 업 외 수 익		665,103,056		1,340,767,794
이 자 수 익	542,881,655		539,854,193	
외 환 차 익	35,307,306		114,384,895	
대 손 충 당 금 환 입	0		562,500,000	
외 화 환 산 이 익	0		21,043,304	
유 형 자 산 처 분 이 익	16,816,182		22,270,726	
잡 이 익	70,097,913		80,714,676	
Ⅶ. 영 업 외 비 용		234,984,542		281,201,869
이 자 비 용	13,150,684		0	
외 환 차 손	100,071,193		158,523,855	
기 부 금	35,652,930		31,549,680	
기 타 의 대 손 상 각 비	0		31,669,520	
외 화 환 산 손 실	86,109,579		126,112	
투 자 증 권 손 상 차 손	0		59,319,561	
유 형 자 산 처 분 손 실	0		13,000	
잡 손 실	156		141	

Ⅷ. 법 인 세 차 감 전 이 익		2,022,725,996		2,094,899,113
Ⅸ. 법 인 세 등		0		463,082,548
법 인 세 등	0		463,082,548	
Ⅹ. 당 기 순 이 익		2,022,725,996		1,631,816,565

만일에 오류와 부정으로 인하여 손익계산서의 계정들이 정확하지 않다면 이는 기업의 경영성과를 잘못 표시할 것이며, 이는 기업의 경영성과를 왜곡할 것이다. 예를 들어, 인건비의 실제 금액이 이중 지급 등의 오류로 인하여 장부상 금액과 다른 2,304백만 원이었다면 장부상의 금액 2,404백만 원과의 차액 100백만 원은 오류와 부정에 의한 기업의 손실이 될 것이다. 다른 손익계정의 경우에도 똑같은 오류와 부정이 발생할 수 있다.

4. 회계구조(계정)의 파악

앞의 ㈜CNU상사의 재무상태표와 손익계산서를 바탕으로 내부통제 상의 오류와 부정을 검사하기 위해서는 개별 기업의 회계에 대한 이해와 거래 흐름의 파악, 아울러 재무제표의 각 계정을 구성하고 있는 거래의 집합들에 대한 분석이 필요하다. 과거 이집트 파라오 시대의 회계 책임자는 모든 거래에 대하여 빠짐없이 감독하고 체크하여 부정과 오류를 방지하였다.

그러나 오늘날과 같이 엄청난 거래의 홍수 속에서 모든 거래를 vouching 테스트[18]할 수는 없다. 여기서 통계적 감사 기법이 필요하며, 이를 위하여 계정에 대한 분석이 필요하다. ㈜CNU상사의 회계구조를 파악하기 위해 다음의 절차를 취한다.

1) 분개장의 입수

기업이 사용하고 있는 계정을 분석하는 첫 단계는 기업의 주요 장부인 분개장(엑셀파일 형식)을 입수하는 것이다. 예외적인 경우를 제외하고는 분개장에는 기업의 모든 거래가 망라되어 있으며, 오늘날의 컴퓨터 전산회계시스템하에서는 분개만 정확히 입력된다면 이로부터 기업의 재무제표가 생성되는 것은 모두가 알고 있는 사실이다.

---

[18] vouching test: 준거 테스트. 이는 기업의 재무제표에 반영된 기록이 실제로 존재하는지를 확인하는 방법이고 자산이나 이익의 발생이 실제로 있었는지, 과대 계상되지는 않았는지, 기업의 재무제표에서 출발해서 원시데이터로 가는 방법으로 vouching이라고 하며, 실재성(existence) 검사에 사용함.
반면에 완전성 테스트(completeness test)는 피감사회사의 모든 원시거래가 모두 그 회사의 재무제표에 반영되어 있다는 것을 테스트하는 것을 의미하며, 통상 source data에서 accounting data(F/S 혹은 I/S)로 감사함.
예를 들어 회사의 상품매출이 적정한지를 검토하기 위하여 상품매출에서 표본을 추출하여 이에 대한 재고가 실제로 출고되었는지를 상품수불부에서 파악하는 것은 vouching test가 될 것이며, 반대로 회사의 상품수불부에서 출고된 재고를 표본추출하여 이 상품이 상품매출로 계정처리 되었는지를 파악하는 것은 완전성 테스트가 됨.

오늘날의 전산시스템은 그 자체가 하나의 블랙박스화되어 가고 있어 점점 더 이해 가능성이 떨어지고 있다. 왜냐하면 거래의 흐름을 과거처럼 추적하기가 용이하지 않기 때문이다. 과거에는 수기로 작성되고 수기로 승인된 전표가 있어서 이에 첨부된 증빙 서류를 찾아 거래의 적정성을 판단하기가 용이하였다.

그러나 오늘날 전표는 모두 자동분개 절차에 따른 전산상의 전표로 처리되고 관련 증빙은 따로 관리되는 경우가 대부분이다. 따라서 대부분의 자료가 전산시스템 내에 전자자료로 존재하게 되어 자료에의 접근이 전체 전산시스템을 정확히 파악하지 않고는 추적하기가 쉽지 않다.

따라서 전산시스템상의 자료를 눈에 보이는 엑셀파일로 분석하는 것은 많은 의미를 갖고 있다. 엑셀파일 형식의 분개장은 기업의 거래를 분석하는 데 매우 유용한 자료다. 오늘날의 모든 회계 프로그램은 엑셀 형식으로 다운받을 수 있다. 엑셀 형식은 지원되지만 회계 프로그램에 따라서는 적발감사 목적에 맞게 수동으로 변환해주어야 하는 경우도 있다.

기업 규모에 따라 분개장에는 분개 건수가 수만 건에서 수십만 건에 이르기까지 다양하다. 물론 대기업의 경우는 몇백만 건의 거래 건수를 갖지만, 그럼에도 불구하고 엑셀파일은 우리가 사용하기에 따라 거래분석을 효율적으로 만들어준다. 세부적인 사항은 적발감사의 세부 수행 단계에서 설명하기로 한다.

2) 분개장의 분석

본격적인 감사 수행을 위하여 해당 기업의 회계구조를 분석하여야 한다. ㈜CNU상사의 경우, 재무상태표는 계정 사용 개수가 보통예금 계정을 비롯한 23개의 계정을 사용하고 있으며, 손익계정은 매출계정을 비롯하여 28개의 계정을 사용하여 총 51개의 계정을 사용하고 있다.

즉, ㈜CNU상사는 자신들의 모든 활동을 51개의 계정(활동)으로 분류하여 정리하고 있다고 할 수 있다. 51개의 계정 중에는 당연히 중요도가 계정마다 다를 수 있다. 내부통제제도에서 중요한 거래는 외부와의 가치교환이 일어나는 거래다. 예를 들어 제조업의 경우 원자재의 구매는 가치의 교환이 외부와 빈번하게 일어나는 계정이다.

㈜CNU상사의 회계구조를 분석하기 위하여 회사에서 사용하는 계정의 수와 사용빈도수를 엑셀 자료에서 구하면 다음과 같다. 회사에서 가장 많이 사용하는 계정은 재무상태 계정의 미지급비용 계정으로 1년 동안 총 5,971회의 사용을 기록하고 있다. 다음으로 많이 사용되는 계정은 외상매출금 계정으로 1년간 총 1,608회 사용되었다. 아래 표에는 1년 동안 사용된 계정별 거래 총 건수가 나타나 있다. 1년간 총 14,975건의 거래가 기록되었다. 이러한 거래 건수는 다른 업종의 매출 규모와 비교할 때 매우 적은 편이다. 거래 건수는 매출 규모와 자산 규모가 증가함에 따라 증가한다.

[표- ㈜CNU상사의 계정별 연간 발생 건수 집계(일부)]

연번	계정과목명	년발생건수	발생비율	월발생건수	일발생건수
1	미지급비용	5,971	39.9%	498	20
2	외상매출금	1,608	10.7%	134	5
3	여비교통비	1,314	8.8%	110	4
4	보통예금	1,124	7.5%	94	4
5	운송주선수입	848	5.7%	71	3
6	차량유지비	628	4.2%	52	2
7	전도금	519	3.5%	43	2
8	부가세대급금	513	3.4%	43	2
9	부가세예수금	499	3.3%	42	2
10	소모품비	267	1.8%	22	1
11	예수금	266	1.8%	22	1
12	통신비	260	1.7%	22	1
13	지급수수료	257	1.7%	21	1
14	외화예금	222	1.5%	19	1
15	잡이익	84	0.6%	7	0
16	복리후생비	70	0.5%	6	0
17	보험료	65	0.4%	5	0
18	가지급금	52	0.3%	4	0
19	이자수익	43	0.3%	4	0
20	장기성예금	36	0.2%	3	0
21	기타	329	2.2%	27	1
	합계	14,975	100.0%	1,248	41

연간 계정별 사용 건수를 분석함에 있어 사용 빈도수가 많다고 적발감사상 더 중요한 것은 아니며, 각 계정의 특성을 분석하여 검토할 필요가 있다. 예를 들어 미지급비용의 경우 세부내역을 분석하여 보면 다양한 내용들이 포함됨을 알 수 있다. 아래 표는 미지급비용을 랜덤 추출한 결과다.

[표- ㈜CNU상사의 미지급비용 표본추출 리스트]

S.N	DATE	DESCRIPTION	A/C	REFERENCE	DEBIT	CREDIT	RANDOM
1	10-31	식대	미지급비용	00135		24,000	.99992
2	11-12	미지급비용 반제	미지급비용	00138	16,000		.99991
3	05-14	미지급비용 반제	미지급비용	00122	122,000		.99990
4	07-12	미지급비용 반제	미지급비용	00452	15,200		.99989
5	09-10	2011년 장기요양보험료	미지급비용	00124	305,560		.99989
6	09-10	식대외	미지급비용	00517		6,924,000	.99979
7	09-27	싱가폴 출장 (9/9-9/13)	미지급비용	00138		1,129,198	.99967
8	07-23	미지급비용 반제	미지급비용	00518	146,000		.99957
9	12-28	식대외	미지급비용	00524		1,672,720	.99945
10	08-17	유류대	미지급비용	00122		114,000	.99926
11	05-14	직원식대	미지급비용	00139		8,500	.99917
12	06-12	미지급비용 반제	미지급비용	00447	78,000		.99909
13	12-28	시내교통비	미지급비용	00138		3,100	.99901
14	12-12	미지급비용 반제	미지급비용	00133	20,000		.99870
15	07-23	직원 체력단련비	미지급비용	00447		884,000	.99795
16	10-19	유류대	미지급비용	00447		132,000	.99768

17	03-08	미지급비용 반제	미지급비용	00830	1,081,700		.99758
18	06-12	미지급비용 반제	미지급비용	00139	6,500		.99758
19	01-12	미지급비용 반제	미지급비용	00139	12,000		.99754
20	09-11	거래처 접대비 / 법인카드	미지급비용	00121		130,000	.99754
21	11-12	미지급비용 반제	미지급비용	00447	135,000		.99732
22	11-30	거래처 접대비 / 법인카드	미지급비용	00133		855,000	.99730
23	06-25	거래처 접대비 / 법인카드	미지급비용	00447		54,000	.99725
24	12-12	미지급비용 반제	미지급비용	00138	83,500		.99715
25	02-13	미지급비용 반제	미지급비용	00122	5,000		.99704
26	02-21	식대외	미지급비용	00532		1,797,326	.99697
27	10-31	직원 회식대	미지급비용	00138		268,400	.99679
28	02-29	직원 회식대	미지급비용	00135		100,000	.99676
29	08-08	유류대	미지급비용	00452		155,000	.99674
30	02-29	식대외	미지급비용	00524		1,346,660	.99673

미지급비용의 발생 내역은 출장비, 접대비, 회식대, 유류비 등에 대한 것들이다. 따라서 미지급비용을 분석할 경우 관련 손익계정의 분석과 크로스 체크가 될 수 있다. 다음은 거래 건수가 매우 많은 한 상장사의 계정별 건수 집계표다. ㈜CNU상사와 거래 건수에서 크게 차이가 남을 알 수 있다.

매출액 2,700억 원에 자산규모 810억 원인 상장사 A의 경우는 기업 규모가 크고 제조 공정으로 인하여 사용 계정수는 319개에 연간 거래 건수도 283,441건이며, 가장 많이 사용된 계정은 재공품 계정으로 연간 48,848건의 거래가 발생하였음을 알 수 있다. 외부와의 가치교환이 많은 원재료 계정도 연간 34,604건을 기록하고 있음을 알 수 있다.

[표- 상장사 A의 계정별 거래 건수]

연번	계정명	년간발생건수	월발생건수	일발생건수
1	재공품	48,848	4,071	134
2	F.O	44,194	3,683	121
3	원재료	34,604	2,884	95
4	원재료비	26,481	2,207	73
5	매입가계정	12,624	1,052	35
6	제품	10,597	883	29
7	(제조)임가공비(WIP)	10,176	848	28
8	보통예금(원화)	6,796	566	19
9	외상매출금외화(해외)	6,201	517	17
10	미착품물품대	5,789	482	16
11	제품매출원가(수출)	5,110	426	14
12	외상매입금외화자재대(T.T)	4,958	413	14
13	제품매출액수출	4,853	404	13
14	기계장치	4,378	365	12
15	미지급금사원경비	4,052	338	11
16	공구와기구	3,998	333	11
17	부가세대급금	3,555	296	10
18	미지급금업체경비	3,257	271	9
19	외환차손	3,070	256	8
20	외환차익	2,950	246	8
21	지급수수료금융	2,679	223	7
22	단기차입금USANCE(외상매입	2,479	207	7
23	보통예금(외화)	2,435	203	7
24	외상매입금외화자재대(M.L/C)	2,045	170	6
25	원재료타계정유료대체액	1,591	133	4

중략……

310	원재료평가충당금	1	0	0
311	재고자산평가충당금환입	1	0	0
312	재공품평가충당금	1	0	0
313	지분법적용투자주식	1	0	0
314	처분전이익잉여금	1	0	0
315	통화선도거래손실	1	0	0
316	투자자산처분이익	1	0	0
317	투자자산평가손실	1	0	0
318	투자자산평가이익	1	0	0
319	회원권	1	0	0

상장사 A의 경우에는 사용하는 계정수 자체가 많으며, 계정 성격도 매우 다양함을 알 수 있다. 중소기업의 경우에는 사용 계정도 매출채권, 매입채무 등과 같이 눈에 보이고 손에 잡히는 계정만 사용하다가 기업의 규모가 커지고 상장까지 하게 되면 자회사를 두게 되며, 회사의 활동은 지분법 평가 등 약간은 추상적으로 변화해가며 그에 따라 사용하는 계정도 난이도를 높여가게 된다.

기업의 모든 거래는 회계의 흐름에서 보았듯이 빠짐없이 각 계정별로 집계된다. 만일 거래가 발생하였음에도 기업의 장부에 포함되어 기록되지 않으면 바로 부외거래(簿外去來) 문제가 발생하게 된다. 부외거래란 앞의 예에서 상품을 130만 원에 판매하고 이를 장부에 기록하지 않은 것을 말한다. 이러한 오류가 발생하였다면 다음과 같은 불일치가 발생한다.

상품에 대한 재고가 하나도 없음에도 불구하고 매출채권이나 현금이 발생하지 않았다면 이 부외거래는 기말에 재고실사를 통하여 드러난다. 본 예는 극단적인 예이지만, 이러한 사례는 실무상 가장 많이 발생하는 오류 중의 하나다. 이러한 오류를 방지하기 위하여 기업에서는 재고자산에 대한 내부통제제도를 구축하여 통제한다. 상품 출고 담당자는 허락받지 않은 재고의 출고를 통제하게 된다. 또한 오류를 막기 위해 재고자산의 관리에 있어서 정기적으로 재고실사를 실시하게 된다.

기업에 따라서는 이러한 상품에 대한 재고실사를 연 1회 형식적으로 실사하는 것으로 끝내는 기업도 있으나, 이는 오류와 부정을 방치하는 것과 다름없다. 관리가 제대로 이루어지려면 빈번한 출고와 입고가 발생하는 재고자산은 수시로 재고실사를 하여야 하며, 금액적 중요성이 큰 재고자산에 대해서는 적어도 월 1회 정도는 재고실사가 수행되어야 한다.

이러한 재고실사는 상품은 물론이고 비품, 유형자산, 유가증권, 받을 어음 등 기업이 실물로 보관하고 있는 자산들에 대해서는 정기적 또는 비정기적으로 실사를 실시하여야 한다. 입출고가 없는 재고자산이라고 하여도 최소한 연 2회 이상은 재고실사를 실시하여야 하며, 재고실사 시에는 반드시 임원이 주관하여 관리부서의 입회하에 수행되도록 하여야 한다.

그러나 내부통제제도를 2중, 3중으로 하여도 여러 가지 원인으로 오류가 발생한다. 실수에 의한 오류가 발생할 수 있으며, 더 나아가 의도된 부정이 있을 수 있다. 이러한 내부통제상의 부정과 오류를 방지하기 위한 것이 본서의 목표이다. 이를 위하여 통계적 기법을 적용하여 접근할 것이다.

3) 회계구조 파악에 따른 계정의 분석

회계구조 파악을 위하여 분개장을 입수하였으며 분개장을 분석하여 사용되는 계정의 종류와 빈도수 등에 대하여 파악하였다. 앞에서 예시되었던 ㈜CNU상사의 계정별 발생 건수를 다시 예로 들면 총 사용 빈도수는 14,975건이며 분개 건수로 환산하면 약 7,000건의 거래가 있었을 것으로 추산된다. 왜냐하면 분개 건수당 최소 2개의 계정을 사용하여야 하기 때문이다. 이렇게 파악된 계정들은 실제 작성된 재무제표와 그 사용 여부 및 재무제표상 계정의 금액과 일치하는지 여부를 비교하게 된다. 이러한 작업은 차후 적발감사실무 편에서 더 설명될 것이다. 예를 들어 ㈜CNU상사 분개장의 복리후생비 계정이 재무제표에 사용되었는지 그리고 분개장 집계 금액이 손익계산서상의 복리후생비 460,796,433원과 일치하는지 비교되어야 한다.

[표- ㈜CNU상사의 손익계산서]

(단위: 원)

과 목	제 10 (당)기 금 액		제 9 (전)기 금 액	
I. 매　　　출　　　액		6,975,292,924		7,741,075,868
운 송 주 선 수 입	6,975,292,924		7,741,075,868	
II. 매　　출　　원　　가		0		0
III. 매　출　총　이　익		6,975,292,924		7,741,075,868
IV. 판　매　비　와　관　리　비		5,382,685,442		6,705,742,680
직　　원　　급　　여	2,404,607,294		2,324,142,550	
상　　여　　금	712,311,120		1,700,187,876	
퇴　직　급　여	246,754,864		348,659,241	
복　리　후　생　비	460,796,433		464,902,017	
여　비　교　통　비	132,709,709		132,850,363	
접　　대　　비	458,323,964		516,974,616	
통　　신　　비	51,710,058		58,189,818	

5. 리스크 중심의 접근법

국제회계사연맹(IFAC, International Federation of Accountants)은 최근 국제감사기준을 개정하면서 위험중심접근법(RBA, Risk Based Approach)을 채택하고 있다. RBA의 특징은 감사 초기에 기업 및 산업 등에 대한 위험평가를 중요시한다. 위험(risk)은 기업의 여러 가지 사업

활동에 수반되는 보편적인 현상이다. RBA는 감사인이 왜곡 표시 가능성이 높은 계정을 파악하여 직접 테스트하는 데 중점을 둘 것을 요구한다.

위험평가중심접근법(RBA)의 경우, 조직체의 모든 활동을 위험의 관점에서 우선 파악한 후, 그러한 위험을 완화시킬 계획을 검토한다. 반면에 통제평가중심접근법(CBA, Control Based Approach)은 우선 내부통제에 대한 이해를 하고 오류, 부정에 대한 통제위험을 평가한다.

1) RBA의 배경

글로벌 경기 침체에 따른 수요의 감소 추세 속에서 기업은 과거의 이익을 유지하려는 무언의 압력에 처하게 된다. 이러한 압력요인은 매출채권이나 재고자산 회계처리 및 평가에서 경영자로 하여금 왜곡 표시 유혹을 느끼게 한다. 이러한 위험은 내부통제제도의 약화를 가져올 수 있는바, 이러한 위험을 사전에 평가하고 이에 대한 대비를 하여야 한다.

해당 기업의 고유한 사업위험을 파악하고 이로 인한 재무제표의 왜곡 가능성을 파악한 다음 그러한 위험이 표본에 추출되어 평가될 수 있어야 한다. 예를 들어 회사의 매출 감소가 예상될 경우 기업은 매출을 공격적으로 인식할 수 있다. 따라서 이럴 경우에는 분기 말, 특히 연도 말의 매출에 대한 비경상적인 회계처리 등이 표본추출에 포함될 수 있도록 하여야 한다.

2) 정보기술 위험

경기 침체에 따른 내부통제제도 상의 위험 외에도 정보기술에 의한 다음과 같은 위험도 고려되어야 한다. 특히 세 번째 항목의 경우에는 전산시스템의 복잡화에 기인하는 바가 크므로 정보기술담당자가 아닌 임원이나 담당자의 관련 전산시스템에 대한 이해가 필요하다.

① 부정확하게 처리하거나 부정확한 데이터를 처리하는 프로그램에 대한 의존
② 승인받지 않은 데이터에의 접근을 통하여 승인되지 않았거나 발생하지 않은 거래의 기록 또는 부적절한 변경의 위험
③ 정보기술담당자가 자신의 직무수행에 필요한 수준을 넘어서는 특권적인 접근권한을 가지게 됨으로써 업무분장이 와해될 가능성
④ 마스터파일의 승인 받지 않은 변경이 발생할 위험
⑤ 시스템과 프로그램의 승인 받지 않은 변경 위험

3) 위험평가 시 고려사항

어떠한 위험을 평가할 때 다음의 사항을 고려하여야 하며, 이러한 평가는 표본추출 시기에 따라 달리 적용될 수 있다. 즉 제1차 표본추출 시기와 제2차 표본추출 시기에 따라 그 적용이 달라진다.

① 해당 위험이 부정 위험인지 여부

② 거래의 복잡성 여부

③ 해당 위험이 최근의 유의적 경제·회계 또는 기타의 변화와 관련되어 특별한 주의를 요하
   는지 여부

④ 해당 위험이 관련 당사자들과의 유의적 거래와 관련된 것인지 여부

⑤ 측정에 포함된 불확실성 정도

리스크 중심의 접근법(RBA)은 본서의 내부통제 평가와 적발검사에서도 유용하다. 이러한
방법은 한국감사원의 감사 기법에도 활용되고 있으며, 오늘날 외부회계감사에서도 고려되고
있다. RBA에 의한 접근은 감사에 소요되는 비용과 시간을 경제적으로 활용하게 하며 감사의
효율성을 높여준다.

6. 장부외(帳簿外) 거래

공식적인 회계구조에 포함되지 않는 거래, 즉 장부외 거래가 있을 수 있다. 사실 장부외 거래
는 정상적인 기업이나 조직에서는 존재해서는 안 되는 거래다. 장부외 거래는 과거 이중장부
등의 이름으로 존재했으나, 지금은 대부분의 기업에서 사라지고 있다.

그러나 아주 일부의 기업에서는 장부외 거래가 아직 존재하는 것으로 보인다. 이러한 장부
외 거래는 통상 소규모 기업에서 발생하고 있으나, 최근 언론 보도에 따르면 국내 굴지의 대기
업에서도 발생하고 있음을 알 수 있다.

1) 장부외 거래의 위험성

장부외 거래는 기업의 내부통제제도 자체를 무력화시켜 수많은 노력을 무의미하게 만든
다. 이러한 장부외 거래는 담당자의 실수 또는 고의로 재고자산 출고 후 장부에 기록하지 않
는 사례, 상품 매출 후 미기장 사례 등 수없이 많다. 예를 들어 기업이 은행으로부터 차입한
차입금을 장부에 기록하지 않는 경우, 이는 부외부채(簿外負債)가 되어 기업의 재무상태를
왜곡하게 된다.

이와 반대로 기업 내에 부외자산(簿外資産)이 있을 수 있다. 부외자산은 부외부채만큼 위험
하지 않지만, 역시 기업에 비용을 초래하게 한다. 왜냐하면 부외자산의 경우 필요한 관리가 소
홀하게 되며, 관리가 되지 않음으로 해서 자연 망실이나 유용 등의 위험에 노출될 수 있기 때문
이다.

2) 장부외 거래의 파악

장부외 거래는 담당자의 실수로 인한 것이든 고의에 의한 것이든 기업의 재무제표에 부정적인 영향을 미치게 되며, 이를 적시에 발견하지 못한다면 기업의 존속 발전에 위험을 초래할 것이다. 그러므로 장부외 거래의 파악은 매우 중요하며 기업에서 발생하는 거래의 정당성을 입증하는 데 매우 중요한 정보가 될 것이다.

장부외 거래를 파악하기 위해서는 기중의 유입거래와 유출거래에 대한 감사를 수행한 후 기말의 재고자산 및 채권과 유가증권 그리고 채무 등의 기말잔액(inventory)에 대한 감사가 정확하게 수행되어야 한다. 기말의 자산과 부채에 대한 실재성 감사는 적발감사의 효과성을 담보하는 감사 수단이다.

기중거래에 대한 건별 통계적 감사와 기말 자산부채에 대한 재고실사 그리고 관련 잔액의 적정성을 확인하기 위한 조회가 정확히 적시에 수행되어야 한다. 이러한 장부외 거래는 과거 기업의 비자금을 조성하기 위하여 간혹 이용되곤 하였다. 비자금 조성과 같은 회계장부의 부실기재행위는 상법상 기대되는 공정하고 타당한 회계원칙과 회계절차에 반한 것으로 이의 파악과 내부통제의 보완을 위하여 본서의 제12장에서 상세하게 논의될 것이다.

「괴물」은 2006년 7월 27일에 개봉한 봉준호 감독, 송강호 주연의 영화다. 괴물로 인해 어린 딸을 잃어버린 가족이 모든 사람의 무관심 속에서도 딸을 구하기 위해 힘을 합쳐 고군분투하는 내용이다. 관람객 1,301만 명으로 역대 한국영화 흥행기록 1위를 기록했다(외국 영화까지 합하면 「아바타」에 이어 2위). 이 영화의 소재는 환경오염에 의한 돌연변이로부터 출발한다. 2000년 어느 날, 한 연구실에서 100병이 넘는 포름알데히드가 한강으로 흘려보내 진다. 그것을 먹은 물고기가 돌연변이가 되어 한강 매점의 3배 크기인 물고기에다 발이 3개 달린 괴물로 변한다[영화 제작 시 디자인한 괴물의 총 길이는 1,370㎝(=13.7m)라고 함].

괴물에게 납치된 딸을 구하기 위하여 가족이 죽음을 무릅쓰고 구출하는 영화로, 해피엔딩으로 재미있게 보았던 기억이 난다. 영화는 물론 픽션이지만 환경파괴로 인한 돌연변이의 출현은 심심치 않게 보도되고 있다. 이러한 환경파괴는 탄소에 의한 지구 온난화 현상 그리고 심각한 원전사고 등으로 인하여 사회적인 문제를 넘어 인류의 생존적 화두가 되고 있다. 영화는 하나의 해프닝성 해피엔딩으로 막을 내렸지만, 영화가 던진 환경파괴에 대한 경종은 충분히 공감을 일으켰다고 생각한다. 법과 절차를 무시한 무분별한 개발과 은폐에 의한 환경파괴의 위험은 이에 대한 사회적 내부통제 절차 기능의 보완으로 더 효율적으로 강화되어야 한다.

내부통제제도의 의의와 한계 3장

1. 내부통제제도의 의의

내부통제제도라는 말은 공공기관은 물론이고 대기업 더 나아가서는 웬만한 중소 규모의 기업에서도 상시적으로 들을 수 있는 용어다. 한마디로 내부통제 제도를 요약한다면 "기업(조직)에서 수행하는 활동이 정상적으로 수행되도록 하고 기업 자산이 오류나 부정으로부터 안전하게 관리되도록 하는 시스템을 포함한 사람 간의 견제 활동"이라고 정의할 수 있다.

예를 들어 중소기업의 경우 한정된 인원 때문에 회계담당자를 십 년 넘게 붙박이 담당자로 인사이동 없이 업무를 배정하고 있더라도 관련 업무에 대해 능통한 제3자의 감독 기능이 제대로 수행되고 있다면 위의 내부통제제도가 잘 지켜진다고 할 수 있다.

그러나 업무분장이 수많은 사람에 의해 수행된다고 하더라도 공모나 통제 기능의 무지로 인하여 제3자의 감독 기능이 제대로 수행되지 않는다면 내부통제제도가 잘 지켜진다고 할 수 없다. 왜냐하면 오류나 부정을 사전에 방지하는 견제 기능이 없기 때문이다.

이러한 예는 내부통제제도가 잘 갖추어진 기업과 내부통제제도가 잘 갖추어지지 않은 법인 간의 부정 발생 사례에서도 잘 나타난다. 내부통제제도 등이 매우 잘 수립되어 있어 오류와 부정이 없을 것 같은 기업이 그렇지 못한 기업보다 오류와 부정이 발생하는 경우가 종종 있다.

이러한 원인으로는 여러 가지를 들 수 있지만 내부통제제도가 잘 갖추어지지 않은 기업에 근무하는 직원의 경우 공동체 의식에 의한 자기통제가 가능하기 때문이 아닐까 한다. 즉 조직 내에 모럴 해저드를 용인하지 않는 분위기가 부정을 방지하는 데 큰 역할을 하지 않는가 추정된다. 반면에 내부통제제도가 잘 갖추어졌음에도 불구하고 오류와 부정이 많이 발생하는 경우에는 개인주의적인 문화로 인하여 부정에 대한 태도가 보다 자유로운 것에 기인하지 않는가 생각된다.

한국공인회계사회(KICPA)의 정의에 따르면 "내부통제란 재무보고의 신뢰성, 경영의 효과성 및 효율성, 그리고 관련 법규의 준수에 관련된 기업의 목적 달성에 관한 합리적 확신을 제공할 목적으로 지배기구, 경영진 및 기타의 인원에 의해 설계, 실행, 유지되고 있는 절차"로 정의하고 있으며, "위험평가절차란 내부통제 등 기업과 기업환경을 이해하고, 재무제표 및 경영진 주장 수준에서 부정이나 오류에 의한 중요한 왜곡 표시 위험을 식별하고 평가하기 위하여 수행하는 감사절차"로 정의하고 있다. 내부통제제도는 다음과 같은 목표를 갖고 있다.

1) 내부통제제도의 목표

회계제도와 관련된 내부통제의 목표를 한국공인회계사회의 외부감사 기준에서는 다음과 같이 규정하고 있다.[19]

① 모든 거래는 경영자의 일반승인 또는 특별승인에 따라 집행된다.

② 모든 거래와 경제적 사건은 일반적으로 인정된 회계처리기준에 따라 재무제표가 작성될 수 있도록 정확한 금액으로, 적절한 계정과목에, 그리고 해당 회계기간에 즉시 기록된다.

③ 자산과 기록에 대한 접근은 경영자의 승인에 의해서만 허용된다.

④ 회계제도상 기록된 자산은 합리적인 주기로 실물자산과 비교되며, 차이가 발생한 경우 적절한 조치가 취해진다.

위의 내부통제의 목적은 기업의 목표를 달성하기 위한 경영자의 목적과 연결되어 사업의 효율적 수행과 회사 자산의 보호 그리고 부정과 오류의 예방과 적발, 신뢰할 수 있는 재무정보를 제공하기 위한 제도임을 알 수 있다.

2) 내부통제제도의 구분

내부통제제도는 관리적 내부통제제도와 회계적 내부통제제도로 구분할 수 있다. 관리적 내부통제는 부정이나 오류 없이 신속하고 효율적으로 업무를 처리하는 업무능률의 향상과 모든 거래가 정당하게 이루어지도록 하는 경영방침 및 규정준수의 촉진을 그 목적으로 한다. 관리적 내부통제에 필요한 통제 절차는 다음의 것들을 예로 들 수 있다.

① 업무의 분장을 통한 업무 간의 상호 검증 및 견제 기능이다.

② 권한과 책임을 명확하게 하기 위하여 전결규정 등에 의한 승인절차를 설정한다.

③ 문서화를 통하여 업무를 표준화하고 근거자료를 유지한다(업무기술서, 업무인수인계서 등).

④ 상기의 제도들이 유지되도록 감독하는 내부감사 기능을 설정한다.

회계적 내부통제는 회계자료의 신뢰성을 확보하고 자산의 안전한 보호를 그 목적으로 한다. 회계적 내부통제에 필요한 통제 절차의 예는 다음과 같은 것들을 들 수 있다.

---

[19] 회계감사기준적용지침 400 문단 3, 회계감사기준위원회 개정 2007.12.21.

① 회계제도를 구비하여 계정분류를 정확히 한다.

② 자산의 보호와 업무의 책임한계를 분명하게 하기 위하여 업무분장(기록 기능과 자산 접근 기능, 거래처 신용평가 업무의 비영업부 배정, 물리적 방법에 의한 접근 통제 등)을 실시한다.

③ 거래금액의 정확한 평가와 기록을 하도록 대조확인 등의 내부검증절차를 설정한다.

④ 책임을 명확하게 하기 위하여 승인 절차를 둔다.

⑤ 거래의 망라성을 위하여 증거력 있는 문서(구매요청서, 검수보고서, 거래 명세서, 입고전표, 출고전표 등)에 일련번호를 부여한다.

관리적 내부통제와 회계적 내부통제는 동전의 양면과 같다고 할 수 있다. 관리적 내부통제가 제대로 기능하지 못한다면 회계적 내부통제도 건전하게 운영된다고 할 수 없다. 같은 이유로 회계적 내부통제제도가 불완전하여 오류와 부정이 개입된다면 이는 필시 관리적 내부통제의 약화를 가져올 것이다. 따라서 관리적 내부통제와 회계적 내부통제가 상호 보완적으로 순방향으로 기능할 수 있도록 경영자는 항상 관심을 기울여야 한다.

2. 내부통제제도의 구성요인

내부통제제도는 제도 자체를 둘러싸고 있는 통제환경과 제도 자체를 구성하는 통제 절차로 구성된다.

1) 통제환경(내부통제제도의 외부적 요소)

통제환경은 내부통제제도를 둘러싸고 있는 환경적 요소로 내부통제제도가 유효하게 작동하는 데 중요한 요소다. 통제환경에서 고려할 요소에는 회사의 기관(이사회, 감사), 경영자의 경영방식, 회사의 조직구조와 권한과 책임의 위임방법, 내부감사 기능, 외부기관의 규제 등 외부환경의 영향 등이 있다. 그리고 오늘날의 전산환경 하에서는 회사에 구축되어 있는 ERP(Enterprise Resource Planning) 구축 환경에 대한 이해가 필수적이다.

COSO[20]에 따르면 통제환경은 구성원 전체의 의식에 영향을 미치는 조직의 의지와 노력을 의미하며, 다른 내부통제 요소들이 갖추어지기 위한 기초. 일반적으로 통제환경은 조직 전체에 영향을 미치는 성실성과 도덕적 가치 (Integrity and Ethical Values), 업무관리를 위한 노력

---

[20] COSO(The Committee of Sponsoring Organizations of the Treadway Commission) -COSO는 1992년 미국에서 설립된 비정부 자율 조직으로서 경영윤리, 내부통제, 기업지배구조 등의 측면에서 기업 경영의 질을 개선하려는 목적으로 내부통제에 대한 연구활동을 수행하고 있다. 현재 전 세계적으로 COSO에서 발표한 내부통제 구조를 도입하는 추세이며 한국의 내부회계관리제도 모범규준도 COSO를 기반으로 하고 있다.

(Commitment to Competence), 이사회 또는 감사위원회 (Board of Directors or Audit Committee), 경영진의 철학과 운영스타일 (Management Philosophy and Operating Style), 조직구조 (Organizational Structure), 권한과 책임의 할당 (Assignment of authority and responsibility), 인사정책과 절차 (Human Resource Policies and Practices) 등으로 구성된다. 아래 그림에서 보듯이 통제환경은 내부통제 체계의 기본을 이룬다.

[그림– 내부통제체계]

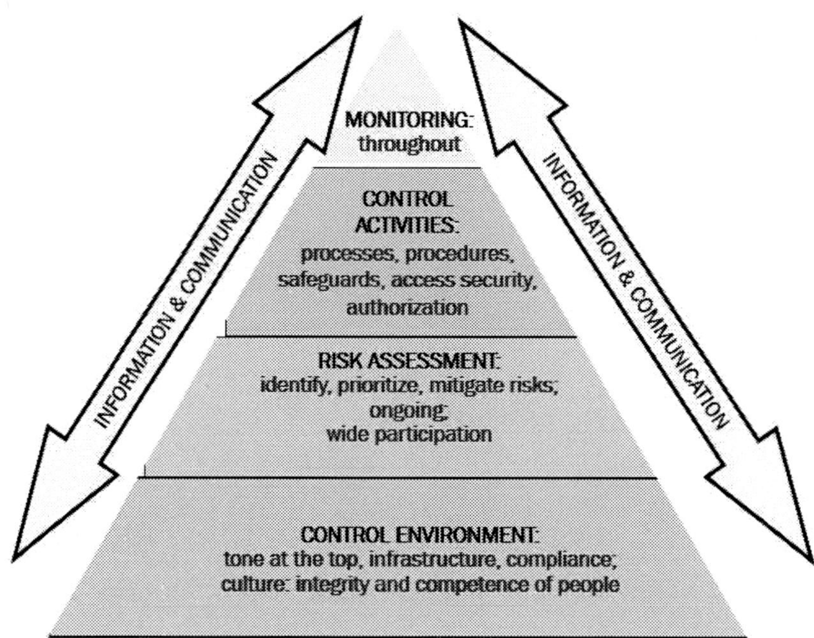

Adapted from Committee of Sponsoring Organizations of the Treadway Commission (COSO)

2) 통제 절차(내부통제제도의 내부적 요소)

통제 절차는 내부통제제도의 내부적 요소로, 회사의 경영자가 구축한 제반 정책이나 절차를 말한다. 통제 절차는 다음과 같은 사항을 포함한다.

① 차이조정업무의 보고, 검토 및 승인

② 기록 및 계산의 정확성 검토

③ 컴퓨터프로그램의 변경, 자료파일의 접근에 대한 통제 절차를 수립하는 등의 정보시스템의 환경과 적용에 대한 통제

④ 통제계정과 시산표의 작성 및 검토

⑤ 문서의 승인과 통제

⑥ 내부자료와 외부 원시정보와의 비교

⑦ 현금, 유가증권, 재고실사 등에 대한 실사 결과와 회계기록과의 비교

⑧ 자산과 기록에 대한 관계자 외의 접근을 직접적으로 제한

⑨ 재무결과와 예산수치 간의 비교 분석

3) 통제 절차 기법

위에 열거한 통제 절차는 크게 내부견제제도인 업무분장, 조직으로부터의 승인, 추진 업무의 신뢰성을 담보하는 문서화, 그리고 상기 업무들에 대한 검증으로 요약할 수 있다.

(1) 업무분장(segregation of duties)

내부통제제도의 핵심은 업무분장이라고 할 수 있다. 왜냐하면 내부통제제도라 함은 내부견제제도라고 할 수 있기 때문이다. 마치 민주주의의 근본이 삼권분립(입법, 행정, 사법)이듯이 기업에서의 업무분장은 업무의 미숙에서 발생하는 오류를 걸러내고 의도적인 부정을 막는 데 효과적이기 때문이다.

이는 회사 내에서 업무에 대한 상호 검증이 체계적으로 이루어지고, 부정이나 오류의 발생을 방지하며, 재산의 안전한 보호를 위하여 필요한 통제 절차다. 효율적인 업무분장은 동일인이 부정이나 횡령을 저지르고 이를 은폐할 수 있는 직위에 접근하는 것을 사전에 막아주는 역할을 한다.

예를 들어 외상매출금의 대손승인과 관련하여, 현금의 입출금을 담당하는 직원이 대손승인에 대한 권한과 기록까지 동시에 수행할 수 있게 한다면 이 경우에는 부정이 발생할 수 있다. 즉 실제 입금이 된 거래처에 대하여 현금을 유용하고 대손처리를 함으로써 부정을 저지를 수 있다. 입금된 현금이라는 현물을 다루는 업무, 이를 기록하는 업무, 대손을 승인하는 업무는 모두 다른 사람에 의하여 수행되어야 한다.

(2) 승인(authorization)

기업은 부가가치를 창출하기 위하여 가치유입거래, 가치유출거래 등 수많은 거래를 수행한다. 모든 거래는 기업 내부적으로 정당하게 권한이 부여된 자의 승인 하에 이루어져야 한다. 만

일 정당한 승인 없이 이루어지게 된다면 기업은 업무상의 오류나 임의성의 개입 등으로 많은 어려움에 처하게 된다. 관련 업무에 경험이 많은 상급자의 승인이 꼭 필요하며, 이러한 승인 과정은 차후에 성과평가와 책임소재를 규명하는 데도 필요하다. 사실 내부통제제도의 핵심은 업무분장과 승인이라고 할 수 있다.

그러나 모든 거래에 대하여 승인을 하기에는 너무나 많은 거래가 발생하는바, 기업의 특성에 따라 전결규정을 두어 담당자 선에서 승인이 종료되게 하는 예외에 의한 관리(management of exception) 프로세스를 도입하여 내부통제제도의 효율성을 높이는 것이 필요하다.

(3) 문서화(documentation)

문서화는 거래의 이행단계별, 즉 승인, 집행, 기록의 각 단계별로 문서를 작성하는 것을 말한다. 회계를 포함한 문서화는 거래 또는 사건이 발생했을 때 즉시 진행되어야 한다. 그 시기를 놓치면 사람의 기억력에는 한계가 있기 때문에 오류가 끼어들며 재무정보의 신뢰성에 부정적인 영향을 주게 된다.

문서화는 차후 책임 소재를 밝히는 중요한 자료가 된다. 업무 프로세스에 대한 문서화는 업무 개선의 기회를 주며, 업무기술서는 새로운 담당자에게 업무를 손쉽게 접근할 수 있게 한다. 예를 들어 구매와 관련하여 검수보고서가 작성되었을 때, 잘 문서화된 검수보고서는 구매 행위와 재고자산 실물 통제에 대한 증거력 높은 자료를 제공한다.

(4) 검증(cross check)

검증은 설정된 내부통제제도가 의도한 대로 기능을 잘 수행하고 있는지에 대한 검증 절차를 의미한다. 기업 내의 독립된 제3자에 의해 수행되며, 통상 내부감사 부서에 의해 수행된다. 예를 들어 매출채권에 대한 외부조회 확인은 장부상의 매출채권 잔액이 장부상 금액과 일치하는지 그리고 의도적인 래핑(lapping)[21] 등의 위험으로부터 안전한지 알려준다. 또한 재고자산에 대한 실사 입회의 경우에도 실물자산의 실재성에 확신을 주는 검증 기능이다. 본서가 의도하고 있는 내부통제제도의 평가와 적발감사는 검증의 여러 방법을 제시하려는 뚜렷한 목적을 갖고 있다.

---

[21] 래핑(lapping): A거래처에서 수금된 현금을 횡령하고 B거래처에서 수금된 현금으로 A거래처의 매출채권회수로 보고하고, B거래처는 C거래처로부터 수금된 현금으로 회수된 것으로 보고하는 것으로 계속 회사를 변경하여 돌려막기를 하여 부정을 은폐하는 방법이다.

3. 내부통제제도의 유용성

어느 조직에서나 상시적으로 사용되는 내부통제제도에 대한 정의는 다음과 같다. "내부통제란 재무보고의 신뢰성, 경영의 효과성 및 효율성, 그리고 관련 법규의 준수에 관련된 기업의 목적 달성에 관한 합리적 확신을 제공할 목적으로 지배기구, 경영진 및 기타의 인원에 의해 설계, 실행, 유지되고 있는 절차"이다.

내부통제제도가 효율적으로 설정되고 또 효과적으로 운영된다면 내부통제제도는 해당 기업의 경영을 촉진하고 기업의 자산을 안전하게 보호하며 제공되는 재무제표의 신뢰성을 향상시킨다.

1) 기업의 재무보고 신뢰성 향상

내부통제제도가 부실한 회사의 경우, 작성된 재무제표의 신뢰성이 낮다. 왜냐하면 재무제표의 작성과정이 명확하지 않으며 투명하지 않고 관련 회계자료인 세금계산서, 지출결의서, 기말재고자산 실사 자료 등에 대한 증빙이 제대로 작성되지 않을 위험이 크기 때문이다.

그러나 내부통제가 효율적으로 실시되는 회사의 경우에는 관련 자료에 대한 마감이 명확하며, 재고자산 등에 대한 실사 확인이 책임 있는 임직원에 의하여 수행되고, 경영진에 의하여 이에 대한 이중체크가 수행된다. 따라서 이렇게 내부통제제도가 효율적으로 수행되는 회사의 경우에는 재무제표를 포함한 재무정보의 신뢰성이 높다. 일반적으로 자산의 규모가 일정 수준(총자산 120억) 이상이면 공인회계사에 의한 외부회계감사를 받게 된다. 외부회계감사를 받게 되면 회사의 내부통제제도에 대한 검토를 거치고 관련 입증감사를 받게 된다. 통상적으로 금융기관에서는 외부회계감사를 받은 재무제표와 외부회계감사를 받지 않은 재무제표 간의 신뢰수준 차이를 매우 크게 보고 있다.

2) 기업의 경영성과 향상

효과적인 내부통제제도는 경영진이 구성원의 업무성과를 측정하고, 경영의사 결정을 효과적으로 수행하도록 촉진하며, 업무 프로세스를 평가하고, 위험을 관리하는 데 기여함으로써 회사의 목표를 효율적으로 달성하고 위험을 관리 또는 회피할 수 있도록 한다.

효율적으로 수립된 내부통제제도는 개인적인 부주의, 태만, 판단 상의 착오 또는 불분명한 지시에 의해 야기된 문제점들을 신속하게 포착함으로써 회사가 시의적절한 대응조치를 취할 수 있게 함으로써 기업의 경영성과를 향상시켜준다.

3) 기업의 자산 보호

내부통제제도는 임직원의 위법 및 부당행위 또는 내부정책 및 절차의 고의적인 위반 행위뿐만 아니라 비의도적으로 초래되는 기업자산의 손실을 막아준다. 고대 이집트 파라오의 세금 징수의 예에서도 보았듯이 모든 조직에는 내부통제를 위한 제도가 필요하다.

만일 이러한 통제제도가 없다면 기업의 자산은 관리되지 못하고 방치될 것이다. 조직의 자원이 잘못 사용되거나 낭비될 것이며, 심한 경우에는 의도적인 유용의 대상이 되어 조직 발전에 큰 해(害)가 될 것이다. 이는 중소기업뿐만 아니라 큰 조직인 대기업 및 공공기관에 이르기까지 모든 조직에서 발견되는 사실이기도 하다. 오늘날 기업의 자산은 유형자산보다도 무형자산의 중요성을 더 강조하고 있으며, 대표적인 무형자산으로는 기업의 특허, 노하우와 더불어 인적자원을 대표적으로 인정하고 있다. 잘 설계되고 운영되는 내부통제제도는 기업의 무형자산과 인적자원을 안전하게 보호하는 데 효과적이다.

4) 구성원의 사기 진작

내부통제제도가 건실하게 구축된 기업의 경우 의사소통이 원활하여 구성원의 사기가 높다. 왜냐하면 내부통제제도가 건실하게 설계되고 효과적으로 운영되기 위해서는 원활한 의사소통을 위하여 정보의 공개가 이루어져야 하며, 이러한 정보의 공개는 기업 투명성을 높여 구성원의 사기를 높여주기 때문이다.

구성원의 불만과 불만족은 자신이 이해하지 못하는 기업의 운영과 불합리한 인사정책 등에 기인하는 바가 크기 때문이다. 마이크로소프트사의 빌 게이츠 회장은 기업 내의 정보 공개에 대하여 매우 긍정적으로 평가하였다. 그는 사내 정보 공개에 의한 의사소통 활성화에 의한 이익은 정보 공개로 초래되는 회사의 불이익보다 이점이 훨씬 크다고 그의 저서 『생각의 속도』에서 강조하였다.[22] 그럼에도 불구하고 현실은 정보의 공개에 대해서 많은 경영자들이 선뜻 나서지 못하고 있다. 경영정보나 급여정보, 복지정보를 공개할 경우 그에 대한 불만이나 새로운 요구사항에 직면할 것을 우려하기 때문이다. 그러나 많은 정보를 공개하고도 세계적으로 앞서 나가는 회사들의 예는 주위에서 충분히 찾아볼 수 있음도 참고하여야 할 것이다.

4. 내부통제제도의 주요 사이클

오늘날 모든 조직에서는 업무 및 회계처리의 오류나 의도적인 부정을 방지하기 위하여 조직 내부에 내부통제제도를 구축하여 실행하고 있다. 특히 미국의 엔론 사태나 월드컴 부정사건

---

22 빌 게이츠@생각의 속도 p.301-303, 빌 게이츠 지음, 이규행 감역, 안진환 역, 청림출판, 1999.

이후에는 재무제표의 신뢰성을 더 강화하기 위하여 미국에서는 의회를 통한 사베인스-옥슬리법[23]이 제정 발효되어 실행되어 오고 있다.

샤베인스-옥슬리법에 의한 내부회계관리제도는 재무정보에 관련된 내부통제를 보다 체계적으로 수행하기 위해 도입된 제도다. 우리나라에서도 관련 규정이 제정되어 상장회사들을 중심으로 내부회계관리제도가 시행되고 있다. 이렇듯 많은 나라에서 대기업을 중심으로 오류와 부정을 방지하기 위하여 많은 시간과 비용을 투자하여 내부통제제도를 시행하고 있다.

내부회계관리제도를 비롯한 많은 내부통제시스템은 부정과 오류를 방지하는 데 많은 역할을 하고 있다. 이러한 내부통제시스템의 구축에는 많은 투자와 시간이 필요하다. 그러나 오류와 부정에 의해 촉발될 손실을 감안한다면 그러한 투자는 꼭 필요한 것임은 재론의 여지가 없다. 또한 많은 조직에서 내부통제시스템을 구축함으로 해서 많은 효과를 보고 있음도 사실이다.

어떤 조직에서도 내부통제제도의 순기능은 과소평가될 수 없으며, 내부통제제도가 있기에 많은 오류와 부정이 사전에 차단되고 있다. 이러한 내부통제제도는 크게 플로우(flow) 사이클과 스톡(stock) 사이클로 구분할 수 있다.

플로 사이클은 가치유입 사이클과 가치유출 사이클로 구분할 수 있으며 가치유입 사이클에는 매출 사이클이 있고, 가치유출 사이클에는 구매 사이클, 급여지급 사이클, 투자 사이클, 제조 사이클 등이 있다. 스톡 사이클은 자산 사이클, 부채 사이클, 자본 사이클로 구분할 수 있다. 먼저 플로 사이클 중 수익 사이클(매출 사이클)에 대해 살펴보면 다음과 같다.

1) 수익 사이클 – 가치유입 사이클

수익 사이클(revenue cycle)은 제품이나 용역의 판매와 이들 매출활동으로부터 현금을 회수하는 기업의 활동을 말한다. 즉 외부로부터 가치가 유입되는 중요한 과정이다. 수익(수입) 사이클은 크게 매출활동과 현금회수활동으로 나눌 수 있다.

매출활동에는 고객의 주문서를 접수하고 고객이 주문한 바에 따라 물품을 선적하는 활동, 그리고 신용매출 거래의 승인이나 고객에 대한 물품 대금의 청구 활동과 반품된 물품을 확인하고 고객별로 매출채권잔액을 분석하여 그 회수 가능성에 따른 대손설정활동 등이 포함된다. 수입 사이클과 관련된 계정에는 매출, 매출환입과 에누리, 매출채권, 대손상각비, 현금예금 등

---

[23] 사베인스-옥슬리(Sarbanes-Oxley)법은 2002년 7월 제정된 미국의 기업회계개혁법으로, 회계부정에 대해 강력한 제재를 가할 수 있도록 하는 내용을 담고 있다. 회계감시를 강화하기 위한 회계감독위원회(PCAOB) 설립은 물론 기업경영진이 기업회계장부의 정확성을 보증하고, 잘못이 있으면 처벌을 받도록 규정하고 있다. 이 위원회는 5명의 위원으로 구성되며, 기업들의 회계를 감사하고 윤리규정을 채택하도록 종용하는 역할을 맡는다. 또 회계법인에 대한 사찰도 가능하며, 특정 기업의 회계법규 위반 시 조사권을 갖는다. 또 극히 일부 기업들의 재무제표를 조사하는 데 그쳤던 증권거래위원회(SEC)는 대부분 대기업들의 재무제표를 감사할 수 있으며 CEO들은 고의적으로 사실과 다른 재무제표를 인증할 경우 형사처벌을 받게 되었다.

이 있다.

수익 사이클에 대한 내부통제 평가의 초점은 고객 주문으로부터 시작하여 현금 회수로 마감되는 활동이 매출유형별, 거래처별, 신용한도별, 매출채권별로 내부통제제도가 적절하게 통제되고 있는지를 판단하는 것이다.

예를 들어, 고객의 주문 내용과 다른 제품이 선적되어 기업에 손실을 초래하지는 않았는지, 선적된 매출에 대하여 청구서가 발행되지는 않았는지, 매출채권이 적시에 회수되지 않고 방치되고 있지 않은지, 매출채권이 과다하게 계상되거나 허위로 계상되지는 않았는지, 그리고 매출채권에 대하여 래핑(lapping) 등의 오류가 발생하고 있지는 않은지 주의 깊게 검토되어야 한다. 수익 사이클의 다음과 같은 활동들이 검토되어야 한다.

(1) 고객주문서의 접수

고객주문서를 접수한 영업부서는 이를 신용조사부서에 보내고, 신용조사부서는 고객의 신용한도(credit limit)를 검토하고 이를 바탕으로 판매승인서를 작성하며, 이를 창고부서에 보내어 물품을 선적하도록 지시하고 있는지 검토한다. ERP시스템이 잘 구축된 회사의 경우에는 내부통제의 많은 부분이 시스템상으로 수행되고 있지만, ERP시스템으로 보완이 불가능한 부분에 대해서는 여전히 전통적인 내부통제제도에 의존할 수밖에 없다.

예를 들어 신용한도를 초과하여 판매승인이 이루어지지 않았는지, 고객주문서의 주문물품과 다른 품목이 승인되지는 않았는지 검토한다. 영업부서의 경우 영업성과에 따라 성과급이 지급되는 경우가 많은 바, 신용조사 기능이 반드시 영업부서와 독립하여 운영되고 있는지 검토한다. 고객주문에 대한 통제 절차는 다음의 단계로 수행된다.
- 고객주문서의 접수가 문서에 의해 작성되고 있는지 파악
- 고객 신용한도의 결정 시 문서화된 회사 정책에 따라 한도가 결정되는지 표본 검토
- 고객 주문이 재고보유 여부와 물류 사정 등을 감안하여 판매승인이 결정되는지 표본 검토함
- 판매승인이 고객의 신용한도 내에서 결정되는지 표본 검토함.

(2) 상품의 출하

상품의 출하 단계에서 발생할 수 있는 부정이나 오류 유형 중 대표적인 것은 승인받지 않고 상품이 외부로 출하되는 경우와 출하된 상품에 대해 대금이 청구되지 않거나 상품출하 사실이 장부에 기록되지 않는 경우 등이다. 물류부서는 영업부서의 판매승인서를 바탕으로 선적서(출하서 또는 출고전표)를 4부 작성하여 1부는 물류부서에서 보관하고 2부는 운송담당자에게 발행하여 1부는 고객에게 보내고, 1부는 운송담당자가 보관한다. 나머지 1부는 회계부서의 매출채권담당자에게 보내어 회계기록과 물품대금 청구를 하게 하고 있는지 검토한다.

선적서와 재고수불부를 검토하여 실물 재고자산이 출하서에 근거하여 반출되었는지 검토

한다. 만일 선적서 없이 재고자산이 반출된 경우나, 선적서가 있음에도 반출되지 않은 경우가 있을 경우 이에 대한 추가적인 검토가 이루어져야 한다. 상품 출하업무에 대한 통제 절차의 검증은 다음과 같이 완전성 검사(completeness test)가 수행된다.

- 출하서류철에서 표본을 추출한다.
- 출하서류에 신용조사부서와 재고관리부서의 승인이 이루어진 주문서가 첨부되어 있고 주문서상의 품목, 수량, 출하장소 등과 일치 여부를 확인한다.
- 재고수불부상의 출고일자, 수량과 출하서 상의 것과 일치하는지 확인한다.
- 출하서 상의 발견된 하자를 집계한다.
- 발견된 오류나 부정이 일정한 패턴을 갖고 있는지 검토한다. 예를 들어 상품별, 담당자별, 지역별, 부서별 등의 패턴이 발견될 경우 그 부분에 대한 표본 확대를 검토한다.

(3) 매출거래의 통제와 관리

물류부서로부터 판매지시서 및 선적서를 접수한 회계(관리)부서 내의 매출채권담당자는 이들 자료를 기초로 매출송장(sales invoice) 4부를 작성하고 매출원장(sales journal)에 매출거래로 기록하는지 검토한다. 이때 매출송장 1부는 고객에게 보내지고, 1부는 고객의 확인을 받아 편철되고 있는지 검토한다. 나머지 1부는 재고기록담당자에게 보내져 재고자산수불부에 기록하고 있는지 확인한다.

또한 매출환입 등이 개별 거래 승인권자의 승인을 득하였는지 확인하고 이를 회계기록담당자가 기록하는지 검토한다. 매출 기록에 다음의 통제 절차를 검토한다.

- 거래처별 매출채권 합계와 총계정원장 매출채권잔액의 일치 여부를 정기적으로 대조하는 통제 절차의 구비 여부를 확인한다.
- 매출 분개장을 개관하여 특이사항(결산 시점에서의 거액의 거래, 거래 빈발 등)을 확인한다.
- 매출분개장 합계금액을 검산해보고 총계정원장에 정확하게 전기가 이루어졌는가를 확인한다.
- 차이 나는 거래를 집계하고 차이 발생에 담당자별, 거래형태별, 지역별 등으로 일정한 패턴이 있는지 확인한다.

(4) 현금의 수령

현금의 수령은 매출 사이클의 완료를 의미하는 것으로, 기업의 궁극적인 목표달성 시점이라고 할 수 있다. 매출거래처별 현금 수령이 기업의 매출채권 신용정책에 따라 이루어지고 있는지 검토한다. 모든 매출채권의 수령은 은행을 통한 통장입금이 되어야 한다.

만일 현금으로 수령되는 거래가 있는 경우 이에 대한 특별한 통제 절차가 필요하다. 매출채권 회수가 원만하지 않은 기업에 대해서는 그 이유(기업의 신용정책이 오류인지, 거래처의 영업이 부진한지, 영업부서 담당자의 오류가 있지 않은지 등)에 대하여 검토한다.

회수에 어려움을 초래하는 매출처의 매출채권은 기업의 매출 사이클에 오류가 있음을 제시하는 것과 같으므로 반드시 원인을 분석하여 그에 대한 내부통제제도를 새로이 정비하여야 한다. 현금수입과 예금업무에 대해 다음의 통제 절차를 검토한다.

- 예고 없이 현금예금에 대한 실사를 시행한다.
- 현금수금일과 은행예입일 사이의 경과기간이 적절한지 확인한다.
- 매월 말일에 은행계정조정명세표를 작성한다.
- 차이를 기록하고 차이에 대한 담당자별, 지역별, 거래유형별 등의 추세를 확인하고 관련 거래의 표본 확대를 검토한다.

[수익 사이클에 있어서의 거래의 승인-통제목적, 오류부정 유형 및 통제 절차]

내부통제목적	부정 오류의 유형	필요 통제절차	적발감사 수행내용
> 상품 출하전 거래처 신용상태 분석	>불량거래처를 우량거래처로 신용상태를 분석할 위험	>신규거래처에 대한 신용확인절차인 신용분석서 작성 >거래처별 신용한도 (credit limit) 점검	>신규거래처에 대한 표본조사로 거래처 신용 승인 및 승인사유 적정 여부 검토
>단가,판매조건의 승인	>회사 정책의 일관성 상실에 따른 손실발생	>단가표의 구비 >특이 판매조건 절차 수립	>단가 및 판매조건의 표본추출 검토
>에누리, 환입, 할인 등에 대한 승인	>승인받지 않은 거래에 의한 손실발생	>에누리, 환입, 할인 등에 대한 문서화 >환입품에 대한 검수절차 수립	>에누리,환입,할인 등에 대한 승인의 적정성 표본 검토

[수입사이클에 있어서의 거래의 집행-통제목적, 부정오류 유형 및 통제 절차]

내부통제목적	부정 오류의 유형	필요 통제절차	적발감사 수행내용
>승인된 주문서대로 출하	>지연출하, 배달오류에 의한 손실발생	>주문받은 상품의 재고 확인 >출하서류에 대한 담당자의 통제	>주문서의 상품과 수량이 정확히 적시에 출하되었는지 표본감사

[수입 사이클에 있어서의 자산의 관리-통제목적, 부정오류 유형 및 통제 절차]

내부통제목적	부정 오류의 유형	필요 통제절차	적발감사 수행내용
>재고자산에 대한 접근통제	>출고지시서 없는 재고의 출하	>승인된 출고지시서에 의해서만 재고 출하	>재고수불부와 출고지시서의 일치 여부 표본감사
>매출채권의 관리	>랩핑의 발생 >장기악성채권(6개월 이상)의 발생	>매출채권잔액에 대한 수시 표본 조회 >장기미회수 채권 수금 독측	>거래처별 매출채권잔액에 대한 표본조회 >장기미회수채권 전수조사 및 원인 파악
>출하 즉시 청구서 발송	>청구서 미발행시 매출 누락 >청구서 지연발행에 따른 손실	>출하서류 일련 번호 부여 >청구서 미발행된 출하 명세서 작성 >청구서 발행 신속화	>청구서와 출하지시서 표본검사 진행

[수입 사이클에 있어서의 거래의 기록-통제목적, 부정오류 유형 및 통제 절차]

내부통제목적	부정 오류의 유형	필요 통제절차	적발감사 수행내용
>매출, 현금 등의 정확성	>부정확시 재무제표 오류 발생	>입력자료합계검증 및 분개장, 원장 대조 >예산과 실적 비교 및 차이분석	>매출과 현금 계정에 대한 표본감사 진행
>거래처별 대금청구,수금,매출조정의 정확성	>누락 및 오기의 위험	>거래처원장,통제계정 대조	>누락 및 오기 확인을 위한 표본 조회
>매출의 실재성 확인	>매출의 과대 계상 >가공매출의 계상	>매출채권잔액의 정기적점검 >거래처원장,총계정원장 대조	>거래처원장과 총계정원장 일치 여부 감사
>현금과 현금기록에의 접근이 승인된 자에게만 허용	>수금액이 횡령, 분실될위험 >수금액의 보고 누락 위험	>매출채권회수액과 예금액대조 >현금담당자와 기록 분리 >은행조정계산서 정기적점검 >현금담당자에 대한 신원보증	>영업담당자별 수금실적 검토 및 입금 지체일수 검토 >오프라인 입금액 유무 검토

위의 수입 사이클에 대한 적발감사절차는 크게 거래의 승인, 거래의 실행, 자산의 관리 그리고 거래의 기록으로 이루어진다. 적발감사와 비교되는 일반회계감사 시 적용되는 절차와 비교하여보면 적발감사 절차의 경우 오류와 부정이 발생할 수 있는 유형에 대하여 보다 집중적으로 접근함을 알 수 있다. 다음은 매출 내부통제 검토를 위한 예비평가서와 관련 절차서이다. 본 양식은 네이버의 카페(http://cafe.naver.com/inspection777)에서 양식을 다운받아 회사의 실정에 맞게 수정하여 사용할 수 있다.

매출 및 매출채권 내부통제제도 예비 평가서

부 서 명 :　　　　　　　　작 성 자 :　　　　　　　　일 　자 :

실 행 목 표: 매출 및 매출채권 계정에 대하여 예비평가를 실시한다. 매출 규모가 작을 경우 예비 평가로 세부평가를 갈음할 수 있다.

예비평가 목적 :

1. 매출, 매출조정 및 현금 등의 수익활동이 적절하게 집행되는지 확인한다.
2. 매출, 매출조정 및 현금 등이 적절히 기록 되는지 확인한다.
3. 매출채권 및 현금 등의 자산이 적절하게 보전되는지 확인한다.
4. 세부 평가를 위한 표본수를 산정한다.

감 사 절 차	관련문서 번호	비고
<u>내부통제제도 평가 (예비 평가절차)</u>		
1. 매출에 대한 내부통제절차 질문 및 Flowchart 등을 통해 통제점을 파악하고, 매출 관련 내부통제제제도를 확인한다. (통제점이란 거래의 계속진행 여부를 결정하는 중요한 분기점으로 상급자의 매출 승인, 신규거래처의 신용승인, 판매수량의 일치 여부 확인 등이 그 예들이다) 2. 몇 건(7~14건)의 매출을 매출장에서 파레토층별무작위표본[24] 추출하고 매출 및 대금회수거래에 대한 이행검토(Test of Control)를 위하여 다음의 절차를 수행한다. - 상기의 Flowchart 및 내부통제제도평가서에서 조사된 통제점에 따라 추출된 거래에 대한 내부통제가 이루어지고 있는지에 대하여 제반서류를 확인한다. - 표본 매출 거래의 첫 단계인 매출승인부터 관련 재고(서비스)의 출고와 대금의 회수 그리고 매출(매출채권)장부에의 기록까지 정확하게 수행되고 있는지 확인한다.		

---

[24] 파레토 층별 무작위 표본추출: 파레토 층별 무작위 표본추출은 파레토법칙을 이용하여 무작위 표본 추출하는 것으로, 통상적으로 파레토법칙은 80%의 결과는 20%의 원인에 근거함을 밝힌 것으로 매출의 경우에 있어서도 80%의 매출은 20%의 거래처로부터 발생한다. 따라서 10건의 표본 추출 시 20%에 속하는 거래처가 8 건 추출되도록 층별로 세분하여 표본 추출하는 것을 말한다.

3. 매출인식절차 및 인식시기에 대하여 검토한다.

  (특히 기말 시점의 매출인식 여부는 세무 상으로도 중요한 의미를 갖는다)

4. 매출 판매정책, 신용정책의 일관성과 변경 여부에 대하여 검토한다.

5. 매출 관련 내부통제제도의 신뢰도에 대한 결론을 기술하고, 적발감사를
  위한 표본수를 결정한다. 표본 추출 시 파레토 층별 무작위 추출한다.

매출 및 매출채권 내부통제제도 세부평가서

부 서 명 :　　　　　　작 성 자 :　　　　　　일 자 :

실 행 목 표 : 추출된 표본에 대하여 다음의 각 단계를 검토한다.

통 제 목 적	통 제 절 차	통제절차의 존재여부		통제절차의 취약점	통제위험 평가결과		
		YES	NO		L	M	H
1. 발생한 매출거래는 모두 기록된다. (완전성)	· 출하서류(주문서, 거래명세서) 없이는 출고될 수 없다. · 거래명세서는 일련번호가 부여되어 출력된다. · 모든 주문서에 대한 거래명세서가 작성되었는지 확인한다. · 거래명세서를 배송담당이 수령한 인수증과 대사한다. · 월간거래명세서 합계를 월합계세금계산서와 대사한다.						
2. 기록된 매출은 실존하는 거래처에 실제로 출하된 것이다. (실재성)	· 주문서에 근거하여 거래명세서를 작성한다. · 작성된 거래명세서를 주문서와 대사한다. · 세금계산서 작성 시 거래명세서(혹은 거래명세서 합계)와 대사한다. · 세금계산서 송부 시 거래내역을 고객에게 함께 보낸다.						
3. 매출거래는 적절한 승인을 받는다. (승인)	· 신규거래처는 적정한 신용평가 기준을 통과하여야 한다. · 신규거래처 또는 전산입력된 단가와 상이하게 매출하는 거래처 대해서는 출력 이전에 책임자의 승인을 득하여야 한다.						
4. 매출은 적시에 기록된다. (적시성)	· 출하서류, 거래명세서 등은 실제거래일(출하일)로 기록되어야 한다.						

5. 매출채권에 대한 조회서를 발송한다. (조회확인)	· 추출된 표본거래처에 채권조회서를 발송한다. · 회수된 매출채권 조회서와 거래처의 잔액과 비교한다. · 차이가 발생한 거래처에 대하여 차이 원인을 분석한다. 매출채권에 대한 돌려막기인 랩핑이 아닌지 그리고 매출채권 현금 회수에 대한 카이팅 여부를 검토한다. · 미회수된 거래처에 대해서 제2차 조회서를 발송하고 유선이나 메일로 추가 확인한다.					

매출 및 매출채권 표본테스트 (예시)

부 서 명 :   작 성 자 :   일 자:

실 행 목 표 : 추출된 표본에 대하여 다음을 테스트한다.

표본 번호	거래일자	거래처명	매출금액	출하지시서 검토	거래명세서 검토	세금계산서 검토	거래 승인여부	입금확인

2) 구매 사이클

유출 사이클은 원재료의 구입 또는 기업이 지출해야 하는 인건비를 포함한 각종 비용의 지급과 관련하여 이루어지는 기업의 활동을 말한다. 즉 조직 가치의 유출을 의미한다. 그중 구매사이클(expenditure cycle)은 매입거래와 현금지급거래로 나눌 수 있으며, 구매 사이클과 관련된 계정으로는 매입, 매입채무, 미지급금 및 현금예금 등이 있다.

구매 사이클은 기업이 외부로부터 물품이나 용역을 구매하고 그에 대한 대금을 지급하는 활동을 말하며, 매입거래와 현금지급거래로 구분할 수 있다. 구매 사이클은 기업이 더 많은 가치를 창출하기 위한 수익 사이클을 준비하기 위한 것으로, 효율적이고 효과적인 구매 사이클을 설정하여 기업의 가치 유출을 최소화하는 것이 목표다.

따라서 구매 사이클에서 발생할 수 있는 오류와 부정의 여지를 최소화하는 내부통제제도가 필요하다. 특히 공공기관의 경우에는 지출활동이 기관 활동의 대부분을 차지한다고 할 수 있으므로 구매 사이클에 대한 효과적인 통제 절차의 수립은 공공기관에는 필수적이며 민간기업의 경우에도 그 중요성은 대단히 크다. 구매 사이클은 다음과 같은 절차로 운영된다.

(1) 필요 자원에 대한 구매 결정

정상적인 기업활동에 필요한 자원을 공급받기 위한 구매활동은 먼저 필요로 하는 자원에 대한 수급정보가 필요하다. 제조업의 경우에는 생산일정에 따른 원자재의 조달이 필수적이다. 상품판매업의 경우에도 상품에 대한 개별 판매 정보가 필수불가결하다. 이러한 정보를 바탕으로 현업 부서에서는 필요한 자원에 대한 구매결정을 하게 된다. 현업부서에서는 구매요청서를 3부 작성하여 1부는 보관하고, 1부는 구매부서에, 1부는 지급결의부서에 보내어 구매활동이 시작되는지 검토한다.

ERP시스템이 구축된 회사의 경우에는 내부통제의 많은 부분이 시스템적으로 수행되지만, 사람의 판단이 필요한 부분에 대해서는 관련 통제 절차가 수행되어야 한다. 예를 들어 현업부서의 구매요청이 꼭 필요한 구매인지 여부에 대한 검토나 특정거래처에서 장기적으로 구매하는 경우, 구매의 타당성이 유사 구매와 비교하여 검토되어야 한다.

(2) 구매주문서의 작성

구매부서는 승인된 구매요청서를 바탕으로 품질과 가격조건을 감안하여 공급자를 선정하고 구매주문서를 5부 작성하여 1부는 보관하고, 1부는 공급자에게, 1부는 검수부서에, 1부는 지급결의부서에, 1부는 물류부서에 보내는지 검토한다. 조달되는 자원에 대한 품질과 가격 검토가 과학적이고 합리적으로 구매부서에서 수행되는지 검토한다. 일부 구입처에서 습관적으로 장기간 구매되고 있지는 않은지, 조달되는 자원에 대한 경쟁가격 검토 정책이 정기적으로 수행되는지 감사한다.

구매주문서와 관련한 적발감사 수행 절차는 다음과 같다.

- 검토하고자 하는 기간의 구매주문서에서 표본 수 계산 방법에 따라 표본을 추출한다.
- 사전 승인된 구매거래처인지 확인한다.
- 구매된 자산의 유입가치가 유출가치를 초과하는지 거래 표본추출된 건별로 거래부등식을 확인한다.
- 차이가 나는 거래에 대하여 차이를 요약하고, 차이 발생에 대한 패턴을 추정하며, 그에 대한 감사 확대 여부를 검토한다.

(3) 물품의 검수

검수부서는 수령된 물품이 구매주문서와 일치하는지 수량과 품질을 검수하고 3부의 검수보고서를 작성하여 1부는 보관하고, 1부는 물류부서에, 1부는 지급결의부서에 보내는지 검토한다. 검수 시 비교하는 구매주문서에는 수량이 표시되지 않도록 하여 검수가 철저히 이루어지도록 한다.

물품의 검수와 관련된 적발감사 절차는 다음과 같다.

- 검수보고서철(경우에 따라 구입거래명세표철, 재고수불부)에서 표본 수 계산 방법에 따라 무작위로 표본을 추출한다.
- 검수 시 비교하는 구매주문서에 수량이 표시되지 않았는지 확인한다.
- 검수된 재고가 입고전표에 빠짐없이 기록되었는지 확인한다.
- 검수보고서에 담당자와 상위 결제권자의 승인이 있는지 확인한다.
- 검수 시 구매처별 패턴이 있는지 확인한다. 즉 적시조달률, 반품률, 품질의 우수율 등에 대하여 확인하여 타 거래처와 차이가 많은 거래처를 구분한다.
- 표본조사 후 차이 내역을 거래처별로 집계한다.

(4) 매입채무의 기록과 지급

지급결의부서는 현업부서로부터의 구매요청서, 구매부서의 구매주문서, 검수부서의 검수보고서, 공급자로부터의 세금계산서의 상호 일치 여부를 확인하고 이를 바탕으로 지급결의서를 작성하는지 검토한다.

자금부서는 승인된 지급결의서철을 수령한 다음 세부 문서내역을 비교 검증한 뒤 수표 또는 온라인으로 지급되고 있는지 감사한다. 모든 대금지급은 통장을 통하여 지급되도록 한다. 지출된 결의서철에는 '지급필' 도장을 표시하여 이중지급이 되지 않도록 하고 있는지 검토한다.

자금담당자가 인터넷 자금이체제도를 이용하는 경우 매 건별 또는 일자별로 승인을 득한 후 이체하도록 하고 통장별, 은행별 잔액을 확인하여 자금대장을 작성하는지 검토한다. 은행계정

조정표는 매월 말일에 작성하는지 반드시 검토한다.

매입채무의 기록과 지급에 대한 적발감사 절차는 다음과 같다.

- 매입채무 원장에서 표본 수 계산방법에 따라 표본을 추출한다.
- 지급된 매입채무에 대한 관련 증빙(구매요청서, 검수보고서, 청구서)이 모두 구비되어 있는지 확인한다.
- 매입채무가 회사의 구매에 대한 자금 정책에 따라 지급되었는지 확인하고, 조기 지급되었을 경우 그 이유를 검토한다.
- 동일한 금액이 이중으로 지급되었을 경우 동일 건에 대해 이중지급 여부를 확인한다.
- 차이 내용을 요약하고 거래처별 또는 담당자별로 패턴을 보이는지 확인한다.

[구매 사이클의 거래의 승인-통제목적, 부정오류의 유형, 통제 절차]

내부통제목적	부정 오류의 유형	필요 통제절차	적발감사 수행내용
>사전승인된 구매거래처	>승인받지 않은 거래처로부터 구매시 불량품, 납기 지연 등 손실 발생 우려	>승인된 거래처 목록 유지 >거래처 추가,변경,삭제 등에 대한 기준 유지	>표본조사를 통하여 미승인된 거래처 파악
>단가,판매조건의 승인	>불요불급품 구매로 인한 낭비 초래 >유출가치보다 유입가치가 낮은 구매로 인한 손실	>필요품만 구매되도록 >유출가치보다 유입가치가 낮은 구매 방지	>표본조사를 통하여 구매된 불요불급품 파악 >유입가치의 체계적인 검증

[구매 사이클의 거래의 집행-통제목적, 부정오류의 유형, 통제 절차]

내부통제목적	부정 오류의 유형	필요 통제절차	적발감사 수행내용
>입고시 수량 및 품질검사	>수량의 부족, 저품질 입고로 인한 손실	>검수절차구비 및 건별검수보고서 작성	>표본조사를 통한 검수활동의 완전성 검증
>지급이 정당한 채무에 대한 지급인가 확인	>2중지급가능성 및 오류지급에 의한 손실발생	>전표 및 수표에 일련번호부여 >지급완료된 증빙서류에 지급필 마크	>표본조사를 통한 지급의 정당성 확인-구매의실재성 등

[구매 사이클의 거래의 기록–통제목적, 부정오류의 유형, 통제 절차]

내부통제목적	부정 오류의 유형	필요 통제절차	적발감사 수행내용
>구매된 물품에 대한 신속한 기록	>구매된 재고가 기록되지 않을경우 재고자산 과소계상-->매출원가 왜곡	>검수보고서와 입고전표의 대조에 의한 누락 확인	>검수보고서 표본 조사를 통한 누락 확인
>매입과 현금지급거래의 귀속년도 구분	>기간손익 왜곡	>연말과 연초의 검수보고서 기간구분 확인	>연말과 연초의 검수보고서 표본조사를 통한 기간 확인
>매입거래처의 정확한 기록	>매입채무의 거래처별 기록 오류	>거래처로부터의 송장과 매입전표의 대조확인	>매입처송장과 거래처별 매입 내역 표본 조사

[구매 사이클의 접근통제–통제목적, 부정오류의 유형, 통제 절차]

내부통제목적	부정 오류의 유형	필요 통제절차	적발감사 수행내용
>매입및지급기록에의 접근통제	>매입및 지급기록에 접근하여 가공의 부채 계상에 의한 손실	>승인,집행,기록 기능의 분리	>업무분장에 대한 표본조사수행

위의 구매 사이클에 대한 통제 절차와 비교되는 일반회계감사 시 적용되는 절차와 비교하여 보면 적발감사 절차의 경우 오류와 부정이 발생할 수 있는 유형에 대하여 보다 집중적으로 접근함을 알 수 있다. 다음은 매입과 재고자산 관련 내부통제 검토를 위한 예비평가서와 관련 절차서이다. 본 양식은 네이버의 카페(http://cafe.naver.com/inspection777)에서 양식을 다운받아 회사의 실정에 맞게 수정하여 사용할 수 있다.

매입 및 매입채무 내부통제제도 예비 평가서

부 서 명 :   작 성 자 :   일 자 :

실 행 목 표: 매입 및 매입채무 계정에 대하여 예비평가를 실시한다. 매입 규모가 작을 경우 예비평가로 세부평가를 갈음할 수 있다.

예비평가 목적 :

1. 매입이 승인권자에 의하여 적절히 승인되는지 확인한다.
2. 매입채무가 이중 지급되지는 않는지 확인한다.
3. 세부 평가를 위한 표본수를 산정한다.

감 사 절 차	관련 문서번호	비고
내부통제제도 평가 (예비 평가절차) 1. 매입에 대한 내부통제절차 질문 및 Flowchart 등을 통해 통제점을 파악하고, 매입 관련 내부통제제제도를 확인한다. 　(통제점이란 거래의 계속진행 여부를 결정하는 중요한 분기점으로 상급자의 매입 승인, 경쟁 구입거래처의 지속적인 개발, 매입 시 매입수량에 대한 구매 검수 확인 등이 그 예들이다) 2. 몇 건(7~14건)의 매입을 매입장에서 파레토층별무작위표본[25] 추출하고 매입 및 대금지급거래에 대한 이행검토(Test of Control)를 위하여 다음의 절차를 수행한다. 　- 상기의 Flowchart 및 내부통제제도평가서에서 조사된 통제점에 따라 추출된 거래에 대한 내부통제가 이루어지고 있는지에 대하여 제반서류를 확인한다. 　- 표본 매입 거래의 첫 단계인 매입승인부터 관련 재고(서비스)의 입고와 대금의 지급 그리고 매입(매입채무)장부에의 기록까지 정확하게 수행되고 있는지 확인한다. 3. 거래명세서, 세금계산서, 검수보고서가 일치하는지 확인한다. 4. 대금 지급에 대한 송금과 매입채무 장부의 일치 여부를 확인한다. 5. 매입 관련 내부통제제도의 신뢰도에 대한 결론을 기술하고, 적발감사를 위한 표본수를 결정한다. 표본 추출 시 파레토 층별 무작위 추출한다.		

---

[25] 파레토층별무작위표본 추출: 파레토층별무작위 표본 추출은 파레토법칙을 이용하여 무작위 표본 추출하는 것으로, 통상적으로 파레토법칙은 80%의 결과는 20%의 원인에 근거함을 밝힌 것으로 매출의 경우에 있어서도 80%의 매출은 20%의 거래처로부터 발생한다. 따라서 10건의 표본 추출 시 20%에 속하는 거래처가 8 건 추출되도록 층별로 세분하여 표본 추출하는 것을 말한다.

매입 및 매입채무 내부통제제도 세부평가서

부 서 명:　　　　　　작 성 자:　　　　　　일　　자:

실 행 목 표 : 추출된 표본에 대하여 다음의 각 단계를 검토한다.

통 제 목 적	통 제 절 차	통제절차의 존재여부		통제절차의 취약점	통제위험 평가결과		
		YES	NO		L	M	H
1. 발생한 거래는 모두 기록된다. (완전성)	· 구매주문서는 일련번호가 부여되어 있다. · 검수 시의 수량차이, 불량 여부에 대한 기록관리가 수행되어야 한다 · 매입처 원장은 정기적으로 총계정원장 통제 계정과 비교되어야 한다. · 장기 미처리된 매입채무와 구매주문서와 상이한 검수보고서는 정기적으로 검토되어야 한다.						
2. 기록된 매입은 실존하는 거래처에서 실제로 입고된 것이다. (실재성)	· 모든 구매는 구매주문서에 의해 구매된다. · 대금 지급기능이 주문, 검수, 회계 기능이 별도로 구분되어 수행된다. · 중복된 지급을 방지할 수 있는 제도적 장치가 수행되고 있다.(청구서에 지급 필 날인, ERP 시스템 상 스캔 기능 부여) · 외상채무에 대한 정기적인 조회가 이루어지도록 한다.						
3. 거래는 적절한 승인을 받는다. (승인)	· 신규거래처는 선정 기준을 통과하여야 한다. · 모든 구매주문서는 승인을 받아야 한다. · 담당자에 의해 작성된 검수보고서는 구매주문서와 비교되고 승인되어야 한다.						
4. 매입은 적시에 기록된다. (적시성)	· 입고서류, 거래명세서 등은 실제거래일(입고일)로 기록되어야 한다.						
5. 매입채무에 대한 조회서를 발송한다. (조회확인)	· 추출된 표본거래처에 채무조회서를 발송한다. · 회수된 매입채무 조회서와 거래처의 잔액과 비교한다. · 차이가 발생한 거래처에 대하여 차이원인을 분석한다. · 미회수된 거래처에 대해서 제2차 조회서를 발송하고 유선이나 메일로 추가 확인한다.						

매입 및 매입채무 표본테스트 (예시)

부 서 명 :　　　　　　　작 성 자 :　　　　　　　일　자 :

실 행 목 표 : 추출된 표본에 대하여 다음을 테스트한다.

표본 번호	거래일자	거래처명	구매금액	테스트 내용				
				구매 주문서 검토	거래 명세서 검토	세금 계산서 검토	거래 승인여부	지급확인

재고자산 및 매출원가 내부통제제도 예비 평가서

부 서 명 :   작 성 자 :   일 자 :

실행 목표: 재고자산 계정에 대하여 예비평가를 실시한다. 재고자산 규모가 작을 경우 예비평가로 세부평가를 갈음할 수 있다.

예비평가 목적 :

1. 입고전표와 출고전표가 승인권자에 의하여 적절히 승인되는지 확인한다.
2. 전표 없이 입고와 출고가 발생할 위험이 있는지 확인한다.
3. 세부 평가를 위한 표본수를 산정한다.

감 사 절 차	관련 문서번호	비고
내부통제제도 평가 (예비 평가절차) 1. 재고자산에 대한 내부통제절차 질문 및 Flowchart 등을 통해 통제점을 파악한다. (통제점이란 거래의 계속진행 여부를 결정하는 중요한 분기점으로 상급자의 승인, 대금의 입금 및 지급, 매입 시 매입 수량에 대한 구매 검수 확인 등이 그 예들이다) 2. 몇 건(7~14건)의 재고자산 원장 또는 재고수불부에서 파레토층별무작위표본[26] 추출하고 추출 표본에 대하여 다음의 절차를 수행한다. - 재고자산의 입고 시에 검수보고서가 작성되었는지 확인한다. - 재고자산의 출고가 출고지시서에 의해 이루어졌는지 확인하고 출고 수량 및 품명이 일치하는지를 확인하고 동 거래가 매출로 기록되었는지 확인한다. - 재고 입고의 완전성을 확인하기 위하여 검수보고서 파일에서 일부 무작위 추출하여 관련 거래가 빠짐없이 재고수불부에 기록되었는지 확인한다. 3. 품목별로 재고수불부와 재고자산 장부의 일치 여부를 확인한다. 4. 매출원가 계산을 위한 기말재고의 평가와 타계정대체가 적정한지 확인한다. 5. 재고자산 관련 내부통제제도의 신뢰도에 대한 결론을 기술하고, 적발감사를 위한 표본수를 결정한다. 표본 추출 시 파레토 층별 무작위 추출한다.		

---

[26] 파레토층별무작위표본 추출: 파레토층별무작위 표본 추출은 파레토법칙을 이용하여 무작위 표본 추출하는 것으로, 통상적으로 파레토법칙은 80%의 결과는 20%의 원인에 근거함을 밝힌 것으로 매출의 경우에 있어서도 80%의 매출은 20%의 거래처로부터 발생한다. 따라서 10건의 표본 추출 시 20%에 속하는 거래처가 8 건 추출되도록 층별로 세분하여 표본 추출하는 것을 말한다.

재고자산 및 매출원가 내부통제제도 세부평가서

부 서 명 :　　　　　　　　작 성 자 :　　　　　　　　일　　자 :

실 행 목 표 : 추출된 표본에 대하여 다음의 각 단계를 검토한다.

통 제 목 적	통 제 절 차	통제절차의 존재여부		통제절차의 취약점	통제위험 평가결과		
		YES	NO		L	M	H
1. 발생한 거래는 모두 기록된다. (완전성)	· 모든 재고는 입고전표와 출고전표에 의해서만 입고 및 출고할 수 있는지 확인하고 해당 전표는 모두 재고수불부에 기록되었는지 확인한다. · 타처보관 재고, 수탁재고 및 위탁재고에 관리에 대한 적절한 통제절차가 있는지 확인한다. · 재고자산 거래, 제조원가, 매출원가 산정이 정확하게 산정되고 있는지 확인하고 중복 입력되거나 누락되지 않는지 확인한다.						
2. 기록된 재고자산과 매출원가 거래는 실존하는 거래처에서 실제로 발생된 것이다. (실재성)	· 적절한 재고실사 지침이 구비되어 있는지 확인한다. · 재고자산 실사가 정기적으로 실시되고 있으며 이에 따른 재고조정이 경영층에 의하여 승인되는지 확인한다. · 모든 재고자산에 대한 접근통제가 수행되고 있는지 확인한다.						
3. 거래는 적절한 승인을 받는다. (승인)	· 재고자산 실사는 경영자의 승인 하에 이루어지는지 확인한다. · 재고실사 결과 차이 내역 분석에 대해 경영층의 승인이 있는지 확인한다. · 제조간접비의 집계와 배부에 대한 경영층의 승인이 있는지 확인한다. · 재고자산 평가방법과 매출원가 산정에 대한 적절한 승인이 수행되는지 확인한다.						
4. 거래는 적시에 기록된다. (적시성)	· 재고자산에 대한 모든 입고와 출고는 발생 즉시 기록되는지 확인한다. · 반환재고와 반입재고에 대한 기록이 적시에 수행되는지 확인한다. · 원가 기간귀속에 대한 적절한 통제절차가 있는지 확인한다.						
5. 자산은 적절히 평가된다.(평가)	· 기말 재고자산은 진부화 여부, 품질 저하, 장기 악성 재고 등에 따른 가치 변동을 인식하고 있는지 확인한다.						

재고자산 표본테스트 (예시)

부 서 명 :　　　　　　　　　작 성 자 :　　　　　　　　　일 자 :

실 행 목 표 : 추출된 표본에 대하여 다음을 테스트한다.

표본 번호	거래일자	재고수량	재고금액	테스트 내용				
				수불부 확인	수량확인	불량악성 확인		

매출원가 표본테스트 (예시)

부 서 명 :　　　　　　　작 성 자 :　　　　　　　일　자 :

실 행 목 표 : 추출된 표본에 대하여 다음을 테스트한다.

표본 번호	거래일자	제조원가 금액	매출원가 금액	테스트 내용				
				기말재고 일치확인	제조노무 비 테스트	제조경비 테스트		

3) 급여지급 사이클

급여지급거래는 매스미디어에서 종종 언급되듯이 오류와 부정의 위험이 상존하는 거래다. 급여지급거래는 일정한 급여를 지급하는 조건으로 임직원을 채용함으로써 출발한다. 임직원의 채용으로 회사는 인적 서비스를 제공하는 사람을 획득하는 것이 되며, 서비스의 대가로 일정한 금액을 지급해야 하는 의무가 발생한다. 급여지급거래는 기업활동 측면에서 중요하게 인식되고 있는데, 그 이유는 다음과 같다.

첫째로 제조, 판매, 서비스업 등 대부분의 업종에서 급여 등 인건비는 거액의 지출항목이다. 더구나 21세기 들어 지적 재산의 중요성이 증가함에 따라 지적 재산을 구성하는 주요 부분인 인건비의 규모가 증가하고 있으며, 창조성을 가진 인적 자본의 중요성이 증대되고 있다.

둘째로 제조업의 경우에 인건비는 제조원가를 계산하고 재고자산을 평가할 때 중요한 구성요소가 되며, 인건비가 부정확하게 회계 처리될 경우 매출원가 계산의 왜곡을 초래하여 재무상태와 당기순이익을 왜곡시킬 위험이 있다.

셋째로 인건비는 급여계정뿐만 아니라 상여금, 시간외수당, 휴가비, 복리후생비, 퇴직금, 연금, 보험료 등 여러 가지 계정과목에 큰 영향을 미친다.

다음은 급여 사이클의 필요 통제 절차 및 적발감사 수행내용이다.

[급여사이클의 거래의 승인–통제목적, 부정 오류의 유형, 통제 절차]

내부통제목적	부정 오류의 유형	필요 통제절차	적발감사 수행내용
>임직원은 승인된 기준에 의하여 채용되어야 한다.	>자격미달자 채용시 회사에 명시적 또는 암묵적인 손실 초래	>명확하게 문서화된 채용기준과 우수인력 선발 방침 유지	>자격미달자, 연고채용 등의 여부를 확인한다
>급여액은 승인된 호봉표 등 명백한 기준에 의해 지급되어야 한다.	>명백한 기준없이 급여가 지급되어 구성원 간 위화감 조성	>승인받은 급여테이블, 임율표 등 유지	>승인받지 않은 급여 지급내역 확인
>급여수정과 인사기록카드의 수정은 경영자의 승인에 의해서 이루어져야 한다	>승인 받지 않은 급여 수정과 인사기록카드 정정	>급여와 인사기록카드의 수정은 경영자의 승인을 득한다	>승인받지 않은 급여 및 인사기록카드 확인

[급여 사이클의 거래의 집행–통제목적, 부정 오류의 유형, 통제 절차]

내부통제목적	부정 오류의 유형	필요 통제절차	적발감사 수행내용
>실제 근로제공자에 대한 급여의 지급	>퇴직자, 가공의 인물 등에 승인되지 않은 급여의 지급	>급여 수령자에 대한 실재성 확인	>승인되지 않은 급여의 확인- 퇴직자, 가공의 인물 등
>급여의 정확한 계산	>과대 또는 과소 계상된 급여의 지급으로 인한 손실 발생	>개인별 급여 계산의 정확성 확인	>표본추출에 의한 개인별 급여 계산의 정확성 검증

[급여 사이클의 거래의 기록-통제목적, 부정 오류의 유형, 통제 절차]

내부통제목적	부정 오류의 유형	필요 통제절차	적발감사 수행내용
>인건비의 기간비용 귀속 여부	>재고자산으로 분류될 인건비의 당기비용처리	>인건비의 자본화 여부 확인	>인건비의 자본화 및 당기비용 검증

[급여 사이클의 접근통제-통제목적, 부정오류의 유형, 통제 절차]

내부통제목적	부정 오류의 유형	필요 통제절차	적발감사 수행내용
>인사 및 급여 관련자료에의 접근은 승인된 자에게만 허용	>인사 및 급여관련 자료에의 무단 변조 및 오용에 의한 손실	>급여 거래의 승인, 집행, 기록 기능의 업무분장	>인사 및 급여 관련자료에의 접근 경로 확인 및 취약점 파악

위의 급여 사이클에 대한 적발감사 절차와 비교되는 일반회계감사 시 적용되는 절차와 비교하여보면 적발감사 절차의 경우 오류와 부정이 발생할 수 있는 유형에 대하여 보다 체계적으로 접근함을 알 수 있다. 다음은 급여 관련 내부통제 검토를 위한 예비평가서와 관련 절차서이다. 본 양식은 네이버의 카페(http://cafe.naver.com/inspection777)에서 양식을 다운받아 회사의 실정에 맞게 수정하여 사용할 수 있다.

급여 내부통제제도 예비 평가서

부 서 명: 작 성 자: 일 자:

실 행 목 표: 급여 및 노무비 계정에 대하여 예비평가를 실시한다. 회사 규모가 작을 경우 예비평가로 세부평가를 갈음할 수 있다.

예비평가 목적 :

1. 모든 급여 거래가 기록되는지 확인한다.

2. 가공 인물에게 급여가 지급될 위험이 있는지 확인한다.

3. 세부 평가를 위한 표본수를 산정한다.

감 사 절 차	관련 문서번호	비고

내부통제제도 평가 (예비 평가절차)
 	
1. 급여에 대한 내부통제절차 질문 및 Flowchart 등을 통해 통제점을 파악한다.
  (통제점이란 거래의 계속진행 여부를 결정하는 중요한 분기점으로 상급자의 승인,
  대금의 입금 및 지급, 매입 시 매입수량에 대한 구매 검수 확인 등이 그 예들이다)
 	
2. 급여 및 노무비 대장에서 몇 건(7~14건)의 표본을 파레토층별무작위표본[27] 추출하고
  추출 표본에 대하여 다음의 절차를 수행한다.
 - 표본으로 추출된 사람의 인사기록철 기록과 급여대장의 호봉, 기본급 등이 일치하는
  지 확인한다.
 - 현장 작업시간 집계표와 급여 대장상의 시간이 일치하는지 확인한다.
 - 급여의 이체가 적정하게 수행되는지 확인한다.
 	
3. 급여와 퇴직급여의 계산이 정확한지 확인하고 제조원가 배분이 적정한지 확인한다.
 	
4. 총계정 원장 및 급여대장이 일치하는지 확인한다.
 	
5. 급여 관련 내부통제제도의 신뢰도에 대한 결론을 기술하고, 적발감사를 위한 표본수
  를 결정한다. 표본 추출 시 파레토 층별 무작위 추출한다.		

급여 내부통제제도 세부평가서

부 서 명 :   작 성 자 :   일 자 :

실 행 목 표 : 추출된 표본에 대하여 다음의 각 단계를 검토한다.

통 제 목 적	통 제 절 차	통제절차의 존재여부		통제절차 의 취약점	통제위험 평가결과		
		YES	NO		L	M	H
1. 발생한 거래는 모두 기록된다.	· 총급여액, 조정사항, 공제항목의 계산을 검증 하는 적절한 통제절차가 있는지 확인한다.						

---

[27] 파레토층별무작위표본 추출: 파레토층별무작위 표본 추출은 파레토법칙을 이용하여 무작위 표본 추출하는 것으로, 통상적으로 파레토법칙은 80%의 결과는 20%의 원인에 근거함을 밝힌 것으로 매출의 경우에 있어서도 80%의 매출은 20%의 거래처로부터 발생한다. 따라서 10건의 표본 추출 시 20%에 속하는 거래처가 8 건 추출되도록 층별로 세분하여 표본 추출하는 것을 말한다.

(완전성)	· 다음의 업무가 한사람에게 중복되어 있는지 확인한다. - 인사기록부 입력업무 - 급여 및 노무비 계산 업무 - 인사기록부와 급여대장 일치 확인업무						
2. 기록된 급여거래는 가공인물이 아닌 정당한 직원에게 실제 수행된 작업을 기준으로계산된다. (실재성)	· 신규직원의 입사는 별도의 인사부서에서 관리된다. · 개인별 인사기록부는 별도의 인사부서에서 관리된다. · 감독자가 승인하는 시간집계표가 정확하게 작성되는지 확인한다. · 시간기록 승인, 급여계산 기능, 급여지급 기능은 분리되어 있는지 확인한다. · 모든 급여의 지급은 통장으로 직접 입력된다.						
3. 거래는 적절한 승인을 받는다. (승인)	· 다음의 거래에 대하여 개별 또는 일반 승인을 득하는지 확인한다. - 작업의 승인 - 작업시간과 초과근무시간에 대한 승인 - 임률과 수수료에 대한 승인 - 원천세 등의 제 공제액에 대한 승인 - 급여 이체에 대한 승인						
4. 거래는 적시에 기록된다. (적시성)	· 급여가 확정된 후 발생주의에 의해 장부에 기록되는지 확인한다. · 원가 기간귀속에 대한 적절한 통제절차가 있는지 확인한다. · 퇴직급여의 발생 및 지급이 발생주의에 의해서 발생 즉시 기록되었는지 확인한다.						
5. 급여 관련 부채는 적절히 평가된다. (평가)	· 퇴직급여의 발생 및 지급이 발생주의에 의해서 정확하게 계산되었는지 확인한다.						

급여 표본테스트 (예시)

부 서 명 :   작 성 자 :   일 자 :

실 행 목 표 : 추출된 표본에 대하여 다음을 테스트한다.

표본 번호	직원명	지급일 월	금액	테스트 내용				
				인사기 록부 확인	근무시 간확인	총급여 액 확인	공제액 확인	

퇴직급여 표본테스트 (예시)

부 서 명 :   작 성 자 :   일 자 :

실 행 목 표 : 추출된 표본에 대하여 다음을 테스트한다.

표본 번호	직원명	근속일수	퇴직금지 급액	테스트 내용				
				3개월 평균급여 확인	연간 상여평균 월액확인	총퇴직 급여액 확인	공제액 확인	차인 지급액 계산

4) 제조 사이클

제조 사이클(conversion cycle)은 물적 자원, 인적 자원과 기술 자원을 결합하여 제품을 만드는 활동을 말하며, 관련된 계정으로는 원재료, 재공품 및 제품 그리고 노무비와 제조경비 등이 있다. 제조 사이클은 기업의 가치가 외부환경과 직접적으로 관련되는 부분은 없으나 원가계산방법이나 재고의 평가방법 등에 따라 기업의 수익활동과 연결된다.

제조 사이클의 경우 제조에 따른 원가계산의 정확성과 생산 수율 등의 계산을 위하여 제품별 또는 공정별 내부통제 절차가 필요하다. 특히 정확하지 않은 원가계산은 기업의 수익을 왜곡할 수 있어 정확한 원가계산이 이루어지고 있는지 검토한다. 제조 사이클에서는 다음 사항들에 대하여 검토한다.

(1) 생산관리의 합리성 검토

생산관리가 적정하게 이루어져 생산이 중단 없이 정상적으로 수행되고 있는지 검토한다. 만일 생산 중단이 있었을 경우 그 원인이 원재료 부족인지, 기계의 고장인지, 인적 자원의 부족인지 등에 대하여 검토한다.

(2) 제품별 원가계산의 검토

제품별 원가계산이 원자재, 노무비, 제조간접비의 집계가 합리적으로 이루어지고 있는지 검토한다. 또한 기간별·제품별 원가의 변동이 크게 나타나는지 검토한다.

(3) 제조간접비 배부의 합리성 검토

제조간접비의 배부는 제품원가의 산정에 중요한 영향을 주고 있으며, 기술의 발전과 인건비의 상승에 따라 그 중요성이 점점 더 증가하고 있다. 원가계산 전문가에 따르면 앞으로의 원가계산은 제조간접비의 비중이 더 커질 것으로 예상하고 있다.

(4) 장기누적 원자재의 검토

장기누적 원자재는 기업에 직접적인 비용 발생뿐만 아니라 기업의 구매결정에 오류가 있었음을 나타낸다. 따라서 장기누적 재고가 발생한 경우 그 원인을 추적한다. 생산예측의 오류인지, 구매결정의 오류인지 등에 대하여 검토한다.

제조와 재고에 관련된 통제 절차 및 적발감사 수행내용은 다음과 같다.

[제조 사이클의 거래의 승인-통제목적, 부정오류의 유형, 통제 절차]

내부통제목적	부정 오류의 유형	필요 통제절차	적발감사 수행내용
>제조활동은 승인절차에 따라 이루어져야 한다.	>승인받지 않은 제조활동은 과잉생산 등 기업에 부정적인 영향을 미친다	>제조활동에 대한 명확한 승인 기준을 문서화한다.	>회사의 제조지시서를 표본추출하여 승인여부를 확인한다
>원부자재의 구매는 경영자의 승인을 득하여야 한다	>승인받지 않은 원부자재의 구매는 악성재고화하여 손실초래함	>원부자재의 구매는 승인을 득하도록 한다	>구매된 원부자재에 대한 구매요청서의 승인여부를 확인한다

[제조 사이클의 거래의 집행-통제목적, 부정오류의 유형, 통제 절차]

내부통제목적	부정 오류의 유형	필요 통제절차	적발감사 수행내용
>재고자산의 사용은 사전 승인이 필요하다	>승인받지 않은 재고사용은 도난, 오용에 의한 손실 위험이 있다	>재고자산에의 접근은 허용된 사람만 가능하다	>재고자산에 대한 물리적 통제 및 운용상황에 대해 관찰 및 질문을 통해 파악한다

[제조 사이클의 거래의 기록-통제목적, 부정오류의 유형, 통제 절차]

내부통제목적	부정 오류의 유형	필요 통제절차	적발감사 수행내용
>재고자산의 이동은 적정한 계정과목으로 기록되어야 한다	>기록의 누락은 매출원가를 왜곡시킨다.	>재고자산 이동에 대한 절차를 문서화한다	>재고자산 입고전표와 출고전표의 망라성을 검증한다
>재고자산에 대한 조정사항(평가감 등)은 경영자의 승인과 기록을 요한다	>미승인된 재고조정과 재고조정의 미기록은 매출원가를 왜곡한다	>조정사항을 승인,기록하는 절차 문서화	>재고자산에 대한 조정내용을 표본추출하여 승인여부를 검증한다

[제조 사이클의 접근통제-통제목적, 부정오류의 유형, 통제 절차]

내부통제목적	부정 오류의 유형	필요 통제절차	적발감사 수행내용
>재고자산에의 접근은 승인받은 자만 접근할수 있다	>승인받지 않은 자의 접근에 의한 재고 분실 및 남용에 의한 손실발생	>재고자산에 대한 물리적 통제장치 >보험가입 및 신원보증제도 >재고기록, 원가계산에 대한 업무분장	>재고자산에 대한 물리적 통제 및 운용상황에 대해 관찰 및 질문을 통해 파악한다 >업무분장 여부를 파악한다
>기말재고의 실사	>접근통제의 미비로 재고자산의 남용 및 분실등에 의해 손실 발생	>장부상의 기말재고와 실재실사에 의한 재고의 비교를 통한 차이분석	>매년말의 장부상 잔액과 재고 실사상 잔액 결과를 비교 검토한 회사의 재고 실사 보고서를 검토한다

위의 제조 사이클에 대한 통제 절차와 비교되는 일반회계감사 시 적용되는 절차와 비교하여 보면 적발감사 절차의 경우 오류와 부정이 발생할 수 있는 유형에 대하여 보다 체계적으로 접근함을 알 수 있다. 제조 사이클 관련 감사절차지시서는 앞의 매출원가감사절차지시서로 대신한다.

5) 스톡(stock) 사이클

스톡 사이클은 자산 사이클, 부채 사이클, 자본 사이클로 구분할 수 있다. 스톡 사이클은 기초 스톡에서 출발하여 플로(flow) 사이클인 유입 사이클과 유출 사이클을 거쳐 기말 스톡을 구성한다. 스톡 사이클은 다음의 그림으로 설명할 수 있다.

[그림- 스톡(stock) 사이클]

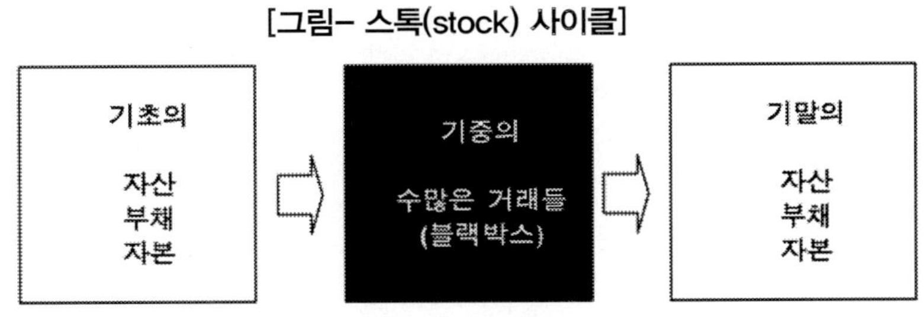

기중에는 블랙박스라고 불릴 정도로 무수히 많은 자산과 자산 간의 교환, 자산과 부채의 교환, 자산과 비용의 교환, 자산과 수익의 교환, 부채와 비용의 교환 등이 매우 복잡하게 발생한다. 이러한 교환들은 플로 사이클에서 충분히 검토된다. 기말 스톡의 실재성에 대해서는 철저한 재고실사와 외부조회가 수행되어야 한다. 기말 스톡에 대한 실재성 확인은 플로 사이클과 스톡 사이클의 완전성을 담보하는 중요한 과정이다.

기중에 발생하는 수많은 거래는 오늘날 전산시스템에 입력되어 처리되고 있다. 전산시스템이 없었더라면 오늘날의 복잡하고 무수히 많은 거래를 집계할 수 없었을 것이다. 이렇게 전산시스템은 기업과 조직경영에 없어서는 안 될 필수불가결한 요소가 되었다.

반면에 오늘날의 전산시스템은 너무 복잡하여 기업의 소수 사람들을 제외하고는 전체적인 흐름을 이해할 수 없을 정도로 복잡계[28]의 하나가 되어버렸다. 복잡계가 되어버린 오늘날의 전산시스템은 사용자와의 사이에 정보의 비대칭[29]을 심각하게 유발하고 있다. 따라서 이러한 정보의 비대칭을 해소하여 정보이용자의 이해 가능성을 재고할 수 있는 방법이 모색되어야 한다. 본서의 대부분은 이에 대한 설명으로 채워져 있다.

5. 내부통제제도와 내부회계관리제도의 비교

내부통제제도는 기업의 목적 달성에 대한 합리적 확신을 제공하기 위하여 조직의 이사회, 경영진 및 구성원들에 의해 지속적으로 실행되는 일련의 과정이며 회사운영의 효과성 및 효율성 증진, 재무정보의 신뢰성 제고, 법규 준수와 같은 목적을 달성하는 데 도움을 준다.

반면에 내부회계관리제도는 회사의 재무제표가 일반적으로 인정된 회계처리 기준에 따라 작성, 공시되었는지의 여부에 대한 합리적 확신을 제공하기 위하여 설계, 운영되는 내부통제제도의 일부분으로서 기업 내부에서 지속적으로 실행되는 과정이다.

1) 내부통제제도

우수한 내부통제제도의 요소인 상호견제와 검토 기능은 인간의 실수를 막아주고 오류나 부정의 발생 가능성을 감소시켜준다.

(1) 기업에서 운영되는 내부통제제도는 다음의 세 가지 목적 달성에 대한 합리적 확신을 제공하기 위하여 조직의 이사회, 경영진 및 여타 구성원에 의해 지속적으로 실행되는 일련의 과정이다.

---

[28] 복잡계(complex system): 단순한 질서도 없고, 또한 너무 복잡하여 무질서한 것도 아니고 복잡하지만 독특한 질서를 보이는 시스템을 '복잡계'라고 한다. 좀 더 엄밀하게 정의하면 복잡계란 중간 정도 이상의 요소를 내부에 포함하고, 그러한 요소가 국소적인 정보에 기초하여 동적인 상호작용을 함으로써 내부에 다양한 부분 시스템이 생성되어 있는 시스템이다. - 21세기 정치학대사전

[29] 정보의 비대칭: 주인-대리인 관계에서 대리인이 주인보다 관련 사안에 대해 더 많은 지식과 정보를 갖고 있는 상황 등을 말한다. 위임자와 대리인은 각각 자신의 효용과 이익을 극대화하려고 하기 때문에 상충되는 이해관계를 가지며, 대리인이 위임자보다 특정한 과업에 대해 더 많은 지식과 능력을 갖게 되는 정보의 비대칭성 때문에 주인이 자신의 이익을 충분하게 확보하지 못하는 대리인 문제(agency problem)가 발생한다. 정보의 비대칭으로 '역선택(逆選擇, adverse selection)'과 '도덕적 해이(道德的 解弛, moral hazard)' 현상이 나타나게 된다. - 행정학사전

① 기업운영의 효율성 및 효과성 확보(운영 목적)
- 회사가 업무를 수행함에 있어 자원을 효과적이고 효율적으로 사용하고 있다.
② 재무정보의 신뢰성 확보(재무보고 목적)
- 회사가 대외에 공표하는 재무정보에 대한 정확하고 신뢰성 있는 작성 및 보고체계를 유지하고 있다.
③ 관련 법규 및 정책의 준수(법규준수 목적)
- 회사의 모든 활동은 관련 법규, 감독규정, 내부정책 및 절차를 준수하고 있다.

(2) 내부통제제도의 구성요소는 다음과 같이 통제환경, 위험평가, 통제활동, 정보 및 의사소통, 모니터링의 다섯 가지로 나누어볼 수 있다.

① 통제환경: 내부통제제도 전체의 기초를 이루는 개념으로서 조직체계구조, 내부통제를 유인하는 상벌 체계, 인력운용정책, 교육정책, 경영자의 철학, 윤리, 리더십 등을 포함하는 포괄적인 개념이다.
② 위험평가: 회사의 목적 달성과 영업성과에 영향을 미칠 수 있는 내·외부의 관련 위험을 식별하고 평가·분석하는 활동을 의미하며, 전사적 수준 및 업무프로세스 수준의 위험 식별, 위험의 분석·대응방안 수립, 위험의 지속적 관리 등이 포함된다.
③ 통제활동: 조직구성원이 이사회와 경영진이 제시한 경영방침이나 지침에 따라 업무를 수행할 수 있도록 마련된 정책 및 절차와 이러한 정책 및 절차가 준수되도록 하기 위한 제반 활동을 의미하며, 업무의 분장, 문서화, 승인, 결재체계, 감독체계, 자산의 보호체계 등을 포함한다.
④ 정보 및 의사소통: 조직구성원이 그들의 책임을 적절하게 수행할 수 있도록 시의적절한 정보를 확인·수집할 수 있도록 지원하는 절차와 체계를 의미하며, 정보의 생성·집계·보고체계, 의사소통의 체계 및 방법 등이 포함된다. 마이크로소프트사의 빌 게이츠 회장은 특히 커뮤니케이션에 대한 중요성을 강조하여 그의 저서 『생각의 속도』에서 '디지털 신경망'이라는 개념을 제시하였다.[30]
⑤ 모니터링 : 내부통제의 효과성을 지속적으로 평가하는 과정을 의미하며, 회사 전체 또는 사업단위에 대한 자체평가, 자체 감사활동 및 사후관리 등이 포함된다. 기업이 내부감사 기능을 가지고 있다면 내부감사기능에 대한 책임의 성격과 내부감사기능이 기업의 조직구조와 얼마나 부합되는지 여부를 파악하고, 내부감사기능에 의해 수행되었거나 수행될 활동에 대해 파악한다.

---

[30] 디지털 신경망(digital nervous system): 빌 게이츠@생각의 속도, p.20 빌 게이츠 지음, 이규행 감역, 안진환 역. '디지털 신경망'은 인간의 신경체계를 기업에 적용한 디지털 신경체계를 말함.

(3) 효과적인 내부통제제도는 업무성과를 측정하고, 경영의사결정을 수행하고, 업무프로세스를 평가하며, 위험을 관리하는 데 기여함으로써 경영진이 회사의 조직목표를 효율적으로 달성하고 위험을 회피 또는 관리할 수 있도록 한다.

그리고 임직원의 위법부당행위(횡령, 배임 등) 또는 내부정책 및 절차의 고의적인 위반 행위뿐만 아니라 개인적인 부주의, 태만, 판단 상의 착오 또는 불분명한 지시에 의해 야기된 문제점들을 신속하게 포착함으로써 회사가 시의적절한 대응조치를 취할 수 있게 해준다.

2) 내부회계관리제도

내부회계관리제도는 내부통제제도의 중요한 부분으로, 내부통제제도가 고유의 목적 달성에 실패한 미국의 엔론사나 월드컴사와 같은 회계부정이 재발하는 것을 방지하고자 기업의 최고경영층에 강제성과 법적 책임을 부여한 제도다. 그리하여 기업의 최고경영층이 회계 본래의 기능에 충실하게 하도록 한 제도다.

- 내부회계관리제도는 회사의 재무제표가 일반적으로 인정되는 회계처리기준에 따라 작성·공시되었는지의 여부에 대한 합리적 확신을 제공하기 위해 설계·운영되는 내부통제제도의 일부분으로서 회사의 이사회, 경영진 등 모든 조직구성원에 의해 지속적으로 실행되는 과정을 의미한다.
- 내부회계관리제도는 내부통제제도의 세 가지 목적 중 재무정보의 신뢰성 확보, 특히 재무제표의 신뢰성 확보를 목적으로 하며, 여기에는 자산의 보호 및 부정방지 프로그램이 포함된다. 또한, 운영 목적이나 법규준수 목적과 관련된 통제 절차가 재무제표의 신뢰성 확보와 관련된 경우 해당 통제 절차는 내부회계관리제도의 범위에 포함된다.
- 자산보호와 관련된 통제라 함은 재무제표에 중요한 영향을 미칠 수 있는 승인되지 않은 자산의 취득·사용·처분을 예방하고, 이러한 경우가 발생될 경우 이를 적시에 적발할 수 있는 체계를 의미한다.
- 부정방지 프로그램은 재무제표의 신뢰성을 훼손할 수 있는 부정을 예방·적발하는 한편, 확인된 특정 부정위험을 감소시킬 수 있도록 고안된 체제 및 통제 절차로서 이는 회사 내 효과적인 통제문화를 조성함에 있어서 필수적인 요소다. 예를 들어, 경영진의 권한남용 및 통제회피위험 등에 대한 적절한 부정방지 프로그램이 존재하지 않는 경우 이는 통제상 중요한 취약점으로 간주될 수 있다.

외감법 제2조의2에서는 내부회계관리제도 운영에 대하여 내부회계관리제도를 운영해야 할 대상 회사, 회계정보의 식별·측정·분류·기록 및 보고방법에 관한 사항, 회계정보를 기록·보관하는 장부의 관리 방법과 위조·변조·훼손 및 파기를 방지하기 위한 통제 절차에 관한 사항

등에 이르기까지 상세하게 규정하고 있다.

6. 내부통제제도의 한계

많은 조직에서 내부통제제도를 구축하고 부정을 방지하기 위한 많은 투자를 함에도 불구하고 오류와 부정이 끊임없이 발생하는 것은 무슨 이유 때문일까?

그 해답은 내부통제시스템을 아무리 완벽하게 만든다고 하여도 이것을 운영하는 것은 사람이기 때문에 그에 따라 오류가 발생하지 않을 수 없다는 것이다. 또한 내부통제제도시스템 구축에는 많은 비용이 소요된다는 것이다. 내부통제제도는 다음과 같은 한계가 있다.

1) 내부통제 구축비용

내부통제시스템을 구축하는 데에는 많은 비용이 소요된다. 내부통제에 소요되는 비용과 내부통제의 구축에 따른 기대 효익은 다음의 그림으로 설명할 수 있다. 기업의 경영자는 내부통제 구축비용이 내부통제로부터 얻을 수 있는 기대 효익을 초과하지 아니하여야 한다는 요구를 하게 된다.

그림에서 선 A는 구축비용과 내부통제 효과가치가 동등한 곡선이다. 선 B는 내부통제시스템 구축에 따른 내부통제 효과 곡선이다. 초기 투자 시에는 내부통제 효과가 미미하다가 일정 변곡점을 통과한 후에 그 효과가 급증하는 모양을 보여주고 있다. 효과가 급증하다가 b를 통과한 어떤 시점부터는 수확체감의 법칙에 따라 그 효과가 감소하기 시작한다.

[그림– 내부통제 효과 곡선]

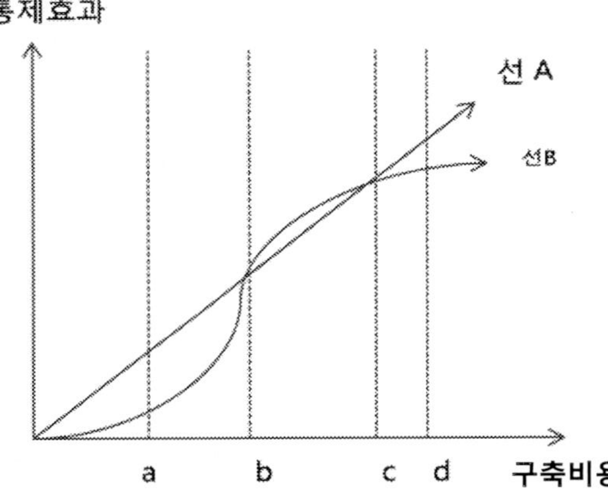

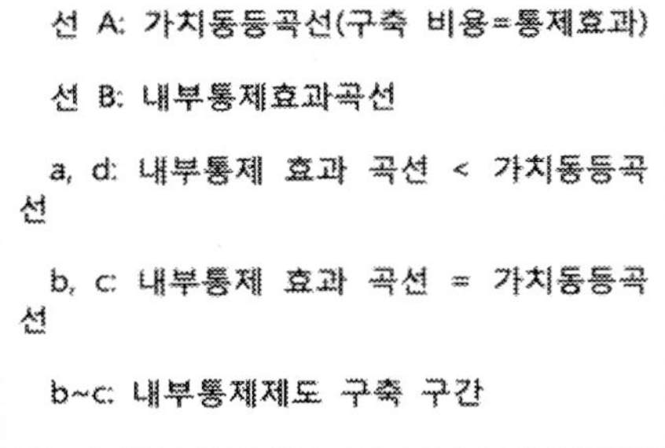

그림에서 수선 a의 경우 선 A가 선 B보다 위에 위치하여 구축비용에 비하여 내부통제 효과가 없음을 보여준다. 수선 d의 경우에도 선 A가 선 B보다 위에 위치하여 내부통제 구축이 비효율적임을 보여준다. 이는 내부통제를 위하여 아무리 많은 비용을 투자하여도 그 효과는 그리 크지 않음을 보여준다.

그리하여 내부통제에 대한 투자는 수선 b와 수선 c 사이에서 결정될 것이다. 왜냐하면 내부통제 효과 곡선인 선 B가 가치동등곡선인 선 A보다 위에 위치하기 때문이다.

2) 불가피한 인적 오류

사람의 능력이 아무리 뛰어나다고 하여도 부주의, 판단착오, 주어진 과업에 대한 오해 등에 의하여 실수할 수밖에 없는 특징을 갖고 있다. 사람은 피곤하면 주의를 집중할 수 없게 되어 업무의 능률이 떨어질 수밖에 없으며 업무를 제대로 처리하지 못하게 된다.

또한 업무의 방향을 잘못 판단하거나 오해에 의하여 기업의 성과에 부정적인 영향을 미치기도 한다. 등산길을 가는데도 잘못 판단하여 엉뚱한 계곡으로 빠져들어 고생할 수 있듯이 기업을 경영함에 있어서도 판단착오는 오류를 발생시킨다.

더 나아가 일부 예외적인 경우에는 횡령이나 부정 등으로 기업의 자산에 손실을 초래하는 행위가 있을 수 있다. 실제로 횡령 등의 부정이 심심치 않게 발견되기도 한다. 이러한 부정은 대기업은 물론 중소기업에서도 발생한다.

중소기업의 경우 경영자가 기업의 회계나 내부통제제도에 대해 잘 모를 경우에 발생한다. 예를 들어 경영자가 회계에 대해 잘 모를 경우 오류와 부정이 발생할 수 있는 개연성이 크다고 할 수 있다.

오류와 부정의 발생은 최고경영층은 물론이고 중간경영층 및 실무담당자 모든 부문에서 발생한다. 그렇다고 오류와 부정을 방지하기 위하여 과거와 같이 모든 거래를 100% 조사한다는 것은 오늘날처럼 조직의 규모가 커지고 거래가 빈번한 상황에서는 그 투입되는 비용과 시간이 비경제적이다.

실무담당자는 업무에 대한 지식이 적고 부정에 대한 유혹에 약하여 쉽게 빠질 수 있으나 상위 결제자의 경우 자신의 고유 업무 등으로 인하여 결제 과정에서 오류와 부정을 모두 걸러내기는 어렵다. 중간경영층과 최고경영층에 의한 부정은 더욱 찾아내기가 쉽지 않다. 왜냐하면 중간경영층과 최고경영층에 의한 부정과 오류는 내부통제제도 자체를 무력화시킬 수 있기 때문이다.

3) 공모에 의한 통제의 회피

내부통제 절차가 빈틈없이 설정되어 있다 하여도 업무를 처리하는 담당자들이 공모를 통하여 내부통제제도를 우회하거나 무력화시킬 경우 내부통제제도는 유명무실하여질 수밖에 없다. 왜냐하면 내부통제제도의 핵심은 업무 분장에 의한 견제 기능에 있는데 그 견제기능을 하지 못할 경우 그에 대체할 통제 수단이 없기 때문이다.

영업부서의 상품매출 발생과 그 매출에 소요되는 재고자산의 불출이 상호 검증됨으로 해서 당해 매출의 정당성이 인정되는 것처럼 매출의 모든 활동은 매출 발생, 신용관리, 수금관리, 매출채권관리, 재고자산관리 등으로 거래의 매 단계가 분장되어 있어야 한다. 부서 간의 견제 기능이 상실되는 공모에 의한 부정의 발생은 기업 자산의 보호에 치명적인 영향을 초래할 수 있다.

4) 기업환경의 변화

오늘날의 기업환경의 급격한 변화 또한 내부통제제도를 무력화시킨다. 예를 들어 업무처리 절차의 급속한 전산화로의 이행, 오프라인 장부의 소멸, 자동이체 등을 포함한 온라인시스템의 일반화 등은 기존의 내부통제제도에 대한 보완을 요구한다. 대부분의 회사에서 현금 결제는 사라진 지 오래되었으며, 세금계산서의 발행도 전자세금계산서에 의하여 전자적으로 수수하고 있으며, 어음도 전자어음으로 대체되고 있다.

이러한 기업환경의 변화는 내부통제제도에의 변화를 촉구하고 있다. 이러한 급격한 변화는 불과 십수 년 내에 발생한 사건이다. 과거 오프라인에 의한 품의서 작성에 의하여 사업계획에 대한 논의가 이루어지고 그에 대한 승인이 도장이나 사인에 의해 수행되었으나, 지금은 많은 회사에서 사내 인트라넷에 의한 전자적 결제로 이러한 과정이 대체되었다. 또한 과거 오프라인에 의한 지급결의서 승인 과정도 모두 전자적 결재로 대체되었다.

IT와 인터넷의 발달은 내부통제환경에 긍정적인 영향을 미치고 있으며 많은 내부통제의 통제점을 자동으로 검증하게 하는 기능을 하고 있다. 그럼에도 불구하고 시스템의 자동화에 따른 부작용 역시 커지고 있다.

통제의 많은 부분이 시스템화함으로 인하여 업무의 프로세스를 제대로 이해하기가 점점 어려워지고 있으며 이러한 자동화 시스템에 오류나 부정이 개입될 경우 이를 발견하기가 쉽지 않다. 특정인이 자신의 직무수행에 필요한 수준을 넘어서는 특권적인 접근권한을 가지게 됨으로써 업무분장이 와해될 가능성이 있으며, 승인받지 않은 시스템과 프로그램의 변경이 있을 수 있다.

7. 내부통제제도의 한계 극복

여러 가지 원인으로 내부통제제도의 구축과 운영에는 한계가 있을 수밖에 없다. 따라서 오류와 부정을 방지하기 위하여 적정한 수준의 내부통제제도를 수립하여 실행하고, 여기서 방지되지 못하는 프로세스상의 오류와 실수를 파악하기 위한 방법이 필요하다.

즉 내부통제제도가 연역적으로 오류와 부정을 감소시키는 역할을 한다면, 그에 대한 검토는 거꾸로 수행할 필요가 있다. 즉 내부통제제도를 거쳐 완결된 거래들에 대하여 귀납적으로 해당 거래의 정당성을 입증하는 것이다. 그 방법으로 통계적 기법을 이용한 적발감사의 필요성이 제기되는 것이다.

오늘날 통계학은 품질관리를 비롯한 공학적 문제 해결은 물론이고 일반 사회적 문제의 분석뿐만 아니라 경제 활동의 분석 그리고 여론조사의 기법으로도 많이 이용되고 있다. 오류나 부정을 방지하기 위하여 가장 적은 투자로 최대의 효과를 올리기 위해 통계기법을 통한 감사의 접근을 모색하는 것이다.

물론 지금도 감사 분야에서 통계적 방법을 사용하고 있다. 기중거래 검토 시 샘플링 추출에 의한 표본 감사기법을 사용하고 있지만, 아직 감사 전반에 사용되고 있지는 않다. 본서는 통계적 방법을 보다 집중적으로 활용하여 감사 본래의 목적인 오류나 부정을 가장 효율적으로 최소화하고자 하는 것이다.

1) 개별 거래의 통계적 검증

오늘날 자본주의는 계속 발전하여 신상품과 새로운 서비스는 끊임없이 개발되어 공급되고 있으며, 그에 따라 기업에 발생하는 거래는 점점 더 복잡해지고 그 양적 수량 또한 급증할 수밖에 없다.

통계학에 따르면 통상 모집단보다 상당히 적은 거래의 샘플 추출에 의해서도 모집단의 특성과 모집단에 포함되어 있는 비정상적인 거래를 파악할 수 있다. 아무리 많은 모집단일지라도 적정한 수의 표본추출에 의하여 모집단의 특징과 개별 거래의 정당성을 설명할 수 있음은 통계적으로 입증되고 있다.

기업에 발생하는 거래에 대한 정당성을 확보하기 위하여 내부통제제도를 구축하여 운영하고 있지만 내부통제제도가 갖고 있는 기본적 한계에 직면하고 있다. 인적 능력의 한계, 공모에 의한 부정직한 시도, 기업환경의 변화, 내부통제 구축비용의 제한 등으로 인하여 기업의 모든 거래가 정당하다고 과학적으로 확신할 수 없게 되었다.

따라서 내부통제제도를 구축하고 운영하는 것에 대한 정당성을 확보하기 위한 방법이 필요하다. 그 방법으로 본서는 개별 거래에 대한 통계적 검증을 제안한다. 예를 들어 연간 총 100만 건의 거래가 발생한 기업의 오류와 부정의 정도를 95%의 신뢰수준에서 1%의 기대오류율로 확신할 수 있다면, 더 나아가 95%의 신뢰수준에 0.5%의 기대오류율로 확신할 수 있다면 해당 기업의 거래는 과학적으로 신뢰할 만하다고 인정할 수 있다.

반면에 이러한 통계적 검증 없이 내부통제제도가 신뢰할 수 있다고 말할 수는 있겠지만, 그

112

에 대한 과학적 근거는 부족하다고 할 수 있다. 따라서 개별 거래에 대한 통계적 검증은 해당 기업의 내부통제 절차가 적정하게 설계되고 합목적적으로 운영되는지에 대한 과학적인 신뢰성 검사라고 할 수 있다. 이러한 개별 거래에 대한 통계적 검증은 기업의 취약한 내부통제제도에 대한 적발 기능을 수행할 수 있다.

2) 회계구조 분석을 통한 검증

기업의 규모에 따라 차이가 있기는 하지만 한 기업의 회계는 기본적으로 한정된 소수의 회계 계정을 사용하고 있다. 예를 들어 재무상태표(대차대조표)의 경우에는 40~50개의 잔액계정을 사용하며, 손익계산서의 경우에도 1~6개의 수입계정과 40~50여 개의 비용 계정을 사용한다. 한 기업의 모든 경영성과와 재무상태는 이렇게 한정된 소수의 계정으로 요약된다.

회계 계정마다 계정의 특징과 정의를 부여하여 그에 맞게 분류하여 사용하고 있다. 이러한 분류는 모든 영리기업과 비영리기업에 공통적이며 본서의 목적인 내부통제 평가와 적발감사에 매우 강력한 근거와 수단들을 제공해준다. 한 예로 이러한 회계 본래의 분류는 각 계정별로 오류와 부정의 발생에 대한 민감성의 차이를 나타내주기도 한다. 예를 들면 현금예금은 건물 등의 유형자산보다 오류와 부정에 노출될 위험이 크다고 할 수 있다.

이렇듯 재무제표의 각 계정은 고유의 특징을 갖고 있으며 재무제표에 통상 사용되는 계정의 특징을 계정의 사용빈도, 계정의 중요성, 부정에의 민감성을 중심으로 개관하면 다음과 같다. 여기서 사용되는 수치는 단순히 계정별 상대적 비중을 보여주기 위한 것으로 통계적 자료를 근거로 한 것이 아니며, 회계감사 업무에 종사했던 경험을 토대로 한 임의적인 자료임을 밝힌다.

그림에서 사용빈도의 경우 제일 많이 사용되는 현금예금 계정을 100으로 보았을 때 그에 따른 여타 계정의 상대적 비중을 뜻한다. 매출채권의 경우 80으로 표시되어 있는바 현금예금만큼은 아니어도 매우 많이 사용됨을 알 수 있다.

계정 중요성의 경우 매출채권이 100으로 표시되어 계정 중 가장 중요한 것으로 표시되었으며, 현금예금의 경우는 모든 거래의 매개 역할을 하지만 계정의 중요성에서는 60으로 표시되었다. 부정에 대한 민감성의 경우 현금예금이 100으로 표시되어 가장 민감한 것으로, 그리고 매출채권 재고자산 등이 80으로 표시되어 역시 부정에 민감한 것으로 표시되어 있다.

현금과 현금성 자산 매출채권 및 재고자산의 경우 사용빈도수, 계정의 중요성, 부정에 대한 민감성 모두에 있어서 그 가중치가 높음을 알 수 있다. 사실 많은 오류와 부정이 이 자산유형들에서 발생한다.

[그림- 재무상태표 계정의 개별 특징]

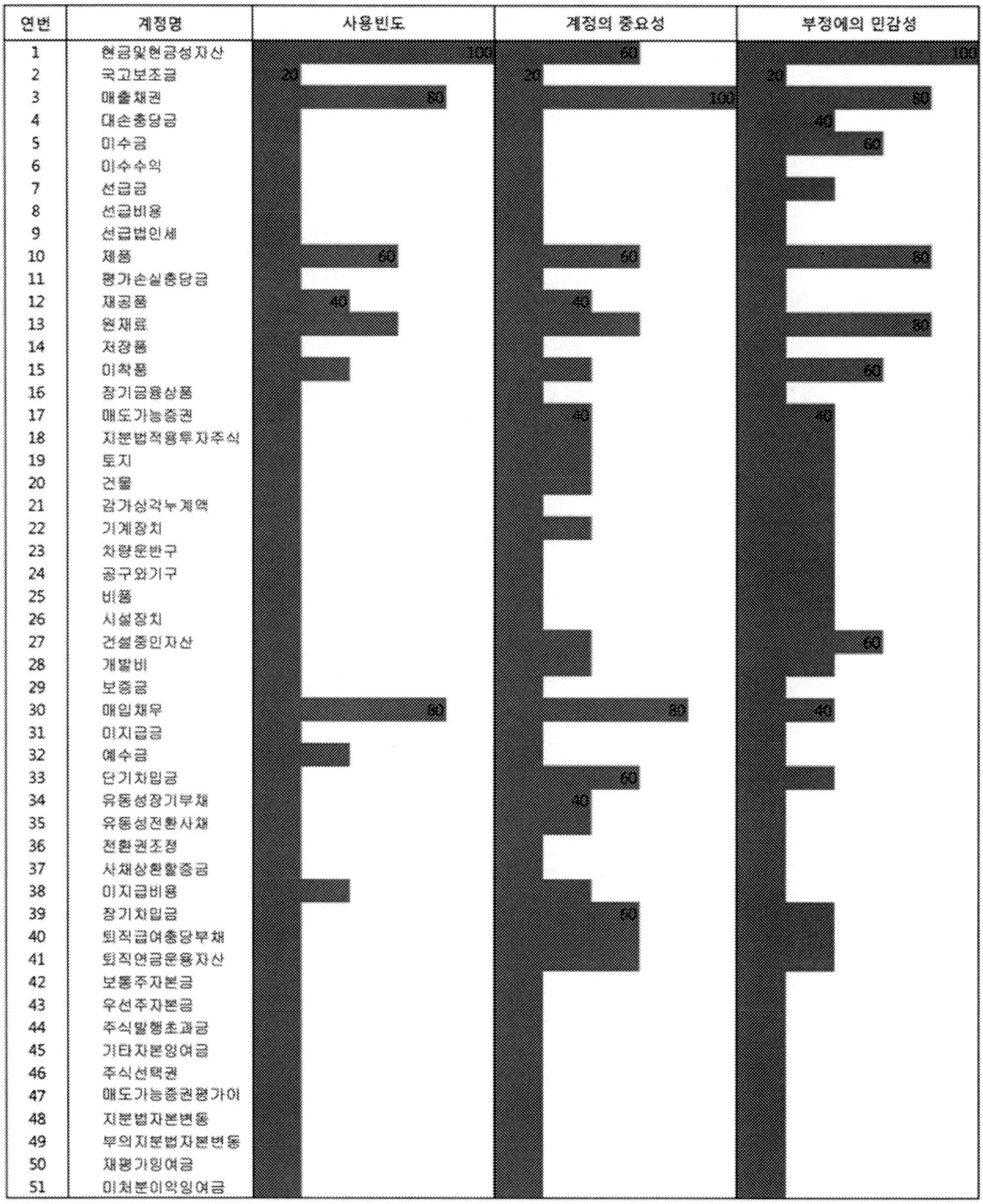

연번	계정명	사용빈도	계정의 중요성	부정에의 민감성
1	현금및현금성자산	100	80	100
2	국고보조금	20	20	20
3	매출채권	80	100	80
4	대손충당금			40
5	미수금			60
6	미수수익			
7	선급금			
8	선급비용			
9	선급법인세			
10	제품	60	60	80
11	평가손실충당금			
12	재공품	40	40	
13	원재료			80
14	저장품			
15	미착품			60
16	장기금융상품			
17	매도가능증권		40	40
18	지분법적용투자주식			
19	토지			
20	건물			
21	감가상각누계액			
22	기계장치			
23	차량운반구			
24	공구와기구			
25	비품			
26	시설장치			
27	건설중인자산			60
28	개발비			
29	보증금			
30	매입채무	60	80	40
31	미지급금			
32	예수금			
33	단기차입금		60	
34	유동성장기부채		40	
35	유동성전환사채			
36	전환권조정			
37	사채상환할증금			
38	미지급비용			
39	장기차입금		60	
40	퇴직급여충당부채			
41	퇴직연금운용자산			
42	보통주자본금			
43	우선주자본금			
44	주식발행초과금			
45	기타자본잉여금			
46	주식선택권			
47	매도가능증권평가이익			
48	지분법자본변동			
49	부의지분법자본변동			
50	재평가잉여금			
51	미처분이익잉여금			

　　부정에 대한 민감성이 20이라고 하여 부정이 발생할 확률이 거의 없다고는 할 수 없다. 개별 회사의 특성에 따라 민감성이 20이라고 하여도 부정이 발생할 확률은 존재한다고 보아야 한다. 손익계산서상의 계정도 유사하게 표시할 수 있다.

[그림- 손익계산서 계정의 개별 특징]

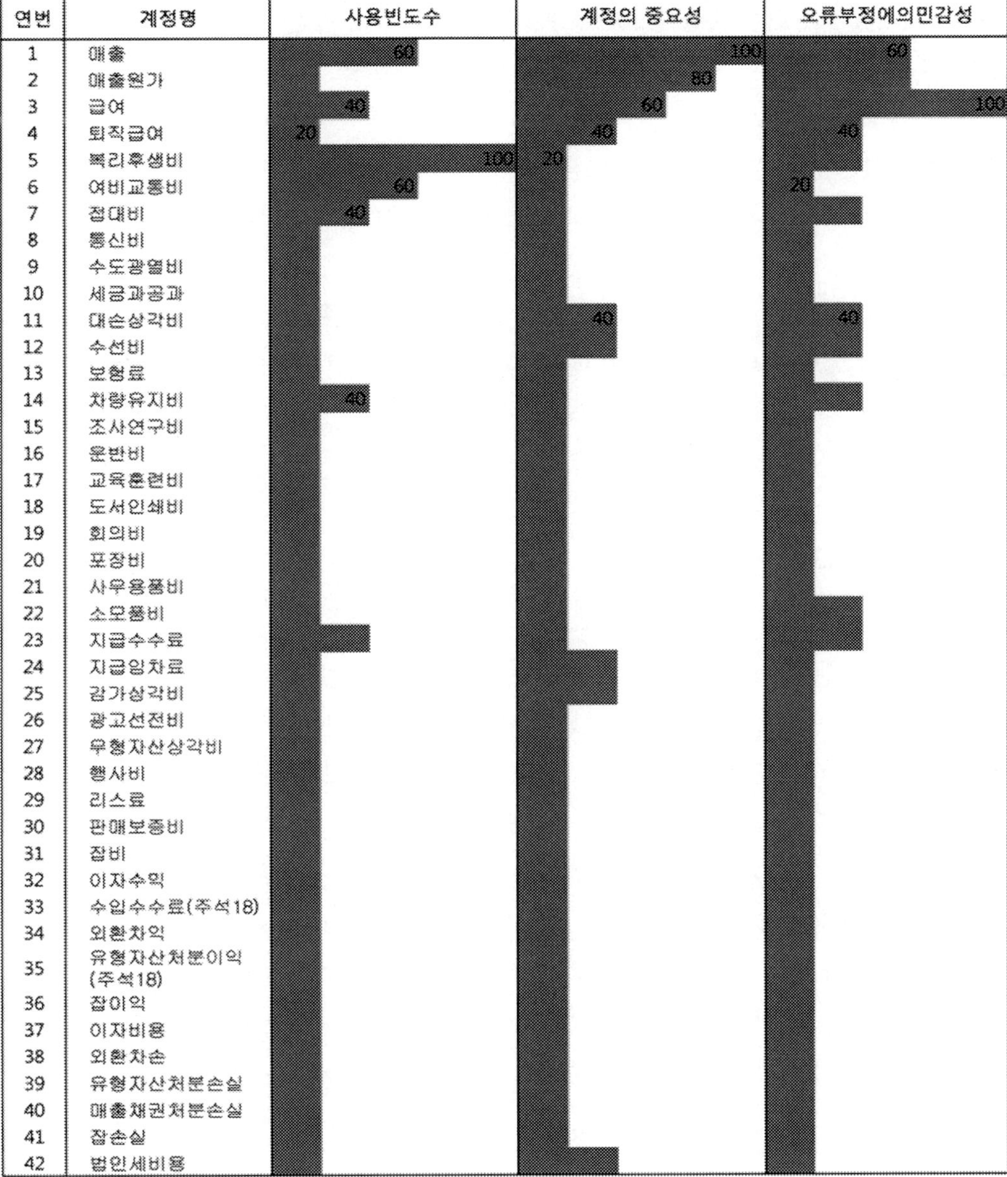

그림에서 보듯이 매출과 급여 계정이 오류와 부정에 민감한 것으로 표시되어 있다.

또 오류와 부정에 관여할 수 있는 담당자의 수는 한정적이라는 것이다. 회계의 기록에 중요하게 참여하는 사람과 실물에 크게 관여할 수 있는 사람은 아무리 큰 조직이라고 하여도 한정될 수 있는 것이다. 이렇게 중요성에 따라 범위를 좁혀가면 조직에서 발생할 수 있는 오류와 부정은 상당한 정도로 관리가 가능해진다.

회계에 관련된 결제의 경우 그 핵심은 발생된 거래가 정확히 회계 관련 장부에 기록되었으며, 기록된 회계숫자와 그에 대한 실물이 정확히 일치하는가를 확인하는 것이다. 즉 거래의 기록(名)과 실물(實)의 일치(相符)를 확인하는 것으로 명실상부(名實相符)함을 확인하는 것이 관리의 핵심이라고 할 수 있다.

최근 지방도시인 Y시의 80억 횡령 사건의 경우가 그렇다. 동 사건의 경우, 장부상 기록된 급여 수급자 수와 실제 인원과의 차이, 그리고 가공의 인물에 대한 지급과 지급액의 과대 계상에서 발생하였다.

급여 지급 인원이 적을 경우에는 간단한 절차에 의해서도 오류를 파악할 수 있지만, 수백 명 또는 수천 명의 인원에 대한 급여 지급의 적정성을 판단하기 위해서는 다른 절차가 필요하다. 그 적정성을 판단하기 위해서는 급여가 기업에서 차지하는 중요성과 앞에서 언급한 개별 급여 지급 건에 대한 통계적 검증이 수행되어야 한다.

3) 구성원 모럴(사기)의 제고

내부통제제도의 한계를 극복하기 위해서는 구성원의 모럴(moral)을 제고하는 데 장기적인 투자를 하여야 한다. 부정이 발생하기 위해서는 부정 발생의 3요소, 즉 부정의 동기, 부정의 기회, 부정의 합리화의 조건이 갖추어져야 한다. 부정의 동기와 부정의 합리화는 태생적인 변수로 기업에서 통제하기 어려우나 부정의 기회는 내부통제제도를 적절히 수립한다면 상당 부분 막을 수 있다.

그러나 장기적으로 중요한 것은 구성원의 모럴이다. 사기가 높은 조직은 구성원의 명예심도 높다. 명예심이 높은 회사의 구성원은 부정에의 유혹에 쉽게 무너지지 않는다. 장기적으로 기업이 발전하기 위해서는 구성원의 자기 직무에 대한 만족도를 높이고 회사에 대한 명예심을 높여야 한다. 사기가 높은 구성원으로 이루어진 조직은 오류와 부정이 발생할 확률이 매우 낮으며, 이렇게 사기가 높은 구성원으로 이루어진 기업은 경영상 어려움이 닥쳐도 헤쳐 나갈 수 있다.

✱ 사례 1 – 매출 관련 내부통제제도

의약품 제조회사인 ㈜CNU상사는 회사의 매출 관련 프로세스를 검토한바, 다음과 같은 사실이 발견되었다.

회사의 매출채권은 매출 대비 비율이 과거 5년 동안 안정적인 추세를 보이다가 최근 들어 그

비율이 증가되었으며, 1년 이상의 악성 매출채권 비율도 급증하고 있음을 알았다. 이에 대해 표본추출하여 검토한바 다음과 같은 내부통제제도 상 미비점이 발견되었다.

① A 영업팀은 매출승인 시 매출처에 대한 정상적인 신용평가 없이 담당자의 말에 의존하여 매출을 승인하고 있었다.

② B 영업팀의 한 직원은 거래처로부터 매출채권을 수금하면 지방 출장 등의 이유로 4~5일 후에 회사의 통장으로 입금하는 것이 발견되었다.

③ C 영업팀은 거래처에 상품을 출하하고서도 청구서를 3~5일 늦게 발행한 사례가 12건 있었으며 청구서를 발행하지 않은 경우도 1건이 있었다.

④ B 영업팀은 청구서 작성 시 과거 단가를 적용하여 청구하여 청구금액이 2천만 원 미달 청구된 경우가 발견되었다.

⑤ B 영업팀은 담당자의 실수로 주문서와 다른 상품을 송달하여 거래처의 클레임으로 손해배상을 해준 거래가 1건 발견되었다.

⑥ 회사 전체의 매출채권에 대해 파레토 법칙에 따라 상위 80%의 매출을 차지하는 20%의 거래처에 대해 채권 조회서를 발송한바, 다섯 곳의 매출채권이 회사의 장부상 금액과 상이하였다.

⑦ 상기 매출채권 잔액이 차이 나는 다섯 곳을 정밀 조사한바, 두 곳은 거래처가 바뀌어 기록되었음이 확인되었다.

위의 발견사항에 대하여 거래의 승인, 거래의 집행, 자산의 관리, 거래의 기록에 대하여 다음과 같이 통제 절차를 보완하고 표본을 확대하여 정밀감사를 수행하도록 하였다.

● 거래의 승인

내부통제목적	부정 오류의 유형	적발감사 발견내용	조치사항
> 상품 출하전 거래처 신용상태 분석	>불량거래처에 판매 시 손실발생	➤ A 영업팀은 매출승인 시 매출처에 대한 정상적인 신용평가 없이 담당자의 말에 의존하여 매출을 승인하고 있었다.	>신규거래처에 대한 문서화된 신용확인절차 >반기별 거래처별 신용한도(credit limit) 점검
>단가,판매조건의 승인	>회사 정책의 일관성 상실에 따른 손실발생	➤ B영업팀은 청구서 작성시 과거단가를 적용하여 청구하여 20,000,000원이 미달 청구된 경우가 발견되었다.	>단가표는 가장 최근 승인된것으로 할 수 있도록 공식절차 수립

● 거래의 집행

내부통제목적	부정 오류의 유형	적발감사 발견내용	조치사항
>승인된 주문서대로 출하	>지연출하, 배달오류에 의한 손실발생	➤ B영업팀 담당자의 실수로 주문서와 다른 상품을 송달하여 거래처 클레임으로 손해배상 해준 거래가 발견되었다.	>주문서를 문서로 수령하고 창고부서에도 문서로 전달. 관련 담당자에 대한 교육실시

● 자산의 관리

내부통제목적	부정 오류의 유형	적발감사 발견내용	조치사항
＞매출채권의 관리	＞랩핑의 발생 ＞장기악성채권(6개월 이상)의 발생	➢ 회사 전체의 매출채권에 대해 파레토 법칙에 따라 상위 80%의 매출을 차지하는 20%의 거래처에 대해 채권 조회서를 발송한 바, 5곳의 매출채권이 회사의 장부상 금액과 상이하였다.	＞5곳의 매출채권에 대하여 정밀조사 후 조치
	＞현금의 지연입금	➢ B영업팀의 한 직원은 거래처로부터 매출채권을 수금하면 지방 등의 이유로 4~5일 후에 회사의 통장으로 입금하는 것이 발견되었으며 10일 이상도 존재	＞최소한 수금 익일 오전에는 회사통장에 입금되도록 주의환기 및 교육
＞출하 즉시 청구서 발송	＞지연청구 및 누락청구에 의한 손실발생	➢ C영업팀은 거래처에 상품을 출하하고서도 청구서를 3~5일 늦게 발행한 사례가 12건 있었으며 청구서를 발행하지 않은 경우도 1건이 있었다.	＞청구서는 출하즉시 발행하도록 절차를 마련하고 출하서와 청구서 일련번호 통제하고 비교절차 마련

● 거래의 기록

내부통제목적	부정 오류의 유형	적발감사 발견내용	조치사항
＞거래처별 대금청구,수금,매출조정의 정확성	＞누락 및 오기의 위험	➢ 상기 매출채권 잔액이 차이 나는 5곳을 정밀 조사한 바, 2곳은 거래처가 바뀌어 기록 되었음이 확인 되었다.	＞유사한 상호에 대하여 담당자의 주의를 환기한다.

수익 사이클 상의 여러 통제 절차, 즉 거래의 승인, 거래의 실행, 자산의 관리, 거래의 기록 중에서 가장 중요한 것을 하나 고르라면 '거래의 승인' 절차가 아닐까 한다. 왜냐하면 '거래의 실행', '자산의 관리', '거래의 기록'의 경우 내부통제상 다소 잘못이 있더라도 그에 대한 수정과 보완이 가능하기 때문이다. 그러나 '거래의 승인'은 마치 100층짜리 건물을 지을 때의 설계도와 같아서 잘못 작성된 설계도로 지어진 건물은 어떻게 수정할 수가 없고 건물 자체를 폐기할 수밖에 없기 때문이다.

마찬가지로 불량 거래처에 잘못 승인된 매출은 매출채권 자체를 손상처리 하여야 한다. 따라서 수익 사이클에 대한 통제 절차 중 '거래의 승인' 절차를 보다 효과적으로 수행하기 위하여 매출 거래처에 대한 더 많은 자료 수집과 수집된 자료를 바탕으로 거래처에 대한 정기적인 신용평가가 수행되도록 한다.

거래의 승인 다음으로는 신속하고 정확한 거래의 기록이 중요하다. 사례에서도 보았듯이 부정확한 거래의 기록은 거래처와 채권 금액의 차이로 인하여 분쟁이 발생할 수 있으며 부정확한 기록은 회사의 회계장부에 대한 신뢰성에 부정적인 영향을 줄 수 있기 때문이다.

아울러 거래의 잘못된 실행은 사례에서 보듯이 회사에 직접적인 손실을 초래할 수 있으며, 자산의 관리 역시 오류와 부정에 의하여 회사 자산에 손실을 가져올 수 있는바 취약한 내부통제제도에 대해 보완이 필요하다.

✳ 사례 2 - 구매 관련 내부통제제도

컴퓨터부품 제조회사인 ㈜무지상사는 회사의 구매 관련 프로세스를 검토한바, 다음과 같은 사실이 발견되었다.

회사의 매출원가는 매출 대비 비율(매출원가율)이 과거 5년 동안 안정적인 추세를 보이다가 최근 들어 그 비율이 증가되었으며, 1년 이상의 악성 재고자산 비율도 급증하고 있음을 알았다. 이에 대해 표본추출하여 검토한바 다음과 같은 내부통제제도상 미비점이 발견되었다.

① 악성 재고 중 70%는 신제품 개발 후 시장 상황이 변화하여 경쟁력을 잃어 진부화되었으나 나머지 악성 재고는 구매 승인 시 관련 신상품의 시장성에 대한 검토가 없이 구매되었음이 확인되었다.

② 장기간 거래해온 일부 구매처의 경우 구매단가가 지속적으로 인상되고 있는 것을 발견하였다. 유사한 상품의 타 구매처의 구매단가는 3년 동안 동일하였다.

③ 소모품 중 일부는 과다 구매되어 창고에 방치되고 있었으며, 대부분 사용이 불가능하여 폐기 처분할 예정임을 알았다.

④ 거래명세표에서 표본추출하여 검수보고서와 대조한바, 검수보고서상의 숫자와 거래명세표 상의 수량이 상이한 것이 3건 발견되었으며, 1건은 검수보고서가 없었다. 또한 검수보고서에는 일련번호가 부여되지 않았다.

⑤ 주요 상품(파레토 법칙에 따른 20%의 종류에 80%의 원가를 구성하는)에 대한 단가 금액이 정기적으로 업데이트가 수행되지 않고 있다.

⑥ 매입채무의 회전율이 매출채권의 회전율보다 더 빠른 것을 발견하였다. 매입채무회전율=매입액/평균매입채무 〉 매출채권회전율=매출액/평균매출채권

⑦ 매입채무 잔액을 확인하기 위하여 조회 확인한바, 네 곳의 잔액이 회사와 상이했으며 그 원인은 정밀조사 중이다.

⑧ 조회 결과 잔액이 상이한 네 곳 중 한 곳은 매입채무 계정에 일부 거래가 누락 되었음이 밝혀졌다.

⑨ 매입채무 잔액이 상이한 네 곳 중 한 곳은 가공의 거래처로 밝혀졌으며, 가공의 거래처가 장부에 계상된 것에 대하여 정밀조사 중이다.

- 거래의 승인

내부통제목적	부정 오류의 유형	적발감사 발견내용	조치사항
>단가,판매조건의 승인	>불요불급품 구매로 인한 낭비 초래 >유출가치보다 유입가치가 낮은 구매로 인한 손실	➢ 악성 재고 중 일부는 구매 승인 시 관련 신상품의 시장성에 대한 충분한 검토가 없이 구매되었음이 확인되었다.	>새로운 상품의 경우 시장진입평가 절차 마련
		➢ 장기간 거래해온 일부 구매처의 경우 구매단가가 지속적으로 인상되고 있는 것을 발견하였다. 유사한 상품의 타 구매처의 구매단가는 3년 동안 동일하였다.	>주요 상품에 대한 구매단가 상시 검토 및 업데이트
		➢ 소모품 중 일부는 과다 구매되어 창고에 방치되고 있었으며 대부분이 사용이 불가능하여 폐기 처분할 예정임을 알았다.	>과다 구매원인을 분석하여 관련 조치 시행

- 거래의 이행

내부통제목적	부정 오류의 유형	적발감사 발견내용	조치사항
>입고시 수량 및 품질검사	>수량의 부족, 저품질입고로 인한 손실	➢ 거래명세표에서 표본 추출하여 검수보고서와 대조한 바, 검수보고서 상의 숫자와 거래명세표상의 수량이 상이한 것이 3건 발견되었으며, 1건은 검수보고서가 없었다. 또한 검수보고서에는 일련 번호가 부여되지 않았다.	>검수보고서에 일련번호 부여 및 차이 원인 규명

- 거래의 기록

내부통제목적	부정 오류의 유형	적발감사 발견내용	조치사항
>구매된 물품에 대한 신속한 기록	>구매된 재고가 기록되지 않을경우 재고자산 과소계상-->매출원가 왜곡	➢ 조회 결과 잔액이 상이한 4곳 중 1곳은 매입채무 계정에 누락되었음이 밝혀졌다.	>매입채무 누락원인 규명

- 접근 통제

내부통제목적	부정 오류의 유형	적발감사 발견내용	조치사항
>매입및지급기록에의 접근통제	>매입및 지급기록에 접근하여 가공의 부채 계상에 의한 손실	➢ 매입채무 잔액이 상이한 4곳 중 1곳은 가공의 거래처로 밝혀졌으며, 가공의 거래처가 장부에 계상된 것에 대하여 정밀 조사 중이다.	>가공거래처에 대한 원인 규명

기타 발견된 사항에 대해서는 각 발견사항에 대한 조치가 필요하다. 예를 들어 매입채무회전율이 매출채권회전율보다 크다는 것은 받을 매출채권은 천천히 수금하고, 지급 부채인 매입채무는 신속히 지급한다는 것을 의미하므로 이는 회사의 재무정책상 바람직하지 않다.

현금흐름을 양호하게 하려면 최소한 두 회전율을 같게 하거나 매출채권회전율이 더 크도록 신용정책과 매입채무 상환정책을 재조정해야 한다. 그리고 조회서상 매입채무 잔액에 차이 나는 거래처에 대해서는 정밀조사를 통하여 그 원인이 규명되어야 한다.

구매 사이클상의 여러 통제 절차, 즉 거래의 승인, 거래의 실행, 거래의 기록, 접근통제 중에서 가장 중요한 것을 하나 고르라면 수익 사이클과 마찬가지로 '거래의 승인' 절차가 아닐까 한다. 왜냐하면 '거래의 실행', '거래의 기록', '접근통제'의 경우 내부통제상 다소 잘못이 있더라도 그에 대한 수정과 보완이 가능하기 때문이다. 그러나 '거래의 승인'은 건물을 지을 때의 설계도와 같기 때문이다.

마찬가지로 잘못 구입된 재고자산의 경우 재고자산 자체를 감액하여야 한다. 따라서 구매 사이클에 대한 통제 절차 중 '거래의 승인' 절차를 보다 효과적으로 수행하기 위하여 구매 상품에 대한 더 많은 자료 수집과 수집된 자료를 바탕으로 구매 상품에 대한 보다 유용한 (단가)정보를 획득하는 데 노력을 기울여야 한다.

거래의 기록은 거래 승인 다음으로 중요하다. 미비한 기록은 회사 재무제표 신뢰성에 영향을 미친다. 접근통제와 거래 이행의 미비는 회사에 직접적인 손실을 초래하는바, 역시 관련 내부통제에 대한 집중적인 관리가 필요하다.

✱ 사례 3 – 급여 관련 내부통제제도

용역파견업체인 ㈜삼성상사는 회사의 급여 관련 프로세스를 검토한바, 다음과 같은 사실이 발견되었다. 회사의 급여 인원이 1만 명을 초과하고 있어 현장별 급여 인원 변동이 적시에 반영되지 못하고 일부 현장의 경우에는 일용근로자에 대한 세무 신고 상 착오로 세무서로부터의 관련 자료의 요구가 급증하고 있다.

이에 대해 급여 대장에서 속성표본감사 특성에 따라 95% 신뢰수준과 1%의 기대오류율, 5%의 허용오류율 하에 표본 수를 구한바, 표본 수는 표본 테이블에 따라 93개가 추출되었으며, 퇴직자에 대하여도 표본 테이블에 근거하여 표본을 추출하였다. 추출된 표본을 검토한바 다음과 같은 내부통제제도상 미비점이 발견되었다.

① 퇴직한 직원에게 급여가 지급되었음이 확인되었다.

② 일부 직원의 경우 급여 변동이 인사부서의 승인 서류와 상이하게 변동되었음이 발견되었다.

③ 일부 시간급 급여자의 경우 급여대장과 근무 기록 시간이 일치하였지만 근무기록 시간에 대한 현장감독자의 승인이 누락된 경우가 있었다.

④ 인사기록카드와 비교한바, 6명의 경우 직급 호봉이 업데이트되지 않았으며, 2명의 경우에는 근로계약서가 없었다.

⑤ 표본추출된 퇴직자에 대한 퇴직급여를 계산한바, 퇴직급여 계산이 일부 잘못 과대 지급되었음이 밝혀졌다.

⑥ 현장별 인건비에 대한 노동생산성 검토도 수행되지 않고 있었다.

⑦ 현장 급여로 처리하여야 할 노무비 3억 원이 판매비와 관리비로 처리되었음이 발견되었다.

⑧ 일부 현장의 경우 급여담당자가 개인별 급여 확정과 자금이체까지 담당하고 있어 오류와 부정의 위험이 높음이 발견되었다.

⑨ 정상적으로 급여지급이 이루어졌는지 확인하기 위하여 개인별 지급명세서와 인사부서의 인사정보와 일치되는지 확인하는 절차가 없음이 발견되었다.

● 거래의 승인

내부통제목적	부정 오류의 유형	적발감사 발견내용	조치사항
＞급여액은 승인된 호봉표 등 명백한 기준에 의해 지급되어야 한다.	＞명백한 기준없이 급여가 지급되어 구성원간 위화감 조성	➤ 일부 직원의 경우 급여 변동에 대한 인사부서의 승인 서류와 상이하게 변동되었음이 발견되었다.	＞단순한 오류인지 의도적인것인지 조사
＞시간급 현장의 경우 현장감독자의 승인	＞현장감독자의 미승인 및 공모에 의한 과대 시간 계상	➤근무기록 시간에 대한 현장감독자의 승인이 누락된 경우가 있었음.	＞현장감독자의 승인

● 거래의 집행

내부통제목적	부정 오류의 유형	적발감사 발견내용	조치사항
＞실제 근로제공자에 대한 급여의 지급	＞퇴직자, 가공의 인물 등에 승인되지 않은 급여의 지급	➤ 퇴직 처리된 직원에게도 퇴직 후 3개월간 급여가 지급되었음이 확인 되었다	＞단순한 오류인지 의도적인것인지 조사
＞급여의 정확한 계산	＞과대 또는 과소 계상된 급여의 지급으로 인한 손실 발생	➤ 표본 추출된 퇴직자에 대한 퇴직급여를 계산한 바, 퇴직급여 계산이 3명 잘못 과대지급 되었음이 밝혀졌다.	＞전체 퇴직자에 대한 재계산 실시

● 거래의 기록

내부통제목적	부정 오류의 유형	적발감사 발견내용	조치사항
>인건비의 기간비용 귀속 여부	>재고자산으로 분류될 인건비의 당기비용처리	➢ 현장 급여로 처리하여야 할 3억원이 판매비와 관리비로 처리되었음이 발견되었다.	>정확한 성과측정을 위하여 수정처리

● 접근통제

내부통제목적	부정 오류의 유형	적발감사 발견내용	조치사항
>인사 및 급여 관련자료에의 접근은 승인된 자에게만 허용	>인사 및 급여관련 자료에의 무단 변조 및 오용에 의한 손실	➢ 일부 현장의 경우 급여담당자가 개인별 급여 확정과 자금이체까지 담당하고 있어 오류와 부정의 위험이 높음이 발견되었다.	>업무분장이 이루어지도록 함

기타 발견된 사항에 대해서는 각 발견사항에 대한 조치가 필요하다. 예를 들어 급여대장상의 급여자와 그 급여자에 대한 인사부서의 일치 여부 확인은 매우 중요하다. 본 사례의 경우 93명에 대해 급여대장 인원과 인사부서의 인원을 비교하여 그 일치 여부를 확인해야 한다. 또한 현장별 노동생산성의 검토는 현장별 성과 평가뿐만 아니라 인건비에 대한 오류와 부정의 방지를 위해서도 중요한 검증 수단이다.

급여 사이클상의 여러 통제 절차, 즉 거래의 승인, 거래의 실행, 거래의 기록, 접근통제 중에서 가장 중요한 것을 하나 고르라면 수익 사이클과는 달리 '거래의 집행' 절차가 아닐까 한다. 왜냐하면 거래 승인의 경우 내부적인 거래이기 때문에 일부 오류가 있다 하더라도 내부적으로 검토절차가 있다면 수정이 가능하기 때문이다. 그러나 거래의 집행에서 발생하는 차이는 오류나 부정이 개입될 개연성이 많다.

✱ 사례 4 – 제조 및 재고 관련 내부통제제도

화학제품 제조회사인 ㈜퐁듀는 회사의 제조 및 재고 관련 프로세스를 검토한바, 다음과 같은 사실이 발견되었다. 속성표본감사 특성에 따라 95% 신뢰수준과 1%의 기대오류율, 5%의 허용오류율 하에 표본 수를 구한바, 표본 수는 회사의 제조 관련 계정(노무비, 제조경비, 재료비)에서 표본 테이블에 따라 93개를 표본추출하였다. 추출된 표본을 검토한바 다음과 같은 내부통제제도상 미비점이 발견되었다.

① 제품 A에 대한 특정 롯트 생산의 재료비에 대한 제조지시서를 검토한바, 생산본부 임원의 승인이 없는 것이 발견되었다.

② 원재료 출고요구서에 창고 담당자의 사인이 없는 경우가 발견되었다.

③ 원재료가 모두 생산에 투입되었음에도 제조지시서에 투입내용이 미기재되었음이 발견되었다.

④ 원재료의 출고전표에 창고 담당자의 사인이 없이 출고되었다.

⑤ 기말 재고실사가 관리부서의 입회 없이 현장 직원들만 참여한 가운데 수행되고, 재고실사 관련 평가보고서도 작성되지 않고 있다.

- 거래의 승인

내부통제목적	부정 오류의 유형	적발감사 발견내용	조치사항
>제조활동은 승인 절차에 따라 이루어져야 한다.	>승인받지 않은 제조활동은 과잉생산 등 기업에 부정적인 영향을 미친다	➤ 제품A에 대한 특정 롯트 생산의 재료비에 대한 제조지시서를 검토한 바, 생산본부 임원의 승인이 없는 것이 발견되었다	>승인 없이 제조활동이 시작된 이유를 밝힌다.

- 거래의 집행

내부통제목적	부정 오류의 유형	적발감사 발견내용	조치사항
>재고자산의 사용은 사전 승인이 필요하다	>승인받지 않은 재고사용은 도난, 오용에 의한 손실 위험이 있다	➤ 원재료 출고요구서에 창고 담당자의 사인이 없는 경우가 발견되었다.	>원재료의 출고는 창고담당자의 승인 하에 출고되도록 한다.

- 거래의 기록

내부통제목적	부정 오류의 유형	적발감사 발견내용	조치사항
>재고자산의 이동은 적정한 계정과목으로 기록되어야 한다	>기록의 누락은 매출원가를 왜곡시킨다.	➤ 원재료가 모두 생산에 투입되었음에도 제조지시서에 투입내용이 미기재 되었음이 발견되었다.	>제조지시서에 투입내용이 기재 되도록 한다.

- 접근통제

내부통제목적	부정 오류의 유형	적발감사 발견내용	조치사항
>기말재고의 실사	>접근통제의 미비로 재고자산의 남용 및 분실등에 의해 손실 발생	➤ 기말 재고 실사가 관리부서의 입회 없이 현장 직원들만이 참여한 가운데 수행되고, 재고실사 관련 평가도 평가보고서 없이 수행됨이 발견되었다.	기말재고실사는 관리부서 입회하에 수행되도록 하고, 반드시 차이보고서를 작성하도록 한다.

제조 및 재고자산에 대한 통제는 원가 관리를 위하여 중요하며, 특히 재고 관리는 보다 엄격하게 수행되어야 한다. 반드시 관리부서의 참여하에 수행되어야 하며, 재고실사 책임자도 임원급으로 하여 회사의 중요한 관리 절차로 할 필요가 있다. 그리고 재고실사 후에 실사 결과를 반드시 보고서로 작성하여 경영층의 주의를 환기할 필요가 있으며, 차년도 재고실사의 보완자료로 사용할 수 있어야 한다.

영화 「스팅」은 많은 사람이 공모하여 한 사람을 감쪽같이 속이는 내용이다. 주인공은 폴 뉴 먼과 로버트 레드포드이며, 1930년대 경마를 매개로 하여 펼쳐진다. 사기를 치는 주인공들이 워낙 유명한 배우들이다 보니 영화를 통쾌하게 보았던 기억과 당시 스팅의 주제곡도 즐겁게 들었던 기억이 난다. 사기를 당하는 사람은 사기를 당하는지도 모르고 빠져든다. 많은 사람이 사전 각본에 의하여 공모를 할 경우에 아무리 용의주도한 사람일지라도 그 사기 사건에서 빠져나오기는 어렵다.

회사의 내부통제제도 역시 관련된 몇 사람이 공모하게 된다면 내부통제제도는 본래의 목적 을 상실하고 오류와 부정에 노출될 수밖에 없다. 물론 영화에서처럼 감쪽같이 하기는 불가능 하다. 왜냐하면 현실의 기업 안에서 공모에 의한 부정이 영화처럼 모든 것이 일사불란하게 통 제될 수는 없기 때문이다. 그러나 경우에 따라서는 공모에 의한 부정이 발생할 가능성은 항상 존재하며, 이에 대한 내부통제제도가 필요하다. 대기업이나 공공기관의 경우 정기적인 업무보 직 순환으로 이를 예방하고 있다.

2부

내부통제와 통계

1. 통계의 역사

1) 통계학의 발달

통계학은 17~18세기에 발달하기 시작하였다. 이 시기는 유럽대륙에서의 신항로 개척과 그에 따른 국가 간 무역이 활발해지던 시기였다. 대서양을 횡단하는 무역상들은 배를 타고 떠나기 전에 보험을 들었다. 보험을 드는 사람들은 불입액은 적으면서 사고가 났을 때는 많은 금액을 타기를 원했고, 보험회사는 사고로 지출하는 돈보다 들어오는 불입액이 더 많기를 바랐다. 바로 이 무렵부터 보험액 산출을 위해 확률론에 기초한 통계가 발달하였다.

확률론은 17~18세기 파스칼, 페르마, 드 무아브르, 라플라스 등에 의해 발달하였다. 우연으로 보이는 현상을 수학적으로 관찰하고 처리하는 방법을 연구하기 시작한 것이다. 그리고 이러한 연구는 마침내 복잡하게 보이는 사회 상황을 통계적으로 기술하여 어떤 규칙을 찾아내는 길을 열 수 있도록 이끌었다.

영국의 그랜트(Graunt, 1620~1674)는 교회의 기록에 의거하여 처음으로 사망표를 작성하였고, 벨기에의 케틀레(Quetelet, 1796~1874)는 확률론에 입각하여 통계학을 과학으로 체계화하였는데, 그는 확률 이론을 사회현상의 통계적 연구에 적용하였다.[31]

이처럼 우연으로 보이는 현상에서 어떤 규칙을 찾아내려는 학자들의 노력은 많은 발견을 이룩하였다. 영국 과학자 골턴 경(Sir Francis Galotn)은 손가락 무늬가 개개인에게 고유하다는 사실을 깨닫고 사람들을 분류하고 식별하는 데 지문을 사용한 최초의 사람이었다. 또한 골턴은 전 세계 아버지와 아들들의 키는 평균으로 회귀한다는 것을 확인했다. 그는 이를 '평균으로의 회귀(regression to the mean)'라고 불렀다. 마치 무엇인가 신비한 힘이 작용해서 사람들의 키를 양극단으로부터 평균으로 이동시키는 것 같았다. 평균으로의 회귀 현상은 놀라운 발견이었다.

---

31 미래예측 확률과 통계, 임종두, 이슈투데이 편집국. 2010.2.15.

골턴은 이를 더욱 깊이 연구한 결과 이것은 사실일 수밖에 없으며, 이를 통해 결과에 대한 예측치를 제시해낼 수 있다는 사실을 깨달았다. 즉 사람들의 키는 대체로 일정한 범위 내에 분포한다. 이는 아버지의 키가 아주 크다면 그 아들들의 키는 아버지보다는 작은 경향이 있고, 아버지의 키가 아주 작다면 그의 아들들의 키는 아버지보다는 큰 경향이 있기 때문에 가능하다. 평균으로의 회귀란 어떤 종이 세대를 거듭하면서 거의 변하지 않고 안정적인 상태를 유지해나가는 현상을 가리킨다. [32]

그 외에도 『과학의 문법(The Grammar of Science)』을 저술한 영국의 과학자 피어슨(Karl Pearson, 1857~1936), 'Student't 검정 절차를 소개한 기니스맥주의 고셋(William Sealy Gosset, 1876~1937), 『연구자들을 위한 통계학 방법론』을 저술한 피셔(Fisher, 1890~1962) 등 많은 학자들이 우연으로부터 규칙을 찾기 위해 많은 노력을 기울이면서 통계학은 그 학문적 위상과 실용학문으로서의 가치를 갖기 시작하였다.

20세기에 들어서면서부터는 표본통계학이 연구되기 시작하였다. 표본통계학이란 대상이 되는 모든 자료를 조사하는 것이 아니라 일정한 양의 자료(표본자료)만 조사하여 전체에 대한 추측을 하는 것인데, 이러한 조사방법은 현재 여론조사, 설문조사 등 다양한 용도로 활용되고 있다.

2) AICPA[33]에 있어서 통계의 역사[34]

20세기 이전에는 감사가 모든 거래에 대한 조사를 하였지만, 20세기 초 미국 기업의 급속한 성장은 회계 계정과 거래에 대한 표본 시사의 필요성이 대두되었다. 그러나 전문적 조사에서 표본추출에 대한 관심은 별로 없었으며, 미국 연방기록보관소에는 1917년이 되어서야 재고자산 표본추출에 대한 언급이 있을 정도였다.

20세기 초 수십 년간 감사인들은 표본추출을 적용하기는 하였지만, 표본추출의 범위는 내부통제의 효과성에 대한 것은 아니었다. 1910년대와 1920년대에 들어서야 기업의 내부통제에 대해 처음으로 언급되었으며, 신뢰성에 근거하여 세부 검토의 범위를 축소하였다. 1930년대까지도 실무에서는 통계 기법이 많이 받아들여지지 않았다.

그러나 1955년 들어 미국회계사회(The American Institute of Accountants: later to become the AICPA)는 감사표본의 범위 연구(A Case Study of the Extent of Audit Samples) 보고서를 발행하였다. 보고서는 사례에 따른 감사표본 범위에 대하여 언급하고 있다. 보고서는 감사표본에 대해 첫 전문가에 의한 공개 발표로서 매우 중요한 의미를 갖는다.

---

[32] 천재들의 주사위, 데이비드 살스버그 지음, 최정규 옮김, 뿌리와 이파리, p.34-35.
[33] AICPA: American Institute Certified Public Account, 미국공인회계사회.
[34] AICPA, Audit Guide, Audit Sampling, March 1. 2012.

또한 보고서는 내부통제 신뢰성과 세부검토 범위 간의 관련성에 대해 언급하고 있다. 1950년대 동안 감사에 있어 샘플링에 대한 통계법칙을 적용하는 흥미로운 발전이 있었다. 그러나 감사인에 따라 어떤 감사인들은 통계적 표본추출방법을 적용하였으나 다른 감사인들은 그러한 방법을 감사에 적용시키는 데 의문을 가졌다.

1962년, 통계적 표본추출에 대한 공표가 AICPA의 통계적표본추출위원회에 의하여 발행되었다. 보고서는 통계적 표본추출은 GAAS(Generally Accepted Auditing Standards)하에 허용된다고 결론지었다. 1972년, 감사절차위원회는 감사에 있어 통계적 표본추출에 대한 신뢰성과 정도에 대한 보고서를 SAP[35] 54번의 부록 B로 발행하였다. 1978년, AICPA의 도널드 로버츠(Donald M. Roberts)는 감사에 있어 통계적 표본추출에 대한 이론을 설명하는 『통계적 감사(Statistical Auditing)』를 발행하였다.

2006년, ASB는 재무제표 감사 수행과 계획을 위하여 사용될 수 있는 8개 위험평가표준을 발표하였으며, 2011년 10월에 ASB는 투명성 프로젝트(The Clarity Project)의 결과로서 감사표준보고서 SAS 122번을 발행하였다. 본서에서 사용되는 표본 테이블은 여기서 만들어진 표본 테이블을 사용한다.

2. 통계의 유용성

본서에서는 통계적 기법을 적용하여 내부통제 평가와 적발검사 실무를 수행하기 때문에 통계의 중요성은 언급할 필요도 없지만, 타 산업 분야에서도 통계의 중요성은 점점 더 커지고 있다. 학문적인 연구업무와 스포츠에서의 이용 그리고 일반 비즈니스에서까지 통계는 점점 더 그 중요성을 증대시키고 있다.

1) 우연으로부터 규칙성 찾기

가장 인기 있는 스포츠 중의 하나인 야구에서 투수들과 타자들에 대한 통계는 국내뿐만 아니라 야구의 본고장인 미국에서도 감독들의 중요한 관심사가 되었다. 상대 타자의 그동안 안타를 친 내용에 대하여 통계적으로 분석할 수 있는 정확한 자료가 있다면 그 타자의 강점과 약점이 밝혀진다. 이것은 또한 투수에게도 마찬가지다. 옛 병법에 따르면 "적의 강한 곳은 피하고 적의 약한 곳을 취한다."고 하였듯이 상대방의 강점은 피하고 약점을 취한다면 더 수월하게 게임을 리드할 수 있을 것이다. 이러한 통계적 이용은 모든 스포츠에서 유용할 것이다.

일반 산업에서의 이용은 이보다 더 적극적이다. 소비자의 소비추세 분석을 위하여 통계를

적극적으로 사용하고 있으며, 기업들은 진일보된 물류통제시스템과 소비자에 대한 정보 자료들을 축적하고 있다. 이러한 빅데이터 정보를 바탕으로 개별 소비자가 앞으로 어떤 소비를 할 것인지 예측하여 그에 맞는 마케팅 전략을 구사하고 있다.

유아(乳兒)산업을 비롯한 출산 관련 사업은 비즈니스 상 매우 사업성이 뛰어나다고 분석되어 이러한 소비자를 찾는 시스템의 구축과 그에 관련된 전문가를 확보하는 것이 사업의 성패를 결정짓는 관건이 되고 있다. 이러한 분야에서 통계는 필수적인 분석도구로 자리매김하고 있다.

학문적인 분야에 있어서 통계의 이용은 모든 논문에서 중요하게 다루어지고 있으며 통계가 없는 연구논문은 가볍게 보여지는 경향마저 있다. 저자가 2011년에 식품의약품안전청의 식품공전 개선 연구와 관련하여 건국대 서건호 교수와 공동으로 연구한 「미생물 검사 시 샘플 수 확대에 따른 사회경제적 비용 편익 분석」 작업에서도 통계 기법은 중요한 연구 수단이 되었다.[36] 미생물의 검사에 이용되는 샘플 수가 증가됨에 따른 사회경제적 비용효익 분석에서 통계는 연구 항목의 중요한 근거가 되었다.

2) 미래를 예측하는 통계

『브라질에서 비가 내리면 스타벅스 주식을 사라』[37]는 제목의 책이 있다. 이 책의 제목을 보면서 가장 먼저 떠오르는 생각은 무엇인가? 아마 대부분의 사람들은 "도대체 브라질에 비가 오는 것과 스타벅스 주식이 무슨 관계야?"라는 의문이 들 것이다.

커피는 일반적으로 따뜻하고 습한 기후에서 잘 자란다. 즉, 열대성 기후처럼 강우량이 많은 지역에서 커피나무가 잘 자라는 것이다. 그래서 브라질에 비가 오면 커피 생산량이 늘어나고, 커피 생산량이 늘어나면 커피 원가는 급격히 떨어질 것이다. 반대로 비가 오지 않아 커피 생산량이 감소하였다면 커피 원가는 급격히 올라갈 것이다.

따라서 브라질에서 비가 오거나 오지 않는 것에 따라 바다 건너 스타벅스의 주가가 등락하는 것이다. 이처럼 브라질에 비가 얼마나 오느냐에 따라 스타벅스의 주가가 등락하는 둘의 관계를 '상관관계(correlation)'라고 하며, 브라질의 강우량이 증가하여 스타벅스 주식을 사면 이득을 얻을 것이라는 예측을 한다면 이는 회귀분석을 통한 예측을 한 것이 된다.

통계조사는 대체적으로 신빙성 있게 결과를 예측한다. 사실 유권자 3천만 명 이상이 투표하는 한국의 역대 대통령 선거에서의 결과를 예측하기 위하여 단지 1천여 명 정도의 표본조사로 그 실제 결과를 예측하여 맞춘다는 것은 거의 신기에 가깝지 않나 하는 생각이 들 정도다. 이렇

---

36 본 연구에서 ◆ 샘플 수 증가에 따른 제1종 위험(기각위험)의 감소 → 생산업체의 경제적 이익 ◆ 샘플 수 증가에 따른 제2종 위험(불량률)의 감소 → 안전성 확보로 사회적 이익을 산출하여 사회경제적 비용효익을 구함.
37 피터 나바로 지음, 이창식 옮김, 예지.

게 아주 적은 수의 표본으로 모집단의 특성을 파악할 수 있는 것은 무작위표본추출(Random Sampling)에 의해 표본조사를 하기 때문이다.

어느 기업에서 신제품에 대한 광고를 해야 하는데, 이용할 수 있는 수많은 광고매체 중에서 어떤 것을 통해야 신제품에 대한 소비자의 인식을 올려 매출 증대에 효과를 가져올 것인가에 대한 예측 등에는 통계가 사용되지 않을 수 없다. 이는 아주 적은 수의 표본으로 매우 많은 모집단의 특성을 파악할 수 있는 통계의 특성에 기인한다.

3) 파레토 법칙[38]

파레토(Pareto) 법칙은 "전체 결과의 80%가 전체 원인의 20%에서 일어나는 현상"을 가리킨다. 2 대 8 법칙이라고도 한다. 또 다른 예로 "내가 받는 우편물의 20%가 80%의 만족감을 준다. 나머지 80퍼센트의 우편물은 쓸모없는 것이다." "1년 동안 통화한 사람 중 20%와의 통화시간이 총 통화시간의 80%를 차지한다." "즐겨 입는 옷의 80%는 옷장에 걸린 옷의 20%에 지나지 않는다." "기계 고장의 80%는 20%의 원인에서 기인한다."와 같은 것들이 있다.

파레토의 법칙은 여러 곳에서 발견될 수 있지만 가장 자주 인용되는 것은 "20%의 고객이 80%의 수익을 창출한다."는 법칙이다. 만약 이것이 사실이라면 백화점에서든 은행에서든 마케팅을 어느 부분에 집중하여야 할지 자명하다. 통계학은 결국 자연현상이나 사회현상에 대한 경험치의 산물이라고 할 수 있다.

따라서 이것은 어떤 의미에서 사람의 습관이나 자연의 반복적인 활동의 소산이라고 할 수 있으며, 내부통제제도의 평가 그리고 오류와 부정의 적발에서도 80%의 오류와 부정은 20%의 원인에서 발생한다고도 할 수 있을 것이다. 이러한 20%의 원인을 찾아내는 방법이 본서의 목적이다.

그러므로 이러한 통계치를 잘 연구한다면 조직의 부정과 오류를 방지하는 데도 뛰어난 효과를 발휘할 수 있다. 이러한 통계적 경험치를 과학적으로 응용하여 감사에 적용한 것이 표본감사다.

4) 블랙박스에 등불 달기

회계기간 중에는 수만 건에 이르는 매우 많은 거래가 발생한다. 이러한 거래들이 내적으로 설계된 내부통제제도 절차를 한 치의 오차도 없이 이루어지고 있는지에 대해서는 확신을 갖기가 어렵다. 그런 면에서 기중거래는 다음의 기중거래 개념도 그림처럼 블랙박스로 표시할 수

---

[38] 이탈리아의 경제학자 빌프레도 파레토는 1세기 전에 세상에는 불균형의 원리가 작동한다는 점을 깨달았다. 이탈리아의 부(富)와 소득 간 관계를 연구히다가 전체 인구의 20%가 전체 부의 80%를 차지하고 있다는 사실을 발견하고 '파레토의 법칙'으로 불리는 '80 대 20' 원칙을 창안했다.

있다.

기업은 사업연도 초의 자산·부채·자본을 바탕으로 연간 영업활동을 통하여 기업의 가치를 높이고자 할 것이며, 그 결과는 기말의 자산·부채·자본이 될 것이다. 본서의 목적은 블랙박스 안에 있는 기중거래들에 대한 거래의 합리성과 적정성을 과학적인 통계를 통하여 확신을 갖고자 하는 것이다. 이는 마치 블랙박스 안에 등불을 켜는 것과 같다고 할 수 있다.

물론 블랙박스 안에는 많은 내부통제제도가 있다. 상급자의 승인절차, 회계시스템의 자동분개제도, 규정에 따른 절차의 수행 등이 있을 것이다. 그러나 이렇게 설정된 시스템이 운영 면에서도 차질 없이 수행되고 있는지에 대해 확신을 갖기에는 무엇인가 부족하다.

예를 들어 담당자의 실수에 의한 오류, 공모나 소수 이탈자에 의한 부정 등에 의해 회사의 내부통제제도가 잘 수행되지 않을 위험이 상존한다. 즉 설정된 내부통제제도의 효율성과 효과성이 성공적이라고 단정하기 위해서는 그 내부통제제도의 실제 운영 성과를 측정할 필요가 생긴다. 이렇게 설정된 내부통제제도의 효과성을 측정하는 것이 필요하며, 그 방안으로 통계적인 개별거래의 검증이 필요하다.

[그림- 기중거래 개념도]

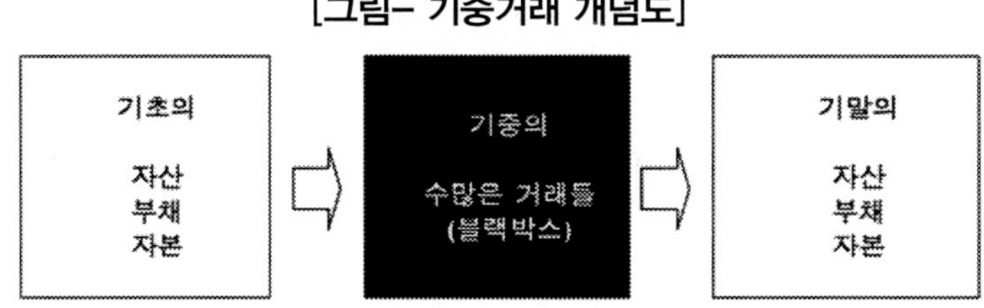

3. 표본감사의 종류[39]

표본감사(audit sampling)란 표본을 추출하여 검증하는 감사절차를 말한다. 여기에는 통계를 이용한 표본감사와 통계를 이용하지 않는 비통계적 표본감사가 있다. 통계적 표본감사방법에는 크게 속성표본감사(attributes sampling, 색출표본감사 포함)와 변량표본감사(variables sampling, 변수표본감사)로 나누어지고, 변량표본감사는 다시 전통적 변량표본감사(classical variables sampling)와 금액비례확률표본감사(probability proportionate to size sampling: PPS)로 나누어진다. 도표화하면 다음과 같다.

---

39 회계감사, 이창우·송혁준·전규안·권오상 공저, 3판 7쇄, 2011.3.5. p.780-790.

[그림- 표본감사의 분류]

표본감사의 분류				이용되는 확률분포
표본감사	통계적 표본감사	속성표본감사 (발견표본감사포함)	표본크기 결정표를 이용하는 방법	이항분포
			신뢰계수를 이용하는 방법	포아송분포
		전통적변량 표본감사	N/A	정규분포
		금액비율확률 표본감사	N/A	포아송분포
	비통계적 표본감사	전문가의 전문성에 따른 표본추출	N/A	N/A

1) 속성표본감사(attribute sampling)

현대에 들어 상품과 서비스의 폭발적인 증가에 따라 기업의 거래 건수 역시 기하급수적으로 증가하였다. 이렇게 폭발적으로 증가하는 거래 모두를 감사한다는 것은 가능하지도 않을 뿐만 아니라 그렇게 할 필요도 없다. 왜냐하면 통계라는 좋은 도구가 있기 때문이다. 설사 수십만 건의 거래가 발생하였다 하더라도 통계법칙에 따른 일정한 수의 표본 검사만 수행한다면 모집단의 부정과 오류를 일정한 수준에서 감사할 수 있기 때문이다.

속성표본감사(attribute sampling)는 모집단에 포함된 특별한 속성(attribute)에 대하여 그 발생빈도나 발생비율을 추정하기 위하여 적용되는 통계적 표본추출방법에 의한 감사를 말한다. 예를 들어, 재고자산을 창고에서 출고하면서 출고전표가 발행되지 않고 실물 재고자산이 불출될 경우의 비율을 추정하는 데 사용될 수 있다.

속성표본감사를 적용하게 되면, 예를 들어 "감사인은 출고전표 없이 재고가 불출된 거래는 총 출고거래의 1% 이하라는 것을 95%의 신뢰수준에서 확신합니다."라는 것과 같은 결론을 내릴 수 있게 된다. 이러한 결론은 과학적으로 사물의 상태를 파악하는 데 확률적 확신을 제공하기 때문에 유용하다.

본서에서는 위의 결론을 오류와 부정의 유무로 확장시킨다. 예를 들면 다음과 같은 결론을 이끌어내도록 한다. "신뢰수준 95%와 기대오류율 1%, 허용오류율 5% 하에서 매출은 오류와 부정 없이 기록되었다." 물론 이러한 결론은 성급한 면이 있다.

왜냐하면 본래 속성표본감사에 의한 결론은 위의 예에서도 보았듯이 일정한 표본 중에서 외적으로 표현되는 특징만 특정 지어 결론을 도출하였기 때문에 이를 매출액이라는 금액적 속성에까지 확대하는 데는 무리가 있을 수 있다. 그러나 피셔의 실험계획법에서도 밝혀졌듯이 무작위 표본추출에 의한 표본추출과 추출된 표본에 대한 빈틈없는 감사는 이러한 결론의 논리적 타당성을 보완할 것이다.

속성표본감사에서 검토되는 특별한 속성, 즉 발생빈도나 발생비율을 추정하는 것 이외에 해당 거래가 내부통제제도의 제반 통제 절차, 즉 해당 거래에 대한 승인 여부, 해당 거래의 적정한 기록 여부, 해당 자산에 대한 적정한 접근 통제 여부 및 기업의 존속방정식[40]에서 도출된 거래 방정식을 충족하는가에 대한 검토가 수반된다. 속성표본감사에는 표본 크기 결정표를 이용하는 방법과 신뢰계수를 이용하는 방법이 있다.

2) 색출표본감사(discovery sampling)[41]

색출표본감사는 속성표본감사의 특수한 경우로, 주로 부정을 색출하거나 존재하지 않는 직원에 대한 임금지급의 경우와 같은 내부통제 절차의 심각한 위반사항이나 법규의 위배사항 등을 적발하기 위한 감사 목적을 달성하기 위하여 사용된다. 색출표본감사는 감사인이 모집단에서 오류나 이탈사항의 발생이 거의 없을 것으로 기대되는 경우를 전제로 한다.

본서의 주목적인 적발감사를 위하여서는 발견표본감사에 따른 표본을 추출하여 감사하여야 하지만, 그럴 경우 추출되는 표본의 증가로 적발감사에 소요되는 비용과 시간이 기하급수적으로 증가하게 된다. 속성표본감사에서는 95%의 신뢰수준에 1%의 기대오류율, 5%의 허용오류율 하에서의 표본 수는 93개가 되지만, 색출표본감사에서는 95% 신뢰수준에서 1%의 오류상한선을 감사하기 위해서는 표본이 300개가 되어야 한다. 즉 표본 수가 3배 이상 되는 것이다.

본서는 이론적인 학문을 추구하기보다는 실무적인 편의성과 경제성을 우선하기 때문에 그리고 복식부기회계의 특성과 회계자료에 접근할 수 있는 주체가 그리 다양하지 않다는 점에서 다음의 절차로 적발감사를 진행하여도 소기의 성과를 확보할 수 있다. 그러나 특수한 경우에는 색출표본감사를 수행할 수도 있다.

① 속성표본감사에 따른 표본을 선정한다.

② 추출된 표본은 속성 감사뿐만 아니라 추출된 표본의 계정 특성에 따른 내부통제제도의 제반 통제사항을 감사한다. 오류나 부정에 의한 통제제도의 이탈률이 당초 설정된 오류율을 초과하는지 검토한다.

③ 감사하고자 하는 계정의 오류와 부정의 금액적 크기를 측정한다.

④ 추출된 표본은 본서의 '거래 방정식'을 충족하는지 감사한다.

⑤ 상기 ①, ②, ③, ④의 절차를 실시하였음에도 오류와 부정이 발견되지 않은 계정, 예를 들어 매출채권이라고 할 경우 다음과 같은 결론을 내릴 수 있다.

> "신뢰수준 95%와 기대오류율 1%, 허용오류율 5% 하에서 매출채권은 오류와 부정 없이 기록되었다"

---

40 본서 제10장 참조.
41 회계감사, 이창우 · 송혁준 · 전규안 · 권오상 공저, 3판 7쇄, 2011.3.5. p.795-798.

3) 전통적 변량표본감사

전통적 변량표본감사는 회계 감사인이 계정잔액에 대한 입증절차 감사 시 회사가 제시한 금액이 중요한 왜곡을 포함하고 있는가의 여부를 판단하는 감사절차다. 입증절차의 대상이 된 계정의 잔액이 중요하게 과소 계상되거나 과대 계상되어 있지 않다면 감사인은 해당 계정의 잔액을 수용하게 된다.

전통적 변량표본감사는 계정잔액을 추정하는 통계적 방법에 따라 단위당 평균법과 차이추정법, 비율추정법 등으로 분류된다. 이러한 전통적 변량표본감사에서는 모집단의 특성을 평가할 때 정규분포(normal distribution) 이론에 기초하고 있다. 따라서 평균과 표준편차가 중요한 역할을 한다.

4) 금액비례확률표본감사

금액비례확률표본감사(probability proportionate to size sampling: PPS)는 모집단에 포함된 총 왜곡표시금액에 대한 화폐적 결론을 내릴 수 있게 한다. PPS에서는 모집단에 포함된 각 ₩1은 표본으로 추출될 확률이 동일해지므로 금액이 큰 물리적 단위일수록 표본으로 추출될 확률이 커지게 된다.

4. 통계용어에 대한 설명

1) 빅데이터(big data)[42]

빅데이터란 기존 데이터베이스 관리도구로 데이터를 수집, 저장, 관리, 분석할 수 있는 역량을 넘어서는 대량의 정형 또는 비정형 데이터 집합[43] 및 이러한 데이터로부터 가치를 추출하고 결과를 분석하는 기술[44]을 의미한다.

다양한 종류의 대규모 데이터에 대한 생성, 수집, 분석, 표현을 그 특징으로 하는 빅데이터 기술의 발전은 다변화된 현대사회를 더욱 정확하게 예측하여 효율적으로 작동케 하고 개인화된 현대사회 구성원마다 맞춤형 정보를 제공, 관리, 분석 가능케 하며 과거에는 불가능했던 기술을 실현시키기도 한다. 이같이 빅데이터는 정치, 사회, 경제, 문화, 과학 기술 등 전 영역에 걸쳐 사회와 인류에게 가치 있는 정보를 제공할 수 있는 가능성을 제시하며 그 중요성이 부각되

---

[42] 위키백과.

[43] James Manyika & Michael Chui, 《Big data: The next frontier for innovation, competition, and productivity》, McKinsey Global Institute, (2011년 5월), p.1.

[44] John Gantz & David Reinsel, 《Extracting Value from Chaos》, IDC IVIEW June, (2011년), p.6.

고 있다.

빅데이터 사례로는 2008년 미국 대통령 선거를 들 수 있다. 2008년 미국 대통령 선거에서 버락 오바마 후보는 다양한 형태의 유권자 데이터베이스를 확보하여 이를 분석, 활용한 '유권자 맞춤형 선거 전략'을 전개했다. 당시 오바마 캠프는 인종, 종교, 나이, 가구 형태, 소비수준과 같은 기본 인적 사항으로 유권자를 분류하는 것을 넘어서서 과거 투표 여부, 구독하는 잡지, 마시는 음료 등 유권자 성향까지 전화나 개별 방문 또는 소셜 미디어를 통해 유권자 정보를 수집하였다.

수집된 데이터는 오바마 캠프 본부로 전송되어 유권자 데이터베이스를 온라인으로 통합 관리하는 '보트빌더(VoteBuilder.com)' 시스템의 도움으로 유권자 성향 분석, 미결정 유권자 선별, 유권자에 대한 예측을 해나갔다. 이를 바탕으로 '유권자 지도'를 작성한 뒤 '유권자 맞춤형 선거 전략'을 전개하는 등 오바마 캠프는 비용 대비 효과적인 선거를 치를 수 있었다.

또 하나의 사례로는 미국 프로야구의 머니볼 이론을 들 수 있다. 머니볼 이론이란 경기 데이터를 철저하게 분석해 오직 데이터를 기반으로 적재적소에 선수들을 배치해 승률을 높인다는 게임 이론이다.[45] 이는 미국 메이저리그 베이스볼 오클랜드 어슬레틱스의 구단장 빌리 빈이 리그 전체 25위의 낮은 구단 지원금 속에서도 최소비용으로 최대효과를 거둔 상황에서 유래되었다.

빌리 빈은 하버드대에서 경제학을 전공한 폴 데포데스터를 영입하여 타율, 타점, 홈런 등 흥행 요소만 중시하던 야구계에서 출루율, 장타율, 사사구 비율이 승부와 관련되어 있음을 간파하고 데이터를 수집, 분석, 활용하였다. 이를 통해 빈은 좋은 선수를 발굴하고 이들을 적재적소에 배치해 최하위에 그치던 팀을 4년 연속 포스트시즌에 진출시키고 메이저리그 최초로 20연승이라는 신기록을 세우도록 탈바꿈시켰다. 미국 「월스트리트 저널」은 미국 경제에 큰 영향을 끼치는 파워 엘리트 30인에 워런 버핏, 앨런 그린스펀과 함께 빌리 빈을 선정[46]하는 등 머니볼 이론은 경영, 금융 분야에서도 주목받았다.

오류와 부정적발 감사에서 빅데이터에 대한 수집 및 분석은 아직 큰 관심을 모으지는 못하고 있다. 그러나 현재 외감법 제2조의2에 의해 시행되고 있는 내부회계관리제도는 부정과 오류를 체계적으로 예방하는 데 하나의 기본 시스템으로 자리 잡아가고 있으며 관련 자료에 대한 수집이 체계적으로 수행된다면 오류와 부정을 예방하는 데 빅데이터로서의 가치를 가질 수 있다. 그러나 아직은 관련 자료의 다양성이 부족하고 IT의 접목이 원활하지 않아 많은 한계가 있다.

---

45 '머니볼(Moneyball) 이론', "에듀윌 정보통신/오늘의 일반상식", 평생교육 No.1 에듀윌, (2012년 01월 11일). http://blog.eduwill.net/1079#comment_area.

46 《Those Who Influence The Markets Most》, The Wall Street Journal, (November 10, 2003).

2) 95% 신뢰수준의 의미

예를 들어 "감사인은 출고전표 없이 재고가 불출된 거래는 총 출고거래의 1% 이하라는 것을 95%의 신뢰수준에서 확신합니다."와 같이 감사의 결론을 말할 때 '95%의 신뢰수준에서'라고 인용한다. 이때 95% 신뢰수준이 의미하는 것은 100번을 표본추출하여 감사를 수행했을 때 95번은 출고전표 없이 재고가 불출된 거래는 총 출고거래의 1% 이하라는 것으로 나머지 5번은 1%를 초과한다는 것을 의미한다.

어느 초등학교에서 반 회장을 선출하는 선거에서 A 후보가 반 학생 전체 인원 중 45%의 지지를 95% 신뢰수준에서 표준편차 상하 3%로 얻는 것으로 여론조사 결과가 나왔다면 이 의미는 A 후보가 반 학생들로부터 최대 48%에서 최저 42%까지의 지지를 얻는 경우가 100번 중 95번이 나올 것으로 예상된다는 것을 의미한다.

만일 B 후보의 지지율이 95% 신뢰수준과 표준편차 상하 3%일 때 40%를 획득하였다면 B 후보는 최대 43%에서 최저 37%의 지지를 100번 중 95번을 기록한다는 의미가 된다. 따라서 만일 A 후보가 가장 적은 42%를 얻고, B 후보가 43%를 얻어 당락이 바뀔 수도 있다. 그러나 그럴 확률은 매우 작을 것이다.

3) p 값[47]

통계학을 접하다 보면 P값이라는 용어를 많이 듣게 된다. P 값이 5% 이하일 경우 유의하다든지 P값이 20%가 되어 의미가 없다든지 하는 말을 많이 듣는다. 예를 들어 기업의 상거래 인터넷사이트 화면을 A화면과 B화면으로 나누어 각 화면이 매출에 미치는 영향을 조사하는 A/B 테스트를 하였다.

A화면일 때가 B화면일 때보다 매출이 100억에서 101억으로 증가하였으며 그때의 P값이 3%였다면 P값이 5% 이하이므로 A인터넷 화면이 B 인터넷 화면보다 매출 증가에 유의하다는 결론에 도달한다.

여기서 유의하다는 것은 오차를 감안하더라도 의미가 있다는 것으로, A화면이 B 화면보다 매출 증가에 더 기여한다는 것을 의미한다. 여기서 P 값은 "실제는 아닌데도 오차나 우연에 의해 데이터와 같은 차이가 생길 확률"을 의미한다.

어떤 통계값의 P값이 작을 때(5% 이하) "그 결과는 우연히 얻어졌다고 생각하기 어렵다." 또는 "유의하다."고 판단한다.

위의 A/B테스트에 대한 P값이 3%이므로 본 테스트는 유의하다고 결론을 내린다. 즉 A 인터

---

[47] 빅데이터를 지배하는 통계의 힘, p.90-95, 니시우치 히로우 지음, 신현호 옮김, 홍종선 감수, 비전코리아, 2013.12.5.

넷 화면 구성에 의한 매출 증가액 1억은 화면 A가 화면B보다 다른 오차나 우연을 감안하더라도 매출 증가 효과가 있다는 것을 의미하므로 기업은 인터넷 화면 A를 선택하게 되는 것이다.

4) 상관계수(상관관계)[48]

본서의 제1장에서 언급하였던 청렴도와 국민소득의 상관관계로 회계의 투명성을 강조하였듯이 '아마존에 비가 내리면 스타벅스의 주가가 오른다'고 할 때 두 사실 간에는 상관관계가 있다고 한다. 상관관계는 두 변수 간의 연관도를 조사하기 위한 통계적 기법이다. 이것은 등간척도나 비율척도에서 나타난다. 두 가지 변수의 관계를 조사하는 데 있어서 어떤 범위까지 한 변수에서 특정 단위의 수가 증가함에 따라 다른 변수에서의 특정한 단위의 수가 증가하는가를 보아야 한다.

각 변수가 그래프나 도표에서 2개의 축 중 하나의 축에 그려진다면, 변수 간의 완전한 관계를 찾기 위해 산포도를 만들 수 있다. 만일 완전한 관계가 성립한다면 모든 점을 통과하는 직선을 그릴 수 있다. 상관계수는 관계의 유형을 나타내는 통계적인 의미이다(-1.0에서 +1.0까지의 값을 갖는다). 상관계수가 1에 가까우면 강한 결합을 의미하며, 하나의 변수값이 증가하면 다른 변수값은 감소한다.

그러나 결과를 해석할 때, 특히 인과관계를 추론할 때 매우 신중해야 한다. 상관관계분석에서는 두 변수 상호 간의 영향력의 방향을 추론할 수 없으며, 다른 변수로부터 받을 수 있는 효과도 추론할 수 없다. 따라서 상관관계는 동일한 인과관계가 아니다.

5) 평균과 표준편차

평균은 관측치의 총합을 관측치의 개수로 나누어 구한다. 표준편차는 개별 관측치들과 평균의 차이를 제곱하여 다시 제곱근을 구한 것으로, 관측치들이 평균으로부터 얼마나 떨어져 있는지를 알려준다. '평균'이라는 용어는 어디서나 자주 사용되어 참신함이 떨어지지만, 매우 중요한 개념이다. 평균이라는 용어에서 우리는 안도감을 느낀다.

내 키가 평균이라고 하면 그에 따른 심리적 안정감을 갖고, 소득수준이 중산층이라고 하면 그 또한 나쁘지 않은 것으로 판단한다. 이처럼 평균은 심리적 안정감을 주는 마지노선 같은 역할을 한다. 정규분포에서 관측치의 68%는 평균으로부터 표준편차 1단위 안에 있고, 표준편차 2단위 안에 관측치의 95%가 포함된다. 표준편차를 이해하기 위하여 간단한 예를 들어 보면 다음과 같다.

어느 골프장에서 주말 그린피를 4주 동안 집계하였더니 다음과 같았다. 이때 평균과 표준편차를 구하여라(단위: 백만 원).

---

48 사회학사전, 고영복, 2000.10.30, 사회문화연구소.

관측치: 6, 8, 10, 12

평균: (6+8+10+12)/4 = 9

표준편차: [{(6-9)^2+(8-9)^2+(10-9)^2+(12-9)^2}/(4-1)]^(1/2)= 2.582

위의 예에서 4주 동안 총 36백만 원의 매출이 발생하여 주당 9백만 원의 매출이 발생하였음을 알 수 있고, 표준편차가 2,582,000원임을 알 수 있다. 여기서 평균은 금방 이해가 가지만, 표준편차 2,582,000원이 의미하는 바는 명확하지 않다. 여기서 표준편차를 이해하기 위하여 4주 동안의 매출 크기가 앞의 예와 다른 사례의 평균과 표준편차를 구해보면 다음과 같다.

관측치: 3, 4, 11, 18

평균: (3+4+11+18)/4 = 9

표준편차: [{(3-9)^2+(8-9)^2+(15-9)^2+(18-9)^2}/(4-1)]^(1/2)= 6.976

두 번째 관측치에 대한 평균은 9백만 원으로 첫 번째 관측치와 동일하지만, 표준편차는 6,976,000원으로 처음 관측치보다 표준편차가 매우 커졌음을 알 수 있다. 이러한 결과가 의미하는 바는 두 번째의 경우에는 주당 매출액이 3백만 원에서 18백만 원까지 그 주별 매출의 폭이 앞의 예보다 넓음을 알 수 있다.

즉, 표준편차가 의미하는 바는 관측치들의 값이 평균을 기준으로 얼마나 넓게 퍼져 있는가를 의미한다고 하겠다. 표준편차는 많은 곳에서 사용하고 있다. 공공기관의 업무평가 시 과거 5개년 표준편차 방식을 사용하고 있으며, 인건비의 적정성을 감사할 때 표준편차를 사용하고 있다. 이러한 표준편차는 회계수치의 적발감사에서도 유용하게 사용될 수 있다. 예를 들어 매월 일정하게 발생하는 인건비나 소모품 비용의 경우 편차 방식을 사용할 수 있다. 변동폭이 크다는 것은 그만큼 불확실성이 크다는 것을 의미하며 위험(risk)이 크다고 할 수 있다.

6) 정규분포[49]

정규분포는 드 무아브르가 1733년에 쓴 글에서 특정 이항 분포의 n이 클 때 그 분포의 근사치를 계산하는 것과 관련하여 처음 소개되었고, 이 글은 그의 저서 『우연의 교의』 2판(1738년)에 다시 실렸다. 라플라스는 자신의 저서 『확률론의 해석 이론』(1812년)에서 이 결과를 확장

---

[49] 위키백과. 인터넷 2013.08.12

http://ko.wikipedia.org/wiki/%EC%A0%95%EA%B7%9C%EB%B6%84%ED%8F%AC

하였고, 이는 오늘날 드 무아브르-라플라스의 정리로 알려져 있다. 라플라스는 실험 오차를 분석하면서 정규분포를 사용했다. 1805년에는 르장드르가 매우 중요한 방법인 최소제곱법을 도입했다. 가우스는 이 방법을 1794년부터 사용해왔다고 주장했는데, 1809년에는 실험 오차가 정규분포를 따른다는 가정하에 최소제곱법을 이론적으로 엄밀히 정당화했다.

정규분포(正規分布, 가우스분포)는 연속 확률 분포의 하나다. 정규분포는 수집된 자료의 분포를 근사하는 데 자주 사용되는데, 이는 중심극한정리에 의하여 독립적인 확률변수들의 평균은 정규분포에 가까워지는 성질이 있기 때문이다. 정규분포는 2개의 매개변수 평균 μ과 표준편차 σ에 대해 모양이 결정되고, 이때의 분포를 $N(\mu, \sigma^2)$로 표기한다. 특히, 평균이 0이고 표준편차가 1인 정규분포 $N(0,1)$을 '표준정규분포'라고 한다.

정규분포는 인간의 삶과 자연의 섭리를 이해하는 데 매우 중요한 역할을 하는 핵심 키워드다. 무수한 사례에서 정규분포의 법칙이 발견된다. 학교에서 학생들의 성적은 정규분포와 유사한 형태를 띤다. 역시 마찬가지로 대학의 학점도 정규분포와 유사한 모양으로 분포한다. 지능지수(IQ) 테스트의 결과, 학생들의 키 분포, 벚꽃의 개화 시기도 좋은 예가 된다.

7) 포아송분포[50]

정해진 시간 안에 어떤 사건이 일어날 횟수에 대한 기대값을 λ라고 했을 때, 그 사건이 n회 일어날 확률은 다음과 같다.

$$f(n; \lambda) = \frac{\lambda^n e^{-\lambda}}{n!},$$

여기서 e는 자연상수다.

다음과 같은 확률적인 문제를 알아내기 위해 쓰이고 있다.

- 1킬로미터 구간의 도로에 나 있는 홈집의 수
- 일정한 주어진 생산시간 동안 발생하는 불량의 수
- 하루 동안 태어나는 출생자의 수
- 어떤 시간 동안 톨게이트를 통과하는 차량의 수
- 어떤 페이지 하나를 완성하는 데 발생하는 오타의 발생률
- 어떤 특정량의 방사선을 DNA에 쪼였을 때 발생하는 돌연변이의 수
- 일정한 주어진 시간 동안에 도착한 고객의 수

---

[50] 원본주소 "http://ko.wikipedia.org/w/index.php?title=푸아송_분포&oldid=10749191"

영화 속의 오류와 부정 – 부러진 화살

석궁 테러 사건을 다룬 영화 「부러진 화살」(2012년 상영, 감독 정지용)이 관객 300만 명을 돌파하면서 "사법부가 의도적으로 김명호(안성기 분) 전 교수를 유죄로 몰고 갔다."는 영화의 주장이 법원으로 향하는 비난으로 확산되었으며, 당시에 엄청난 사회적 관심을 불러일으켰다. 실제 사건인 2007년 '석궁 테러 사건'을 재구성한 「부러진 화살」은 사법부라는 거대 권력에 직격탄을 날리는 이야기답게 연일 언론의 정치사회면을 뜨겁게 달구며 사회적 이슈를 이끌어냈다.

그리고 영화 「부러진 화살」은 또 다른 차원의 사회적 내부통제제도의 기능을 보여주고 있다. 통상 내부통제제도라 함은 한 기업 또는 한 조직의 내부통제제도만을 한정 지어 생각하는 것이 일반적이지만, 이러한 내부통제제도는 우리 사회를 구성하는 사회 전체에 대해서도 확장시켜 생각해볼 수 있다. 「부러진 화살」은 이러한 사회적 내부통제제도 기능에 대하여 생각해 보게 하는 영화다.

사법부라는 사회적 시스템에 대하여 영화라는 매체를 통하여 사법부의 역할을 새롭게 조명하게 한 점은 사건의 진실 여부와는 또 다른 사회적 견제 기능을 하였다는 점에서 긍정적으로 평가할 만한 것이 아닌가 한다. 왜냐하면, 견제받지 않는 시스템은 통상적으로 오류와 부정에 오염될 수 있기 때문이다.

5장

속성표본감사의 적용

모집단에 포함된 특별한 속성을 파악하기 위한 속성표본감사는 표본 크기 결정표를 이용하는 방법과 신뢰계수를 이용하는 방법이 있다. 본서에서는 표본 크기 결정표를 이용하여 설명한다. 표본 크기 결정표에 의해 추출된 표본들에 대해 표본거래 계정분류의 적정성, 동일 유형의 타 거래와의 형평성, 거래의 사실성 확인 등으로 거래의 완전성과 거래방정식의 충족 여부를 검토하게 되는 것이다.

또한 관련 거래의 프로세스를 추적함으로써 내부통제제도의 취약점을 발견할 수 있다. 표본 크기의 결정은 다음과 같이 수행된다.

1. 표본 크기의 결정[51]

1) 표본 크기 결정요소

속성표본감사를 사용하여 표본의 크기를 결정하는 요소는 다음과 같다.

① 과대신뢰위험: 통제위험이 실제보다 낮다고 평가할 위험(β위험)

② 허용오류율(the tolerable deviation rate): 감사인이 수용 가능한 최대오류율

③ 모집단의 기대오류율(the expected population deviation rate): 사전에 결정된 모집단의 기대오류율

모집단의 크기는 표본의 크기를 결정하는 데 큰 영향을 미치지 않는 것으로 보는 것이 일반적이다. 예를 들어, 신뢰수준 95%, 모집단 기대오류율 1%, 그리고 허용오류율을 5%라고 가정한다면 모집단의 크기가 표본의 크기에 미치는 영향은 아래 표와 같다.

---

[51] 회계감사 제3판 7쇄 p.780-786, 이창우 외, 경문사, 2011.3.5.

[표– 모집단과 표본의 크기]

모집단의 크기	50	100	500	1,000	2,000	5,000	10,000
표본크기	45	64	87	90	92	93	93

위의 표에서 보는 바와 같이 표본단위가 5천 단위 이상 포함된 모집단의 경우 모집단의 크기는 표본의 크기를 결정하는 데 영향을 미치지 않는다. 이는 모집단의 크기가 2천 개일 때와 5천 개일 때의 표본 수 차이가 1에 불과하며, 5천 개 이상일 때는 표본의 수가 93개로 똑같음에도 그 결과는 동일함을 의미한다.

즉 모집단이 1만 개일지라도 93개의 표본만 무작위로 선택하여 검증한다면 모집단에 대한 결론을 알 수 있다는 것이다. 이로써 통계의 엄청난 위력을 알 수 있다. 만일 이러한 통계적 수단이 없다면 우리는 모집단 1만 개를 모두 검증하여야 할 것이다. 그럴 때의 비용과 시간의 낭비는 상상조차 할 수 없다.

2) 과대신뢰위험

과대신뢰위험은 통제위험이 실제보다 낮다고 평가할 위험(the risk of assessing control risk too low)으로, "표본에 근거하여 감사인이 평가한 통제위험의 수준이 내부통제제도의 실제 효과성(effectiveness) 또는 그 운영의 실제 적정성 수준보다 낮아질 위험"을 의미한다.

즉, 통제위험이 실제 수준보다 낮다고 평가할 위험은 회사의 내부통제제도가 적정하게 운영되고 있지 않음에도 불구하고 표본에 근거하여 감사인이 평가한 결과가 통제위험이 낮은 수준이거나 보통 수준인 것으로 결론을 내릴 위험을 말한다.

대부분의 경우에는 90%의 신뢰수준 또는 과대신뢰위험의 수준을 10% 정도로 설정하고 있다. 그러나 만약 사전에 예비적으로 평가한 통제위험의 수준이 낮고 높은 수준의 확신이 요구되는 경우에는 통제위험이 실제보다 낮다고 평가할 위험을 5% 또는 신뢰수준을 95%로 높게 설정하게 된다.

3) 허용오류율

허용오류율(the tolerable deviation rate)이란 감사인이 사전에 예비적으로 평가한 통제위험의 수준을 변경하지 않고서도 감사인의 입장에서 수용 가능한 최대오류율(the maximum rate of deviation)을 말한다. 내부통제제도에 대한 시사절차에 속성표본감사를 적용하고자 하는 경우 감사인은 허용오류율을 사전에 결정하여야 한다.

만약 내부통제제도에 대한 시사절차에서 허용오류율을 초과하는 이탈사항이 나타날 확률이 큰 경우에 감사인은 통제위험의 수준을 높게 또는 최대치인 100%로 평가하게 된다. 허용오류율과 통제위험이 실제보다 낮다고 평가할 위험 그리고 요구되는 확신의 수준 및 사전에 예비적으로 평가한 통제위험의 수준 간의 관계는 다음 표에서 보는 바와 같다.

[표- 허용오류율의 수준에 영향을 미치는 요소들 간의 상관관계의 예]

사전에 평가한 통제위험의 수준	시사절차로부터 요구 되는 확신의 수준	통제위험이 실제보다 낮다고 평가할 위험	허용오류율
낮은수준	높은 수준	5%	2~5%
보통수준	낮거나 보통수준	10%	6~10%
최대수준보다 약간 낮은수준	낮은 수준	10%	11~20%
최대수준	없음	해당 없음	시사절차 생략

4) 모집단의 기대오류율

속성표본감사방법을 적용하기 위해 감사인은 모집단의 기대오류율(the expected population deviation rate)을 사전에 결정하여야 한다. 모집단의 기대오류율을 추정하기 위한 방법에는 다음과 같은 두 가지가 있다.

① 감사인의 주관적인 판단을 이용하거나 전년도의 시사절차로부터 나타난 결과와 같은 사전지식을 사용하는 방법

② 만약 감사인이 모집단의 기대오류율에 대한 정보가 전혀 없는 경우라면 감사인은 50~60단위의 파일럿(pilot) 표본을 추출하여 오류율을 추정하게 된다. 예를 들어, 만약 무작위 추출방법을 사용하여 50단위의 표본을 추출하여 검증한 결과 3단위의 표본에서 이탈사항이 발견되었다면 모집단의 기대오류율에 대한 추정치는 6%(3단위/ 50단위)가 된다.

일반 회계감사의 경우에는 내부통제시사 단계에서는 모집단의 기대오류율은 감사인의 허용오류율보다 낮은 것이 일반적이다. 왜냐하면 모집단의 기대오류율이 감사인의 허용오류율보다 높은 경우 감사인은 회계제도와 내부통제제도의 이해단계에서 통제위험을 높은 것으로 평가하고 내부통제시사 절차를 생략하며 입증절차범위를 확대하는 감사계획을 수립할 것이기 때문이다.

그러나 적발감사의 경우에는 기중거래의 내부통제에 대한 오류와 부정을 파악하기 위한 것이기 때문에 허용오류율에 구애받지 않고 발견되는 오류와 부정은 모두 규명한다.

5) 표본 크기의 결정

속성표본감사를 이용하는 경우 표본의 크기를 결정하는 데는 〈표 1〉과 〈표 2〉를 이용한다. 〈표 1〉은 통제위험이 실제보다 낮다고 평가할 위험이 5%인 경우에 사용하는 표이고. 〈표 2〉는

통제위험이 실제보다 낮다고 평가할 위험이 10%인 경우에 사용하는 표다. 이들 표본 크기 결정 표(sample size table)는 누적이항분포(cumulative binominal distribution)에 근거하여 작성되었다.

〈표 1〉 내부통제의 시사를 위한 통계적 표본 크기의 결정(95% 신뢰수준)

모집단의 기대오류율	허용오류율(tolerable deviation rate)										
	2%	3%	4%	5%	6%	7%	8%	9%	10%	15%	20%
0.00%	149(0)	99(0)	74(0)	59(0)	49(0)	42(0)	36(0)	32(0)	29(0)	19(0)	14(0)
0.25%	236(1)	157(1)	117(1)	93(1)	78(1)	66(1)	58(1)	51(1)	46(1)	30(1)	22(1)
0.50%	*	157(1)	117(1)	93(1)	78(1)	66(1)	58(1)	51(1)	46(1)	30(1)	22(1)
0.75%	*	208(2)	117(1)	93(1)	78(1)	66(1)	58(1)	51(1)	46(1)	30(1)	22(1)
1.00%	*	*	156(2)	93(1)	78(1)	66(1)	58(1)	51(1)	46(1)	30(1)	22(1)
1.25%	*	*	156(2)	124(2)	78(1)	66(1)	58(1)	51(1)	46(1)	30(1)	22(1)
1.50%	*	*	192(3)	124(2)	103(2)	66(1)	58(1)	51(1)	46(1)	30(1)	22(1)
1.75%	*	*	227(4)	153(3)	103(2)	88(2)	77(2)	51(1)	46(1)	30(1)	22(1)
2.00%	*	*	*	181(4)	127(3)	88(2)	77(2)	68(2)	46(1)	30(1)	22(1)
2.25%	*	*	*	208(5)	127(3)	88(2)	77(2)	68(2)	61(2)	30(1)	22(1)
2.50%	*	*	*	*	150(4)	109(3)	77(2)	68(2)	61(2)	30(1)	22(1)
2.75%	*	*	*	*	173(5)	109(3)	95(3)	68(2)	61(2)	30(1)	22(1)
3.00%	*	*	*	*	195(6)	129(4)	95(3)	84(3)	61(2)	30(1)	22(1)
3.25%	*	*	*	*	*	148(5)	112(4)	84(3)	61(2)	30(1)	22(1)
3.50%	*	*	*	*	*	167(6)	112(4)	84(3)	76(3)	40(2)	22(1)
3.75%	*	*	*	*	*	185(7)	129(5)	100(4)	76(3)	40(2)	22(1)
4.00%	*	*	*	*	*	*	146(6)	100(4)	89(4)	40(2)	22(1)
5.00%	*	*	*	*	*	*	*	158(8)	116(6)	40(2)	30(2)
6.00%	*	*	*	*	*	*	*	*	179(11)	50(3)	30(2)
7.00%	*	*	*	*	*	*	*	*	*	68(5)	37(3)

주: 상기 자료는 미국공인회계사회의 sampling table임.
   ( )는 기대되는 이탈사항의 수를 나타냄.
   *표시는 표본의 크기가 커서 비용이 효익을 초과하는 경우에 해당됨.

속성표본감사에서 표본의 크기를 결정하기 위하여 감사인은 다음과 같은 세 가지 단계를 거치게 된다.

① 통제위험이 실제보다 낮다고 평가할 위험의 요구수준을 결정하고 이에 해당하는 표를 선택한다(즉, 신뢰수준 95%인 경우에는 〈표 1〉을, 90%인 경우에는 〈표 2〉를 선택한다).

② 모집단의 기대오류율 항에서 적절한 오류율을 찾는다.

③ 감사인이 사전에 설정한 허용오류율과 위의 2에서 선정된 모집단의 기대오류율이 교차되는 숫자가 바로 표본의 크기가 된다.

만일 95% 신뢰수준에서 모집단의 기대오류율이 1.0%, 감사인의 허용오류율이 5%인 경우의 표본 크기는 〈표 1〉에서 세로축의 모집단 기대오류율 1.0%와 가로축 감사인의 허용오류율 5%가 만나는 93단위가 표본 크기가 되며, 이 경우 기대되는 이탈사항의 수는 괄호 안의 수인 1단위가 된다.

그리고 90% 신뢰수준에서 모집단의 기대오류율이 1.0%, 감사인의 허용오류율이 5%인 경우의 표본 크기는 〈표 2〉에서 마찬가지 방법으로 구하면, 표본단위 77단위에 이탈 개수는 1이 된다.

〈표 2〉 내부통제의 시사를 위한 통계적 표본 크기의 결정(90% 신뢰수준)

모집단의 기대오류율	허용오류율(tolerable deviation rate)										
	2%	3%	4%	5%	6%	7%	8%	9%	10%	15%	20%
0.00%	114(0)	76(0)	57(0)	45(0)	38(0)	32(0)	28(0)	25(0)	22(0)	15(0)	11(0)
0.25%	194(1)	129(1)	96(1)	77(1)	64(1)	55(1)	48(1)	42(1)	38(1)	25(1)	18(1)
0.50%	194(1)	129(1)	96(1)	77(1)	64(1)	55(1)	48(1)	42(1)	38(1)	25(1)	18(1)
0.75%	265(2)	129(1)	96(1)	77(1)	64(1)	55(1)	48(1)	42(1)	38(1)	25(1)	18(1)
1.00%	*	176(2)	96(1)	77(1)	64(1)	55(1)	48(1)	42(1)	38(1)	25(1)	18(1)
1.25%	*	221(3)	132(2)	77(1)	64(1)	55(1)	48(1)	42(1)	38(1)	25(1)	18(1)
1.50%	*	*	132(2)	105(2)	64(1)	55(1)	48(1)	42(1)	38(1)	25(1)	18(1)
1.75%	*	*	166(3)	105(2)	88(2)	55(1)	48(1)	42(1)	38(1)	25(1)	18(1)
2.00%	*	*	198(4)	132(3)	88(2)	75(2)	48(1)	42(1)	38(1)	25(1)	18(1)
2.25%	*	*	*	158(4)	88(2)	75(2)	65(2)	42(1)	38(1)	25(1)	18(1)
2.50%	*	*	*	209(6)	110(3)	75(2)	65(2)	58(2)	38(1)	25(1)	18(1)
2.75%	*	*	*	*	132(4)	94(3)	65(2)	58(2)	52(2)	25(1)	18(1)
3.00%	*	*	*	*	132(4)	94(3)	65(2)	58(2)	52(2)	25(1)	18(1)
3.25%	*	*	*	*	153(5)	113(4)	82(3)	58(2)	52(2)	25(1)	18(1)
3.50%	*	*	*	*	194(7)	113(4)	82(3)	73(3)	52(2)	25(1)	18(1)
3.75%	*	*	*	*	*	131(5)	98(4)	73(3)	52(2)	25(1)	18(1)
4.00%	*	*	*	*	*	149(6)	98(4)	73(3)	65(3)	25(1)	18(1)
5.00%	*	*	*	*	*	*	160(8)	115(6)	78(4)	34(2)	18(1)
6.00%	*	*	*	*	*	*	*	182(11)	116(7)	45(3)	25(2)
7.00%	*	*	*	*	*	*	*	*	199(4)	52(4)	25(2)

주: 상기 자료는 미국공인회계사회의 sampling table임.

( )는 기대되는 이탈사항의 수를 나타냄.

*표시는 표본의 크기가 커서 비용이 효익을 초과하는 경우에 해당됨.

2. 속성표본감사의 중요성

미국공인회계사회의 샘플링 테이블은 적정한 표본 수를 산정하여 적발감사를 수행하는 데 있어 중요하다. 속성표본감사를 이용하여 통계과학에 근거한 결론을 도출하여 해당 거래의 신뢰성을 판단하게 한다. 속성표본감사 기법에 의한 적발감사의 실시는 회사의 모든 내부통제제도에 대한 효과성을 측정하고 그에 따른 신뢰성을 제고하게 할 것이다.

1) 과학에 근거한 확신의 제공

속성표본감사는 추출된 표본에 대하여 각 거래별 업무프로세스의 적정 운영에 대한 평가를 수행한다. 예를 들어 매출거래 표본에 대해서는 매출이 시작될 때 수행되어야 할 프로세스를 검토하게 한다. 매출처에 대한 신용조사부터 매출될 상품에 대한 재고 수량 파악, 결재조건 등에 대하여 검토하게 한다. 이러한 검토를 통하여 기대되는 이탈사항의 수가 표본테이블 허용한도 내에 있다면 다음과 같은 결론에 이르게 한다.

> "회사의 매출은 95% 신뢰수준과 1%의 기대오류율, 5%의 허용오류율 하에서 가공 매출이 없이
> 실제 재고자산이 불출되어 계상되었다."

이러한 결론은 재무제표 각 계정에 대해서도 역시 동일한 절차를 거쳐 계정별로 다음과 같은 결론에 이르게 할 것이다.

> "인건비의 지급은 95% 신뢰수준과 1%의 기대오류율, 5%의 허용오류율 하에서 가공 인물이 아닌
> 실제 근무자에게 지급되었다."
>
> "회사의 상품 매입은 95% 신뢰수준과 1%의 기대오류율, 5%의 허용오류율 하에서 가공 매입 없이
> 실제 재고가 입고되었다."
>
> "회사의 판매비와 일반관리비의 지급은 95% 신뢰수준과 1%의 기대오류율, 5%의 허용오류율
> 하에서 적격 증빙을 갖추고 지급되었다."

회사의 수많은 거래에 대하여 위와 같은 결론을 끌어낼 수 있다는 것은 상당한 의미를 갖는다. 오늘날 대부분의 회사에서 많은 거래가 전자적으로 처리되고, 그에 대한 분개 역시 자동적으로 처리되며, 결제 역시 전자적으로 처리된다. 이러한 환경 하에서 개별 거래들에 대한 거래 자체의 적정성을 측정하는 절차가 필요한데, 개별 거래에 대한 통계적 검증 방법은 이에 대한 유효한 수단이 될 수 있기 때문이다.

내부통제제도를 완벽하게 구축하였다 하더라도 시간이 흐름에 따라, 경영환경의 변화에 따라, 그리고 업무 담당자의 교체에 따라 그러한 통제시스템은 당초 계획된 것과 다르게 작동될 수 있다. 이러한 변화로 인한 내부통제제도의 운영 효과를 적정한 시기에 과학적으로 파악하는 것은 모든 기업에서 매우 중요하며, 이러한 절차는 정기적으로 수행되어야 한다.

2) 내부통제제도 유지 비용절감

속성표본 추출에 의한 적발감사는 오류와 부정을 찾아내고 이에 대한 대비책을 수립하는 데

편리하며 큰 비용이 요구되지 않는다. 현대 기업의 특징인 조직구조의 복잡화는 조직의 문제점을 찾아내는 것을 어렵게 한다. 기업의 규모가 방대하여 어디서부터 손을 써야 하는지 가늠조차 하기 어렵기 때문이다. 이때 표본추출에 의한 접근은 문제점을 찾고자 하는 시간과 노력을 대폭 감소시켜준다.

그러면서도 기업의 모든 거래에 대해 전체적인 특징을 검토하게 해준다. 일반적으로 특정 계정 또는 계정군에 대하여 표본을 추출하게 되면 신뢰수준에 따라 77개 내지 93개의 표본을 선택하여 감사를 수행하게 된다. 물론 이 정도의 표본 수도 작은 것은 아니라서 각 표본 개개 건별로 적정성을 판단하기 위해서는 적지 않은 시간과 전문성이 요구되지만, 그 효과에 비하면 매우 적은 비용이 발생하는 것이다.

이렇게 표본에 의한 내부통제제도 감사가 정례적으로 수행된다면 그에 대한 노하우(know-how)가 축적되어 회계적 내부통제제도의 효율성 감사에서 기업의 궁극적 목표인 기업 성과의 증진에도 효과적인 수단을 제공할 수 있다. 예를 들면 기업 구성원에 대한 사기(士氣)조사를 통하여 기업 구성원의 사기 정도를 측정할 수 있고 그에 따른 동기부여 방법을 모색할 수도 있다.

3) 내부통제제도의 개선

속성표본에 의한 적발감사는 각 프로세스별 내부통제제도의 문제점을 밝혀준다. 발견된 문제점에는 담당자의 실수에 의한 오류가 있을 수 있으며, 어떤 경우에는 담당자의 의도적인 부정이 있을 수 있다. 이렇게 발견된 오류와 부정은 검토와 분석을 거쳐 내부통제제도를 개선할 기회를 제공한다. 정기적으로 통계적 표본검사를 수행함으로써 회사의 문제점을 조기에 발견하고 변화된 환경에 적응할 수 있는 기회를 준비하게 한다.

예를 들어 표본 중에 신용한도를 초과한 거래나 매출단가가 변경되었음에도 변경된 단가가 적용되지 않은 거래 등이 발견될 경우 그에 대한 내부통제제도의 문제점을 밝혀낼 수 있다. 이러한 기본적인 내부통제제도에 대한 관리가 모든 구성원에게 내재화된다면 이러한 내부통제제도는 기본적인 내부통제제도의 관리를 넘어서 경영상의 관리수단으로도 적발감사가 적용될 수 있다.

예를 들어 운송부서의 경우 단위당 운송비용을 최소화하기 위해서는 화물차마다 제품을 빈틈없이 채우고 운송해야 운송부서의 생산성이 최대화되겠지만 이러한 운송부문의 최적화에 대한 내부통제제도는 기업 전체의 성과 달성에는 부정적인 영향을 미칠 수 있다.

왜냐하면 중요한 고객에 대한 긴급배달의 경우 운송부서의 생산성을 유지하려다가 중요한 고객의 불만으로 주요 거래처를 상실할 위험이 발생할 수 있기 때문이다. 개별 거래에 대한 표본 샘플 조사는 개별 거래에 대한 오류나 부정을 파악할 수 있게 할 뿐만 아니라 관련 개별 거래가 속한 프로세스에 대한 적정성도 파악할 수 있게 함으로써 내부통제제도의 개선을 통한 경영 효율의 증대를 가져올 수 있다.

경영의 대가인 미국의 마이클 해머는 자신의 저서 『리엔지니어링 기업혁명』에서 프로세스의 중요성에 대하여 설명하였다. 업무를 바라보는 관점을 기능 중심(생산, 판매, 구매, 운송, 인사)에서 프로세스 중심으로 볼 것을 역설하고, 기능 중심의 최적화가 기업 전체의 성과 최적화에는 부정적인 영향을 미칠 수 있음을 설명하였다.

3. 표본감사 결과에 대한 평가

표본 크기 결정에 이용한 표본 크기 결정표(〈표 1〉, 〈 표2〉)는 표본감사를 실시한 결과를 평가하는 경우에도 사용될 수 있다. 표본감사 결과 특정 프로세스의 내부통제제도가 적정하게 운영되고 있거나 아니면 문제점이 있다고 평가할 수 있다.

1) 유효한 내부통제제도

감사한 표본에서 이탈사항의 수가 표상의 괄호 안에 나타난 숫자를 초과하지 않을 경우 감사인은 모집단의 최대오류율(the maximum population deviation rate)이 허용오류율(tolerable rate)을 초과하지 않을 것이라고 결론을 내릴 수 있다. 그러나 본서에서는 속성표본감사에 의한 이탈 개수가 허용 범위 내일지라도 모든 이탈사항은 면밀하게 검토된다.

이탈 빈도에 상관없이 이탈사항 모두에 대하여 추가적인 감사절차를 취한다. 추가적인 감사절차를 취함으로써 해당 거래 계정분류의 적정성, 동일 유형의 타 거래와의 형평성, 거래의 사실성 확인 등으로 거래의 완전성을 검토하게 되는 것이다. 또한 관련 거래의 프로세스를 추적함으로써 내부통제제도의 취약점을 발견할 수 있다.

2) 취약한 내부통제제도

통상 외감법에 의한 감사의 경우에는 속성표본감사에 의한 절차를 수행한 결과, 이탈 개수가 허용범위를 초과할 경우에는 내부통제제도가 신뢰할 수 없을 정도로 취약하다고 평가하고 다음 절차로 잔액 감사 시에 표본 수를 확대할 것인지 여부를 결정하게 된다.

그러나 본 적발감사에서는 각 거래에 대한 속성 감사뿐만 아니라 내부통제제도의 준수 여부, 그리고 각 거래가 본서에서 요구하는 거래방정식을 충족하느냐를 깊이 있게 검토하는 것에 중점을 둔다.

예를 들어 매출 계정에 대한 거래 샘플을 검토하던 중 재고수불부에는 출고된 것으로 기록되었으나 매출이 계상되지 않은 거래가 발생한 경우 재고 불출이 일어난 절차에 대한 검토가 필요하다. 불출된 재고는 타 계정 출고나 반환 그리고 매출 발생 이외의 것은 발생할 수 없는바, 동 거래가 위의 계정으로 처리되지 않았다면 동 재고는 오류나 부정이 개입되었다고 볼 수 있기 때문이다.

원자재 매입이나 상품매입의 경우에도 매입은 발생하여 관련 구입비가 지급되었는데도 불구하고 관련 수불부에 기록되어 있지 않다면 그에 대한 검토가 필요함은 말할 필요도 없다. 이 밖에도 매출과 매입에 따른 적용 단가의 적정성에도 오류나 부정이 개입된 사례가 적지 않은바 그에 대한 검토가 필요하다.

'A Few Good Men'은 '소수정예'라는 뜻으로 미 해병대의 슬로건을 제목으로 한 영화이며, 줄거리는 이렇다. 미 관타나모 기지 해병대 경비중대 소속의 윌리엄 T. 산티아고 이병은 부대에 적응하지 못하고 타 부대 전출을 위하여 감찰부, 상원의원 등 군 내외 사람들에게 편지를 써 전출을 요구한다. 참모장 마킨슨 중령은 산티아고 이병을 전출시키자고 건의하나 제셉 대령(잭 니콜슨 분)은 이를 묵살하고, 나중에 산티아고가 사열 도중에 총을 떨어뜨린 것을 계기로 소대장 켄드릭 중위에게 산티아고를 '훈련'(Code Red)시킬 것을 명령한다.

그런데 이 코드 레드라는 것이 모포말이를 한 다음에 구타하는 것으로, 산티아고는 같은 소대원 두 명에게 '코드 레드'를 당하다가 그만 사망하고, 그 두 명은 군법회의에 회부된다. 얼마 후 국가안보위원회로의 영전이 예정되어 있는 제셉 대령은 이 사실을 은폐하고 두 명의 해병에게만 책임을 지운다. 한편, 신참 군법무관인 캐피 중위(톰 크루즈 분)는 하버드 로스쿨을 졸업하고 전 법무총장인 아버지를 둔 엘리트이지만 열정 없이 일을 대충 끝낸다.

단 몇 달 만에 40개의 사건을 법정 밖 합의(Out-of-Court Settlements)로 대충 처리하고 넘어가던 캐피 중위는 해군 상부의 고위 장교들에 의해 관타나모 기지에서 일어난 살인사건의 변호를 맡게 된다. 캐피 중위는 어려운 싸움임을 직감하고 검사 측과 가능한 한 타협해 최대한 낮은 형량을 받아내려고 하지만, 정의를 추구하는 갤로웨이(데미 무어 분) 소령에게 저지되고 두 명의 해병대원 역시 자신들의 무죄를 주장하여 결국 법정에서 싸우게 된다. 이 영화는 견제받지 않는 지도자를 둔 조직에서 정해진 절차가 어떻게 무시되는지를 잘 보여준다.

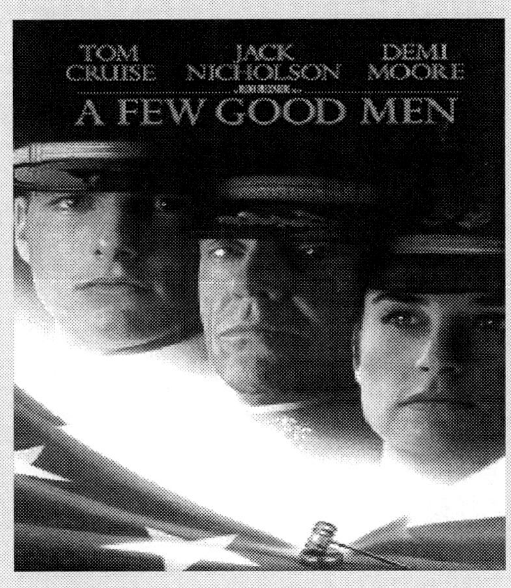

3부

오류와 부정

부정(不淨)이 발생하기 위해서는 부정의 동기(멋진 자동차를 사기 위해 돈이 필요함)가 있어야 하며, 부정을 저지를 수 있는 기회(현금이나 예금을 쉽게 인출할 수 있고 잠시 사용하였다가 다음 주에 채워 넣어도 누가 깐깐하게 관리하는 사람이 없음)가 있어야 하고, 부정에 대한 자기합리화(잠깐 인출했다가 금방 입금시킬 것임)의 세 가지가 충족되어야 한다. 세 가지가 모두 충족되지 않는다면 부정이 발생하기는 쉽지 않다.

위 3가지 요소 중 부정의 동기와 부정의 합리화 요소는 상수적인 요소로 판단할 수 있다. 즉 부정을 통하여 이득을 볼 작정을 한 사람에게는 부정의 동기와 부정의 합리화는 항상 조건이 충족되어 있을 수 있다고 볼 수 있다. 따라서 기업(조직)에서 통제할 수 있는 요소는 부정을 저지를 기회를 주지 않는 것이다.

사람에 대한 가정은 맥그리거의 Y 이론이 맞아 대부분의 사람은 부정의 기회가 주어진다고 하여도 그 유혹에 넘어가지 않겠지만, 상황에 따라 어떤 사람에게는 X 이론이 우세할 경우도 있기 때문이다. 만일에 그러한 부정의 기회를 이용한 횡령 등이 발생한다면 이는 기업에도 그리고 해당 구성원에게도 불행한 사건이 될 것이다.

이러한 오류와 부정은 실물자산과 기록의 분리에 의해 발생한다. 이름과 실질이 부합하지 않을 때 오류와 부정이 발생한다. 즉 명실상부(名實相符)하지 않을 때 오류와 부정이 발생하는 것이다. 예를 들어 재무상태표에는 현금예금이 20억이라고 표시되어 있지만 실질은 카이팅에 의하여 10억이 분식되어 있을 수 있으며, 이 경우 명(名)과 실(實)이 부합하지 않아 오류와 부정이 발생한 경우가 될 것이다.

1. 오류와 부정의 발생

오류와 부정의 발생을 앞의 기중거래 개념도 그림으로 설명하면 다음과 같다. 그림에서 보듯이 기중에는 수많은 거래가 발생한다. 물론 이러한 거래는 내부통제제도의 틀 안에서 이루어지기 때문에 거래의 정당성을 확보하고 있지만 경우에 따라서는 조직의 변화나 내부자의 공모, 기업환경의 변화 등으로 인하여 내부통제제도가 유효하지 않을 수 있다.

이러한 예외적인 경우를 파악하기 위하여 기중의 거래를 블랙박스로 가정하고 기중의 거래에 대하여 통계적 검증을 수행하고자 하는 것이다. 그림에서 보듯이 기중의 블랙박스에서 조직의 변화와 기업환경의 변화 등에 의하여 오류와 부정이 발생하여 자산이 유출될 수 있다.

[그림- 오류와 부정의 발생 개념도]

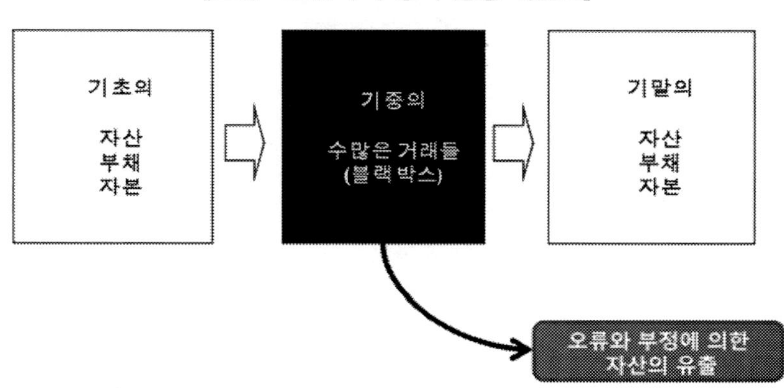

경영자는 기초의 자산과 부채를 출발점으로 하여 기업을 경영한다. 서비스(제품)를 개발하고 마케팅 활동을 통하여 이를 판매하며, 궁극적으로는 기업의 현금예금으로 수취하게 되는 과정을 반복한다. 그러나 오류와 부정이 개입하게 되면 이러한 흐름에 위의 그림과 같이 누수가 발생하여 기업 자산에 손실을 가져오게 된다. 이러한 오류와 부정은 다음과 같이 구분할 수 있다.

1) 관리계층에 따른 오류와 부정

(1) 경영층 주도에 의한 부정

경영층 주도에 의한 부정은 그 규모나 공모자의 수가 많아 부정 적발이 쉽지 않고, 그 결과는 기업의 존속에 치명적인 경우가 많으며, 사회적으로도 엄청난 부정적인 영향을 미친다. 미국 기업 엔론 사태를 살펴보면 사건 당시 매출액 기준으로 미국 제7위의 에너지기업인 엔론은 5년간 파생상품 투자로 발생한 15억 달러(한화 약 1조 7천억 원)의 손실을 분식했다.

파생상품 투자로 인한 손실을 회계 장부에 넣지 않고 실적을 부풀려 주주와 투자자들을 속인 사실이 2001년에 적발되었다. 회사는 파산에 이르고 분식회계를 주도한 제프리 스킬링 최고경영자(CEO)는 2006년 법원에서 24년 4개월의 실형을 선고받았다.

또 다른 예로 미국 2위 통신회사인 월드컴은 수년간 비용으로 계상할 38억 달러를 이익으로 둔갑시켜 주가를 띄운 사실이 2002년 파산 신청 뒤 드러났다. 이 회사 버나드 에버스 회장은 인수합병을 통해 회사 가치를 7천 배나 끌어올렸으나, 2005년 법원에서 25년 형을 선고 받고 복역 중이다.

엔론과 월드컴의 회계감사를 맡은 아더앤더슨 회계법인은 법원의 상장기업 회계업무 금지 결정으로 결국 문을 닫고 말았다. 씨티 그룹, JP모건 등 미국의 대형 투자은행들도 분식회계를 도왔다는 혐의로 주주와 투자자에게 집단소송을 당해 천문학적 손해배상을 했다. 엔론과 월드컴의 사외이사들까지 사재를 털어 배상금에 보태야 했다.

엔론과 월드컴 사태 이후 2002년 미국에서는 기업 회계의 투명성을 높이려는 '사베인 옥슬리법'이 제정됐다. 회계부정이나 횡령, 배임에 대해 기업 총수나 CEO로 하여금 "실무자들이 했다."는 식의 핑계로 빠져나갈 수 없게 한 것이다. CEO와 최고재무책임자(CFO)가 재무제표 작성 때 동시 서명을 해 연대책임을 지게 하고, 사외이사의 권한을 확대하는 등 기업 내부통제시스템을 강화하기 위해 내부회계관리제도 등의 도입 등이 추진되었다.

경영층에 의한 부정은 기업이 파산하기까지는 숨겨질 가능성이 크다. 이를 발견하기 위해서는 본서에서 소개되는 개별 거래에 대한 통계적 검증을 더욱 면밀하게 수행할 필요가 있다. 경영층의 입장에서는 자본주의와 자유시장경제의 근간인 주식회사 제도를 뿌리째 흔드는 부정이나 분식회계에 대하여 더욱 엄격하게 대하고 중대한 책임을 묻는 사회적 분위기를 자각하여 스스로 유혹에 빠지지 않는 것이 중요하다.

(2) 중간관리층 주도에 의한 부정

중간관리층의 경우 회사의 업무프로세스에 정통하고, 구성원 간의 유대 관계가 좋아 기업의 중요한 인적 자산이다. 중간관리층의 사기가 높으면 기업의 허리로서 기업의 사업목표를 추진하고 성취하는 데 매우 중요한 역할을 한다. 그러나 중간관리층이 회사에 대해 불만이 많고 사기가 낮아 부정을 시도한다면 이를 파악하기는 쉽지 않다.

처음에는 적은 규모로 시도되고, 이러한 시도가 발각되지 않고 은폐될 수 있다면 더욱 대담하게 부정이 시도될 수 있다. 중간관리층 주도에 의한 부정은 경영층이 회계적 지식에 정통하고 세심한 주의를 기울인다면 사전에 예방할 수 있다. 그러나 중간관리층에 의한 부정이 발생하는 이유는 경영층이 회계에 대한 통제를 제대로 하지 못하거나 이익이나 비용 통제를 소수의 임원에게 전가하는 경우에 발생한다.

경영층은 기업의 언어인 회계자료에 대하여 정통하여야 한다. 만일 여러 사정으로 그것이 여의치 않다면 외부 전문가의 도움을 통해서라도 회사의 내부통제와 재무제표의 신뢰성에 대한 확신을 가질 수 있어야 한다.

(3) 일반직원에 의한 오류와 부정

일반직원의 경우 업무에 정통하지 못하여 오류가 발생하는 경우가 많다. 이 경우 업무에 대한 교육이 필요하며 예외적인 경우 부정이 발생할 수 있다. 일반직원의 오류와 부정은 중간관리층에서 통제되어야 한다. 중간관리층은 관련 업무와 회계업무에 대하여 잘 알고 있어야 한다. 만일 중간관리층에서 오류와 부정이 걸러지지 않는다면 경영층에서 이를 발견하기는 쉽지 않다.

왜냐하면 경영층은 발생할 수 있는 오류와 부정은 중간관리층에서 충분히 검토되리라고 기대하고 중간관리층의 승인에 자신의 판단을 의존하기 때문이다. 이러한 승인의존효과는 결제단계가 많을수록 그 의존 정도가 커진다. 따라서 이를 방지하기 위해서는 결제단계를 실질적으로 책임지는 한두 사람에게 국한시키는 것이 필요하다.

이러한 일반직원의 오류와 부정은 중간관리층에 의해 승인의 과정을 통하여 검증되어야 하며, 직원 간의 업무분장과 직무순환이 이루어지도록 내부통제가 수행되어야 한다.

2) 오류의 특징

오류는 의도하지 않은 잘못에 의해 발생되는 것으로, 실수로 기업 가치에 손실을 가져오는 경우를 말한다. 이러한 오류의 예로 가령 매출부서의 경우 견적서를 작성하는데 단가를 잘못 적용하여 원가 이하로 상품을 판매하는 경우에 회사에 손실을 초래할 수 있으며, 구매부서의 경우 구매 시기를 잘못 주문하여 자재 부족에 의한 공정 중단으로 인하여 회사에 손실을 초래하는 경우가 있을 수 있다.

회계부서의 경우 원가분류를 잘못하여 제조간접비가 잘못 배부되어 제품원가배분상의 오류를 가져와 회사에 손실을 가져오는 경우 등 오류는 각 부서의 여러 단계에서 발생한다. 회사에서는 이를 방지하기 위하여 각 프로세스별 매뉴얼을 두어 관리하고 여러 연수교육 등을 통하여 업무 능력을 높이고자 노력한다.

그러나 오류가 발생하는 것을 원천적으로 단절시키기는 쉽지 않다. 이 경우에도 중요한 내부통제 절차는 사람 간의 검토 기능이다. 오늘날에는 이러한 검토 기능을 전산화된 환경에 자동 도입하여 오류를 원천 봉쇄하는 방향으로 진행하고 있지만, 그럼에도 불구하고 사람이 통제해야 하는 부분에 있어서는 여전히 오류의 가능성이 상존하고 있다.

이러한 오류를 통제하기 위해서는 프로세스별 수행업무에 대해 무작위표본을 통한 정기적인 검토와 조사가 필요하다. 이러한 검토를 통하여 발견된 예외적인 사항에 대해서는 프로세스별 매뉴얼의 업데이트는 물론이고 빈번히 발생하는 실패 사례에 대해 체계적인 관리가 필요하다.

3) 부정의 특징

오류와 달리 부정은 행위자의 의도가 내포되어 행위자의 이익을 위해 회사 규정과 법에 위배되는 행위를 하는 것을 말한다. 이러한 부정은 오류와 달리 의도를 가지고 계획적으로 수행되기 때문에 더 은밀히 교묘하게 수행되어 발견하기가 쉽지 않다. 특히 공모에 의한 부정의 경우 더욱 밝혀내기가 쉽지 않다.

그러나 부정의 경우에도 처음부터 부정에 의한 이득을 취하고자 하는 경우는 많지 않다. 대부분 우연치 않은 기회로 회사의 재산을 소규모로 유용할 기회가 생기게 되고, 그러한 사건이 적시에 발견되지 않음으로 해서 부정이 고착화되고, 규모가 기하급수적으로 증가하는 경우가 많다. 따라서 이러한 부정이 발생하였을 때, 수시로 이를 파악하는 절차를 마련하는 것이 중요하다.

공모의 경우 오류와 부정의 발생 3요소인 동기, 기회, 합리화 중 부정과 오류에 대한 합리화가 강화되어 더 과감히 진행되는 경우가 많으며, 부정의 기회를 만들어 수행되는 경우도 있다. 예를 들어 수량은 맞지만, 품질에 하자가 있는 원재료를 검수부서와 공모하여 입고시키는 경우나 특정설비 입찰의 경우 특별한 진입장벽을 사전에 설정하여 예상 경쟁자를 배제하는 방식으로 입찰을 진행하여 부정을 시도하는 경우 등을 들 수 있다.

2. 오류와 부정의 동기[52]

오류와 부정을 유발하는 3가지 요인, 즉 오류와 부정의 동기, 오류와 부정의 기회, 오류와 부정의 합리화 중 오류와 부정을 일으키는 동기에는 다음과 같은 것들이 있다.

1) 부정과 오류를 유발하는 요인들

부정과 오류를 유발하는 요인들에는 다음과 같이 개인 차원과 조직 차원 그리고 재무적인 측면과 업무적인 측면으로 분류할 수 있다.

---

[52] 한국공인회계사회 회계감사기준서 240.

[표- 부정과 오류 유발 요인들]

구분	범위	재무적인 것	업무적인 것	기타
부정을 유발시키는 요인들	조직차원	>단기업적 지상주의 >이익의 급감 또는 적자 전환 >소유와 경영의 분리	>회계처리의 복잡성 증대(옵션회계, 공정가치회계 등) >다양한 회계처리방법의 용인	>모랄해저드의 팽배
	개인차원	>과다한 부채 >수입을 넘는 생활 >투자(증권,부동산 등)의 실패 >질병치료 비용 >거액의 도박 빚 >마약이나 알코올중독 상태의 유지	>실직에 대한 두려움 >성과의 불인정 >직무불만족 >저임금	>정서불안 >도발의식 >가족,동료의 압력
오류를 유발시키는 요인들	조직/개인	>회계와 재무업무에 대한 이해부족 >변경된 회계처리에 대한 인식부족 >업무프로세스에 대한 이해부족	>과중한 업무 >관련지식의 습득곤란	

2) 오류와 부정을 유발하는 요인들의 특징

부정을 유발하는 요인은 대체로 조직 차원의 경우 기업의 경영성과가 가장 크며, 개인 차원의 경우 경제적 필요에 대한 요인이 가장 크다. 즉 경영성과나 경제적인 곤란의 탈피나 필요 이상의 사치를 추구하는 가운데 발생하는 경향이 있다.

반면에 오류를 유발하는 요인들은 업무에 대한 이해가 부족하여 실수를 하거나 개인 간이나 부서 간의 의사소통이 원활하지 않음으로 해서 발생한다. 따라서 오류 발생은 적정한 교육 프로그램을 실시하거나 의사소통을 활성화함으로써 보완이 가능하다.

그러나 부정을 유발하는 요인들은 상당 부분 은밀하게 진행되거나 공모에 의해 시도되고 개인의 프라이버시에 해당되는 경우가 많아 접근이 곤란하다. 그리하여 오류와 부정을 밝혀내거나 감소시키는 데에는 한계가 있을 수밖에 없으며 이를 적발하기 위해서는 상당한 수준의 회계에 대한 지식과 통계학 그리고 관련 업무에 대한 프로세스의 파악 및 오류와 부정에 대한 다양한 사례의 수집 등 여러 분야의 풍부한 노하우가 필요하다.

3. 부정의 기회

오류와 부정을 일으키는 3가지 요인, 즉 오류와 부정의 동기, 오류와 부정의 기회, 오류와 부정의 합리화 중 오류와 부정의 기회 요인은 기업에서 통제할 수 있는 요소이며 단기적으로 내부통제제도의 효과를 볼 수 있는 분야다.

1) 부정의 기회 요인들

부정의 3요소, 즉 부정의 동기, 부정의 기회, 부정의 합리화 중 부정을 행동으로 옮기게 하는 기회 요인들에는 다음과 같은 것들이 있다.

[표- 부정의 기회 요인들]

내부통제 요인들	기타 요인들
내부통제가 없음	공급자와의 밀접한 관계
적절한 승인절차의 결여	핵심직원에 대한 지나친 신뢰
거래의 기록과 자산보관기능의 미분리	윤리의식 부재
내부감사기능의 미비	부적절한 물리적 보안
회계직무의 미분리	충성도 결여, 훈련의 결여
문서화의 미비	무관심, 세부사항에 대한 부주의
신원조사의 결여	

부정의 기회 요인들은 주로 내부통제제도의 미비함에서 발생함을 알 수 있다.

2) 부정의 기회 요인들의 특징

개인의 경우 부정의 동기가 있다 하여도 부정을 실제 행동으로 옮기기 위해서는 그러한 기회가 주어져야 한다. 견물생심(見物生心)이라고 하여 주인 없는 돈이라고 생각되는 횡재의 기회가 주어진다면 그에 대한 욕심이 생기는 것은 일반 보통 사람들의 경우에는 어쩔 수 없는 상황일 수 있다. 그러나 적절한 내부통제제도 등으로 그러한 기회가 원천적으로 주어지지 않는다면 부정이 발생할 여지는 매우 감소할 것이다.

만일 성경 창세기의 선악과(善惡果)가 있는 에덴동산에 철조망을 두르고 자물쇠로 관리하는 시스템이 있었다면 아담과 이브는 선악과를 따먹기가 힘들었을 것이다. 부정의 3요소 중 기업에서 단기에 통제가 가능한 요소인 부정의 기회는 기업이 관리하기에 따라 그 효과를 가장 극적으로 올릴 수 있는 분야다.

상기의 부정이 가능한 여러 가지 기회 요인 중 가장 중요한 것은 적절한 승인절차와 업무분장의 결여가 오류와 부정이 발생할 수 있는 가장 큰 요인이다.

3) 승인절차와 업무분장

적절한 승인절차와 직무 전환을 통한 업무분장만 잘되어 있어도 대부분의 오류와 부정은 사전에 방지할 수 있다. 통상적으로 적절한 승인절차가 중요하다고 강조하지만 적절한 승인절차를 제대로 갖추기는 쉽지 않다. 왜냐하면 오늘날의 업무는 복잡하고 승인해야 할 거래 건수 역시 폭주하고 있어 그 모든 승인 건수에 대한 적절한 검토가 사실상 불가능하기 때문이다.

163

　그러므로 승인권자들은 결제에 대한 나름의 노하우를 가질 필요가 있으며, 결제 단계를 1~2 단계로 줄여 승인 건수의 감축으로 책임 소재를 확실히 하는 것이 오히려 승인통제를 실질화하는 하나의 방법이 될 수 있다. 그리고 경영층에는 예외적인 사항만 결제가 되도록 하고 나머지 사항은 의사전달을 위하여 요약식으로 보고되는 것이 바람직하다.

4. 부정에 대한 합리화

1) 합리화의 의미[53]

　합리화는 방어기제(防禦機制, defense mechanism)의 하나다. 방어기제는 스트레스 및 불안의 위협에서 자신을 보호하기 위해 실제적인 욕망을 무의식적으로 속이면서 대체하는 양식이다. 무엇이 위협적인지 분명치 않은 상황이나 자아개념을 위협하는 심미적 갈등이 있을 때 일어나며, 이성적이고 직접적인 방법으로 불안을 통제할 수 없을 때, 자아를 붕괴의 위험에서 보호하기 위해 무의식적으로 사용하는 사고 및 행동 수단이다.

　방어기제는 성격발달의 수준이나 불안의 정도에 따라 여러 가지 형태로 나타나지만, 두 가지 공통된 특성을 가지고 있다. 첫 번째로 사실을 거부하거나 왜곡시킨다는 점이며, 두 번째로 무의식적으로 작용한다는 점을 들 수 있다.

　방어기제의 하나인 합리화는 참을 수 없는 상황에서 느낀 실망감, 분노, 상처받은 기분을 자신에게 유리하게 하고자 난해하고도 논리적으로 보이는 변명을 하는 것으로 이솝우화의 「여우와 신 포도」에 잘 나타나 있다. 여우가 높이 달린 포도를 따 먹으려 뛰어오르다가 너무 높아 따먹지 못하고 포기하고는 "저렇게 신 포도는 먹을 수 없어. 돼지나 주라지."라며 투덜거렸다는 내용이다.

　여우는 힘이 모자라서 포도를 따지 못한 것을 포도의 맛 탓으로 돌리고 자존심에 상처를 입지 않으려 한 것이다. 이처럼 자신의 잘못이나 능력 부족을 인정하지 않고 다른 핑계를 붙이는 것을 '합리화'라고 한다. 자존심이 강한 사람일수록 사실까지 왜곡하며 스스로를 납득시키려 하곤 한다.

　부정의 합리화 역시 "잠깐 빌렸다가 금방 채워놓을 건데 뭐." "남들도 하는데 뭐 어때." "회사가 직원들에게 대우를 잘 안 해주니까 그 보상으로 이 정도는 괜찮아." "금액이 별로 크지 않으니까 괜찮아." 등과 같이 별것 아닌 것으로 폄하하여 심리적 안정감을 취한다.

2) 합리화를 막는 방법

　합리화를 막기 위해서는 합리화할 수 있는 근거들을 없애야 한다. 아무리 사소한 부정행위라도 이는 사소한 것이 아니며 중대한 범죄행위라는 점을 명확하게 사내규정 등으로 정할 필요

53　위키피디아 백과사전.

가 있다. 옛말에 "바늘도둑이 소도둑 된다."는 말이 있듯이 모든 것은 작은 것에서 출발하기 때문에 이 작은 것에 대한 명확한 지침이 필요하다.

중·장기적으로는 구성원의 불만 사항이 될 수 있는 복지나 급여 등에서 개선이 필요하다. 부정 발생의 3요소, 즉 부정의 동기, 부정의 기회, 부정의 합리화 중 부정의 합리화는 부정의 3요소 중 기업에서 관리가 가능하면서도 부정 예방에 강력한 기능을 수행하는 자기통제(self control)와 깊은 연관이 있다.

자기통제는 부정 예방에 강력하고 효과적이지만 이러한 분위기를 만들기 위해서는 장기간의 시간을 요한다. 왜냐하면 부정의 합리화는 구성원의 심리적 상태와 관련되어 있으며 사람의 심리적 태도는 쉽게 바뀌지 않기 때문이다. 또한 회사 규정과 관련 법령에 대한 준수 의식의 고취는 부정에 대한 합리화를 막는 데 중요한 요인이 될 것이다.

부정이 일어나기 위해서는 적절한 동기와 실행할 수 있는 기회가 필요하지만, 행위자가 자신의 부정에 대하여 합리화를 시키지 못한다면 부정이 쉽사리 일어나지 못한다.

5. 부정 및 횡령의 유형

이러한 횡령은 개인 단독으로도 발생할 수 있고, 조직적으로 발생할 수도 있다. 조직적인 차원에서의 횡령은 적발하기가 더욱 어렵다. 부정이 발생하는 구체적인 유형은 다음과 같다. 부정은 거래의 실질 여부와 거래에 관련된 단가와 수량의 조작에 의하여 발생한다.

1) 실질 거래의 왜곡

① 비용의 과소 계상 또는 누락: 실질 거래의 축소
② 자산의 과대 계상: 실질 거래의 과대 포장
③ 부적절한 매출기간 귀속: 실질 거래의 과대 포장
④ 조건부매출: 실질 거래의 과대 포장
⑤ 입금의 횡령과 돌려 막기(A은행과 Y증권사와 같은 lapping): 실질 거래의 과대 포장
⑥ 수표의 수취인이나 지급액을 변조함: 실질의 변조
⑦ 물품을 절취하고 장부 기록을 조작하는 유형: 실질의 과대 포장

2) 허위 거래

① 가공 거래 또는 삼각 거래: 허위 거래
② 허위 납품업체를 만든 다음, 허위 물품에 대한 대금 지급 유형: 허위 거래

③ 퇴직한 직원이나 가공의 직원에게 급여를 지급하는 유형: 허위 거래

3) 단가의 왜곡

① 물품 구매회사와 공모하여 구매금액을 높게 설정하고 차액을 취하는 유형: 단가의 과대 포장
② 일반 비용 지급액을 과다하게 청구함: 단가의 과대 계상

"당신의 돈을 지켜드립니다"

1980년대 초 부산. 빽 없고, 돈 없고, 가방끈도 짧은 세무 변호사 송우석(송강호). 부동산 등기부터 세금 자문까지 남들이 뭐라 하든 탁월한 사업수완으로 승승장구하며 부산에서 제일 잘 나가고 돈 잘 버는 변호사로 이름을 날린다. 대기업의 스카우트 제의까지 받으며 전국구 변호사 데뷔를 코앞에 둔 송변. 하지만 우연히 7년 전 밥값 신세를 지며 정을 쌓은 국밥집 아들 진우(임시완)가 뜻하지 않은 사건에 휘말려 재판을 앞두고 있다는 소식을 듣는다. 국밥집 아줌마 순애(김영애)의 간절한 부탁을 외면할 수 없어 구치소 면회만이라도 도와주겠다고 나선 송변. 하지만 그곳에서 마주한 진우의 믿지 못할 모습에 충격을 받은 송변은 모두가 회피하기 바빴던 사건의 변호를 맡기로 결심하는데….

"제가 하께요, 변호인. 하겠습니더."

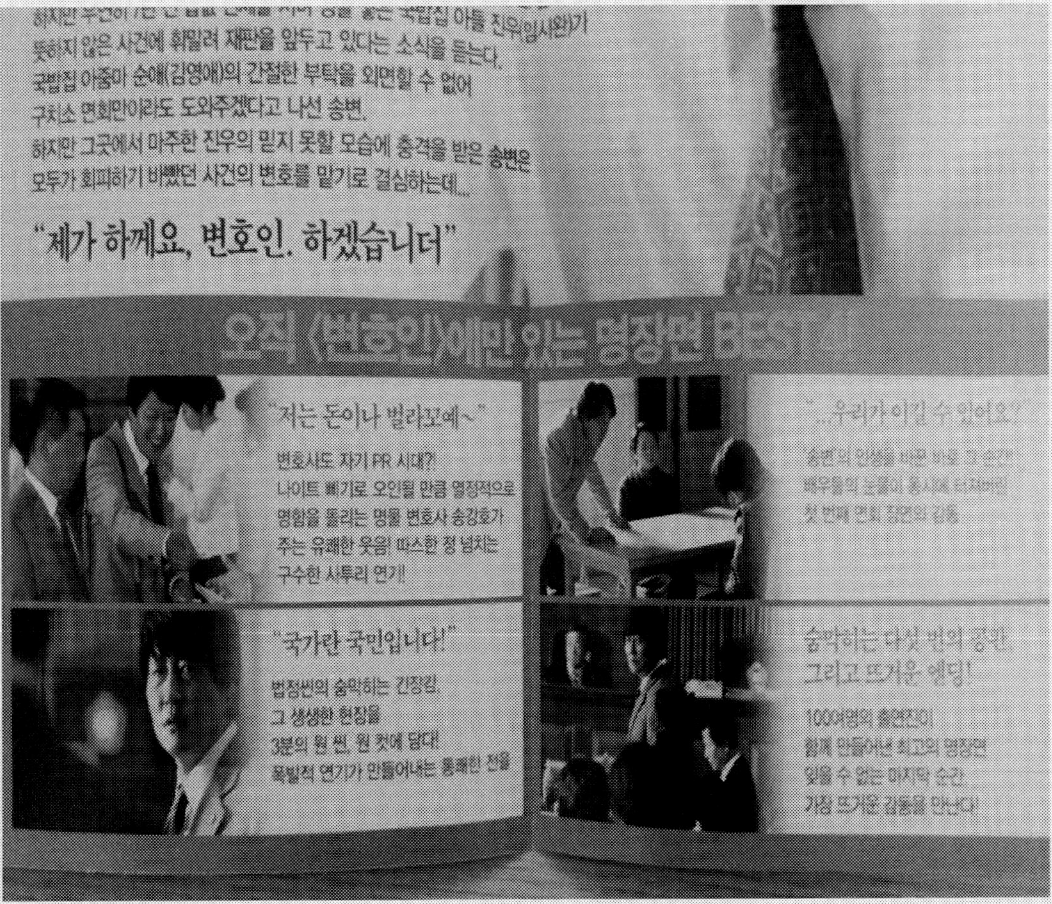

　우리나라 회계감사 준칙에서는 "부정이란 경영진, 지배기구, 종업원 또는 제3자 중 1인 이상이 부당하거나 불법적인 이득을 취하기 위해 기만행위가 연루된 의도적 행위이다."로 정의하고 있다. 여기서 강조할 부분은 '의도적 행위'로, 이는 부정행위를 적발하기 어려운 이유이기도 하다.

　그럼에도 불구하고 해마다 많은 부정행위가 적발되고 있으며 그 양은 점차로 증대되고 있다. 다음은 공공부문인 행정안전부의 통계자료에서 보이는 부정과 오류에 관련된 통계표이다.

[표- 연도별 징계 현황]

(단위 : 명) (Unit : Person)

구분 Classification	2004	2005	2006	2007	2008	2009	2010	2011	2012	2013
합계 Total	2,133	1,469	1,584	1,643	1,741	3,155	2,858	2,653	2,614	2,375
복무규정위반 Violation of Service Regulation	607	234	256	386	318	435	404	516	478	381
품위손상 Derogate	757	531	612	561	632	1,550	1,177	1,071	1,110	1,198
비밀누설 Divulgence of Classified Information	27	9	11	3	6	11	16	15	22	25
공 문 서 관련비위 Forgery of Official Documents	24	17	11	17	12	23	26	28	15	24
직권남용 Misfeasance	1	3	4	6	4	3	9	12	8	9
직무유기 및 태만 Dereliction of Duty	273	176	157	159	228	235	313	226	171	174
감 독 불충분 Insufficiency of Inspection	57	46	44	51	48	46	111	144	53	35
공금유용 Misappropriation of Public Funds	11	20	20	14	11	37	25	47	48	21
공금횡령 Usurpation of Public Funds	18	6	26	7	11	34	63	62	40	56
금품 및 향응수수 Bribery	223	112	78	80	55	164	419	368	178	271
기 타 Others	135	315	365	359	416	617	295	164	491	181

출처: 행정안전부 2014 통계연보

특히 공금유용, 공금횡령 및 증수회(금품수수) 등의 경우에는 아래 그림에서 보듯이 그 추세선이 우상향으로 증가하는 추세를 보여 청렴도가 악화되고 있음을 알 수 있다.

[표– 공금유용 등의 증가 추세 현황]

구분 Classification	2004	2005	2006	2007	2008	2009	2010	2011	2012	2013
공금유용 Misappropriation of Public Funds	11	20	20	14	11	37	25	47	48	21
공금횡령 Usurpation of Public Funds	18	6	26	7	11	34	63	62	40	56
금품 및 향응수수 Bribery	223	112	78	80	55	164	419	368	178	271
합계	252	138	124	101	77	235	507	477	266	348

[그림– 공금유용 등의 연도별 추세선]

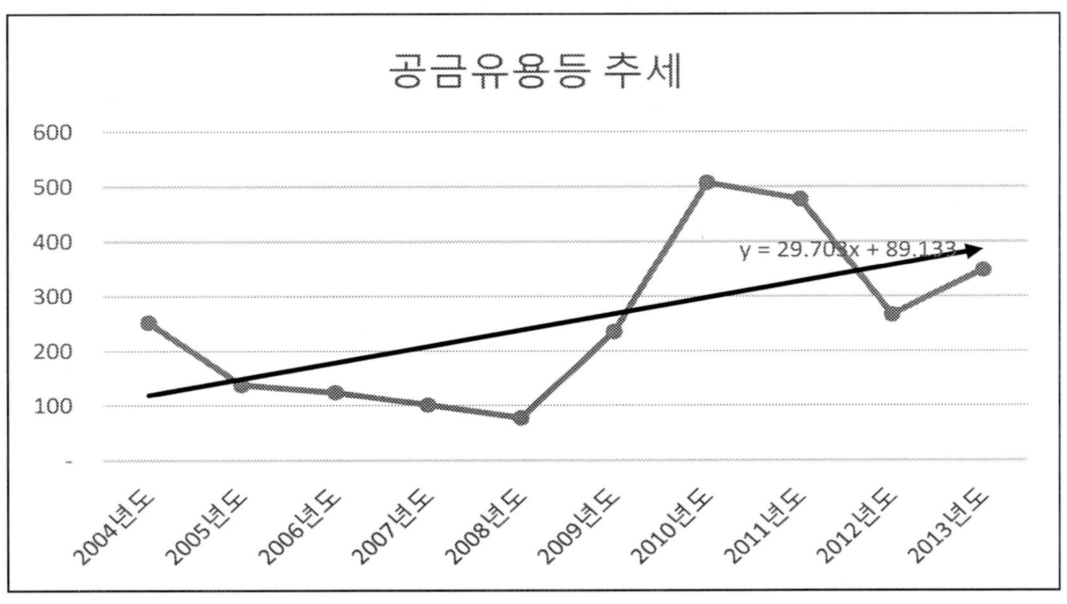

다음은 저자가 감사 현장을 통하여 얻은 사례와 2010년대에 미디어를 통하여 사회적으로 문제가 되었거나, 정부부처인 감사원과 행정안전부 등에서 적발된 감사결과들이다. 이를 바탕으로 부정과 오류에 관련된 구체적인 예를 들도록 하며, 정보보안을 위해 실명은 모두 가명으로 대체한다. 일부 사례의 경우 사례의 효과를 높이기 위하여 일부 사실들에 대해 가감하였다.

1. K기업 재고수량 차이 사례

1) 재고 관련 상황

K기업은 노트북 부품을 제조 및 판매하는 회사로 재고의 입고와 출고에 대하여 범용 재고관리프로그램으로 관리하고 있으며, 매년 말에는 전체 재고에 대하여 생산 관리부서의 입회 하에 재고실사를 수행하고 있다. 회사는 재고실사는 수행하지만 재고실사 결과에 대한 보고서는 작성하지 않고 있다. 창고 담당자는 있지만 창고는 대부분 개방된 상태로 있어 창고 담당자가 바쁠 경우에는 물류 담당자들이 직접 제품을 불출하고 사후에 창고 담당자가 불출 처리를 하는 경우도 있었다.

회사는 외부회계감사 대상 회사로 회계연도 말에 공인회계사의 재고자산에 대한 실사입회가 있었다. 실사입회 중에 표본추출에 의한 감사에서 실사 수량과 장부 수량이 심각하게 일치하지 않고 장부 수량보다 실제 수량이 남거나 부족한 재고자산이 발견되었다. 그 원인을 조사하여 본 바, 재고자산이 불출되었는데도 불구하고 담당자의 실수로 재고수불부에 출고전표가 입력되지 않아 장부상 수량이 실제 수량보다 많게 기록된 것과 재고가 거래처에 불출되었음에도 매출로 기록되지 않고 판매되어 횡령된 부분이 밝혀졌다.

2) 오류와 부정 유형

오류 유형은 재고자산에 대한 접근통제가 지켜지지 않았고, 불출 재고에 대한 출고전표에 대한 기록이 미비하였다. 재고자산의 출고는 항상 장부에 기록된 후에 출고되도록 내부통제제도가 설정되어 있었음에도 재고수불이 특정 시점, 예를 들어 월말이나 연도 말에 일시적으로 재고수불이 빈번하게 발생할 경우 그에 대한 관리 및 통제가 소홀하게 되어 오류가 발생하였다. 또한 재고자산에 대한 통제가 허술한 틈을 타 출고전표 없이 재고가 불출되어 매출이 발생하였고, 이에 대한 매출 기록을 누락하여 횡령이 발생하였다.

3) 오류 및 부정 방지대책

재고자산은 회사가 관리하는 중요한 실물자산인바, 이에 대한 이동은 출고전표 및 입고전표에 의하여만 이동되도록 내부통제 절차를 수립하고, 이에 대해 창고 담당자와 물류부서장에 대한 교육을 실시한다. 또한 재고에 대한 실사는 연말에 한 번 수행되던 것을 상반기와 하반기에 정기적으로 실시하도록 하며, 파레토 법칙에 따른 재고(20%의 품목이 80%의 재고 점유)에 대해서는 매월 실사를 하여 장부 수량과 대조하여 차이 부분을 확인하고 차이가 날 경우 그 원인을 밝혀낸다.

그리고 재고실사에 관한 사항은 반드시 보고서로 작성하여 재고 품목별로 장부 수량과 실제 수량과의 차이 원인과 향후 대책을 보고하여야 한다. 그렇게 해야 차년도의 재고실사 시에 참고 자료로 사용할 수 있으며, 재고 수량의 불일치에 대한 원인과 대책에 대하여 관련 담당자들이 주의를 집중하게 된다.

2. A은행 래핑(lapping) 사기 사례

1) 래핑 관련 상황

은행원 갑은 2006년 1월부터 이 은행 고객인 김모(52) 씨 등 5명의 예금 6억여 원을 횡령한 것으로 드러났다. 은행원 갑은 고객의 정기예금을 임의로 해약한 뒤 이자를 개인적으로 지급하는 방법으로 고객들을 속이고, 만기가 되면 다른 고객의 예금을 빼내서 돌려주는 방법으로 고객의 돈을 횡령해왔다.

2) 횡령 유형

은행원 갑의 사례는 전형적인 래핑(lapping) 횡령으로, 해당 은행의 내부통제제도가 허술함을 보여주고 있다. 통상적인 래핑은 매출채권의 회수에 대하여 똑같은 방식으로 돌려가면서 횡령하는 것이다. 이는 1919년에 미국에서 발생한 폰지 사기와 흡사하며 국내에서도 심심치 않게 신문지상에 오르내리는 유형이다.

[폰지 사기의 원조]

1882년 이탈리아에서 출생한 찰스 폰지(1882~1949)는 보스턴에 증권거래회사를 설립했다. 주 거래 품목은 세계 각국에서 우표로 교환해 쓸 수 있는 국제우편 쿠폰. 나라마다 우편요금이 다르다는 점에 착안한 사업이었다. 예컨대 이탈리아에서 쿠폰을 싸게 산 다음 미국에서 비싸게 팔아 차익을 얻는 구조였다.

문제는 45일에 50%의 수익을 보장하며 자금을 끌어들였다는 점이다. 초기에는 약속대로 꼬박꼬박 수익금을 나눠줬다. 그걸 보고 투자자들이 구름처럼 몰렸다. 예금을 빼거나 집을 담보로 대출을 받아 4만여 명이 약 1,500만 달러를 투자했다.

하지만 찰스 폰지는 고율의 약정 수익률을 맞출 도리가 없었다. 새로운 투자자의 돈으로 기존 투자자의 수익금을 충당해야 하는 악순환이 이어졌다. 일종의 돌려막기였다. 결국 이듬해 8월 신문에 폭로되며 실상이 드러나고 말았다. 다단계 금융사기인 '폰지 사기'의 원조다.

그로부터 88년 후인 2008년에는 월 가에서 희대의 폰지 사기 사건이 발생했다. 범인은 나스닥 증권거래소 회장을 지낸 버나드 메이도프였고, 사기 액수는 무려 650억 달러에 달했다. 영화감독 스티븐 스필버그, 연방 상원의원 등과 함께 HSBC, 노무라증권 등 쟁쟁한 기관투자가들까지 속아 넘어갔다. 월가의 거물이 연 8~12%의 '적당한 수익'을 제시했으니 의심하지 않고 깜빡 속아 넘어간 것이다. 금융위기 여파로 대량 환매요청이 없었다면 사기 행각은 훨씬 오래 갔을 것이라고 한다. 메이도프는 150년 형을 선고받고 복역 중이다.

폰지 사기 사건이 자꾸 일어나는 이유는 간단하다. 예전이나 지금이나 고수익에 눈먼 투자자가 시장에 넘쳐나기 때문이다. 언제인가는 폭발할 폭탄을 돌리는 위험한 거래임에도 불구하고 본인만은 이익을 얻을 수 있다는 자기도취 현상이 팽배해 있기 때문이다.

3) 횡령 방지대책

본 사례는 가치의 교환이 기업의 시스템 외부에서 발생한 부정이다. 본 래핑을 적발하기 위해서는 래핑 적발 프로세스를 진행한다. 해약되는 정기예금의 경우 적절한 확인서류가 첨부된 상급자의 결재가 필수적으로 이루어져야 하며 해약 당사자에 대한 확인 절차가 강화되어야 한다.

왜냐하면 은행 고객의 정기예금이라는 부채가치와 현금이라는 자산가치가 교환이 일어나는 접점이기 때문이다. 해약되는 정기예금이 예금자의 통장에 직접 입금되도록 하여야 하며, 은행을 거래하는 고객들에게 은행과 직접 거래하도록 계속적으로 주의를 환기시켜야 한다.

예금에 대한 이자 지급은 시스템상 잔고가 있는 계좌에 대해서만 지급되도록 시스템적으로 프로세스를 설정하고 시스템 이외의 경로를 통하여 이자 지급을 할 수 없도록 한다. 또한 마케팅 담당자들의 기업시스템 외부 거래를 근본적으로 차단하여야 한다. 이를 위해 적절한 교육과 주의 환기 그리고 차상급자에 의한 철저한 관리가 수행되어야 한다. 래핑에 대한 적발 프로세스는 다음과 같다.

[래핑 적발 프로세스]

- 은행 예금의 경우

제1단계: 래핑이 의심되는 예금 계정, 예를 들면 만기 해약금이나 중도 해약금 등의 계좌에 대한 전체 자료를 확정한다.

제2단계: 적정한 신뢰수준과 기대오류율, 허용오류율을 정한다.

제3단계: 확정된 모집단에서 추출하고자 하는 표본 수를 산정한다.

제4단계: 모집단에서 무작위 표본추출을 실시한다.

제5단계: 추출된 표본에 대해 해당 예금 해약금의 실 소유자 귀속에 대한 적정성을 확인한다. 실 소유자가 해약금을 실제적으로 통제하는지에 대해 유선이나 메일 또는 문자 등을 통하여 예금자 본인의 확인을 얻도록 한다.

제6단계: 예금자 본인 확인 결과 해약금에 대한 사실이 예금자 본인의 의사와 다른 경우, 이에 대한 후속 감사절차를 진행한다.

제7단계: 감사결과를 요약한다.

3. Y 증권사의 경우

1) 증권투자 상황

서울의 한 증권사 과장이 고객 돈 400억 원을 돌려막기 수법으로 빼돌리는 사건이 일어났다. 인터넷 주식카페 회원 등 40여 명에게 고소득을 보장해주겠다며 지난 몇 년간 투자금을 가로챈 것이다. 앞의 A은행의 사례와 유사하다.

2) 횡령 유형

신규 투자자에게서 받은 자금으로 기존 투자자에게 이자와 배당금을 지급하는 식의 전형적인 폰지 사기다. 즉 투자자 A에게 고율의 이익금을 지급하고 지급 자금은 새로운 투자자 B의 투자금으로 충당하며, B에 대한 이익금의 재원은 다른 투자자 C의 투자금으로 충당하는 형식이다.

이러한 부정은 새로운 신규 투자자가 계속 생기는 동안에는 어느 정도 유지될 수 있으나 지급될 이익금의 규모가 새로이 유입되는 투자자금의 규모를 초과하는 순간이 반드시 오게 되며 그 순간 사기 행각은 실체를 드러내게 된다. 본 사례의 경우 회사의 법인 계좌가 아닌 개인 계좌로 투자금을 예치한 데다 증권사 과장이라는 신분 덕에 의심을 받지 않았다고 한다.

3) 횡령 방지대책

증권사의 경우에는 위와 같은 횡령 사건이 은행의 경우보다 발생할 확률이 높다. 왜냐하면 내부통제제도에서 요구하는 통제 절차의 설정이 은행보다 용이하지 않기 때문이다. 이에 대한 대책은 개인 계좌로 투자금을 예치하는 것을 원천적으로 차단하는 것이 중요하다. 개인 계좌는 원천적으로 기업의 장부에 반영되지 않는 거래이므로 이를 방치하는 것은 기업의 부외거래를 인정하는 것이 되어 기업이 통제할 수 없게 된다.

이러한 개인 계좌 투자금 유치에 대해서는 기업 내 교육뿐만 아니라 해당 거래 고객에게도 주의를 환기시켜 책임문제를 명확히 하는 것이 중요하다.

4. 서울의 모 구청 공사비 과대 지급 사례

1) 공사 관련 상황

2010년 4월, 해당 구청 직원과 공사업자는 100m짜리 상수도 배관 계약을 천9백만 원에 맺었다. 그러나 경찰과 구청의 조사 결과 배관 길이는 10m, 공사 금액은 5백만 원에 불과했다. 주도한 사람은 구청의 전·현직 직원, 남은 공사비는 나눠 가졌다.

구청 7급 직원 A씨 등 11명은 이런 수법으로 지난 2007년부터 올 1월까지 250여 차례에 걸쳐 부풀린 공사대금 6억 원 중 절반가량을 빼돌렸다. 구청이 발주하는 2천만 원 이하의 공사에 대해서는 공개경쟁입찰을 거치지 않아도 된다는 점을 노린 것이다.

2) 횡령 유형

횡령 유형은 수량과 단가의 과대 계상 중 수량의 과대 계상에 의한 횡령이다. 공급자와 결탁하여 구매되는 물품의 수량을 실제 수량 이상으로 계약하여 공사비 차액을 횡령한 유형이다.

3) 횡령 방지대책

가치의 교환이 조직생존방정식(유입가치 ＝ 유출가치)에 위배되어 발생한 사례다. 구매되는 물품(공사용역)의 실제 내용을 확인하여 정부의 조달 기준단가와 조회 비교하여 금액의 적정성을 확인한다. 사례와 같은 공사와 관련한 감사 포인트는 실제 수행된 공사의 내용을 파악하여야 한다.

본 사례는 배관 길이 10m의 공사를 100m로 수량을 과대 계상한 것이다. 수량이 파악되고 그에 대한 단가가 추정된다면 공사 추정금액을 추산할 수 있다. 지방정부의 경우 크고 작은 공사계약이 많이 발생한다. 이에 대한 횡령을 적발하고 방지하기 위하여 관련 공사계약의 모집단을 구분하고 모집단에서 표본을 추출하여 개별 거래 건에 대해 거래방정식의 성립 여부를 검토한다. 절차는 다음과 같다.

- 제1단계: 공사계약에 대한 전체 자료를 확정한다.
- 제2단계: 적정한 신뢰수준과 기대오류율, 허용오류율을 정한다.
- 제3단계: 확정된 모집단에서 추출하고자 하는 표본 수를 산정한다.
- 제4단계: 모집단에서 무작위 표본추출을 실시한다.

- 제5단계: 추출된 표본에 대한 공사비의 적정성을 검토한다.
- 제6단계: 감사결과를 요약한다.

5. J 지방자치단체의 부실 계약 사례

1) 용역 발주 상황

J 지방자치단체는 도로(道路)대장 전산화 용역사업을 위하여 2005년 12월 6일부터 2008년 12월 5일까지 3년 기간의 장기계속사업(사업비 4,010백만 원)으로 도내 국가지원 지방도 및 지방도 61노선의 지상 및 지하시설물의 위치, 규격, 재질 등의 현황을 조사하는 용역을 발주하였다.

동시에 이를 도로의 장기건설, 보수 및 투자계획 등을 수립하는 기초자료로 활용하며, 도로의 관리와 유지보수 및 각종 시설물의 관리 등 도로에 대한 일원화된 종합 관리체계를 구축할 수 있도록 하여 도로행정의 과학화 및 효율화를 도모하는 용역사업을 추진하였다.

그러나 위의 2005년부터 2012년까지 7차에 걸쳐 수행하고 있는 J 지방자치단체 도로대장 전산화 용역사업의 1차 및 2차 용역의 성과물이 기존 J 지방자치단체 도로대장관리전산시스템에 입력하여 활용할 수 없는 문제가 발생하였다.

1~6차에 걸쳐 구축된 DB의 성과품인 도형자료는 table로 DB화되지 않고 CAD파일 형태로 납품되었고, 도형자료에 대한 각각의 속성정보(예: 도로대장 조서, 교량 제원 조서 등) 항목은 50% 이상 누락된 채로 성과품이 납품되어 방치됨으로써 성과품 납품 이후의 도로관련 사업으로 인한 도로 및 도로 관련 시설물의 변경 및 추가사항이 전혀 반영되지 않은 상태로 보관됨으로써 사실상 도로 관련 DB로서 기능할 수 없는 문제가 발생하였다.

2) 오류 유형

무자격 사업자 선정으로 인한 용역 실패 사례로서 시간과 비용을 막대하게 투자하였음에도 소기의 성과를 올리지 못한 결과를 초래한 사례다. 소프트웨어시스템 구축의 경우 일정 규모 이상의 사업은 반드시 사업기간 중에 중간감리를 수행하여야 함에도 이를 감독 관리하는 담당자의 업무 소홀로 오류가 장기간 방치되어 해당 기관과 주민에게 엄청난 피해를 초래한 사항이다.

소프트웨어시스템의 개발은 전문적인 분야이므로 J 지방자치단체의 담당자가 이를 파악하여 관리하는 것은 불가능에 가깝다. 따라서 이에 대해서는 사업 초기부터 전문적 분야에 대해 조언을 해줄 수 있는 전문가 또는 전문가그룹위원회의 자문을 수시로 받으면서 추진하였어야 할 과업이었다.

3) 오류 적발 기법

본 사업의 경우 전문적 지식을 필요로 하는 소프트웨어시스템 구축 사업으로 장기간에 걸쳐 거액의 예산을 필요로 하는 사업이다. 이에 대한 사업의 성공적 추진 여부를 검토하기 위하여 사업 진행 중에 사업의 진행 여부와 중간산출물에 대한 검토가 수행되어야 한다.

그럼에도 불구하고 용역 수행 진행과정에 대한 관리를 소홀히 하고 감독을 하지 않아 지방재정의 낭비를 가져온 사례다. 감독부서는 장기용역계약의 경우 사업의 중간 단계에 전문 감리단에 의한 중간감리를 수행하거나 상시 검토를 통하여 오류를 발견할 기회가 있었음에도 관리 미비로 오류 적발이 되지 않았다.

「트루먼 쇼」는 단 한 사람 트루먼(짐 캐리)을 제외하고는 모든 사람이 배우로 참여하여 짐 캐리의 24시간을 생중계하는 영화다. 트루먼은 자신이 만인의 시선 속에 인공적인 삶을 살고 있다는 사실을 전혀 모른다. 트루먼이 존재하는 그 세계 자체가 할리우드의 세트장이었다.

트루먼 쇼는 영화 속의 시청자들에게 묘한 기분을 느끼게 한다. 시청자들은 한 사람의 24시간 생활을 여과 없이 시청하면서 어떤 때는 동질감을, 어떤 때는 분노를 느낀다. 시청자들은 그렇게 제3자로서 쇼를 시청할 뿐이다. 그러다가 쇼가 끝나면 채널을 돌리면 그만이다. 그러나 그럴 수 없는 한 사람 트루먼은 이 모든 사실을 알았을 때, 즉 주변의 모든 사람이 배우들이었고, 모든 사실이 조작된 현실이었다는 것을 알았을 때 그는 무엇을 느꼈을까?

한 사람을 뺀 모든 사람에게는 사실이었지만, 한 사람에게는 자신이 살아온 인생 모든 것이 조작된 것이었을 때, 그 한 사람이 느낄 배신감과 상실감은 무엇으로 표현할 수 있을까? 단순히 오류라고 하기에는 개인이 감당할 수 없지 않을까?

4부

적발감사

1. 적발감사의 개요

전통적 관리방법의 하나인 PDS(Plan-Do-See) 사이클에 따르면 시작 단계에서는 계획(Plan)이 있고, 그다음에는 계획에 따라 실행(DO)을 하고, 마지막으로 계획한 대로 실행되었는지에 대하여 감독(See)을 하게 된다. 감독은 일반적으로 업무가 잘 수행되었는지에 대한 업무감사와 회계적으로 오류 없이 잘 처리되었는지에 대한 회계감사가 수행된다.

감사는 영리기관이든 비영리기관이든 어디서나 매일 행해지고 있는 중요한 사회 시스템이다. 이렇듯 많은 시간과 자원이 감사활동에 투자되고 있어 그 비용은 어림 추산한다 하더라도 수조 원의 금액이 소요되고 있을 것으로 추정된다.

그럼에도 불구하고 감사 본래의 목적인 업무와 회계에 대한 감독 기능을 훌륭하게 수행하고 있는가에 대한 질문에는 자신 있게 답할 수 없는 형편이다. 왜냐하면 사회 모든 부문에서 부정과 횡령에 관한 기사가 끊일 날이 없기 때문이다. 은행, 대기업, 중소기업, 지방정부, 비영리단체 등 관련 기사가 경제ㆍ사회면을 언제나 장식하기 때문이다.

모든 기관에서 수행되고 있는 내부통제제도와 감사 기능, 그리고 민간기업과 민간 비영리기관에 대해 수행되는 감사 기능의 역할은 현재 훌륭하게 수행되고 있다고 믿어진다. 그러나 그럼에도 불구하고 수시로 발생하는 오류와 횡령사건에 대하여 그에 대한 방지책과 사전 적발의 방법은 없는지에 대해서는 별도로 고민하여야 할 사항이다. 왜냐하면 그러한 사건들의 발생 원인의 상당 부분은 각 감사기관이 갖는 감사 업무에 있어서의 접근 제한과 인적 자원의 부족에 기인하기 때문이다.

예를 들어 외감법에 따른 공인회계사의 외부감사의 경우, 회계기준에 따른 관련 기관의 회계처리 준수 여부를 집중적으로 검토하는 것이지 부정의 적발을 주목적으로 하는 것은 아니기 때문이다. 또한 공공기관 감사의 경우에도 전문 인력의 부족을 지적하지 않을 수 없다. 특히 정부기관을 비롯한 공공기관의 경우, 회계 및 감찰 관련 직무에 대하여도 직무순환제도를 실시하다 보니 관련 회계 및 감사업무에 대한 전문성과 노하우를 갖추기가 쉽지 않다.

　이러한 감사범위 제한 그리고 전문성 부족에 따른 단점을 보완하기 위해서는 감사에 통계적 기법을 이용한 적발감사가 보다 더 적극적으로 도입될 필요가 있다. 통계적 방법을 이용하여 조직의 프로세스를 검토하고 감사자원을 그러한 부분에 집중하여 분석한다면 오류와 부정에 취약한 부분을 발견할 수 있으며, 효율성 높은 감사를 수행할 수 있을 것이다. 나아가 통계적 방법의 적용은 적발감사를 체계적으로 수행할 수 있게 해줄 것이며 이러한 접근은 관련 노하우의 축적을 용이하게 할 것이다.

2. 적발감사 접근방법

　기본적으로는 본서에서 제시하는 일반적인 단계를 거치면서 감사를 수행하지만 노하우가 축적되면 실무적으로는 적발감사의 범위를 매우 좁힐 수 있다. 왜냐하면 기업이나 비영리조직 특유의 영업 형태나 목적에 따라 오류나 부정이 발생할 수 있는 분야를 한정해 갈 수 있기 때문이다.

　적발감사 접근방법에는 비율분석 접근법, 표본감사 접근법, 포렌식 접근법, 투서와 고발에 의한 접근법 등이 있으며 각 접근법의 특징은 다음과 같다.

1) 비율분석 접근법

　회사의 재무제표를 중심으로 접근하는 것으로 재무제표 각 계정을 이용하여 오류와 부정을 검토한다. 예를 들어 회사의 매출원가율은 외부 환경적이 요소 예를 들어 금리나 환율의 급격한 변동이 없다면 매년 일정한 비율을 갖는다. 그렇지 않고 급격한 변화가 발생하였다면 변화의 원인을 분석함으로써 오류나 임의성 여부를 검증한다. 이러한 비율분석에는 매출채권회전율, 매입채무회전율, 재고자산회전율 등 활동성 비율로 접근할 수 있으며, 유동비율, 부채비율 등 안정성 비율로도 접근할 수 있다.

　이 방법은 매우 간편하고 쉽게 문제점에 접근하는 장점이 있으나 비율분석 상 큰 차이가 나타나지 않을 경우에는 오류나 임의성을 밝혀내는 데 한계가 있다.

2) 표본감사 접근법

　회사의 회계구조와 계정별 특징을 분석하여 표본감사를 이용하여 거래 건별 감사를 수행한다. 본서의 표본감사는 회계 자료의 특성인 금액적 중요성을 감안하여 통계를 통한 무작위 표본추출(random sampling)에 의해 수행된다. 통상 신뢰수준 95%의 수준에서 감사가 수행되나, 경우에 따라서는 90%의 신뢰수준에서도 수행될 수 있다.

표본추출을 이용한 통계를 바탕으로 감사업무가 수행됨으로 인하여 과학적 논리성이 높으며 비용 측면에서 효율적이다. 표본감사의 경우 통계에 대한 전문지식을 습득하는 교육과정이 필요하지만 거래가 급격히 증가하여 모든 거래를 점검하는 것이 점점 불가능해지는 오늘날, 통계적 표본감사는 필수적으로 필요한 방법이다. 표본감사의 가장 큰 장점은 적은 비용과 시간 투자로 모집단 거래의 전체적인 합리성 수준을 판단할 수 있다는 것이다.

감사 중 문제의 거래가 발견될 경우 통상적으로 수행되는 내부통제제도의 프로세스에 대한 취약점 유무를 검토한다. 만일 내부통제제도상 오류가 발견되면 오류의 성격에 대하여 분석하게 된다. 오류가 내부통제제도 설계상의 문제인지 아니면 운영상의 오류인지에 대하여 검토하게 된다.

회사조직 변경이나 회계시스템 변경에 의한 취약점인 경우에는 내부통제제도에 대한 설계를 새로이 하여야 한다. 발견된 오류가 단순히 담당자의 실수에 의한 것일 경우에는 담당자와 상급관리자에 대한 주의 환기와 교육이 필요하다. 만일 발견된 취약점이 의도된 오류일 경우, 즉 부정이 개입되었을 가능성이 있을 경우에는 그에 대한 감사 범위를 확대하게 된다. 표본감사에 의한 적발감사는 내부통제 프로세스를 개선하는 효과가 있다.

3) 포렌식 접근법[54]

포렌식 접근법(Forensic Accounting)은 법정 변론을 위하여 이용되는 회계학, 즉 '법정 회계학'이라 할 수 있다. 포렌식 접근법은 회계, 재무 관련 지식을 부정범죄 사건의 조사에 응용하여 부정에 대한 혐의나 증거를 발견하려는 접근법이다.

부정의 유형이나 발생원인 등을 분석하여 부정을 적발하고자 한다. 예를 들어 자산 담당자의 최근 소비추세를 파악하거나 근무 상황 등을 고려하여 부정의 신호들을 파악하여 부정을 적발하고자 한다. 구체적인 것은 다음 절에서 상술하고자 한다.

4) 투서와 고발에 의한 접근법

투서와 고발에 의한 접근법은 자료가 신빙성이 있을 경우 가장 효율적인 방법일 수 있다. 그러나 투서에 의한 고발을 조장할 경우 빈번한 내부고발에 의하여 조직의 사기에 부정적인 영향을 미치게 되고, 이는 기업성과에 악영향을 미칠 수 있다. 그리고 기업의 내부통제제도의 취약점 등을 기업이 체계적으로 관리하지 못하고 투서 등에 의해 파악해야 하는 단점이 있다.

---

[54] 포렌식 부정적발회계론, 최영곤, 계명대학교출판사, 2011.

상기와 같은 접근법 중에서 어떤 것이 조직의 건전한 발전에 효율적인가 하는 것에 의견이 다를 수 있으나 재무비율 접근법은 너무 단순하여 문제점을 놓칠 가능성이 많으며, 포렌식 접근법은 실무에서 적용하기에는 아직 이르고, 투서와 고발에 의한 접근법은 단기적으로는 효과가 있을 수 있으나 장기적으로는 조직의 활력과 창의성에 부정적인 영향을 미칠 수 있다. 왜냐하면 접근 자체가 시스템에 의한 접근법이 아닌 사람에 의존하는 방법으로 맥그리거의 XY이론55상 X이론에 근거한 방법이기 때문이다. 따라서 과학적 근거와 전체적으로 체계적인 통찰력을 줄 수 있는 통계적 접근법이 조직의 장기적인 발전을 위하여 바람직한 것으로 판단된다. 그러나 경우에 따라서는 4가지 접근법이 혼용하여 사용될 수 있다.

적발감사는 발생되는 기중거래 자체를 검토함으로써 거래에 관련된 오류나 부정을 적발하고자 하는 것이다. 통계적으로 추출된 표본을 정밀하게 감사함으로써 정상적이 아닌 거래를 밝혀내고자 시도한다. 기업의 적정한 초기 잔액에 정상적으로 기업에 유입된 가치를 더하고 기업 외부에 정상적으로 유출된 가치를 차감한다면 기업의 적정한 기말가치가 될 것이다.

이 기말잔액에 대한 실사를 기중거래 감사와 더불어 철저히 수행한다면 기업 내에서 발생하는 오류와 부정은 대부분 밝혀질 것이다. 기중거래 감사는 기업 내의 정상적인 흐름(flow)에 대한 감사로서, 여기서 누락되는 부분을 보완하기 위하여 기업의 잔액(stock)에 대한 실사는 필수적이다.

3. 적발감사와 관련한 규정 및 연구들

적발감사와 관련한 사례 및 연구들은 적발감사의 특성상 그렇게 많은 편이 아니다. 많은 공공기관과 민간기업에서 효율적이고 효과적인 적발감사 방법을 개발하고 사용하고 있으나 정형화된 틀을 갖추고 있다고 하기는 어렵다. 감사에 관하여 가장 많은 노하우를 갖고 있는 대표적인 기관은 한국공인회계사회와 감사원을 꼽을 수 있다. 다음은 감사와 관련한 한국공인회계사회 회계감사기준과 감사원의 자료 및 타 기관들의 실무적 연구 내용들이다.

1) 한국공인회계사회 회계감사기준

한국공인회계사회에서 제정한 회계감사기준에서 요구하는 부정 관련 규정은 회계감사기준 240에 규정하고 있으며 주요 내용은 다음과 같다.

한국공인회계사회 제정 회계감사기준에서 부정의 특성, 부정의 예방 및 발견에 대한 책임,

---

55 맥그리거의 XY이론: 맥그리거의 X이론은 사람을 게으르고 책임지기 싫어하며, 수동적이며 남에게 책임을 전가하는 존재로 가정하며, Y이론은 사람을 부지런하며 책임지기 좋아하고, 능동적이며 타인을 위해 봉사하는 존재로 가정함.

위험평가절차 및 관련 활동, 부정에 의한 중요한 왜곡표시 위험의 식별과 평가 등에 대하여 규정하고 있다.

또한 보론을 통하여 부정위험요소의 예, 부정에 의한 중요한 왜곡표시의 평가된 위험에 대응하여 적용 가능한 감사절차의 예, 부정의 가능성을 나타내는 상황의 예 등을 규정하고 있다. 부정에 의한 중요한 왜곡표시 위험의 식별과 평가와 관련하여 회계감사기준서 240의 문단 25, 26, 27에서 다음과 같이 규정하고 있다.

- 문단 25: 감사기준서 315에 따라 감사인은 재무제표 수준, 거래 유형 및 계정잔액 그리고 공시에 대한 경영진 주장의 수준에서 부정에 의한 중요한 왜곡표시 위험을 식별하고 평가하여야 한다.[56]

- 문단 26: 부정에 의한 중요한 왜곡표시 위험을 식별하고 평가할 때, 감사인은 수익의 인식에 부정위험이 존재한다는 가정에 기초하여 어떤 유형의 수익이나 수익거래 또는 경영진 주장이 그러한 위험을 발생시키는지 평가하여야 한다. 문단 47은 감사인이 해당 업무의 상황에는 수익 인식에 부정위험이 존재한다는 추정이 적용되지 아니한다고 결론을 내리고, 따라서 수익의 인식을 부정에 의한 중요한 왜곡표시 위험으로 식별하지 아니한 경우에 요구되는 문서화를 정하고 있다(문단 A28~A30 참조).

- 문단 27: 감사인은 부정에 의한 중요한 왜곡표시의 평가된 위험을 유의적 위험으로 취급하여야 하며, 따라서 아직 수행하지 않은 부분이 있다면 기업의 통제활동 등 그러한 위험에 관련된 통제를 이해하여야 한다(문단 A31~A32 참조).

2) 감사원 감사매뉴얼[57]

감사원의 감사는 감사원의 감사준칙과 감사매뉴얼에 의해 수행되고 있다. 재무감사 매뉴얼은 전체적으로 재무감사준칙을 설명하고, 감사착안사항 및 감사접근방법을 예시하고 있다. 예산사업의 분석 및 CAATs[58]의 활용에 중점을 두고 있으며, 감사사각을 방지하기 위하여 표본감사를 도입하고 있다.

재무감사준칙은 1995년에 발간된 감사착안사항과 지난 10년간 감사원의 처분요구사항, 「미국감사원(GAO)[59]의 재무감사 매뉴얼」 등을 바탕으로 필요 최소한의 감사기준을 제시하고 있다.

재무감사준칙 제1부에서는 재무감사의 도입과정과 기능을 서술하고 재무감사의 범위와 재

---

[56] 감사기준서 315 문단 25.
[57] 감사원 홈페이지 자료, 2013.3 참조.
[58] CAATs: Computer Assisted Techniques 전산활용감사기법.
[59] GAO: Government Accountability Office 미국감사원.

무감사의 기준이 되는 규정 등 재무감사 실시기준을 마련했고, 제2부에서는 재무감사 실시 절차와 재무감사에서 기초가 되는 디지털예산회계시스템(dBrain)를 이해하고, 중점 감사사항 선정 및 표본감사 방법에 대해 기술하고 있다. 제3부 재무감사의 실시에서는 대상기관의 예산 및 사업, 예산관리 및 자금관리, 수입, 지출 등 실제 재무감사에서 분석해야 할 대상을 사례분석을 통해 보여주고 있다.

다음은 감사원의 재무감사 체계다.

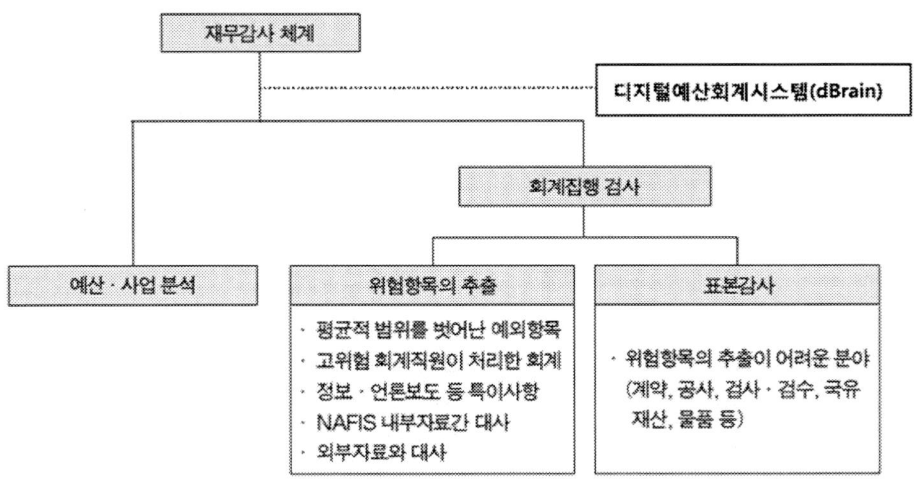

감사원의 재무감사는 국가의 재정운용과 회계처리가 법률과 예산에 따라 정확하고 효율적으로 집행되었는지를 확인하는 감사다. 감사 과정에서 부정·오류의 여부를 확인하고, 부정·오류가 있을 때에는 시정 등 적정한 조치를 하지만 부정·오류만을 적발하기 위한 감사는 아니다. 이러한 점에서 오류와 부정만을 다루고자 하는 본서와는 범위가 다르다.

감사원의 재무감사에서 많이 적용되는 대표적인 법률은 예산회계법, 기업예산회계법, 국고금관리법, 기금관리기본법, 국유재산법, 물품관리법, 각종 특별회계법, 「국가를 당사자로 하는 계약에 관한 법률」, 「보조금의 예산 및 관리에 관한 법률」, 지방재정법, 국가균형발전특별법 등과 이들 법령에 근거하여 제정된 예산편성지침, 예산집행지침, 정부결산작성지침, 각종 조세예규 및 회계예규, 중앙관서의 사업집행지침 등이 있다.

3) 포렌식 회계학

포렌식(Forensic) 회계를 통한 적발감사는 기존의 범죄수사 방법에 회계학적 측면을 강조하여 문제점을 파악하는 방법으로, 아직은 연구가 진행 중이다. Forensic은 라틴어에서 유래한 것으로 사전적 의미로 '법정변론을 위한', '토론의' 등의 의미를 갖는다.

Forensic Accounting은 법정변론을 위하여 이용되는 회계학, 즉 법정 회계학이라 이해할 수 있다. 이와 유사한 분야로 현대 과학수사에서 매우 중요한 역할을 하는 Forensic Science를 들 수 있다. Forensic Science는 법정 변론을 위하여 이용되는 과학, 즉 법정 과학이란 개념으로 이해된다.

실제 과학수사에서 법과학[60]은 범죄사건의 각종 증거물에 대하여 과학적인 관찰과 실험을 통하여 범죄수사에 중요한 참고자료를 제공하는 동시에 궁극적으로는 그 과학적 확증이 재판상 범죄사실을 판정하는 증거로 작용하기도 한다. 즉 법과학은 자연과학의 이론과 기술을 범죄수사나 재판상의 증거물에 활용하여 법관이 법정에서 판결을 내리는 데 이용하는 학문이다. 법과학은 범죄에 해당하는 개개의 모든 분야에 걸쳐 있다. 특히 최근 다양하고 지능적이고 복잡해져가는 범죄에 대응하려면 기초과학 분야를 기반으로 한 모든 응용과학 분야의 이론과 기술을 활용하여야 한다.

법과학은 국가마다 분류가 다르지만, 크게 법의학과 협의의 법과학으로 분류한다. 법의학은 사인규명 등에 관한 학문으로 사망 원인, 사후경과시간, 흉기와 손상과의 관계 그리고 백골화 사체 감정 등의 항목을 취급한다. 법의학은 변사사건에서 시체부검 등으로 의학적 증명을 하는 법의병리학 분야와 범죄에 관한 심리적·정신의학적 분야를 다루는 법의정신의학 분야로 나누어진다.

그리고 협의의 법과학은 범죄현장에서 채취한 증거물을 과학적으로 분석하는 법의학 외의 분야로, 보통 법과학이나 범죄감식과학이라 부른다. 법과학은 자연과학의 이론과 기술 그리고 많은 경험을 활용하는 범죄감식 과학분야로서, 주로 분석대상인 증거물에 대하여 법생물학, 법화학, 법이공학, 기타 특수기술 분야로 구성한다.

그러나 이러한 분야들은 국가마다 범죄 상황의 특성에 따라 조직·활용하며, 증거물 감정은 반드시 한 가지 학문분야의 실험만으로 해결할 수 없고 많은 영역에 관계하고 있는 것이 대부분이다. 따라서 법과학은 간단한 과학의 응용이 아니라, 해당 전공분야의 충분한 지식과 경험의 습득을 필요로 하는 여러 분야를 총합한 과학(multidisplinary science)이다.

포렌식 회계학은 회계의 오류나 부정을 적발하기 위한 회계학으로, 사실 불법적인 사실을 밝혀낸다는 점에서 법과학과 일부 유사성을 갖고 있으며 범죄에 관한 심리적·정신의학적 분야를 다루는 법의정신의학 분야는 포렌식 회계에서도 참고할 점이 있을 수 있다고 생각된다.

오늘날에는 모든 것이 단순하게 발생하기보다는 여러 사실이 복합적으로 발생하기 때문에 타 학문분야와의 정보교류와 노하우를 서로 배우고 참조하여야만 난제를 풀 수 있다. 기업의

---

[60] 법과학과 수사, p.22-25, 유영찬 지음, 현암사 2002.

오류와 부정을 효율적으로 적발하기 위해 회계감사 자체의 기법을 적용함은 물론 통계학과 범죄심리학 등도 고려되어야 한다.

4. 적발감사의 수행단계

기본적으로는 본서에서 제시하는 일반적인 단계를 거치면서 감사를 수행하지만 노하우가 축적되면 실무적으로는 적발감사의 범위를 크게 좁힐 수 있다. 예를 들어 모든 회계장부는 계정별로 집계되며 각 계정은 계정 고유의 특성을 반영하고 있기 때문에 금액적 중요성을 감안한다면 계정에 따라 표본추출의 중요성에 차등을 둘 수 있다. 그러므로 적발감사를 진행하면서 기업의 거래 분야에 따른 선택 과정을 통해 감사 범위의 집중화를 꾀할 수 있다.

적발감사의 수행은 다음과 같은 단계로 수행된다. 먼저 해당 기업(기관)의 고유요소 등을 검토하고, 조직의 회계구조를 분석한다. 기업이 사용하는 계정들을 파악하고, 가치의 교환이 수반되는 계정들과 내부계정들을 파악한다. 회계구조를 파악하기 위한 분개장의 검토는 복식부기 체계 안에서 매우 중요한 단계다.

회사의 모든 거래는 분개를 통하여 각 계정에 반영된다. 따라서 분개장 검토가 철저히 수행될 경우 많은 오류와 부정이 밝혀질 수 있다. 다음으로 사이클별, 계정별, 계정군별로 추출할 표본 수를 계산하고 표본추출하여 적발감사를 수행하게 된다.

① 해당 기업(기관)의 일반 상황 및 위험요소 검토
② 기업(기관) 회계구조 및 프로세스 분석
③ 계정들의 파악 및 분류
④ 분개장의 검토
⑤ 표본 수의 계산 및 추출
⑥ 추출된 표본에 대한 감사(실재성, 거래프로세스 검토, 검증틀[61]의 파악 등)
⑦ 취약 부분 파악(프로세스별, 부서별, 사람별 등)
⑧ 취약 부분에 대한 2차 표본추출 및 감사수행
⑨ 작업 결과 집계 및 보고서 작성

---

[61] 검증틀: 건별 거래를 분석하는 틀로, 개별 건의 형태와 종류에 따라 각기 만들어진다. 예로서는 주요 구매자재에 대한 가격과 공급자에 따른 추세분석틀을 만들 수 있으며, 이는 개별 기업의 지식경영과 연결될 수 있다.

영화 속의 오류와 부정 – 폼페이 최후의 날

이탈리아 나폴리 남동부에 위치한 '폼페이'는 서기 79년 인근의 베수비오 화산이 폭발하여 순식간에 재로 변해 역사 속으로 사라진 도시의 이름이다. 폼페이가 유명해진 까닭은 화산 폭발로 인해 죽은 사람의 모습과 상황을 생생히 표현하는 '인간 화석' 때문이었는데, 이로 인해 지금도 전시회가 진행되고 있으며 폼페이를 소재로 많은 소설과 영화가 등장하였다. 이번에 개봉한 「폼페이: 최후의 날(이하 폼페이)」도 그중 하나다. 「폼페이」는 스펙타클한 화산 장면에 더하여 로마시대를 배경으로 한 검투사들의 싸움은 재미있는 볼거리였다.

「폼페이」는 재난 영화 중에서도 간담을 서늘하게 한 영화가 아니었나 생각된다. 왜냐하면 영화 속에서 생존자가 단 한 명도 없었기 때문이다. 폼페이는 자연의 재해 앞에서 인간의 노력이 얼마나 무력한지 잘 보여주었던 실제 사례였으며, 이러한 참사는 과거형이 아닌 현재진행형이기 때문에 더욱 그렇다. 일본 후쿠시마 원전사고를 초래한 지진과 해일, 인도네시아 쓰나미 참사, 중국 쓰촨성의 지진 등 이루 헤아릴 수 없다. 이러한 재난은 인류가 아무리 모든 것을 오류 없이 완벽하게 준비한다고 하여도 자연 재난을 예방하는 데는 한계가 있을 수 있음을 깨우쳐준다. 단지 겸손해질 따름이다.

9장 적발감사의 수행

1. 해당 조직의 일반 상황 및 위험요소 검토

1) 조직의 일반적 특성

적발감사를 수행할 기업이나 기관의 특성에 대하여 검토한다. 이 단계는 향후 수행될 적발감사의 방향과 해당 기업의 거래 특성 등을 파악하여 표본 선정방법을 결정하는 단계다. 검토될 사항은 일반 상황으로 조직구성원의 사기와 모럴 해저드에 대한 과거 경험, 해당 기업이 속한 업종의 시장 성숙 정도, 그리고 해당 조직의 고유한 업무특성 등을 검토하여야 한다.

모든 조직은 구성원의 사기와 모럴에 있어서 조직의 특성상 퇴화하는 경향을 갖는다. 왜냐하면 대부분 조직의 경우 변화를 싫어하고, 새로운 창조적 모험을 회피하고, 자신의 약점을 감추려는 구성원들이 나타나 조직이 관료화되기 때문이다. 따라서 조직의 관료화 정도가 어느 정도인지 파악하여 앞으로의 감사에 고려한다.

또한 해당 조직의 고유한 업무특성을 감안하여야 한다. 예를 들어 한국전력과 국민연금기관, 일반 민간 대기업 또는 중소기업의 경우 취급하는 서비스와 재화의 성격에 따라 오류와 부정에 취약한 프로세스가 다르다. 그러므로 각 조직의 고유한 업무특성 등을 고려하여야 한다.

2) 위험요소 검토

기업의 위험요소를 파악하기 위하여 다음의 자료를 수집하여 기업의 위험요소를 구체화한다.

① 내부감사보고서와 외부감사보고서
② 기업의 손익 추세 및 재무 건전성 관련 자료
③ 기업에 대한 외부 신용평가기관의 신용평가서
④ 기업의 최근 경영진 교체 현황 및 인사 개편 현황

⑤ 기업에 대한 동종 업종에서의 평판(급여수준, 복지수준)

⑥ 기업 구성원의 사기(土氣) 관련 자료(퇴직 추세, 사기조사 자료 등)

⑦ 기업이 속한 산업의 최근 추세 및 동종 업종 경쟁자의 현황

⑧ 내부회계관리제도 운영보고서

⑨ 인터넷상 관련 기업의 뉴스

3) 회계감사기준서 315

한국공인회계사회의 회계감사기준서 315에서는 기업과 기업환경, 기업의 내부통제, 내부통제의 구성요소, 기업의 위험평가절차, 정보시스템 및 커뮤니케이션에 대하여 문단 11~18에서 다음과 같은 절차를 요구하고 있으며, 이는 적발감사에서도 필요하다.

(1) 기업과 기업환경

감사인은 다음 사항을 이해하여야 한다.

① 해당 재무보고체계 등 관련 산업적 요인, 규제적 요인 및 기타 외부적 요인.

② 재무제표에 예상되는 거래 유형과 계정잔액 및 공시 등의 이해를 위한 기업의 성격으로 기업의 경영활동, 기업의 소유 및 지배구조, 기업의 조직구조와 자금조달방식에 대하여 이해하여야 한다.

③ 회계정책의 선택과 적용. 회계정책의 변경 시에는 그 이유도 포함한다. 감사인은 기업의 회계정책이 당해 기업의 사업에 적합한지, 그리고 그것이 해당 재무보고체계 및 관련 산업에서 적용되는 회계정책과 일관성이 있는지 여부를 평가하여야 한다.

④ 기업의 목적과 전략 및 중요한 왜곡표시 위험을 초래할 수 있는 관련 사업위험

⑤ 재무성과의 측정과 검토

(2) 기업의 내부통제

감사인은 감사와 관련된 내부통제를 이해하여야 한다. 감사와 관련된 통제는 대부분 재무보고와 관계가 있지만, 재무보고와 관계가 있는 통제가 모두 감사에 관련되는 것은 아니다. 어떤 통제가 개별적으로 혹은 다른 통제와 결합하여 감사와 관련성이 있는지 여부는 감사인의 전문가적 판단의 문제다.

(3) 관련 통제에 대한 이해의 성격과 범위

감사인은 감사와 관련된 통제를 이해할 때, 해당 기업의 관련자들에게 대한 질문 외에 추가적인 절차를 수행함으로써 이러한 통제의 설계를 평가하고, 통제가 실제로 실행되고 있는지 여부를 결정하여야 한다.

(4) 내부통제의 구성요소

감사인은 통제환경을 이해하여야 한다. 감사인은 이러한 이해의 일부로 다음 사항을 평가하여야 한다.

① 경영진이 지배기구의 감독과 더불어 정직하고 윤리적으로 행동하는 문화를 창조하고 유지하는지 여부

② 통제환경 요소들의 강점이 내부통제의 다른 구성요소들을 위하여 집합적으로 적절한 기반을 제공하고 있는지 여부, 또는 이들 내부통제의 구성요소들이 통제환경의 미비점에 의해 손상되고 있지 않은지 여부(문단 A69~A78 참조).

(5) 기업의 위험평가 절차

감사인은 기업이 다음 사항들을 위한 절차를 갖추고 있는지 여부에 대해 이해하여야 한다.

① 재무보고 목적에 관련된 사업위험의 식별

② 동 사업위험의 유의성에 대한 추정

③ 동 사업위험의 발생 가능성에 대한 평가

④ 동 사업위험에 대처하기 위한 행동의 결정(문단 A79 참조)

감사인은 기업이 위험평가절차(이하 단순히 '절차'라고 한다)를 갖추고 있는 경우 그러한 절차와 이에 따른 결과를 이해하여야 한다. 경영진이 식별하지 못한 중요한 왜곡표시 위험을 감사인이 식별한 경우, 감사인은 기업의 위험평가절차에 의해 식별되었을 것으로 예상되는 것과 같은 종류의 근원적인 위험이 존재했는지 여부를 평가하여야 한다.

만약 이러한 위험이 존재한다면, 감사인은 기업의 위험평가절차가 이를 식별하지 못한 이유를 이해하고, 해당 절차가 기업의 상황에 적합한지 여부를 평가하여야 한다. 또는 기업의 위험평가절차와 관련하여 유의적 내부통제 미비점이 존재하는지 여부를 결정하여야 한다.

그리고 기업이 이러한 절차를 갖추고 있지 않거나 임시적인 절차만 갖추고 있는 경우, 감사인은 재무보고 목적에 관련된 사업위험이 식별되었는지 그리고 이러한 위험에 대해 어떻게 대처하였는지 경영진과 토의하여야 한다. 감사인은 기업에 문서화된 위험평가절차가 없는 경우 이것이 해당 상황에 적합한지 여부를 평가하여야 한다. 또는 이것이 유의적 내부통제 미비점을 나타내는 것인지 여부를 결정하여야 한다.

(6) 관련 사업 프로세스 등 재무보고에 관련된 정보시스템 및 커뮤니케이션

감사인은 관련 사업 프로세스 등 재무보고에 관련된 정보시스템을 이해하여야 하며, 여기에는 다음과 같은 사항이 포함된다.

① 기업의 경영활동에서 재무제표에 유의적인 거래 유형

② 정보기술 및 수작업시스템 내에서 거래가 개시, 기록, 처리되고, 필요한 수정이 이루어져 총계정원장으로 전기되고 재무제표에 보고되는 절차

③ 거래의 개시, 기록, 처리, 보고에 이용되는 관련 회계기록과 증빙 그리고 재무제표 내의 특정 계정. 여기에는 부정확한 정보의 수정과 정보가 총계정원장으로 전기되는 방법이 포함된다. 기록은 수작업 형태일 수도 있고 전자적 형태일 수도 있다.

④ 정보시스템이 제반 거래 외에도 재무제표에 유의적인 사건과 상황을 포착하는 방법

⑤ 유의적 회계추정과 공시 등 기업의 재무제표 작성에 이용되는 재무보고절차

⑥ 비반복적이고 비경상적인 거래 또는 조정사항을 기록할 때 이용되는 비표준적인 분개 등 분개와 관련된 주변 통제(문단 A81~A85 참조)

2. 기업 업무 프로세스 검토

해당 기업의 일반 상황에 대한 검토를 바탕으로 주요 프로세스에 대해 검토한다. 통상 모든 조직은 크게 수입(매출) 사이클, 지출 사이클, 스톡 사이클의 세 가지로 분류할 수 있으며 지출 사이클은 구매 사이클, 투자 사이클, 비용 사이클의 세 가지로 추가 분류할 수 있다. 정부를 포함한 공공기관의 경우에는 수입 사이클의 중요성은 특정 기관을 제외하고는 대부분의 기관에서 일반적으로 그 중요성이 약할 것이며, 지출 사이클이 중요하다고 볼 수 있다. 공공기관 외의 경우에는 위의 사이클 외에도 스톡 사이클이 중요하다.

기업이나 공공조직에서 사용하는 계정의 수는 그 규모에 따라 수십 개의 계정을 쓰는 경우에서부터 수백 개의 계정을 사용하는 경우 등 매우 다양하게 나타난다. 그럼에도 불구하고 몇 가지 거래 유형으로 분류할 수 있으며, 이러한 분류는 오류나 부정의 적발을 손쉽게 한다. 이러한 유형은 유입 사이클, 유출 사이클, 스톡 사이클의 세 부분으로 분류할 수 있다.

1) 유입(수익) 사이클 검토

유입 사이클(revenue cycle)은 제품이나 용역의 판매와 이들 매출활동으로부터 현금을 회수하는 기업의 활동을 말한다. 즉 외부로부터 가치(價値)가 유입되는 중요한 과정이다. 수익 사이클은 크게 매출활동과 현금회수활동으로 나눌 수 있다.

수익 사이클은 크게 상품(제품 포함)매출과 용역서비스의 매출로 구분할 수 있다. 상품매출이라고 하여도 매출하는 방법에는 업종이나 기업에 따라 매우 다양한 구조를 갖고 있다. 이는 각 업종에 따른 제품의 특성과 서비스의 특성에 기인한다. 또한 유통구조의 차이점 역시 매출 유형을 규정하는 데 중요한 요소가 된다. 예를 들어 제약회사의 경우와 전자관련 제품의 경우

그 유통구조가 다르다.

유입 사이클은 앞의 제3장 내부통제평가에서 보았듯이 회사의 부가가치를 올리는 활동으로서 모든 회사에서 가장 중요한 활동이다. 회사의 가치가 창출되는 과정으로 프로세스의 모든 부문에서 오류가 발생할 수 있으며, 관련된 매출채권의 경우 래핑 등의 의도된 부정이 개입할 수 있다.

유입 사이클의 첫 단계인 거래의 승인이 추출된 표본 중 매출거래 조건(단가, 할인율, 납기 등)이 타 거래처와의 형평성에 문제가 있는 거래의 유무와 기존의 승인절차와 다르게 발생한 거래를 검토한다. 또한 매출채권 회수가 부진한 회사에 대하여 회사 내부의 추가적인 검토 없이 습관적으로 매출이 발생하지는 않는지 검토한다.

거래의 승인 후에 관련 상품 및 서비스가 적시에 제공되었는지 검토한다. 상품 등의 유형자산의 경우 관련 재고자산에 대한 접근통제가 절차에 따라 수행되었는지의 여부와 출고된 상품이 적시에 재고수불부에 반영되었는지 검토한다. 그리고 관련 상품이 출고된 경우에는 관련 거래에 대하여 청구서나 거래명세표가 적시에 발행되었는지 검토한다.

마지막으로 동 거래가 관련 장부에 적시에 기록되고 관리되는지 검토한다. 이러한 검토는 일정 시점을 정하여 관련 매출 거래처에 대한 채권조회를 통하여 상호 검증되어야 한다.

2) 유출 사이클

유출(구매) 사이클(expenditure cycle)은 원재료의 구입 또는 기업이 지출해야 하는 인건비를 포함한 각종 비용의 지급과 관련하여 이루어지는 기업의 활동을 말한다. 즉 기업 가치의 유출을 의미한다.

구매 사이클은 수익을 창출하기 위한 것으로, 효율적이고 효과적인 구매 사이클을 설정하여 기업가치 유출을 최소화하는 것이 목표다. 따라서 구매 사이클에서 발생하는 오류와 부정의 여지를 최소화하는 내부통제제도가 필요하다.

구매 사이클에 있어서도 구매 거래에 대한 승인이 중요하며 구매품목과 구매단가, 구매처에 대한 사전 인정 여부 등에 대해 검토한다. 또한 구매거래처 중·장기적으로 거래 관계를 갖고 있는 거래처에 대해서는 그 적정성을 검토하여야 한다. 비중이 큰 구매 품목(파레토 조건을 만족하는 품목)에 대해서는 경쟁 품목이나 대체재와 그 합리성을 검토한다.

구매 입고되는 품목에 대해서는 관련 실물이 회사가 기대하는 품질 조건과 수량 등이 일치하는지 검토하며 정당하게 입고된 구매에 대한 채무의 지급이 적정하게 지급되는지 검토한다. 그러한 거래들이 장부에 정확하게 기록되고 있는지와 일정 시점, 예를 들어 기말 시점에는 재고실사를 통하여 관련 실물이 장부상의 수량과 일치하는지 검토한다.

3) 스톡 사이클

유입 사이클, 유출 사이클과 더불어 재무상태표상의 자산과 부채의 스톡 사이클에 대한 검토가 필요하다. 앞에서 소개된 기중거래 개념도에서 설명하였듯이 조직의 모든 거래는 기초의 스톡에서 출발하여 기중의 유입거래와 유출거래를 통하여 기말스톡으로 귀결된다. 따라서 유입·유출 플로(flow)에 대한 감사는 스톡(stock) 사이클에 대한 감사로 보완되어야 한다.

[그림- 기중거래 개념도]

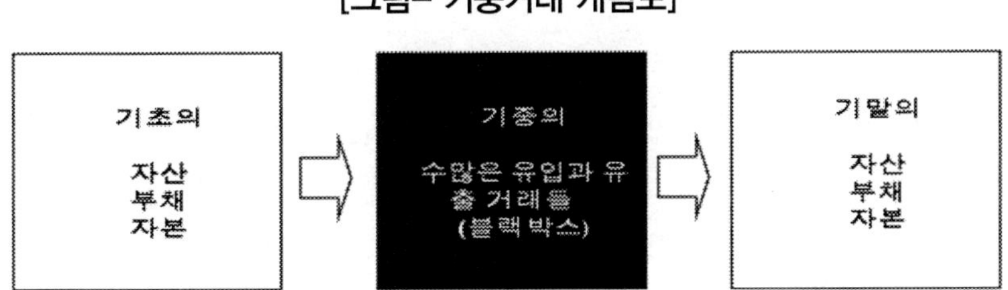

스톡계정인 자산과 부채에 대하여 계정별로 다음의 부정 가능성을 검토하여야 한다.

[표- 자산에 대한 오류가능성]

자산계정명		검토사항
유동자산	현금예금	•지출의 적정성 검토 •이중 지출의 검토
	매출채권	•부실매출채권 계상 •매출채권과 매입채무의 상계 검토 •랩핑 유무 검토
	재고자산	•과대계상 •악성재고 계상 •타인소유 재고 계상
고정자산	투자자산	•환매조건으로 매각 •파생상품의 과대계상
	유형(무형)자산	•수익적지출의 자본화 •과소 상각

유동자산의 경우 발생 건수가 빈번하며, 소요되는 거래 시간이 단기인 관계로 오류와 부정에 대한 위험성이 더 크다. 따라서 고정자산보다 더 많은 주의가 요구된다.

[표– 부채, 자본에 대한 오류가능성]

부채계정명	검토사항
유동부채	•발생주의에 따른 비용 미계상 •가공 부채의 계상 검토
고정부채	•유동부채를 고정부채로 기록 •부외부채의 누락
자본금	•자본충실의무 위반

부채의 경우 실제 현금이 지급되는 거래보다 처음 부채로 계상되는 시점에서의 통제가 중요하므로 원인 행위의 정당성을 검토해야 한다. 또한 차입금의 부외부채 여부도 임직원의 가수금과 같이 검토되어야 한다. 내부통제가 아주 취약한 일부 중소기업의 경우에는 매출 기록을 누락하고 매출에 따른 현금 수금을 대표이사의 가수금으로 하여 기업에 유입하는 경우도 발견되곤 한다. 따라서 임직원의 가수금이 많은 회사의 경우 상기 사항들에 대한 검토가 필요하다.

3. 계정들의 파악 및 망라성[62] 검토

기업의 업무 프로세스 검토 후, 기업의 회계구조를 파악하기 위하여 분개장을 검토한다. 기업에서 사용되는 회계 계정을 파악하고 분개에 사용되는 계정들이 외부에 공표되는 재무제표 계정과 어떻게 그룹화되는지를 파악한다.

그리고 분개장에서 집계된 하위 그룹의 수치는 재무제표에 표시되는 계정별 합계수치와 정확히 일치하는지 검토한다. 이는 복잡하고 이해하기 쉽지 않은 회사 전산시스템 자료의 망라성에 대한 검토절차로, 회사의 회계구조를 이해하는 절차다. 그리고 해당 기업에 특이한 계정들에 대해서는 그 내용과 계정의 사용절차를 파악한다.

1) 분개 내역의 파악

다음은 하나의 사례다. 외부감사 대상 회사인 ㈜N사의 회계구조를 파악하기 위하여 회사의 분개 내역을 파악한다. 회사의 총 사용 계정 수는 27,826(실제 분개 건을 차변/대변 한 쌍을 1건으로 볼 경우에는 약 절반인 13,900여 건의 분개가 이루어진 것임) 건이다. 회사의 총 사용 계정 수를 사용 계정별로 집계하기 위해 다음과 같은 절차를 따른다.

---

[62] 망라(網羅)는 사전적으로 '물고기나 새를 잡는 그물'이라는 뜻으로, '널리 받아들여 모두 포함함을 이르는 말'로 정의되어 있으며, 회계감사 시에는 모든 자료가 빠짐없이 포함됨을 뜻함.

① 사용 계정 파악을 위한 분개장 엑셀 변환분의 입수
② 엑셀 메뉴 중 데이터 중 고급기능을 선택한다.
③ 추출위치를 지정한다
④ 고급필터를 사용하여 분개장에 사용된 계정명칭을 추출한다.
⑤ 총 사용 계정 수를 확인한다.
⑥ 각 계정별 사용 횟수를 추출한다.
⑦ 분개장과 재무제표 간의 망라성을 검증한다.

각 단계별로 구체적인 설명을 하면 다음과 같으며, 엑셀의 피봇테이블을 이용한다면 보다 쉽게 망라성을 검증할 수 있다.

① 분개 거래에 사용된 계정을 파악하기 위하여 ㈜N사의 분개장 파일을 열고 엑셀의 데이터 메뉴를 선택한다. 본서의 엑셀에 대한 설명은 엑셀 2007 버전을 기준으로 설명한다. 엑셀 2003 버전은 행의 최대 개수가 65,536행이고 열은 256열로 회사의 규모가 중규모 이상이면 분개장을 엑셀로 변환하기가 어려웠다.

그러나 엑셀 2007 버전은 행의 최대 개수가 1,048,576행이고 열은 16,384열로 웬만한 회사의 분개장을 처리하는 데 별 무리가 없다. 만일 100만 건이 넘을 경우에는 상반기, 하반기로 나누거나 계정별, 월별로 분개장을 분석할 수도 있다.

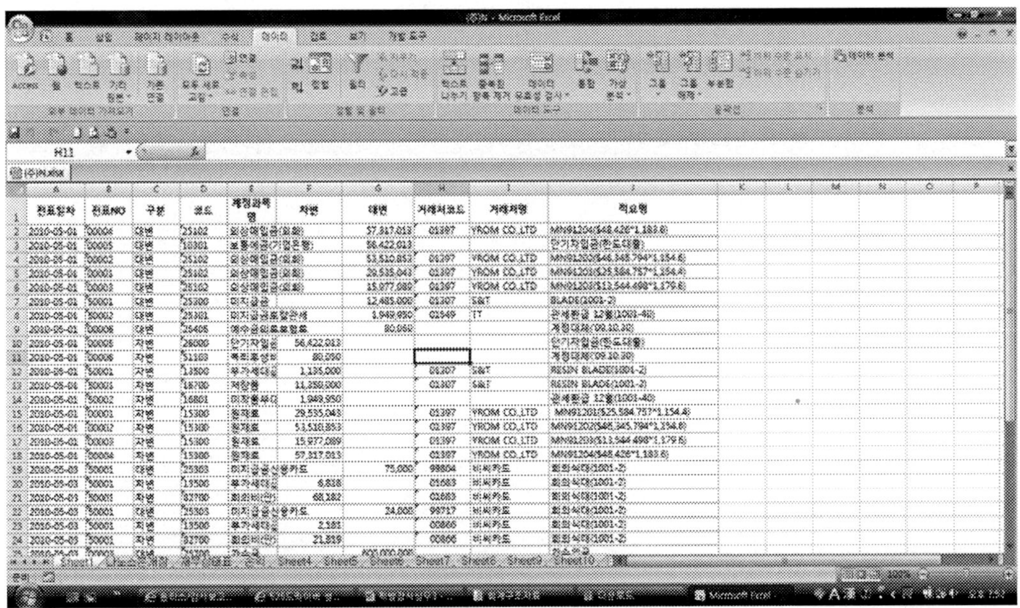

② 데이터 메뉴 중 고급기능을 선택한다. 그러면 아래와 같은 고급필터가 나타난다.

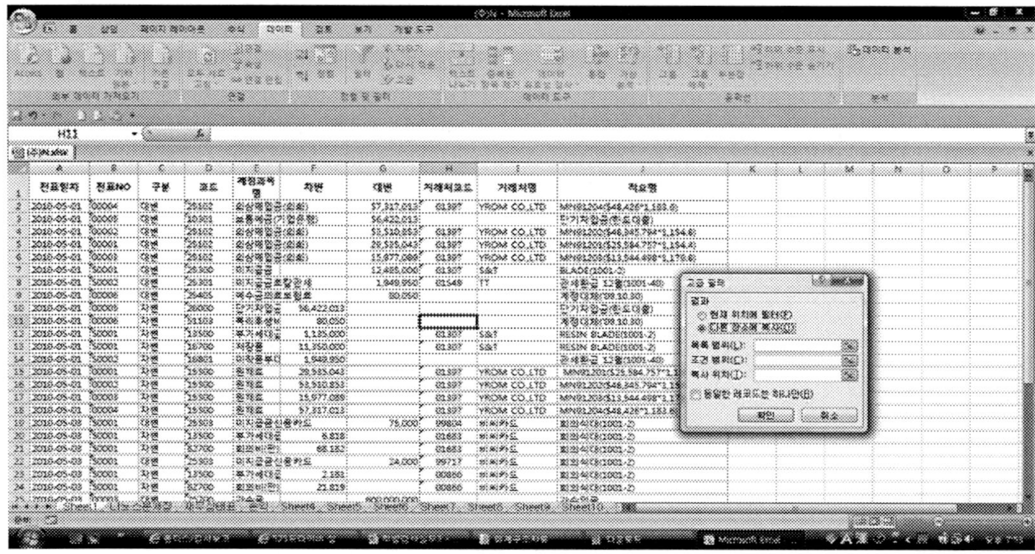

③ 고급필터의 각 선택사항에 표시한다. 결과를 다른 장소에 복사하여 체크, 동일한 레코드
  는 하나에만 체크, 목록 범위를 계정과목명인 $E:$E로 지정한다. 마지막으로 결과 복사
  위치를 N2로 지정한다. 고급필터를 확대하면 다음과 같다.

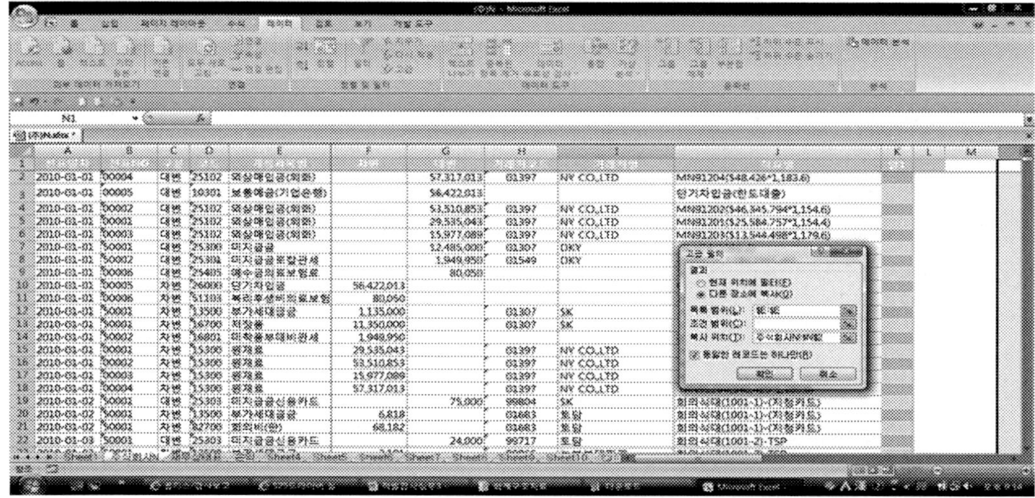

④ 확인을 클릭한다. 그러면 다음과 같이 ㈜N사의 1년간 분개에 사용된 계정들이 추출
된다.

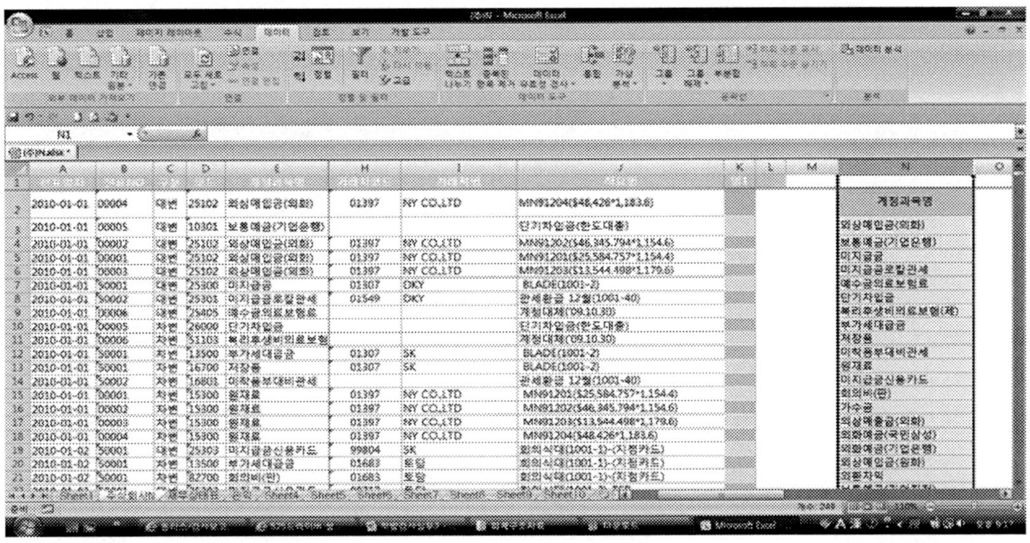

⑤ M열에 연번을 부여하여 확인하여 보면 총 248개의 계정이 사용됨을 알 수 있다.

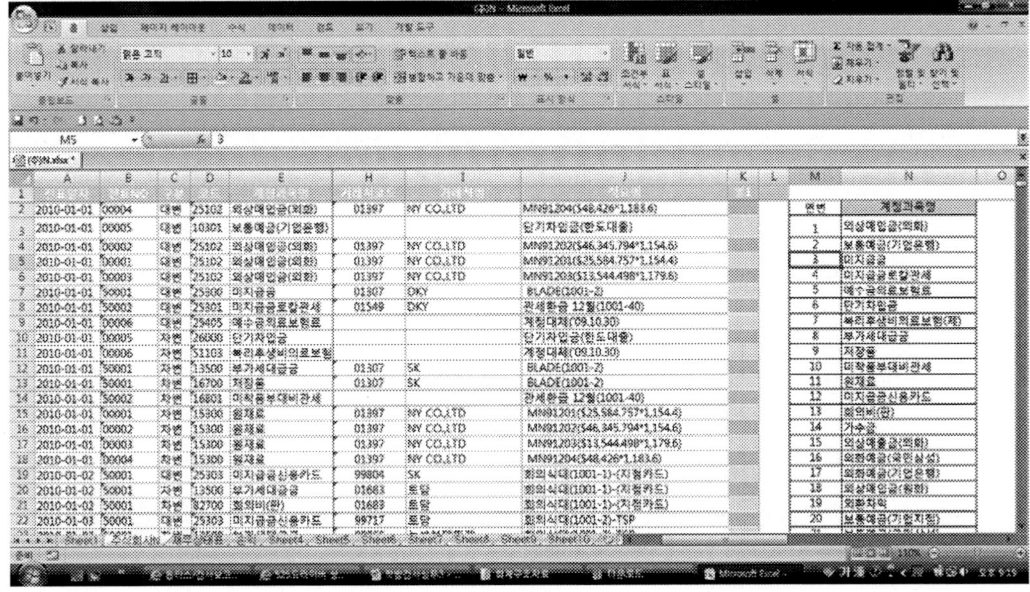

⑥ 계정별로 사용된 건수를 집계한다. 계정별로 사용된 건수를 집계하기 위하여 작업 시트
O3에 다음의 식을 입력한다.

=COUNTIF(E:E,N3)

확인을 클릭하면 '471'이라는 숫자가 나타나며, 이는 외상매입금(외화) 계정이 총 471번

사용되었다는 것을 보여준다.

시트 O3를 복사하여 O4부터 아래로 복사하면 다음과 같이 각 계정별 사용빈도를 추출할 수
있다.

⑦ 분개장과 재무제표 간의 망라성을 검증한다.

2) 전산시스템 자료의 망라성 검토

분개에 사용된 회계 계정 수는 총 248개였다. 그러나 재무상태표에 사용된 계정은 51개, 손익계산서에 사용된 계정은 56개로 총 107개에 불과하다. 분개에 사용된 계정 수 248개와 재무제표에 표시되는 계정 수 107개는 계정 수에서 141개의 차이가 발생한다. 이러한 차이는 면밀하게 검토되어야 한다.

차이 141개가 관리 목적상 비용별 또는 하위 항목별로 계정을 분류하여 사용한 것에 기인한 것인지 아니면 또 다른 이유가 있는지 검토되어야 한다. 만일 전자의 이유라면 하위 계정의 그룹화 내용과 그룹화 계정의 합계금액이 정확히 재무제표상의 수치와 매칭(matching)되어야 한다. 회계구조 파악 시 분개장 상의 계정과 재무제표상에 표시되는 계정이 정확히 분류되고 집계되었는지 검토되어야 한다.

오늘날 모든 거래는 전산상으로 분개되고 처리된다. 컴퓨터 감사기법이 몇 가지 사용되고 있지만, 그러한 방법들에 부가하여 분개에 사용된 계정과 재무제표에 표시되는 계정 간의 매칭 여부가 정확히 금액적으로 일치하는지 확인하기 위하여 전산시스템 자료의 망라성이 엑셀작업으로 검토되어야 한다.

분개장에 사용된 계정과 재무제표에 표시된 계정의 그룹화 여부의 적정성을 검토하고 관련 계정 수치의 정확성을 검토한다. 이는 전산시스템이라는 블랙박스가 적정하게 자료를 처리하는지를 판단하는 근거가 된다.

예를 들어 사례로 든 회사의 경우 접대비의 관리를 위하여 접대비를 카드접대비와 거래처 경조금, 기타접대비로 분류하여 사용하고 있다. 또 복리후생비는 복리후생비국민연금, 복리후생비의료보험료, 복리후생비기타 등으로 분류하고 있다. 본 사례 회사 ㈜N사의 경우 하위 계정의 집계 금액과 재무제표상의 금액이 일치함이 확인되어 회사의 전산시스템 자료는 망라성 원칙을 충족하는 것으로 판단된다. 분개장 계정의 망라성을 그림으로 표시하면 다음과 같다.

[그림– 전산시스템의 망라성 검토]

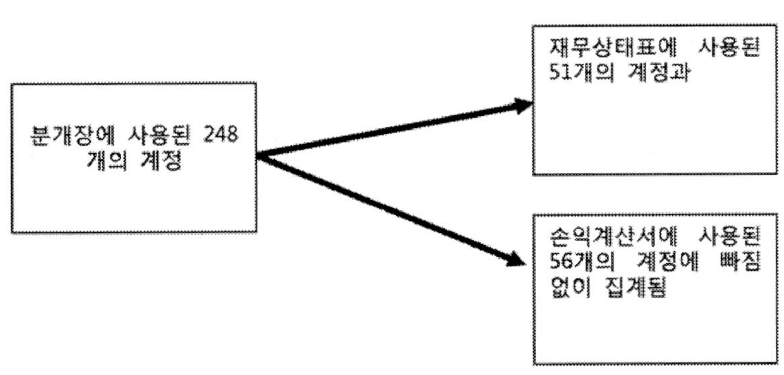

분개장에서 추출한 계정은 총 248개의 계정이 있었으며, 이 중에서 재무상태표에 51개의 계정과 손익계산서에 56개의 계정이 사용됨이 확인되었다. 나머지 계정은 원가계산명세서와 각 계정의 하위 계정으로 사용 여부를 검토하여야 한다.

다음 표는 ㈜N사의 분개장에 사용된 빈도를 일부 보여주고 있으며, 미지급금 계정이 가장 많이 사용된 것으로 파악되고 있다.

[㈜N사의 계정별 사용 건수(부분)]

계정과목명	년사용건수	월사용건수
미지급금	3,608	301
부가세대급금	3,354	280
보통예금(기업은행)	1,750	146
미지급금신용카드	1,575	131
외상매출금(외화)	1,275	106
보통예금(기업지점)	982	82
송금수수료(판)	713	59
미수금제구	523	44
원재료	479	40
외상매입금(외화)	471	39
부가세예수금	450	38
제품매출Ass'y	450	38
예치보증금	423	35

분개장의 거래 모집단에서 표본을 추출할 때, 기업 내부의 거래보다는 기업 외부와의 거래에 대하여 보다 집중적으로 고려한다. 상기 ㈜N사의 계정별 사용 건수 집계표에서는 제품매출과 원재료, 송금수수료 등의 계정에 중점을 둔다. 그러나 송금수수료의 경우에는 금액적 중요성을 감안하여 결정하여야 한다. 표 ㈜N사의 재무제표에 사용된 계정에서 각 계정별 금액적 중요성과 기간별 증감 여부 등이 고려되어야 한다.

다음은 ㈜N사에서 사용되는 계정들을 추출한 것이다. 사용된 계정들만 살펴보아도 ㈜N사의 사업 성격과 사업규모를 짐작해볼 수 있다. 제품 계정을 사용하는 제조업을 영위하고 있으며, 건설가계정을 사용하는 것으로 보아 회사에 투자가 진행 중이며, 사채상환할증금 계정을 사용하고 있는 것으로 보아 사채라는 부채가 있음을 알 수 있다. 본서의 접근법을 적용하면서 계정들 간의 중요성은 그 절차를 진행하면서 단계별로 검증할 것이다. 한 가지 중요한 사실은 회계시스템은 결국 사람이 설계하고 사람이 운용한다는 것이다. 그리고 그러한 회계시스템에 접근하는 사람의 숫자는 매출부서, 매입부서, 재경팀, 전산부서 등 그리 많지 않다는 사실이다.

3) 자산·부채계정의 파악

다음은 ㈜N사의 재무상태표에 사용된 계정의 요약표다.

[㈜N사의 재무상태표에 사용된 계정]

연번	계정명	연번	계정명
1	현금및현금성자산	27	건설중인자산
2	국고보조금	28	개발비
3	매출채권	29	보증금
4	대손충당금	30	매입채무
5	미수금	31	미지급금
6	미수수익	32	예수금
7	선급금	33	단기차입금
8	선급비용	34	유동성장기부채
9	선급법인세	35	유동성전환사채
10	제품	36	전환권조정
11	평가손실충당금	37	사채상환할증금
12	재공품	38	미지급비용
13	원재료	39	장기차입금
14	저장품	40	퇴직급여충당부채
15	미착품	41	퇴직연금운용자산
16	장기금융상품	42	보통주자본금
17	매도가능증권	43	우선주자본금
18	지분법적용투자주식	44	주식발행초과금
19	토지	45	기타자본잉여금
20	건물	46	주식선택권
21	감가상각누계액	47	매도가능증권평가이익
22	기계장치	48	지분법자본변동
23	차량운반구	49	부의지분법자본변동
24	공구와기구	50	재평가잉여금
25	비품	51	미처분이익잉여금
26	시설장치		

4) 손익계정의 파악

다음은 ㈜N사의 손익계산서에 사용된 계정들이다. 주식보상비용, 환변동보험차익 등 보통의 중소규모 회사들에서는 잘 사용하지 않는 계정을 사용하고 있음을 알 수 있다.

[㈜N사의 손익계산서에 사용된 계정]

연번	계정명		연번	계정명
1	제품매출		29	보관료
2	당기제품제조원가		30	광고선전비
3	타계정에서대체액		31	무형자산상각비
4	타계정으로대체액		32	행사비
5	급여(주석20)		33	리스료
6	퇴직급여(주석20)		34	판매보증비
7	복리후생비(주석20)		35	잡비
8	여비교통비		36	이자수익
9	접대비		37	수입수수료(주석18)
10	통신비		38	외환차익
11	수도광열비		39	외화환산이익(주석21)
12	세금과공과(주석20)		40	사채상환이익
13	대손상각비		41	유형자산처분이익(주석18)
14	수선비		42	환변동보험차익
15	보험료		43	환변동보험평가이익
16	차량유지비		44	지분법이익
17	조사연구비		45	매도가능증권처분이익(주석4)
18	운반비		46	잡이익
19	교육훈련비		47	이자비용
20	도서인쇄비		48	외환차손
21	회의비		49	외화환산손실(주석21)
22	포장비		50	지분법손실
23	사무용품비		51	유형자산처분손실
24	소모품비		52	매출채권처분손실
25	지급수수료		53	사채상환손실
26	지급임차료(주석20)		54	환변동보험차손
27	감가상각비(주석20)		55	잡손실
28	주식보상비용(주석16)		56	IX. 법인세등

외감법[63]에 의한 감사의 경우 감사의 주안점은 손익계산서보다는 재무상태표의 잔액 검증에 더 많은 시간과 노력을 투입한다. 그러나 본서 적발감사의 경우 잔액 검증에 대한 검토도 중요하지만 거래(transaction) 자체의 정당성과 진실성에 더 주안점을 둔다.

개별 거래의 프로세스를 검토하고 해당 거래가 내부통제제도를 준수하고 있는지, 거래의 유입가치와 유출가치가 기업의 생존부등식을 준수하고 있는지 등이 검토되어야 하며 그러기 위해서는 거래의 가치를 검토하는 과정 등이 포함되어야 한다.

---

[63] 외감법: 주식회사의 외부회계감사에 관한 법률.

4. 분개장의 검토

분개장의 사용 계정과 재무제표상 사용 계정의 망라성을 확인한 후 분개장 상의 분개 내역을
검토하여야 한다.

1) 복식부기시스템 하의 분개 원칙

복식부기시스템의 분개 원칙에는 재무제표를 구성하는 요소의 특징에 따라 다음과 같은 다
섯 가지 법칙이 있다.
  ① 자산의 증가는 차변에, 자산의 감소는 대변에
  ② 부채의 감소는 차변에, 부채의 증가는 대변에
  ③ 자본의 감소는 차변에, 자본의 증가는 대변에
  ④ 수익의 감소는 차변에, 수익의 발생은 대변에
  ⑤ 비용의 발생은 차변에, 비용의 감소는 대변에

위의 다섯 가지 법칙 중 세 번째 '자본'에 관련된 법칙은 그 발생 사례가 자본의 증자와 감자
그리고 잉여금의 증감에 관련된 것이다. 네 번째는 수익에 관련된 법칙이고, 다섯 번째는 비용
에 관련된 법칙이다. 첫 번째와 두 번째는 자산과 부채에 관한 법칙으로, 기업은 사업연도 초에
기초의 자산과 부채를 바탕으로 기중의 수입과 지출거래를 통하여 기말의 자산과 부채를 만든
다. 이는 제3장 회계구조에서 설명한 바와 같다.

[표- 특정 계정과 관련될 수 있는 계정]

주요계정	관련될 수 있는 계정	관련될 수 없는 계정
현금예금	관련될 수 없는 계정을 제외한 모든계정	감가상각비
매출채권	현금예금, 받을어음, 매출, 대손상각,부가세예수금	관련될 수 있는 계정을 제외한 모든 계정
재고자산	현금예금, 매입채무, 미지급금, 손상차손, 매출원가	관련될 수 있는 계정을 제외한 모든 계정
투자자산	현금예금, 미지급금, 손상차손	관련될 수 있는 계정을 제외한 모든 계정
유형자산	현금예금, 미지급금, 손상차손, 감가상각비	관련될 수 있는 계정을 제외한 모든 계정
무형자산	현금예금, 미지급금, 손상차손, 감가상각비	관련될 수 있는 계정을 제외한 모든 계정
매입채무	현금예금, 재고자산, 부가세대급금	관련될 수 있는 계정을 제외한 모든 계정
차입금	현금예금	관련될 수 있는 계정을 제외한 모든 계정
자본금	현금예금, 당기순이익,전기손익수정손익	관련될 수 있는 계정을 제외한 모든 계정

이러한 분개의 원칙은 중요한 의미를 갖고 있다. 즉 계정에 따라 같이 사용될 수 있는 계정이 있고, 어떤 계정과는 같이 사용될 수 없는 계정이 있다. 같이 사용될 수 없는 계정이 같이 사용되었다면 문제가 있는 분개라고 할 수 있으며, 그러한 분개에 대해서는 추가 분석이 필요하다. 절대적이지는 않지만 특정 계정과 같이 사용될 수 있는 주요 회계 계정을 분류하면 위의 표와 같다.

위의 구분은 절대적인 것은 아니다. 때에 따라서는 전혀 엉뚱한 계정과 사용될 수도 있다. 그러나 전반적으로 위의 표처럼 각 계정은 저마다 짝을 이루어 사용되는 계정이 있다. 따라서 분개장의 분개 중 관련될 수 없는 계정과의 분개가 발견될 경우에는 관련 분개에 대해 추가 검토가 필요하다.

2) 분개 원칙의 위배 사례

극히 일부 회사의 경우 복식부기시스템상의 분개 원칙을 무시하고 엉뚱한 분개로 회사 재무제표의 수치를 왜곡하는 경우가 있다. 예를 들어 매출이 발생할 경우 분개에 사용될 수 있는 계정은 매출과 매출채권, 현금예금, 받을 어음, 부가세예수금 정도다. 통상 사용될 수 있는 계정 외에 엉뚱한 계정이 사용되었을 경우에는 회계처리의 오류와 부정을 의심할 수밖에 없다. 만일 다음과 같은 분개가 발견되었다면 이러한 분개는 그 내용을 추가적으로 밝혀야 한다.

차변) 외상매입금 1억	대변) 외상매출금 1억

위와 같은 거래는 사용될 수 없는 분개다. 위의 분개가 의미하는 바는 매출처에 대한 자산계정인 외상매출금과 매입처에 대한 지급채무인 외상매입금을 상계한 거래다. 물론 특별한 경우를 제외하고는 왜곡된 분개다. 특별한 경우란 동일한 거래처에 대하여 매출과 매입이 동시에 발생한 경우로, 이때는 채권과 채무를 상계할 수 있다.

그러나 이러한 경우는 매우 예외적인 경우에나 발생한다. 그러므로 그 외의 경우에는 동 분개는 회사의 자산과 부채를 고의로 감소시킨 분개로 분식회계다. 가끔 외부회계감사 대상 예정인 회사(총자산 100억 이상이면 외부회계감사 대상이 된다)가 외부회계감사를 피하기 위하여 자산과 부채를 동시에 감소시키는 방법으로 사용된다. 그렇게 되면 총자산이 감소하여 외부회계감사를 피할 수 있게 된다.

복식부기회계시스템은 앞의 '회계 프로세스의 이해'에서도 설명하였지만 하나의 계정은 항상 파트너 계정을 갖고 있기 마련이다. 따라서 분개에 사용된 한 계정을 분석하게 되면 상대 계정의 적절성이 판단될 수 있다. 또 다른 예로 재무담당 임원 단독으로 상장되어 있는 유가증권에 거액을 투자하였는데 피투자회사의 영업 부진으로 주가가 반 토막이 되었다고 하자.

만일 이를 투자유가증권으로 회계처리 한다면 당연히 외부감사나 내부감사로부터 투자유가증권의 취득원가와 결산일 현재의 평가액과의 차이에 대하여 답변하여야 한다. 그렇게 되면 해당 임원은 투자유가증권의 손상차손 여부에 대한 문제와 내부통제제도 절차 위반으로 책임추궁을 당할 수밖에 없게 된다. 이러한 책임을 피하고자 원래의 정당한 회계처리를 하지 않고 분식회계를 위하여 거래 건수가 많고 거래금액도 큰 매출채권에 다음과 같이 하여 은폐할 수 있다.

정당한 회계처리:	차변) 투자유가증권	3억	대변) 현금예금	3억
분식 회계처리:	차변) 매출채권	3억	대변) 현금예금	3억

이 분개 역시 발생할 수 없는 분개다. 물론 앞의 주요 계정과 관련될 수 있는 계정에는 표시되어 있지만 차변과 대변이 바뀌어 있다. 즉 매출채권이 증가하면서 현금예금이 감소하는 거래는 없기 때문이다. 매출채권의 증가는 당연히 매출에 의해서만 발생한다. 그 밖의 이유로 매출채권이 증가할 경우에는 해당 거래의 적절성에 대하여 검토하여야 한다.

5. 기업존속방정식

1) 기업존속방정식의 의미

공인회계사에 의해 일반적으로 수행되는 감사(주식회사의 외부감사에 관한 법률에 따른 감사)는 재무제표에 대한 감사이며, 재무제표 중에서도 재무상태표(과거 대차대조표)에 대한 감사에 중점을 둔다. 즉 자산과 부채, 자본에 대한 잔액 감사의 비중이 크다. 물론 손익계산서에 대한 감사도 분석적 절차와 기중거래 시사 등을 통하여 외감법 감사에서도 중요하게 다루어지지만, 그럼에도 감사기준일 현재의 재무상태 파악에 무게중심이 있다.

반면에 적발감사에서는 기중거래와 거래가 이루어지는 프로세스에 중점을 둔다. 기업 외부환경과 자원을 교환하는 순간을 포착하여 해당 거래의 가치를 계산한다. 기업에서 유출되는 가치와 기업으로 유입되는 가치를 비교한다.

영리기업뿐만 아니라 모든 조직은 가치를 창출하여야 존속할 수 있다. 즉 조직 내부로 유입되는 가치가 조직에서 유출되는 가치를 초과하여야 기업과 조직이 존속할 수 있는 것이다. 모든 기업과 조직은 다음의 기업존속방정식을 유지하여야 한다.

[표- 기업존속방정식]

> 기업존속방정식: 기업으로의 유입가치 〉= 기업 외부로의 유출가치
>
> 기업존속방정식:　ΣI － ΣO 〉= 0
>
> 　　ΣI: 기업으로의 유입가치
>
> 　　ΣO: 기업 외부로의 유출가치

기업은 개별 거래를 통하여 기업의 가치를 창출하기 때문에 상기의 기업존속방정식에서 다음의 거래방정식을 유도할 수 있다.

> 개별 거래방정식: 개별 거래의 유입가치 〉= 개별 거래의 유출가치
>
> 개별 거래방정식: 개별 거래의 유입가치-개별거래의 유출가치〉= 0

위의 방정식은 현병주 선생이 저술한 『사개송도치부법 정해』에 잘 묘사되어 있다.[64] 그러므로 개별거래방정식의 충족 여부는 기업 존속에 매우 중요하다. 그러나 위의 개별거래방정식이 성립한다고 하여도 추가로 개별거래방정식을 검토할 필요가 있다. 개별 거래의 유입가치가 유출가치를 초과한다 하여도 해당 거래의 과거 거래와 비교하여 가치의 순유입 규모가 감소하였다면 그에 대한 검토가 수행되어야 한다.

이러한 추가 검토는 제2차 개별거래방정식의 검토라고 하며, 회사의 주요 거래에 대하여 수행할 필요가 있다. 주요 거래라 함은 파레토 법칙에 따라 20%의 원인이 80%의 결과를 가져오는 거래를 말한다.

위의 방정식을 앞에서 설명한 오류와 부정 개념도에서 설명하면 다음의 그림에서 오류와 부정으로 유출되는 자산 Y를 전혀 없게 하거나 최소한으로 축소하는 것을 의미한다고 할 수 있다.

---

[64] 사개송도치부법 정해, p.31, 현병주 지음, 이원로 번역 및 해설, 다산북스 2011.
가령 가난한 자 1인이 금전 10원을 내어 자기의 겨울옷을 구입한지라. 처음에는 금전과 동복이 교환하여 동복이 입하는 때에 금전이 출하였거니와 동복은 소모품에 속한 것인즉 소모된 동복이 소유금전 10원을 소모한 때에 증익(지출로 획득한 이익가치) 10원은 어느 쪽에 존재하느냐 하면, 즉 그 사람의 방한비가 증익을 낳은 자이니라. 사람은 자연적으로 추위의 보호를 받지 못하므로 겨울에 의복을 준비하지 않으면 결국은 의복 대신에 난로나 온돌을 대용해서라도 그 사람을 위하여 발생한 증익이 있어야 그 사람의 생명을 보전할 것이니 이 동복은 그 사람이 겨울 생활한 이익가치와 교환한 것이니라.

208

[그림- 오류와 부정의 개념도]

2) 기업으로의 유입가치

기업으로의 유입가치에 포함되는 계정은 다음과 같다.

① 매출에 의해 유입되는 현금

② 구매자산

③ 구매되는 용역서비스

3) 기업 외부로의 유출가치

기업 외부로의 유출가치에 포함되는 계정은 다음과 같다.

① 매출을 위한 재고자산

② 구매자산의 대가로 지급되는 현금

③ 구매되는 용역서비스 대가로 지급되는 현금

거래방정식은 경우에 따라 성립하지 않는 경우가 있다. 예를 들어 제품을 만들었는데 유행에 뒤처져 진부화가 되어 헐값에 파는 경우나 상품 자체의 품질저하로 인하여 처분하는 등의 경우에는 유입가치가 유출가치보다 작을 수밖에 없다. 그러나 이러한 경우 이외에도 거래방정식은 오류나 부정에 의하여 깨질 수 있다.

예를 들어 원재료 구매 시 부정이나 오류가 개입되어 시가보다 높게 구매할 경우 동 구매거래는 거래방정식이 성립하지 않는다. 이러한 거래가 다수 기업 내에 존재하게 된다면 기업의 발전과 존속에 부정적인 영향을 줄 것이다. 이렇게 기업의 존속에 심각한 영향을 줄 수 있는 오류와 부정을 막기 위하여 기업과 기업 외부와의 거래를 거래방정식 틀에서 분석함으로써 이상(異狀) 거래를 파악하고 그에 대한 적절한 조치를 강구토록 하는 것이 적발감사의 중요한 목적 중 하나가 된다.

4) 기업존속방정식의 적용

거래 건별로 기업존속방정식의 성립 여부를 검토하기 위하여 계정별 적발감사를 실시하며, 경우에 따라서는 계정군별로 수행될 수 있다. 이러한 계정군의 분류는 다음과 같이 분류할 수 있으며, 기업이 속한 업종과 기업 자체의 특성과 규모에 따라 수정하여 적용할 수 있다.

① 현금 및 현금성 자산
② 매출액과 매출채권
③ 매입과 매입채무
④ 재고자산
⑤ 급여
⑥ 판매관리비
⑦ 제조경비

6. 제1차 표본 수의 계산 및 표본의 추출

1) 제1차 표본 수의 계산

사용 계정과 연간 사용 건수를 파악한 후, 회사의 계정군별 표본을 추출하기 전에 전체 계정에 대한 표본을 추출한다. 전체 계정에서의 표본추출은 기업의 전체적인 모습을 파악하는 데 유용하다. 이렇게 전체 계정에 대한 표본을 분석하여 이를 바탕으로 계정군별 또는 사이클별 표본추출을 고려한다.

제1차 표본추출은 회사의 전반적인 회계구조를 파악하기 위한 것으로 예비 표본추출에 해당한다. 회사의 회계구조가 간단하거나 거래 유형이 단순하다면 제1차 표본감사를 제2차 표본감사와 통합하여 수행할 수 있다.

속성표본감사 특성에 따라 95% 신뢰수준과 1%의 기대오류율, 5%의 허용오류율 하에 표본 수를 결정하고 무작위 표본추출을 실시한다. 추출되는 표본 수는 〈표 1〉에 따라 가로 항인 허용오류율 항에서 5% 항을 선택하고 세로 항인 모집단의 기대오류율 1%를 선택하여 가로, 세로가 만나는 곳을 읽으면 표본 수는 93개가 될 것이며 허용오류 수는 1개가 될 것이다.

〈표 1〉 내부통제의 시사를 위한 통계적 표본 크기의 결정(95% 신뢰수준)

모집단의 기대오류율	허용오류율(tolerable deviation rate)										
	2%	3%	4%	5%	6%	7%	8%	9%	10%	15%	20%
0.00%	149(0)	99(0)	74(0)	59(0)	49(0)	42(0)	36(0)	32(0)	29(0)	19(0)	14(0)
0.25%	236(1)	157(1)	117(1)	93(1)	78(1)	66(1)	58(1)	51(1)	46(1)	30(1)	22(1)
0.50%	*	157(1)	117(1)	93(1)	78(1)	66(1)	58(1)	51(1)	46(1)	30(1)	22(1)
0.75%	*	208(2)	117(1)	93(1)	78(1)	66(1)	58(1)	51(1)	46(1)	30(1)	22(1)
1.00%	*	*	156(2)	93(1)	78(1)	66(1)	58(1)	51(1)	46(1)	30(1)	22(1)
1.25%	*	*	156(2)	124(2)	78(1)	66(1)	58(1)	51(1)	46(1)	30(1)	22(1)
1.50%	*	*	192(3)	124(2)	103(2)	66(1)	58(1)	51(1)	46(1)	30(1)	22(1)
1.75%	*	*	227(4)	153(3)	103(2)	88(2)	77(2)	51(1)	46(1)	30(1)	22(1)
2.00%	*	*	*	181(4)	127(3)	88(2)	77(2)	68(2)	46(1)	30(1)	22(1)
2.25%	*	*	*	208(5)	127(3)	88(2)	77(2)	68(2)	61(2)	30(1)	22(1)
2.50%	*	*	*	*	150(4)	109(3)	77(2)	68(2)	61(2)	30(1)	22(1)
2.75%	*	*	*	*	173(5)	109(3)	95(3)	68(2)	61(2)	30(1)	22(1)
3.00%	*	*	*	*	195(6)	129(4)	95(3)	84(3)	61(2)	30(1)	22(1)
3.25%	*	*	*	*	*	148(5)	112(4)	84(3)	61(2)	30(1)	22(1)
3.50%	*	*	*	*	*	167(6)	112(4)	84(3)	76(3)	40(2)	22(1)
3.75%	*	*	*	*	*	185(7)	129(5)	100(4)	76(3)	40(2)	22(1)
4.00%	*	*	*	*	*	*	146(6)	100(4)	89(4)	40(2)	22(1)
5.00%	*	*	*	*	*	*	*	158(8)	116(6)	40(2)	30(2)
6.00%	*	*	*	*	*	*	*	*	179(11)	50(3)	30(2)
7.00%	*	*	*	*	*	*	*	*	*	68(5)	37(3)

만일 신뢰수준을 90%로 낮추고 1%의 기대오류율, 5%의 허용오류율 하의 표본 수는 〈표 2〉에 따라 가로 항인 허용오류율 항에서 5% 항을 선택하고 세로 항인 모집단의 기대오류율 1%를 선택하여 가로, 세로가 만나는 곳을 읽으면 표본 수는 77개가 될 것이며 허용오류 수는 1개가 될 것이다.

〈표 2〉 내부통제의 시사를 위한 통계적 표본 크기의 결정(90% 신뢰수준)

모집단의 기대오류율	허용오류율(tolerable deviation rate)										
	2%	3%	4%	5%	6%	7%	8%	9%	10%	15%	20%
0.00%	114(0)	76(0)	57(0)	45(0)	38(0)	32(0)	28(0)	25(0)	22(0)	15(0)	11(0)
0.25%	194(1)	129(1)	96(1)	77(1)	64(1)	55(1)	48(1)	42(1)	38(1)	25(1)	18(1)
0.50%	194(1)	129(1)	96(1)	77(1)	64(1)	55(1)	48(1)	42(1)	38(1)	25(1)	18(1)
0.75%	265(2)	129(1)	96(1)	77(1)	64(1)	55(1)	48(1)	42(1)	38(1)	25(1)	18(1)
1.00%	*	176(2)	96(1)	77(1)	64(1)	55(1)	48(1)	42(1)	38(1)	25(1)	18(1)
1.25%	*	221(3)	132(2)	77(1)	64(1)	55(1)	48(1)	42(1)	38(1)	25(1)	18(1)
1.50%	*	*	132(2)	105(2)	64(1)	55(1)	48(1)	42(1)	38(1)	25(1)	18(1)
1.75%	*	*	166(3)	105(2)	88(2)	55(1)	48(1)	42(1)	38(1)	25(1)	18(1)
2.00%	*	*	198(4)	132(3)	88(2)	75(2)	48(1)	42(1)	38(1)	25(1)	18(1)
2.25%	*	*	*	158(4)	88(2)	75(2)	65(2)	42(1)	38(1)	25(1)	18(1)
2.50%	*	*	*	209(6)	110(3)	75(2)	65(2)	58(2)	38(1)	25(1)	18(1)
2.75%	*	*	*	*	132(4)	94(3)	65(2)	58(2)	52(2)	25(1)	18(1)
3.00%	*	*	*	*	132(4)	94(3)	65(2)	58(2)	52(2)	25(1)	18(1)
3.25%	*	*	*	*	153(5)	113(4)	82(3)	58(2)	52(2)	25(1)	18(1)
3.50%	*	*	*	*	194(7)	113(4)	82(3)	73(3)	52(2)	25(1)	18(1)
3.75%	*	*	*	*	*	131(5)	98(4)	73(3)	52(2)	25(1)	18(1)
4.00%	*	*	*	*	*	149(6)	98(4)	73(3)	65(3)	25(1)	18(1)
5.00%	*	*	*	*	*	*	160(8)	115(6)	78(4)	34(2)	18(1)
6.00%	*	*	*	*	*	*	*	182(11)	116(7)	45(3)	25(2)
7.00%	*	*	*	*	*	*	*	*	199(4)	52(4)	25(2)

2) 중요성에 따른 표본의 배분

표본 수를 산정하고 표본을 추출함에 있어서 중요성에 입각하여 표본을 추출한다. 회사의 대부분 거래는 20%의 건수가 80%의 금액적 중요성을 갖는 것으로 알려져 있다. 예를 들어 ㈜N사 매출의 경우 연간 건수로는 1,041건, 금액으로는 279억 원의 매출이 발생했다. 이 중 20%에 해당하는 상위 208건의 매출이 총 213억 원으로, 전체 매출액 대비 약 76%에 해당한다.

회계에서의 중요성은 대부분 금액적 중요성을 의미하는바, 표본추출 시에도 금액적 중요성이 큰 상위 20%의 건수에 해당하는 거래들이 표본에 많이 포함될 수 있도록 하여야 한다. 나머지 건수 823건 중 또다시 20%의 건수를 구분하여 새로이 164건의 건수 중에서 표본을 추출할 수 있다. 이러한 표본 추출 방법을 파레토 층별 무작위 표본추출이라고 하며, 이렇게 할 경우 이론적으로는 20%의 건수로 80%의 금액적 중요성을 충족시켰으며 2차의 파레토 법칙을 이용하여 나머지 20%의 금액적 중요성 중 80%에 해당하는 16%의 금액적 중요성을 충족할 수 있는바, 전체적으로는 96%의 금액적 중요성을 충족시킨다고 할 수 있다. 이를 바탕으로 90%의 신뢰수준과 1%의 기대오류율, 5%의 허용오류율에 의한 표본 수 77개를 다음과 같이 배분할 수 있다.

[표- 파레토 법칙에 따른 표본 수 배분]

구분	매출건수	매출액(억원)	매출액비율	누적 비율	표본수의 배분
총계	1,041	279	100.0%		77
제1차표본대상	208	213	76.3%	80%	59
제2차표본대상	164	48	17.2%	96%	13
잔여표본대상	669	18	6.5%	100%	5

파레토 법칙에 따라 중요성에 근거한 표본추출방법 외에 오류와 부정이 많이 개입되는 회계연도 말인 11월과 12월의 자료와 회계연도 초인 다음 해 1월의 자료에 보다 많은 표본을 할당할 수 있다. 결산일이 12월인 기업의 11월과 12월의 분개장은 엑셀기법을 통하여 보다 세밀하게 분석하여야 한다.

일반적으로 12월에 결산분개가 수행되며 오류와 부정의 개입 역시 연도 말인 12월과 연도 초인 익년 1월에 집중되는 경향이 있는바, 엑셀의 데이터 분석을 통하여 비경상적인 거래에 대해서는 반드시 표본에 포함되도록 한다. 또한 일반감사 시에 적용되는 중요성 금액 기준을 일부 수정하여 표본 산정 시 고려할 수 있다. 일반감사에서는 중요성 금액을 총자산의 1%, 자기자본의 10% 또는 법인세 차감 전 순이익의 5% 등과 같은 기준을 설정하고 있다.

3) 표본의 추출

추출할 표본 수가 결정되면 그에 따라 실제 표본을 추출한다. 표본추출은 무작위 표본추출 방법을 사용한다. 표본의 추출은 우리가 목표하고자 하는 계정의 오류와 부정의 정도를 판가름하는 실질적인 절차이므로 이에 대한 세심한 주의가 필요하다. 즉, 표본을 추출하기 위한 난수표의 생성, 난수표에 따른 정확한 표본의 추출 등이다.

다음은 주식회사 N의 전체 계정에서 제1차 표본을 추출한 결과다(95% 신뢰수준, 허용오류율 5%, 기대오류율 1% 하에 93개의 표본추출).

[주식회사 N사의 1차 표본추출]

연번	전표일자	전표NO	구분	코드	계정과목명	차변	대변	거래처코드	난수발생	추출난수
1	2010-08-06	00005	대변	10304	외화예금(기업은행)		258,306,365		0.682477	0.997634
2	2010-03-31	50068	대변	40401	제품매출CHIP		96,617,600	50046	0.155442	0.998781
3	2010-03-31	00041	결대	51800	감가상각비(제)		94,318,780		0.244065	0.999967
4	2010-05-31	00028	대변	14600	상품		92,741,386		0.032843	0.998277
5	2010-08-18	50011	대변	40402	제품매출Ass'y		76,608,427	00806	0.799753	0.99698
6	2010-03-31	50020	대변	25102	외상매입금(외화)		73,776,888	00722	0.156369	0.996757
7	2010-03-31	00038	결대	50300	급여(제)		43,453,900		0.114287	0.998378
8	2010-12-01	00002	대변	10801	외상매출금(원화)		42,145,455	50057	0.600373	0.998278
9	2010-10-01	50022	대변	25101	외상매입금(원화)		24,242,415	00693	0.510624	0.998776
10	2010-01-08	00003	대변	16801	미착품부대비관세		23,465,530	00363	0.177885	0.997027
11	2010-01-04	50015	대변	25101	외상매입금(원화)		19,615,200	00636	0.82414	0.99898
12	2010-06-29	50007	대변	40401	제품매출CHIP		18,574,576	50057	0.402016	0.996888
13	2010-11-30	50047	대변	41700	WAFER매출		12,980,000	01491	0.99044	0.999138
14	2010-08-15	00003	대변	25102	외상매입금(외화)		10,742,400	01625	0.685153	0.999009
15	2010-08-02	00010	대변	25102	외상매입금(외화)		4,999,698	01167	0.85316	0.998889
16	2010-01-15	00003	대변	10802	외상매출금(외화)		4,700,370	01167	0.993968	0.997999
17	2010-09-01	50009	대변	40401	제품매출CHIP		4,599,660	50065	0.813083	0.998054
18	2010-09-29	50015	대변	25300	미지급금		4,257,000	01115	0.979499	0.998667
19	2010-11-25	00006	대변	10318	기업국책(구매조건_012)		4,000,000		0.464421	0.998285
20	2010-05-31	50049	대변	25300	미지급금		3,375,680	00369	0.786931	0.999801
21	2010-05-28	50006	대변	25300	미지급금		2,200,000	00355	0.792592	0.997103
22	2010-08-31	00001	대변	10801	외상매출금(원화)		2,145,000	01604	0.151679	0.997217
23	2010-12-31	00047	대변	10320	외화예금(하나은행)		1,928,755	01547	0.782274	0.997549
24	2010-09-06	50001	대변	25300	미지급금		850,000	01934	0.552978	0.997181
25	2010-05-25	50014	대변	25500	부가세예수금		818,892	50046	0.6775	0.99789
26	2010-08-09	50006	대변	41400	샘플매출		790,560	00107	0.772271	0.998957
27	2010-07-20	00003	대변	10301	보통예금(기업은행)		500,000		0.774007	0.997086
28	2010-05-01	00001	대변	81103	복리후생비의료보험(판)		448,790		0.056823	0.998071
29	2010-07-22	50001	대변	10313	보통예금(기업지점)		242,320	00127	0.83157	0.998042
30	2010-01-05	00001	대변	25303	미지급금신용카드		50,000	99715	0.872616	0.997274
31	2010-07-31	00008	대변	25303	미지급금신용카드		50,000	99719	0.387789	0.999801
32	2010-12-17	00008	대변	10301	보통예금(기업은행)		28,000		0.154632	0.998284
33	2010-01-08	00001	대변	25303	미지급금신용카드		20,000	99804	0.996955	0.999809
34	2010-01-22	50002	대변	25303	미지급금신용카드		6,000	99805	0.012587	0.998039
35	2010-02-11	50004	대변	10310	보통예금(국민삼성)		3,630	01133	0.643693	0.998627
36	2010-02-28	00027	결대	52400	운반비(제)		3,500		0.081524	0.997392
37	2010-01-06	50002	차변	16801	미착품부대비관세	2,558,780			0.577207	0.997563
38	2010-01-31	50051	차변	13500	부가세대급금	12,000		01554	0.189449	0.998125
39	2010-02-08	50006	차변	53200	보관료(제)	8,150		01133	0.025556	0.999839
40	2010-02-18	00002	차변	82200	차량유지비(판)	88,000			0.343073	0.998501
41	2010-02-23	00001	차변	25303	미지급금신용카드	458,840		99719	0.379504	0.999085
42	2010-02-24	00001	차변	13100	선급금	5,580,000		50063	0.853942	0.9999
43	2010-02-28	50047	차변	10802	외상매출금(외화)	99,611,335		00806	0.96036	0.998552
44	2010-02-28	50035	차변	16802	미착품부대비운반비	550,325		01370	0.105333	0.997234
45	2010-03-17	50006	차변	13500	부가세대급금	1,030		01133	0.571913	0.999305
46	2010-04-06	00010	차변	82200	차량유지비(판)	50,000			0.276758	0.998353

[주식회사 N사의 1차 표본추출] – 계속

연번	전표일자	전표NO	구분	코드	계정과목명	차변	대변	거래처코드	난수발생	추출난수
47	2010-04-07	50009	차변	13500	부가세대급금	56,250		01189	0.830754	0.999577
48	2010-04-29	00010	차변	25101	외상매입금(원화)	42,248,990		00693	0.911098	0.998045
49	2010-04-30	50057	차변	21000	공구와기구	3,475,000		16827	0.669038	0.997793
50	2010-05-03	00007	차변	25300	미지급금	660,000		50049	0.692935	0.996766
51	2010-05-03	50014	차변	16700	저장품	260,000		01476	0.064172	0.999926
52	2010-05-17	00008	차변	25300	미지급금	27,860		50069	0.985798	0.999513
53	2010-06-01	00010	차변	10100	현금	1,000,000			0.586338	0.998167
54	2010-06-04	50002	차변	13500	부가세대급금	4,545		01630	0.101414	0.999723
55	2010-06-07	00006	차변	10304	외화예금(기업은행)	295,134,508			0.939091	0.997495
56	2010-06-07	00011	차변	14600	상품	5,707,627		01167	0.763658	0.999132
57	2010-06-11	00007	차변	25302	미지급금(외화)	33,465,000		01069	0.627475	0.997964
58	2010-06-14	50004	차변	16801	미착품부대비관세	4,768,150		00127	0.227719	0.9986
59	2010-06-16	50013	차변	10802	외상매출금(외화)	11,259,880		50033	0.475663	0.99995
60	2010-06-29	00003	차변	53113	폐기물처리비(제)	139,860			0.301651	0.997865
61	2010-06-30	50043	차변	16700	저장품	3,456,582		00845	0.070531	0.997221
62	2010-07-07	50018	차변	12001	미수금제구	3,378,625		01167	0.047195	0.999993
63	2010-07-20	00004	차변	25300	미지급금	994,000		01576	0.504695	0.998485
64	2010-07-21	50013	차변	10802	외상매출금(외화)	6,567,288		50033	0.844249	0.999239
65	2010-07-21	00002	차변	10310	보통예금(국민삼성)	1,736,905			0.050777	0.999933
66	2010-07-27	50008	차변	10802	외상매출금(외화)	12,423,600		50033	0.763238	0.996778
67	2010-07-27	00005	차변	10313	보통예금(기업지점)	9,000,000			0.442205	0.999121
68	2010-07-31	00051	결차	45500	제품매출원가	3,394,802,677			0.065682	0.996892
69	2010-08-05	50007	차변	10802	외상매출금(외화)	7,602,949		01167	0.7503	0.998041
70	2010-08-07	50001	차변	53804	조사연구비기타(제)	47,273		00907	0.55342	0.998166
71	2010-08-09	00001	차변	25300	미지급금	330,000		01189	0.8208	0.997926
72	2010-08-14	50003	차변	13500	부가세대급금	10,637		01912	0.794285	0.998362
73	2010-08-22	50001	차변	13500	부가세대급금	3,300		01326	0.799052	0.997371
74	2010-08-30	50013	차변	10801	외상매출금(원화)	9,591,641		00610	0.475947	0.997702
75	2010-09-01	00001	차변	25300	미지급금	4,400,000		50049	0.832909	0.997115
76	2010-09-02	50004	차변	14100	예치보증금	803,440		00127	0.935422	0.997577
77	2010-09-10	50005	차변	14100	예치보증금	551,810		00127	0.90373	0.998274
78	2010-09-11	50008	차변	12001	미수금제구	9,984,114		01069	0.739857	0.997822
79	2010-09-20	50011	차변	53119	지급수수료기타(제)	29,778,320		01709	0.165442	0.998277
80	2010-09-28	50008	차변	12001	미수금제구	32,737,273		01069	0.620728	0.997537
81	2010-09-30	50007	차변	83103	송금수수료(판)	450		01550	0.309057	0.996831
82	2010-10-14	00003	차변	83103	송금수수료(판)	28,000			0.398244	0.99867
83	2010-10-18	00013	차변	51204	시내교통비(제)	54,600			0.392415	0.997983
84	2010-10-21	50005	차변	53119	지급수수료기타(제)	5,762,380		01945	0.651336	0.99755
85	2010-11-08	00010	차변	83119	지급수수료기타(판)	1,600			0.644858	0.998655
86	2010-11-18	00004	차변	82701	회의비(판)	52,061			0.079013	0.997815
87	2010-11-19	50012	차변	10802	외상매출금(외화)	14,424,942		50074	0.165058	0.996726
88	2010-11-22	50014	차변	13500	부가세대급금	109,000		01756	0.239225	0.997299
89	2010-11-26	00003	차변	29500	퇴직급여충당부채	1,930,912			0.853185	0.996873
90	2010-12-01	00011	차변	25300	미지급금	176,000		01755	0.505564	0.997027
91	2010-12-16	00003	차변	25300	미지급금	63,700		01721	0.707706	0.997672
92	2010-12-20	50005	차변	14100	예치보증금	481,720		00127	0.891591	0.999987
93	2010-12-27	00004	차변	93100	지급이자	385,407			0.78248	0.998278

4) 표본의 계정별 집계

추출된 표본을 계정별로 집계하여 보면 다음과 같다. 미지급금 계정이 빈도수 11로 가장 많으며, 그다음으로는 외상매출금, 제품매출 순으로 빈도수가 파악되고 있다. 계정별로 집계하는 이유는 계정별로 집계함으로써 관련 프로세스를 효율적으로 파악할 수 있기 때문이다. 크게는 매출 사이클, 구매 사이클, 비용지급 사이클 등으로 분류할 수 있다.

계정과목명	빈도수	계정과목명	빈도수
미지급금	11	급여(제)	1
외상매출금(외화)	7	WAFER매출	1
부가세대급금	7	기업국책(구매조건_012)	1
미지급금신용카드	5	외화예금(하나은행)	1
제품매출CHIP	3	부가세예수금	1
외상매입금(외화)	3	샘플매출	1
외상매출금(원화)	3	복리후생비의료보험(판)	1
외상매입금(원화)	3	운반비(제)	1
미착품부대비관세	3	보관료(제)	1
미수금제구	3	선급금	1
예치보증금	3	미착품부대비운반비	1
외화예금(기업은행)	2	공구와기구	1
상품	2	현금	1
보통예금(기업은행)	2	미지급금(외화)	1
보통예금(기업지점)	2	폐기물처리비(제)	1
보통예금(국민삼성)	2	제품매출원가	1
차량유지비(판)	2	조사연구비기타(제)	1
저장품	2	시내교통비(제)	1
지급수수료기타(제)	2	지급수수료기타(판)	1
송금수수료(판)	2	회의비(판)	1
감가상각비(제)	1	퇴직급여충당부채	1
제품매출Ass'y	1	지급이자	1
합계			93

7. 추출된 제1차 표본에 대한 감사의 수행

추출된 제1차 표본에 대하여 감사를 수행한다. 본 감사를 통하여 해당 기업의 거래 특성 및 주요 거래처 그리고 중요하게 발생되는 비용에 관련된 정보를 알 수 있으며, 취약한 프로세스를 파악할 수 있다. 감사는 프로세스 유형별로 검토하는 것이 효율적이며 프로세스 유형은 가치유입 프로세스, 가치유출 프로세스, 스톡 프로세스로 크게 구분할 수 있다. 가치유출 프로세스에는 구매 프로세스, 비용지급 프로세스가 있을 수 있으며 기업의 특성에 따라서는 급여지급 프로세스나 구매 프로세스를 집중적으로 검토할 수도 있다.

1) 매출 사이클 감사

수익 사이클에 대한 적발감사의 초점은 고객 주문으로부터 시작하여 현금 회수로 마감되는 활동이 내부통제제도가 적절하게 통제되고 있는가를 판단하는 것이며, 여기에 가공매출의 계상 여부 및 매출의 누락 등에 대해 검토하는 것이 포함된다.

예를 들어, 신용평가가 미비한 거래처에 매출이 되지는 않았는지, 주문 내용과 다른 제품이 선적되어 기업에 손실을 초래하지는 않았는지, 선적된 매출에 대하여 청구서가 발행되지 않았는지, 매출채권이 적시에 회수되지 않고 방치되고 있지 않은지, 매출채권에 대하여 래핑(lapping) 등의 오류와 부정이 발생하고 있지는 않은지 검토되어야 하며, 가공매출 계상에 의한 분식 여부도 검토되어야 한다.

유입 사이클의 검토는 크게 실물이 수반되는 일반적인 상품(제조)매출 사이클과 실물을 수반하지 않는 용역서비스매출 사이클로 크게 나눌 수 있다. 상품매출 사이클에 대한 검토는 실물자산인 재고자산이 수반되므로 재고와 매출이 같이 검토되어야 한다. 검토는 선택된 표본들에 대하여 두 가지 방향인 바우칭 테스트(Vouching Test-이하 'V테스트')와 완전성 테스트(Completeness Test-이하 'C테스트')가 수행된다.

V테스트는 표본추출된 분개 건의 출고된 재고가 재고수불부에 정확히 기록되었는지를 파악한다. 예를 들어 노트북 10대가 출고되어 매출이 10백만 원이 계상되었다면 동 출고된 수량 노트북 10대가 재고수불부에 정확히 출고되었는지를 테스트하게 된다.

C테스트는 반대로 재고수불부에 출고 건 중에서 표본추출하여 동 출고가 매출에 정확히 반영되었는지를 테스트하는 것이다. 만일 재고수불부에는 출고된 것으로 기록되었음에도 매출로 반영되지 않았다면 그 이유를 밝혀야 한다.

사례 회사의 경우 제1차 추출된 표본 중 매출, 매출채권 관련 표본은 총 18개로 아래와 같다. 회사의 경우 상품매출과 제품매출이 있는바 각각에 따른 매출 프로세스의 내부통제제도 검토가 필요하다. 각 건별 매출 적정성의 검토는 앞의 내부통제제도에서 검토되었던 거래의 승인, 거래의 집행, 자산의 관리, 거래의 기록에 대한 개별 프로세스의 준수 여부를 감사하여야 한다.

또한 개별 매출에 대한 거래방정식(기업존속방정식)의 성립 여부도 감사되어야 한다. 거래방정식의 성립에 있어서 회사로의 유입가치는 매출채권으로 표시되어 가까운 장래에 유입될 현금으로 측정될 수 있으며, 유출가치는 매출로 제공되는 매출원가에 대한 검토가 필요하다.

유출가치를 검토하기 위해서는 재고 출고 시 정확한 판매 수량이 반출되었으며 그에 적용된 상품별 단가는 최근의 영업정책을 반영한 것이 반영되었는지 검토되어야 한다. 여기에 해당 거래의 매출총이익률이 회사 전체의 매출총이익률 또는 제품군별 매출총이익률과 같은 회사 고유의 통계치와 비교된다면 해당 거래의 적정성을 판단하는 데 유용할 수 있다.

[매출거래 감사에 대한 표본]

전표일자	전표NO	구분	코드	계정과목명	차변	대변	거래처코드	추출난수
2010-11-30	50047	대변	41700	WAFER매출		12,980,000	01491	0.999137521
2010-05-31	00028	대변	14600	상품		92,741,386		0.99827701
2010-06-07	00011	차변	14600	상품	5,707,627		01167	0.999132353
2010-08-09	50006	대변	41400	샘플매출		790,560	00107	0.998956557
2010-01-15	00003	대변	10802	외상매출금(외화)		4,700,370	01167	0.99799885
2010-02-28	50047	차변	10802	외상매출금(외화)	99,611,335		00806	0.998552007
2010-06-16	50013	차변	10802	외상매출금(외화)	11,259,880		50033	0.999950176
2010-07-21	50013	차변	10802	외상매출금(외화)	6,567,288		50033	0.999239253
2010-07-27	50008	차변	10802	외상매출금(외화)	12,423,600		50033	0.996777525
2010-08-05	50007	차변	10802	외상매출금(외화)	7,602,949		01167	0.998040623
2010-11-19	50012	차변	10802	외상매출금(외화)	14,424,942		50074	0.996726294
2010-08-30	50013	차변	10801	외상매출금(원화)	9,591,641		00610	0.997702285
2010-08-31	00001	대변	10801	외상매출금(원화)		2,145,000	01604	0.997217387
2010-12-01	00002	대변	10801	외상매출금(원화)		42,145,455	50057	0.998277773
2010-08-18	50011	대변	40402	제품매출Ass'y		76,608,427	00806	0.996979932
2010-03-31	50068	대변	40401	제품매출CHIP		96,617,600	50046	0.998781141
2010-06-29	50007	대변	40401	제품매출CHIP		18,574,576	50057	0.99688787
2010-09-01	50009	대변	40401	제품매출CHIP		4,599,660	50065	0.998054478

상기 표본 중에서 WAFER 매출이 12,980,000원이 발생하였다. 매출 관련 수량이 재고수불부상 정확히 반영되었는지, 적용된 단가는 적정한지, 그리고 만일 신규거래처이면 거래처의 신용도 등을 감안하여 내부통제 프로세스가 운용되어 거래의 승인이 이루어졌는지 검토되어야 한다. 이러한 과정을 통하여 WAFER 매출 12,980,000원에 대한 거래의 적정성을 판단할 수 있다.

다른 표본들에 대해서도 동일한 감사기법을 사용하여 매출의 적정성을 검토할 수 있다. 스톡 계정인 매출채권에 대한 감사는 매출채권의 연령분석(Aging Test)과 채권조회를 통하여 래핑 여부를 검토하고 미회수 매출채권의 회수 가능성에 대해 감사하여야 한다.

2) 구매 사이클 감사(매입채무/미지급금)

구매 사이클(expenditure cycle)에 대한 감사는 원재료의 구입 또는 기업이 지출해야 하는 인건비를 포함한 각종 비용의 지급과 관련하여 이루어지는 것을 말한다. 구매 사이클은 매입거래와 현금지급거래로 나눌 수 있으며, 구매 사이클과 관련된 계정으로는 매입, 매입채무, 미지급금 및 현금예금 등이 있다. 다음은 제1차 표본추출된 구매 표본이다. 아래 표본들에 대하여 적발감사 절차를 수행한다.

전표NO	구분	코드	계정과목명	차변	대변	거래처코드
50020	대변	25102	외상매입금(외화)		73,776,888	00722
00010	대변	25102	외상매입금(외화)		4,999,698	01167
00003	대변	25102	외상매입금(외화)		10,742,400	01625
50015	대변	25101	외상매입금(원화)		19,615,200	00636
00010	차변	25101	외상매입금(원화)	42,248,990		00693
50022	대변	25101	외상매입금(원화)		24,242,415	00693

효율적이고 효과적인 구매 사이클을 설정하여 기업의 가치유출을 최소화하는 것이 목표다. 따라서 구매 사이클에서 발생되는 오류와 부정의 여지를 최소화하는 내부통제제도가 필요하다. 상기 표본들에 대하여 다음과 같은 절차가 수행되었는지 감사한다.

(1) 필요한 자원에 대한 구매 결정의 적정성 검토

현업부서에서는 구매요청서를 3부 작성하여 1부는 보관하고, 1부는 구매부서에, 1부는 지급결의부서에 보내어 구매활동이 시작되는지 검토한다(오늘날 많은 기업에서는 ERP 시스템에 의하여 자동으로 수행됨). 현업부서의 구매요청이 꼭 필요한 구매인지 여부에 대하여 검토한다. 그러나 제1차 표본감사에서는 구매의 유형과 구매되는 자재들에 대한 기초적인 정보의 수집에 보다 집중한다.

통상적인 구매의 경우 검증된 기존의 거래처로부터 구매가 수행되는 경우에는 오류나 부정이 개입될 여지가 적다. 그러나 정기적인 검증 과정이 없는 채 기존의 거래처와 장기적으로 거래를 할 경우에는 오히려 오류나 부정이 발생할 가능성이 더 많다고 할 수 있다.

따라서 이에 대한 검증 프로세스가 설정되어 있는지 검토하여야 한다. 해당 기업의 구매 내용을 분석하여 파레토 법칙에 따라 가격 비중이 큰 매입재고자산에 대하여 과거 3~5년간의 구매 히스토리를 수집한다. 단가, 수량과 할인 정보 그리고 경쟁품의 가격변동 정보를 수집한다. 만일 경쟁품이 없을 경우에는 자체 추산 경쟁품을 만들어 비교한다. 각 구매품에 대하여 수집된 정보를 바탕으로 구매품별 단가의 합리성을 검증한다.

(2) 구매주문서의 작성

제1차 표본에 대하여 구매부서는 승인된 구매요청서를 바탕으로 품질과 가격조건을 감안하여 공급자를 선정하고 구매주문서를 5부 작성하여 1부는 보관하고, 1부는 공급자에게, 1부는 검수부서에, 1부는 지급결의부서에, 1부는 물류부서에 보내는지 검토한다(ERP시스템으로 자동으로 수행될 수 있음).

조달되는 자원에 대한 품질과 가격 검토가 과학적이고 합리적으로 구매부서에서 수행되는지 검토한다. 일부 구입처에서 습관적으로 구매되고 있지는 않은지, 조달되는 자원에 대한 경쟁가격 검토 정책이 정기적으로 수행되는지 감사한다.

(3) 물품의 수령

제1차 표본에 대하여 검수부서는 수령된 물품이 구매주문서와 일치하는지 수량과 품질을 검수하고 3부의 검수보고서를 작성하여 1부는 보관하고, 1부는 물류부서에, 1부는 지급결의부서에 보내는지 검토한다. 검수 시 비교하는 구매주문서에는 수량이 표시되지 않도록 하여 검수가 철저히 이루어지도록 한다.

(4) 매입채무의 기록과 지급

제1차 표본에 대하여 지급결의부서는 현업부서로부터의 구매요청서, 구매부서의 구매주문서, 검수부서의 검수보고서, 공급자로부터의 세금계산서의 상호 일치 여부를 확인하고 이를 바탕으로 지급결의서를 작성하는지 검토한다.

자금부서는 승인된 지급결의서철을 수령한 뒤 세부 문서내역을 비교 검증한 다음 수표 또는 온라인으로 지급되고 있는지 감사한다. 모든 대금지급은 통장을 통하여 지급되도록 한다. 지출된 결의서철에는 '지급필' 도장을 표시하여 이중지급이 되지 않는지 검토한다.

자금 담당자가 인터넷 자금이체제도를 이용하는 경우 매 건별 또는 일자별로 승인을 득한 후 이체하도록 하고 통장별, 은행별 잔액을 매일 확인하는지 검토한다. 은행계정 조정표를 매월 말일에 꼭 작성하는지 검토한다.

제1차 표본으로 선정된 구매 사이클 중 아래의 부채계정인 미지급금에 대한 표본 중에서 중점적으로 검토되어야 할 부분은 미지급금 반제 부분보다는 미지급금이 발생된 부분을 중점적으로 검토하여야 한다. 미래의 현금유출을 가져올 부채의 발생이 적정하게 검토되었는지, 유입가치가 유출가치보다 같거나 큰지 등에 대하여 검토되어야 한다. 반제 부분도 이중으로 지출되는 것이 없는지, 그리고 현금지출 승인이 적격한 증빙이 모두 첨부되었는지 감사한다.

[표본추출된 미지급금에 대한 표본]

전표NO	구분	코드	계정과목명	차변	대변	거래처코드
50015	대변	25300	미지급금		4,257,000	01115
50049	대변	25300	미지급금		3,375,680	00369
50006	대변	25300	미지급금		2,200,000	00355
50001	대변	25300	미지급금		850,000	01934
00001	대변	25303	미지급금신용카드		50,000	99715
00008	대변	25303	미지급금신용카드		50,000	99719
00001	대변	25303	미지급금신용카드		20,000	99804
50002	대변	25303	미지급금신용카드		6,000	99805
00007	차변	25300	미지급금	660,000		50049
00008	차변	25300	미지급금	27,860		50069
00004	차변	25300	미지급금	994,000		01576
00001	차변	25300	미지급금	330,000		01189
00001	차변	25300	미지급금	4,400,000		50049
00011	차변	25300	미지급금	176,000		01755

3) 비용지급 사이클 감사(미지급금)

비용지급에 대해 총 15개의 표본이 추출되었다. 각 비용이 관련된 내부통제제도를 준수하여 지출되었는지 검토한다. 급여의 경우 회사에서 정한 규정에 따라 지급되었는지 그리고 이미 퇴직한 사람이나 가공의 사람에게 급여가 지급되는 경우가 없는지 검토한다.

비용 중 금액 비중이 큰 건의 경우에는 관련 계약서를 검토하여야 한다. 아래 급여지급 건 43,453,900원의 경우 월별 급여 추세를 감안하여 검토한다. 인당 인건비가 구성원 간에 크게 차이가 나지 않을 경우 인당 인건비를 구하여 표준편차 적용으로 급여지급의 적정성을 검토할 수 있다.

지급수수료의 경우 금액적 중요성이 큰바, 관련 건의 유입가치와 유출가치를 비교하여 평가한다. 비용지급의 경우 유출가치는 현금으로 확정되어 있으나 유입가치는 면밀하게 검토되어야 한다. 이 경우 회사 내부적으로 과거 연도의 실적치나 회사 외부로부터의 정보를 수집하여 판단한다.

전표일자	전표NO	구분	코드	계정과목명	차변	대변	거래처코드	추출난수
2010-03-31	00038	결대	50300	급여(제)		43,453,900		0.998377667
2010-02-08	50006	차변	53200	보관료(제)	8,150		01133	0.999838662
2010-09-30	50007	차변	83103	송금수수료(판)	450		01550	0.996830524
2010-10-14	00003	차변	83103	송금수수료(판)	28,000			0.998669571
2010-10-18	00013	차변	51204	시내교통비(제)	54,600			0.997982975
2010-02-28	00027	결대	52400	운반비(제)		3,500		0.997392299
2010-08-07	50001	차변	53804	조사연구비기타(제)	47,273		00907	0.998165669
2010-09-20	50011	차변	53119	지급수수료기타(제)	29,778,320		01709	0.998277218
2010-10-21	50005	차변	53119	지급수수료기타(제)	5,762,380		01945	0.997549877
2010-11-08	00010	차변	83119	지급수수료기타(판)	1,600			0.998655158
2010-12-27	00004	차변	93100	지급이자	385,407			0.99827768
2010-02-18	00002	차변	82200	차량유지비(판)	88,000			0.998501141
2010-04-06	00010	차변	82200	차량유지비(판)	50,000			0.99835347
2010-06-29	00003	차변	53113	폐기물처리비(제)	139,860			0.997865343
2010-11-18	00004	차변	82701	회의비(판)	52,061			0.997814848

8. 제1차 표본감사에 대한 중간보고서 작성

제1차 표본에 대하여 감사를 수행한 후, 이를 바탕으로 본격적인 계정별 표본추출을 준비한다. 제1차 표본에 대한 감사는 예비단계의 감사로 기업의 거래를 이해하고 취약한 부분을 파악하여 제2차 표본추출을 효율적으로 수행하기 위한 준비 작업이라고 할 수 있다. 각 사이클별로 해당 기업의 특징과 제2차 표본추출 상 주의를 기울여야 할 점은 다음과 같다.

1) 가치유입 사이클에 대한 보고서

제1차 표본감사 후 수익 사이클 보고서에는 추출된 표본에 대한 감사 내용이 아래 표와 같이 요약된다. 건별 유입가치는 회수 가능성을 판단하여 집계되었다. WAFER 매출의 경우 매출 얼마 후에 매출처가 부도가 나버려 유입가치는 '0'으로 평가되었으며, Assy's 매출의 경우에는 매출채권 회수 가능성이 50%로 추정되었다. 유출가치는 회사의 제품매출원가율이 2009년도에는 85%였으며, 2010년의 경우 89%였다.

제품매출의 경우 매출이 전년도 재고와 혼합하여 발생하는바, 양년도의 평균매출원가율을 적용하여 87%로 추정하였다. 부적정 거래로 판단된 2건의 표본에 대해서는 그 원인을 분석하여 제2차 표본추출 시에 반영해야 한다. 만일 특정 영업팀이나 특정 영업사원에 따른 영향이 있었다면 관련 부문에 대한 표본을 더 확대하여야 한다.

[가치유입 사이클에 대한 검토]

전표일자	전표NO	구분	코드	계정과목명	차변	대변	거래처코드	유입가치	유출가치	적정여부
2010-11-30	50047	대변	41700	WAFER매출		12,980,000	01491	0	12,980,000	부적정
2010-05-31	00028	대변	14600	상품		92,741,386		92,741,386	80,685,006	적정
2010-06-07	00011	차변	14600	상품	5,707,627		01167	5,707,627	5,707,627	적정
2010-08-09	50006	대변	41400	샘플매출		790,560	00107	790,560	687,787	적정
2010-01-15	00003	대변	10802	외상매출금(외화)		4,700,370	01167	4,700,370	4,089,322	적정
2010-02-28	50047	차변	10802	외상매출금(외화)	99,611,335		00806	99,611,335	86,661,861	적정
2010-06-16	50013	차변	10802	외상매출금(외화)	11,259,880		50033	11,259,880	9,796,096	적정
2010-07-21	50013	차변	10802	외상매출금(외화)	6,567,288		50033	6,567,288	5,713,541	적정
2010-07-27	50008	차변	10802	외상매출금(외화)	12,423,600		50033	12,423,600	10,808,532	적정
2010-08-05	50007	차변	10802	외상매출금(외화)	7,602,949		01167	7,602,949	6,614,566	적정
2010-11-19	50012	차변	10802	외상매출금(외화)	14,424,942		50074	14,424,942	12,549,700	적정
2010-08-30	50013	차변	10801	외상매출금(원화)	9,591,641		00610	9,591,641	8,344,728	적정
2010-08-31	00001	대변	10801	외상매출금(원화)		2,145,000	01604	2,145,000	1,866,150	적정
2010-12-01	00002	대변	10801	외상매출금(원화)		42,145,455	50057	42,145,455	36,666,546	적정
2010-08-18	50011	대변	40402	제품매출Ass'y		76,608,427	00806	38,304,214	66,649,331	부적정
2010-03-31	50068	대변	40401	제품매출CHIP		96,617,600	50046	96,617,600	84,057,312	적정
2010-06-29	50007	대변	40401	제품매출CHIP		18,574,576	50057	18,574,576	16,159,881	적정
2010-09-01	50009	대변	40401	제품매출CHIP		4,599,660	50065	4,599,660	4,001,704	적정

이외에도 수익 사이클에 대한 내부통제 구축 정도, 구축된 내부통제제도의 준수 정도, 3~5년 동안의 판매된 제품과 서비스의 종류와 수 등에 대한 정보가 포함되어야 한다.

2) 가치유출 사이클에 대한 보고서

제1차 표본감사 후 표본에 대한 감사결과를 요약한다. 거래처 00636으로부터 구매된 원재료의 경우 타 거래처의 동종 원재료에 대한 구매단가보다 평균 10% 이상 높게 구매된 것으로 밝혀졌다. 본건에 대해서는 구매단가가 높게 책정된 이유에 대하여 규명하여야 하며, 본 구매와 관련된 부서나 동 거래처에 대한 타 원재료에 대한 단가의 적정성도 감안되어야 하며, 제2차 표본추출 시 동 거래처에 대한 표본의 확대를 고려한다.

[가치유출 사이클에 대한 검토]

전표일자	전표NO	구분	코드	계정과목명	차변	대변	거래처코드	유입가치	유출가치	적정여부
2010-03-31	50020	대변	25102	외상매입금(외화)		73,776,888	00722	73,776,888	73,776,888	적정
2010-08-02	00010	대변	25102	외상매입금(외화)		4,999,698	01167	4,999,698	4,999,698	적정
2010-08-15	00003	대변	25102	외상매입금(외화)		10,742,400	01625	10,742,400	10,742,400	적정
2010-01-04	50015	대변	25101	외상매입금(원화)		19,615,200	00636	17,653,680	19,615,200	부적정
2010-04-29	00010	차변	25101	외상매입금(원화)	42,248,990		00693	42,248,990	42,248,990	적정
2010-10-01	50022	대변	25101	외상매입금(원화)		24,242,415	00693	24,242,415	24,242,415	적정

이외에도 구매 사이클 보고서에는 구매 사이클에 대한 내부통제 구축 정도, 구축된 내부통제제도의 준수 정도, 3~5년 동안의 구매 자재의 종류와 수, 인건비와 관련된 직원 수와 급여 현황, 기타 구매되는 서비스 등의 종류와 가격 등에 대한 정보가 포함되어야 한다.

9. 제2차 표본추출

제1차 표본에 대한 감사가 종료된 후 작성된 중간보고서를 바탕으로 제2차 표본추출을 거쳐 계정별 적발감사를 수행한다. 제1차 표본추출은 예비적 성격의 표본추출로, 감사하고자 하는 회사에 대하여 편견 없이 일반적인 정보를 얻고자 하는 목적으로 수행된다. 제2차 표본추출은 적발감사의 주요 부분으로 제1차 표본감사에서 수행된 정보를 바탕으로 각 사이클별 특징 및 부서와 담당자의 특성을 반영하여 계정별로 가중치를 부여하여 표본을 추출한다.

1) 2차 표본추출 시 고려사항

2차 표본추출에서 다음의 사항들이 고려되어야 한다.

① 제1차 표본감사의 결과 취약한 것으로 판명된 사이클과 계정에 대한 고려

② 회사에 특유한 사항의 반영(예를 들어, 회사 전체 원가 중에서 인건비가 중요할 경우 인건비에 대한 별도 표본추출)

③ 파레토 법칙을 활용한 표본추출(예를 들어, 원재료 중 20%의 재고가 80%의 원가를 차지하는바 이에 대한 고려)

④ 계정별 고유 특성에 대한 고려(유동자산이 비유동자산보다 리스크에 취약)

⑤ 회사의 업무부담 고려

상기의 자료들을 바탕으로 사이클별, 계정별 또는 계정군별로 몇 개의 표본을 뽑을 것인지를 결정하여야 한다. 기업에서 사용하는 계정들은 기업별 또는 업종별로 특징을 갖고 있다. 계

정 중에는 현금과 예금, 재고자산 계정처럼 오류와 부정에 쉽게 노출되는 계정이 있다. 이러한 계정들은 표본추출 시 제1차 표본감사의 결과를 바탕으로 더 많은 표본이 선택되도록 고려되어야 한다.

오류와 부정에 민감한 계정과 민감하지 않은 계정을 분류하면 다음과 같다. 물론 이러한 분류는 기업의 활동 프로세스나 기업의 규모와 업종에 따라 바뀔 수 있다.

[표- 오류와 부정에 대한 계정별 민감성]

구분	재무상태 계정	손익계정
민감성이 큰 계정	현금예금, 매출채권, 원재료, 상품, 매입채무, 주임종단기대여금, 저장품, 미착품, 기계장치, 공구와기구,비품, 건설중인자산, 미지급금, 미지급비용,	매출, 급여, 여비교통비, 접대비, 복리후생비, 수선비, 차량유지비, 조사연구비, 운반비, 회의비, 사무용품비, 소모품비, 광고선전비, 지급수수료, 행사비, 잡비, 잡이익, 잡손실, 지분법손익, 유형자산처분손익
민감성이 작은 계정	제품, 미수금, 미수수익, 선급금, 선급비용, 선급법인세, 유형자산, 고정부채, 국고보조금, 대손충당금, 평가손실충당금, 재공품, 매도가능증권, 지분법적용투자주식, 토지, 건물, 차량운반구, 시설장치, 개발비, 보증금, 예수금, 장단기차입금, 전환권조정, 사채, 퇴직급여충당금, 퇴직연금운용자산, 자본금, 잉여금	매출원가, 퇴직급여, 대손상각비, 감가상각비,지급임차료, 통신비, 수도광열비, 세금과공과, 보험료, 포장비, 무형자산상각비, 판매보증비, 리스료, 이자수익, 외환차손익, 이자비용,

민감성이 큰 계정에는 95% 신뢰수준과 1%의 기대오류율, 5%의 허용오류율로 표본 수를 산정하며, 민감성이 작은 계정에는 90% 신뢰수준과 3%의 기대오류율 그리고 10%의 허용오류율로 표본 수를 산정한다. 거래 건수가 많고 재무제표에서 비중이 큰 현금예금과 매출 계정은 해당 계정만으로 표본 수를 산정하고, 그 외의 계정들은 계정의 유사성과 규모에 따라 계정군으로 합하여 표본을 산출한다.

2) 계정군별 2차 표본 수 산정

제1차 표본추출과 표본에 대한 감사를 통하여 발견된 오류와 부정의 양적인 특성과 질적인 특성을 감안하여 계정(군)별 표본 수 산정에 반영한다. 상기의 고려 요소들을 감안하여 제2차 표본을 계정(군)별로 다음과 같이 표본을 추출한다.

[계정(군)별 표본산출 수]

계정명	계정 사용횟수	계정통합후	표본산출수
전체계정		27,825	93
현금예금(장단기 예적금포함)	4,335	4,335	93
매출채권	1,614	1,614	93
원재료	503		
상품	35	1,453	93
저장품	417		
미착품	498		
미지급금	5,272	6,115	93
매입채무	843		
기계장치	117		
공구와기구	109		
비품	49	340	77
건설중인자산	47		
개발비	16		
건물	2		
부가세대급금	3,354	4,855	77
매출	1,501		
판매관리비	3,353	5,490	77
제조경비	2,137		

제1차 표본감사 결과를 잘 활용한다면 상기의 계정군별 표본수는 상당 부분 감소시킬 수 있다. 추출된 제2차 표본에 대하여 1차 표본추출과 같은 과정을 거쳐 감사를 수행한다.

스코틀랜드의 전설적 영웅인 윌리엄 월레스의 자유, 투쟁, 사랑 그리고 죽음을 그린 영화다. 영화의 마지막 5분 장면이 긴 여운을 남긴다. 멜 깁슨(윌리엄 월레스)이 "FREEDOM!(자유!)"을 외치고 죽는 장면이 아직도 기억에 선명하게 남는 영화다.

당시 13세기의 스코틀랜드는 잉글랜드와 대립했는데, 스코틀랜드의 왕위가 끊기자 잉글랜드의 왕 에드워드 1세(롱 생크)가 식민지화한다. 이때 윌리엄 월레스가 태어나고 월레스의 아버지와 형은 전쟁에서 죽고 월레스는 삼촌과 같이 살게 된다(사는 게 아니고 월레스를 가르치기 위해 여러 나라를 돌아다님). 몇 년 후 월레스는 돌아오고 사랑하는 사람을 만나 사랑에 빠진다. 당시 잉글랜드 왕 롱 생크는 프리마 녹테(갓 결혼한 신부를 그 지역 영주에게 보내어 첫날밤을 영주와 치르게 하는 악법)를 다시 일으킨다

그래서 월레스는 몰래 결혼한다. 월레스의 부인은 결혼한 지 며칠 만에 잉글랜드 병사에게 강간을 당할 뻔하지만, 월레스가 도와주고 도망가려고 숲에서 만나자고 하나 월레스의 부인은 잡혀 죽게 되고 그것을 계기로 월레스는 저항한다. 많은 전쟁에서 승리했음에도 월레스는 부정으로 얼룩진 동족의 배반으로 결국 잉글랜드에 체포되어 장렬한 죽음을 맞게 된다.

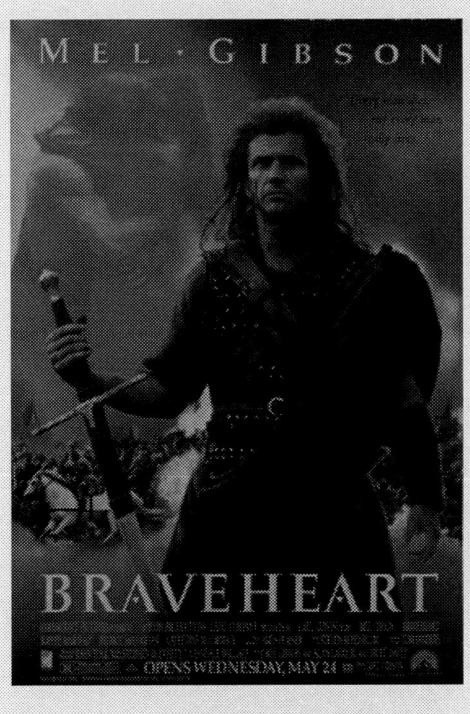

1. 현금 및 현금성 자산

현금 및 현금성 자산에 대한 감사절차와 감사 점검 포인트는 다음과 같다.

1) 감사절차

현금 및 현금성 자산 계정은 오류와 부정에 가장 취약한 계정으로 인식되고 있다. 기업가치의 외부유출은 현금예금을 통하여 최종 지급되므로 본 계정에 대한 감사절차에는 특별한 주의가 요구된다. 해당 계정에서 허용신뢰수준을 결정하고, 속성표본감사방법에 따른 샘플 수를 계산하여 무작위 표본추출하고, 추출된 표본에 대하여 거래 프로세스의 적절성과 거래의 정당성을 검토한다. 구체적으로 현금 및 현금성 자산에 대한 적발감사단계는 다음과 같다.

① 신뢰수준과 기대오류율, 허용오류율을 결정한다. 통상 95%의 신뢰수준과 1%의 기대오류율, 그리고 5%의 허용오류율을 가정한다. 신뢰수준은 90% 수준으로도 할 수 있으나 적발감사 수준을 감안하여 통상 95%로 결정한다. 이렇게 신뢰수준과 기대오류율, 허용오류율이 결정되면 이에 따른 샘플 추출할 단위가 결정된다. 이에 따라 무작위 표본추출을 하도록 한다.

② 추출된 표본이 가치의 유입에 해당될 경우 관련 상대 계정의 정당성을 확인한다. 현금 및 현금성 자산의 상대 계정은 지극히 한정적이다. 관련 계정으로는 현금매출, 매출채권, 차입금, 대여금, 가수금, 예수금 정도다.

③ 추출된 표본이 자본적 지출에 사용되었을 경우 구매 프로세스의 정당성을 확인한다. 즉 구매 결정의 합리성과 구매 단계별 승인 여부를 검토한다. 그리고 자산의 실재성을 확인한다. 예를 들어 원자재의 경우 실제 구매 여부를 관련 서류(구매요청서, 검수보고서, 재고수불부, 거래처별 원장, 재고실사대장 등)에 대해 심층적으로 확인한다.

④ 추출된 표본이 수익적 지출에 해당될 경우 지급된 비용과 교환 거래된 내용을 검토한다. 항상 기업으로부터 유출된 가치와 유입된 가치가 기업생존방정식을 만족하는지 검토하여야 한다. 즉 유입가치〉=유출가치가 되어야 한다. 기업에서 유출되는 가치는 통상 금액으로 표시되는 것이 일반적이다. 검토되어야 할 부분은 기업에 들어오는 유입가치에 대한 가치 평가가 적정한지 1차 거래방정식을 충족하는지 검토되어야 하며, 해당 거래가 기업의 주요 비용에 해당할 경우 2차 거래방정식의 충족 여부도 검토되어야 한다.

2) 점검 포인트

현금 및 예금의 체크 포인트는 다음과 같다.

(1) 카이팅(kiting) 여부 확인

카이팅은 현금부족이나 은행예금의 초과인출 은폐 또는 예금잔고의 가공 계상 등을 의도한 부정경리행위의 일종으로 다음과 같이 실행된다. A은행에 예금잔고가 10억이 있을 경우 회계연도 말인 12월 31일에 당좌수표 10억을 발행하여 동 일자에 B은행에 예치한다. 이 경우 각 은행에서 잔고확인서를 발행할 경우 A, B은행 모두 10억씩의 예금 잔고가 있는 것으로 확인되어 모두 20억의 예금이 예치된 것으로 확인된다.

물론 1~2일 후에는 B은행에서 A은행에 추심 10억이 요청되게 되어 결국 10억으로 확인된다. 그러나 결산일인 12월 31일에는 20억의 예금으로 확인되어 10억만큼 과대 계상되는바 이에 대한 검토가 항상 필요하다. 이러한 카이팅은 얼마 전 미국 한인사회에서 문제화된 적이 있다. 관련 내용은 다음과 같다.

[체크 카이팅 다시 기승, 한인 은행들 대책 부심][65]

경기 침체가 계속되고 있는 가운데 여러 은행이나 지점에 다수의 계좌를 개설, 고의로 부도수표를 돌려가면서 입금한 뒤 현금을 챙기는 '체크 카이팅'(check kiting) 사기가 다시 기승을 부리고 있어 한인 은행권이 촉각을 곤두세우고 있다.

소위 '돌려막기'로 불리는 이 같은 수법은 한때 LA 다운타운 지역 등에서 횡행하면서 한인 은행들에 피해를 입혔으나, 최근 남가주를 비롯해 전국적으로 대형 은행들을 대상으로 체크 카이팅 사기를 벌이던 한인들이 잇달아 체포되고(본보 5월 26·31일자 보도) 불법 금융업자들의 조직적 범죄로 이뤄지고 있는 것으로 알려져 한인 은행들에도 이를 막기 위한 비상이 걸렸다.

이처럼 체크 카이팅이 다시 성행하고 있는 이유는 긴 경제위기 때문에 현금 유동성이 막히면서 급

---

[65] 미주 한국일보 입력일자: 2012-06-01 (금)

전이 필요한 사람들을 대상으로 카이팅을 이용한 사기수법을 사용하는 개인 금융업자들이 늘어나기 때문이라는 것이 관계자들의 분석이다.

이들이 사용하는 수법은 급전이 필요한 사람들을 현혹해 잔고가 거의 들어 있지 않은 계좌들을 고의로 개설하게 한 뒤 많게는 수천 달러까지 부도수표를 발행하도록 해 이 수표를 자신 혹은 지인의 다른 계좌에 입금하고 잔고 확인에 걸리는 시간을 이용해 현금지급기(ATM)를 통해 400~500달러씩 찾아서 착복하는 것이다.

체크 카이팅 사기를 저지르는 불법 금융업자들은 이 같은 수법으로 최대 2만 달러 정도까지 급전을 약속한 뒤 이에 현혹된 사람들이 부도수표로 부도수표를 막게 하고 "문제가 될 경우 계좌를 임시로 닫거나 개인 파산을 신청하는 것으로 모면할 수 있다."고 속이는 것으로 알려졌다.

지난 24일 조지아 주에서 체포됐던 한인 이 모(53) 씨는 뱅크오브아메리카 등에 계좌를 개설한 뒤 부도수표를 발행해 여러 곳의 은행 지점에 돌려가면서 입금한 뒤 잔고 여부가 확인되지 않는 틈을 타 현금을 찾아 챙기는 수법으로 9만 2,000달러를 착복한 혐의로 체포됐으며, 남가주 지역에서도 체이스 은행들을 돌며 같은 수법으로 현금을 챙긴 한인 김 모(32) 씨와 윤 모(31) 씨 등 2명이 체포되기도 했다.

사기범들은 특히 부도수표 발행 때 타인의 신분을 도용하는 경우도 많아 문제가 되고 있다. 실제로 조지아 주에서 검거된 한인 이 씨는 불법체류 신분으로 유타 주의 한 주민의 신분을 도용했던 것으로 드러났다. 한 한인 은행 관계자는 "최근 체크 카이팅 사기가 급증하고 있어 오퍼레이션 감독을 강화하고 있다."며 "수표 돌려막기나 현금 거래법 위반이 의심되는 계좌들에 대해서는 감독 당국에 신고하고 강제로 계좌를 폐쇄할 수도 있다."고 말했다.

연방 법무부 관계자는 "부도수표를 고의적으로 발행해 개인적인 이득을 취하는 행위는 관련 연방법규 18조에 의거해 형사처벌 대상"이라며 "만약 고의 사실이 밝혀지면 최대 100만 달러의 벌금 및 30년의 징역형 등 처벌을 받게 된다."고 강조했다.

〈허준 기자〉

(2) 현금예금의 수입

- 현금수입액은 즉시 은행에 예입
- 자금일보의 작성 여부와 상위관리자의 승인
- 은행구좌 개설에 대한 경영자의 승인

(3) 현금예금의 지출

- 온라인 지급에 대한 사전 승인 절차 확인
- 지급유형별 승인의 확인(자산구매, 비용지급)
- 어음수표 용지의 취급자 한정
- 어음수불부의 작성 및 관리 적정성 검토

2. 매출액 및 매출채권

매출액 및 매출채권에 대한 감사절차와 감사 점검 포인트는 다음과 같다.

1) 감사절차

① 매출과 매출채권의 경우 일반 재무제표 감사에서는 매우 중요한 계정과목으로 감사가 수행된다. 적발감사에서도 매출 거래의 정당성 확인은 매우 중요하며, 이를 확인하기 위하여 표본추출에 의한 감사가 수행되어야 한다. 기업에 따라 매출 거래의 유형은 매우 다양하게 나타나고 있다. 똑같은 상품의 매출이라 하여도 그 수량이나 지급조건, 거래처 등에 따라 달라지기 때문이다.

따라서 적발감사의 경우에는 추출 표본의 검토에서 이러한 다양한 거래가 기업의 규정에 맞게 수행되고 있는지에 대하여 검토되어야 한다. 표본추출 시에도 기업의 매출 전체를 하나의 모집단으로 할 것인지 아니면 2~3개의 모집단으로 분류하여 추출할 것인지 기업의 매출에 대한 성격을 분석하여야 한다.

② 매출채권은 그 자체로 기업이 신속하게 현금화할 수 있는 자산이기 때문에 매출채권에 대한 사후관리가 중요하다. 매출액 및 매출채권에 대한 적발감사 절차는 다음과 같다.

③ 매출 및 매출채권에 대한 모집단은 기업 전체의 매출 및 매출채권을 하나의 모집단으로 할 수도 있고 매출 형태나 지역 특성 또는 담당자의 경력 등에 따라 1~3개의 모집단으로 분류하여 표본을 추출할 수 있다.

④ 매출에 대한 신뢰수준과 기대오류율, 허용오류율을 결정한다. 통상 95%의 신뢰수준과 1%의 기대오류율, 그리고 5%의 허용오류율을 가정한다. 매출채권에 대한 신뢰수준은 90% 수준으로도 할 수 있다. 이렇게 신뢰수준과 기대오류율, 허용오류율이 결정되면 이에 따른 샘플 추출할 단위가 결정된다. 이에 따라 무작위 표본추출을 하도록 한다.

⑤ 추출된 표본의 매출 형태를 검토하고 관련 내부 프로세스가 정당하게 통제되고 있는지 검사한다. 할인 조건 등이 기업의 규정에 따르지 않고 특정 거래처에 유리하게 처리되지 않았는지, 장기간 매출채권이 회수되지 않고 방치되고 있지는 않은지 검토되어야 한다.

2) 점검 포인트

매출 및 매출채권에 대한 점검 포인트는 다음과 같다.

① 신규 매출 승인 시 신용한도에 대한 승인 여부, 계속 거래처인 경우에도 주기적인 신용한도 검토 여부-매출액의 80%를 점유하는 거래처에 대해 상시 모니터링 여부 검토

② 업무분장 여부(매출 기록 업무와 매출 승인, 회수 업무 분장)-래핑 적발 프로세스 수행
③ 거래명세서의 일련번호 부여 여부
④ 매출채권의 할인, 감액, 상각 등에 대한 사전 승인 여부
⑤ 판매팀과 재경팀의 거래처별, 거래 건별 매출금액 및 매출채권 대조
⑥ 매출채권 잔액에 대한 정기적인 조회 및 회신 조회서의 별도 관리 여부
⑦ 매출채권에 대한 연령분석 및 장기미수채권에 대한 조사
⑧ 정기적인 매출처원장 담당자의 교체 여부
⑨ 받을 어음에 대한 정기적인 실사 및 실물 관리 여부

3. 매입 및 매입채무

매입 및 매입채무에 대한 감사절차와 감사 점검 포인트는 다음과 같다.

1) 감사절차

① 기업의 가치를 증대시키기 위해서는 기업 내에서 부가가치를 창출하여야 한다. 이렇게 부가가치를 창출하기 위해서는 외부로부터 자원이 조달되어야 하며, 자원의 효율적 조달에 관련된 적절한 프로세스가 필요하다. 구매활동은 기업의 가치를 가장 크게 할 수 있는 방법으로 이루어져야 한다.

② 제조업을 비롯한 대부분 기업의 경우에는 원자재의 매입 비중이 클 것이며, 서비스업의 경우에는 인건비의 비중이 클 것이다. 기업에 따라 가치 비중이 큰 부분에 적발감사의 초점이 집중되어야 한다.

③ 매입에 대한 신뢰수준과 기대오류율, 허용오류율을 결정한다. 통상 95%의 신뢰수준과 1%의 기대오류율, 그리고 5%의 허용오류율을 가정한다. 매입채무에 대한 신뢰수준은 90% 수준으로 할 수 있다. 이렇게 신뢰수준과 기대오류율, 허용오류율이 결정되면 이에 따른 샘플추출할 단위가 결정된다. 표본 단위가 결정되면 이에 따라 무작위 표본추출을 수행한다.

2) 점검 포인트

매입 및 매입채무에 대한 점검 사항은 다음과 같다.
① 사전에 일련번호화된 구매요청서에 대한 승인 여부
② 실물과 기록의 분리 여부(실물인 구입 자산과 그에 대한 기록의 분리와 매입채무와 그 지

급의 분리)

③ 입고전표 발행부서(검수팀)와 실물 입고 물류부서의 분리, 실물과 기록의 분리

④ 구매자재 시가에 대한 정기적인 시장조사 실시 여부

⑤ 독립된 검수팀의 검수보고서의 완전성 여부(검수 시 수량의 실제 카운트 여부 등)

⑥ 매입채무 확정에 대한 매입전표 정당성 검증 여부(입고전표에 의한 수량 확인, 거래명세표, 매입세금계산서의 일치 여부 확인)

⑦ 매입채무에 대한 지급의 정당성 확인 여부(이중 지급 여부 확인 등)

⑧ 거래처별 매입채무액과 총계정원장과의 대조

⑨ 거래처별 매입채무에 대한 정기적인 조회

4. 기타 계정 및 주요 계약에 대한 감사

기타 계정에는 기타유동자산과 비유동자산이 포함되며 기타유동부채와 비유동부채가 포함된다. 오류와 부정은 어느 계정에서도 발생할 수 있기 때문에 관련 계정들의 증가와 감소 건들에 대하여 적정한 표본을 추출하여 검사를 수행하여야 한다. 파생상품을 포함한 유가증권에 관련된 매매계약이나 기업 간의 합병계약, 주식양수도 계약 등에 대해서는 심도 있는 검토가 필요하다.

이와 관련한 오류와 부정은 금액적 중요성이 크며 기업에 미치는 영향이 크다. 가장 심각한 예는 2003년 A그룹의 예를 들 수 있다. 중요한 계약 자체를 장부나 재무제표에 나타내지 않았고, 주식 평가 가액을 왜곡하여 지분율을 높이려 하다가 시민단체의 고발에 의하여 그 전모가 밝혀졌다.

1) 감사절차

① 관련 계정과 주요 계약 리스트에 대한 신뢰수준과 기대오류율, 허용오류율을 결정한다. 통상 95%의 신뢰수준과 1%의 기대오류율, 그리고 5%의 허용오류율을 가정한다. 이렇게 신뢰수준과 기대오류율, 허용오류율이 결정되면 이에 따른 샘플 추출할 단위가 결정된다. 이에 따라 무작위 표본추출을 하도록 한다.

② 추출된 개별 표본에 대하여 관련 프로세스의 정당성을 확인한다. 기업의 주요 계약에 대해서는 검증틀[66](예를 들어 파생상품의 평가의 적정성 검증틀, 거래와 계약의 적정성 검

---

[66] 검증틀: 유입되는 자산의 가치를 검토하기 위하여 주요 자재 및 주요 서비스 등에 대한 가치 산정 도구로 쓰는 용어임. 검증틀은 기업에 구매되는 주요 자재 및 서비스에 대한 정보를 바탕으로 만들어지며 기업의 거래방정식의 충족 여부를 검증하기 위한 도구다.

증틀)이 설계되어 운용되도록 한다. 검증틀의 설계는 과거 경험자료의 분석과 인터넷을 통한 온라인 정보수집 등을 종합하여 수립하여야 한다.

2) 점검 포인트

기타 계정과 주요 계약에 대한 점검 포인트는 다음과 같다.

① 과거 5년 치 회사 경영성과에 대한 분석

② 회사의 경영성과가 계속적으로 악화되고 있을 경우에는 자금 유입의 적정성 확인

③ 각 거래들에 대한 거래방정식의 성립 여부 검토

④ 주요 계약에 대한 외부 입증 서류에 의한 증명

⑤ 계약 관련 거액 자금 이동의 정당성 검증

⑥ A그룹의 분식 형태 및 적발감사 포인트

다음은 매스컴에서 떠들썩하게 보도된 A그룹에 대한 분식에 대한 요약표이다. 주식 매매를 통한 분식과 가공채권 계상을 통한 분식을 시도한 내용이다.

구분		주요내용	세부내용	적발감사포인트
A증권과 JP모건의 이면계약	1998년	퇴출위험을 벗어나기 위하여 A증권이 인도네시아통화스왑상품에 투자	5억달러 손실과 JP모건에 대한 손실 책임	손실에 대한 사후 관찰 필요
	1999-09-29	JP모건과 합의 및 유상증자 참여	액면가에 20%할증-->의혹	당시 A증권은 완전자본잠식으로 퇴출위기에 처해 있는 회사였는바, JP모건이 20%할증으로 유상증자에 참여한다는 것은 본 서의 거래방정식상 성립되지 않는 거래임.
		A증권과 JP모건과의 이면계약	JP모건의 A증권 유상증자 참여하였으나 이면계약에 의하여 주식을 되사주는 계약이 있었음	N/A
	2002-10-11	JP모건의 A 증권 주식 워커힐에서 인수	JP모건은 주당 4,290원의 주식을 주당 1,535원에 매각함 -->의혹	1999년 거래의 연장선상에 있음
			실제는 주당 6,080원이었으며 차액은 A글로벌싱가프로해외법인이 결제함	싱가포르해외법인에 대한 감사 보완
A그룹의 부당내부거래(주식맞교환)	2002년	워커힐호텔과 부당주식교환	A㈜주식과 워커힐주식을 2:1로 평가함	동종업중인 호텔 신라의 주가가 1만원 이었던 것을 감안하면 워커힐 호텔을 약 4만원으로 평가한 것은 본 서의 거래방정식에 맞지 않음
A글로벌 분식회계	2001년	분식회계 1조4천억	· 가공채권 1,500억 계상 · 해외법인 순자산 2,400억 가공계상 · 은행조회서 조작에 의한 차입금 누락	· 채권과 해외순자산에 대한 표본감사 진행 · 은행조회서의 감사인 직접수취

5. 재고자산

재고자산에 대한 감사절차와 감사 점검 포인트는 다음과 같다.

1) 감사절차

① 재고자산은 일반재무제표 감사에서뿐만 아니라 적발감사에서도 매우 중요하다. 회사의 재고 실제 유무를 확인하기 위하여 기말에는 회사의 재고실사에 입회하여 수량과 보관 상태를 확인한다. 기중의 재고 입고와 출고에 대해서도 완전성 테스트(Compliance Test)를 통하여 기중거래의 정당성을 확인한다.

② 적발감사에서는 기말 재고자산 금액의 합리적 타당성도 중요한 감사 주안점이지만, 기중 건별 거래의 정당성 확인에도 노력을 기울인다. 거래 건수 100%가 모두 정당하다고 주장하지는 않지만, 통계적 일정 신뢰수준에서 개별 거래들에 대한 정당성을 확인한다.

③ 적발감사에서는 일반재무제표 감사 때보다 훨씬 더 많은 표본을 추출하여 검토한다. 이러한 검토를 통하여 일반재무제표 감사에서는 감사할 수 없었던 부분들이 검토된다. 예를 들어 장기공급자에 대한 계속 거래 여부의 확인, 감사기간 중 재고자산 정책의 변화, 동일한 재고자산에 대한 가격 변화 추이, 재고유형별 재고 구매 프로세스의 검토 등이 감사된다.

④ 재고자산에 대한 신뢰수준과 기대오류율, 허용오류율을 결정한다. 통상 95%의 신뢰수준과 1%의 기대오류율, 그리고 5%의 허용오류율을 가정한다. 이렇게 신뢰수준과 기대오류율, 허용오류율이 결정되면 이에 따른 샘플 추출할 단위가 결정된다. 이에 따라 무작위 표본추출을 하도록 한다.

⑤ 추출된 개별 표본에 대하여 구매 프로세스의 정당성을 확인한다. 구매 품목의 적합성과 가격 경쟁력 등에 대하여 확인한다. 기업의 주요 재고 품목에 대해서는 검증틀(예를 들어 가격검증시스템, 적정보유 재고량 검토시스템 등)이 설계되어 운용되도록 한다. 검증틀의 설계는 과거 경험자료의 분석과 인터넷을 통한 온라인 정보수집 등을 종합하여 수립하여야 한다.

⑥ 보유 재고 중, 장기 누적 악성재고에 대해서는 그 역사적 원인을 분석하여 미래에는 유사한 실패가 발생하지 않도록 하여야 한다.

⑦ 장기간 공급자가 동일할 경우에는 구매 자재의 대체성 등을 검토하여 다른 경쟁재로의 변경을 검토한다. 일반적으로 장기간 공급자가 동일할 경우에는 구매부서와의 유착관계가 발생할 가능성이 있기 때문이다.

2) 점검 포인트

재고자산의 점검 포인트는 다음과 같다.

① 실물과 기록의 분리 여부 확인(실물에 대한 입고, 출고와 기록의 분리)

② 실물 입고에 대한 검수팀의 별도 확인

③ 승인 받은 출고에 대한 물류팀의 실물 출고 확인

④ 실물의 입고와 출고에 대한 재고수불부 기록

⑤ 타처 보관재고에 대한 물류팀의 관리

⑥ 타인소유 재고에 대한 물류팀의 관리

⑦ 물류팀의 재고수불부와 검수팀의 입고대장, 재경팀의 총계정원장(재고수불부)과의 일치 여부 확인

⑧ 정기적인 재고실사 여부(파레토 법칙에 따른 입출이 빈번한 재고에 대한 수시 재고 실사 여부 확인)

⑨ 악성재고에 대한 히스토리 관리 및 발생원인 분석 여부

⑩ 재고자산에 대한 보험 가입 여부

⑪ 생산투입 재고에 대한 적절한 승인 및 그에 따른 출고 여부

6. 급여

급여지급에 대한 감사절차와 감사 점검 포인트는 다음과 같다.

1) 감사절차

① 급여의 지급은 모든 기업에서 매우 중요한 지출의 하나이다. 제조업의 경우뿐만 아니라 서비스업의 경우에는 기업지출의 가장 큰 부분을 차지한다. 따라서 급여의 지출이 정당하게 지출되었는지에 대한 감사는 모든 지급 급여에 대하여 필요하다.

② 급여 지출에 대한 신뢰수준과 기대오류율, 허용오류율을 결정한다. 통상 95%의 신뢰수준과 1%의 기대오류율, 그리고 5%의 허용오류율을 가정한다. 만일 급여의 중요성이 전체 지출가치 중 크지 않을 경우에는 신뢰수준을 90%로 가정할 수 있다. 이렇게 신뢰수준과 기대오류율, 허용오류율이 결정되면 이에 따른 샘플 추출할 단위가 결정된다. 이에 따라 급여대장에서 무작위표본추출을 하도록 한다.

2) 점검 포인트

급여의 지출 시 추출된 표본에 대하여 점검할 사항은 다음과 같다.

① 급여 대상자의 실재성 확인하기 위하여 대상자의 인사기록 카드를 확인한다. 인사기록 카드가 적절하게 관리되고 있으며 정기적인 업데이트가 수행되는지 확인

② 대상자에 대한 급여 계산의 정확성 확인(작업시간, 공제 내역 등)

③ 급여 계산 담당자의 정기적인 교체 여부 및 급여의 계산과 급여 지급 업무의 분장

④ 급여 대상자와 급여 통장 명의의 일치 여부 확인

7. 판매관리비

판매관리비에 대한 감사절차와 감사 점검 포인트는 다음과 같다.

1) 감사절차

① 판매관리비에는 소모품비, 접대비 등 많은 계정들이 집계되어 있다. 비용의 성격은 기업의 판매와 관리 등의 활동을 지원하기 위하여 지출되는 비용들이다. 비목에 따라서는 거액의 금액이 지출되기도 한다. 따라서 표본추출 시 파레토 법칙에 따른 표본추출을 한다.

② 비용의 지출에 대하여 가치의 유출과 가치의 유입이 거래방정식을 충족하고 있는지 검토되어야 한다. 지출되는 비용 중에는 회사의 특정 활동과 상관관계를 갖고 발생하는 비용들이 있다. 예를 들어 운반비의 경우에는 기업의 매출과 높은 상관관계를 갖기 마련이며 급여, 임차료의 경우 매월 비슷하게 발생한다. 이처럼 기업의 과거 자료를 분석함으로써 계정 간의 상관관계를 알 수 있으며, 이를 통하여 개별 거래의 정당성을 확인할 수 있다.

③ 계정 간의 상관관계 및 중요성 등을 바탕으로 판매관리비계정을 1~3개의 모집단으로 분류할 수 있다. 이러한 모집단에 판매관리비 지출에 대한 신뢰수준과 기대오류율, 허용오류율을 결정한다. 통상 90%의 신뢰수준과 1%의 기대오류율, 그리고 5%의 허용오류율을 가정한다. 이렇게 신뢰수준과 기대오류율, 허용오류율이 결정되면 이에 따른 샘플 추출할 단위가 결정된다.

2) 점검 포인트

판매관리비 적발감사에서의 점검 포인트는 다음과 같다.

① 내부통제제도상 요구되는 절차들인 업무의 분장, 기록의 분리, 승인, 증빙의 적격성 등

외형적인 절차의 준수 여부를 검토한다.

② 외형적인 절차 검토 후에 각 비목별 유입 가치가 타당한지 내적 충실성을 검사한다. 중요성이 큰 비용의 경우에는 검증틀[67]을 만들어 검토한다.

③ 각 비목별 평균과 표준편차 금액을 산출하여 평균과 과대하게 차이 나는(2시그마 또는 3시그마 이상) 비용지출에 대해 검토한다.

8. 제조경비

제조경비에 대한 감사절차와 감사 점검 포인트는 다음과 같다.

1) 감사절차

① 제조경비에는 소모품비, 수선비 등 많은 계정이 집계되어 있다. 비용의 성격은 기업의 제조 활동을 지원하기 위하여 지출되는 비용들이다. 제조경비는 비용에 따라 생산 수량과 밀접하게 상관관계에 있는 비용이 많은바, 그에 따른 검사가 수행되어야 한다.

② 제조경비 지출에 대한 신뢰수준과 기대오류율, 허용오류율을 결정한다. 통상 90%의 신뢰수준과 1%의 기대오류율, 그리고 5%의 허용오류율을 가정한다. 이렇게 신뢰수준과 기대오류율, 허용오류율이 결정되면 이에 따른 샘플 추출할 단위가 결정된다. 이에 따라 제조경비 계정군에서 무작위 표본추출을 하도록 한다.

③ 적발감사에서는 제조 비용의 지출에 대하여 일정 샘플을 취하여 입고되는 비용의 가치를 평가한다.

2) 점검 포인트

제조경비 적발감사에서의 점검 포인트는 다음과 같다.

① 내부통제제도상 요구되는 절차들인 업무의 분장, 기록의 분리, 승인, 증빙의 적격성 등 외형적인 절차의 준수 여부를 검토한다.

② 외형적인 절차 검토 후에 각 비목별 유입 가치가 타당한지 내적 정당성을 검사한다. 중요성이 큰 비용의 경우에는 검증틀[68]을 만들어 검토한다.

③ 각 비목별 평균과 표준편차 금액을 산출하여 평균과 과대하게 차이 나는(2시그마 또는 3시그마 이상) 비용지출에 대해 검토한다.

---

[67] 판매관리비에서 급여의 비중이 클 경우 급여에 대한 검증틀을 만들 수 있다.
[68] 제조경비에서 노무비의 비중이 클 경우 노무비에 대한 검증틀을 만들 수 있다.

1939년 9월, 독일은 침공 2주 만에 폴란드군을 대파했다. 유대인에게는 가족 번호(Family Members)를 등록하고 매일 1만 명 이상의 유대인이 지방에서 크라코프(Krakow)에 도착했다.

전쟁을 이용하여서 한 몫 챙기려는 기회주의자인 오스카 쉰들러(Oskar Schindler: 리암 니슨 분)는 폴란드계 유대인이 경영하는 그릇 공장을 인수하려 한다. 유대인 회계사인 스턴은 쉰들러의 이기주의와 양심을 흔들어놓게 된다. 그것은 나치의 살인행위로, 쉰들러는 자신의 눈을 통해 오류투성이의 현실을 직시하게 된다.

그러한 쉰들러의 현실 직시는 마침내 그의 양심을 움직여 유대인을 강제노동 수용소에서 구해내기로 결심하게 된다. 그들을 독일군 점령지인 크라코프에서 탈출시켜 쉰들러의 고향으로 옮길 계획을 하고, 스턴과 함께 유대인 명단을 만들게 된다. 그러한 모든 계획은 완벽하게 이루어지고 마침내 1,100명의 유대인을 폴란드로부터 구해내게 된다.

마지막으로 쉰들러는 연합군으로부터 도망을 가기 전, 자신이 살아 있다는 안도감보다는 죄책감과 후회에 시달리게 된다

"왜 나는 더 많은 유대인들을 구해내지 못하였는가?"

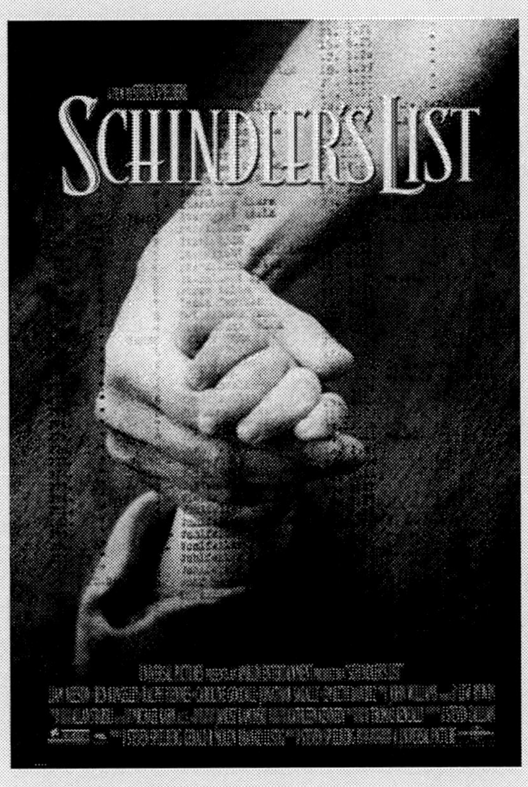

1. 제조업(도매업)에서의 적발감사

1) 감사 개요

주식회사 북극해는 컴퓨터부품을 대기업으로부터 주문받아 생산하고 있으며, 일부 제품의 경우에는 자사 브랜드로 시장에 판매하고 있다. 회사는 전년도에 동종 업종의 회사를 흡수 합병하였으며 회사의 급속한 성장으로 인하여 기존의 내부통제제도가 적합하지 않음이 여러 부문에서 나타나고 있었다. 이러한 문제점을 해결하고 회사의 내부통제제도를 정비하고자 외부 컨설팅을 의뢰하였다.

2) 회사재무구조 분석

회사의 과거 3개년의 감사보고서 또는 재무제표를 입수하고 회사의 영업 형태, 지배구조, 임직원 현황, 회사의 일반 상황 등을 파악한다. 회사의 기중거래를 파악하기 위하여 기중거래 개념도에 따라 접근한다. 기중거래 개념도라 함은 회사의 활동 프로세스를 기초의 자산·부채·자본에서 기말의 자산·부채·자본으로 변화하는 중간과정을 블랙박스로 가정하고 중간과정의 내부통제의 효율성을 검토하는 모델을 말한다.

회사의 재무구조를 파악하기 위하여 감사대상 연도의 기초 재무구조와 기말 재무구조를 분석한다. ㈜북극해의 총자산 개요는 다음과 같이 기초 총자산 116억에서 1년간의 기중거래를 통하여 기말 총자산 103억이 되었다. 총자산이 기초에 비하여 기말에 13억 감소하였음을 알 수 있다.

[그림– ㈜북극해의 기중거래 개념도]

기중의 블랙박스 거래를 회계시스템 내의 계정별로 증감을 요약하면 다음과 같다.

[기중거래의 증감 세부내역]

유동자산의 경우 기초 대비 15.6억이 감소하였으며 주요 감소요인은 단기금융상품의 매각 15억에 기인한다고 보이며, 매출채권은 3.4억의 증가가 있었다. 특기 사항으로는 재고자산이 5.6억 감소한 것을 들 수 있다. 회사의 경우 최근 3차 연도의 매출액이 206억으로 직전 연도 172억 대비 19.6% 증가 하였는바, 매출이 증가하였음에도 재고자산이 감소한바, 이의 감소에 대해서는 2차 표본추출 시 확대를 고려할 필요가 있다.

[㈜북극해의 유동자산 내역]

(단위: 원)

과 목	기초재무구조	자산의증가(감소)	기말재무구조
Ⅰ.유동자산	9,137,959,896	(1,567,371,439)	7,570,588,457
(1)당좌자산	6,618,537,619	(999,736,290)	5,618,801,329
현금및현금성자산	775,428,151	536,138,412	1,311,566,563
단기금융상품	1,511,968,664	(1,505,268,664)	6,700,000
매출채권	3,910,843,357	343,422,155	4,254,265,512
대손충당금	(80,956,332)	(3,434,222)	(84,390,554)
미수금	41,098,058	(3,341,421)	37,756,637
대손충당금	(398,987)	(69,124)	(468,111)
선급금	447,658,607	(374,436,506)	73,222,101
대손충당금	(4,476,586)	3,836,212	(640,373)
선급비용	10,483,779	9,628,599	20,112,378
미수수익	6,888,909	(6,211,731)	677,177
(2)재고자산	2,519,422,277	(567,635,149)	1,951,787,128
상품	2,151,876,522	(546,237,623)	1,605,638,899
평가손실충당금	(8,040,000)	0	(8,040,000)
제품	178,435,800	(139,027,510)	39,408,290
원재료	855,550	0	855,550
미착품	196,294,404	117,629,985	313,924,389

비유동자산의 증감내역은 다음과 같다. 건설 중인 자산의 증가가 있었다.

[㈜북극해의 비유동자산 내역]

(단위: 원)

과 목	기초재무구조	자산의증가(감소)	기말재무구조
Ⅱ.비유동자산	2,537,581,459	277,126,792	2,814,708,252
(1)투자자산	180,900,000	(28,424,964)	152,475,036
장기금융상품	180,900,000	(28,424,964)	152,475,036
매도가능증권	0	0	0
(2)유형자산	1,344,480,717	292,597,604	1,637,078,321
기계장치	43,531,812	0	43,531,812
감가상각누계액	(43,525,782)	0	(43,525,782)
차량운반구	69,416,751	46,710,293	116,127,044
감가상각누계액	(62,761,351)	40,073	(62,721,278)
비품	165,491,681	88,339,620	253,831,301
감가상각누계액	(122,032,488)	12,526,265	(109,506,223)
시설장치	39,758,745	13,629,810	53,388,555
감가상각누계액	(39,753,385)	(5,997,116)	(45,750,501)
건설중인자산	1,294,354,734	137,348,660	1,431,703,394
(3)무형자산	55,352,973	(26,458,597)	28,894,375
산업재산권	2,040,180	(702,013)	1,338,168
컴퓨터소프트웨어	35,384,041	(16,792,210)	18,591,831
개발비	17,928,751	(8,964,375)	8,964,376
(4)기타비유동자산	956,847,770	39,412,750	996,260,520
보증금	956,847,770	39,412,750	996,260,520
자산총계	11,675,541,355	(1,290,244,646)	10,385,296,709

비유동자산은 277백만 원의 증가가 있었으며, 이는 회사에서 투자가 진행되었음을 보여준다.

부채와 자본의 기중거래는 다음과 같다. 특이사항으로는 단기차입금과 유동성 장기부채 그리고 사채의 상환이 40억 있었으며, 이는 회사의 구조가 양호해짐을 의미한다고 할 수 있다. 또한 당기순이익의 실현으로 미처분이익잉여금 12.7억이 증가했음을 알 수 있다.

[㈜북극해의 부채와 자본 내역]

(단위: 원)

과 목	기초재무구조	부채의증가(감소)	기말재무구조
Ⅰ.유동부채	8,012,935,868	(2,798,396,156)	5,214,539,712
매입채무	1,151,795,559	51,475,866	1,203,271,424
미지급금	178,946,140	116,885,759	295,831,899
선수금	34,774,294	(19,649,447)	15,124,847
예수금	32,382,869	128,641,690	161,024,559
단기차입금	5,800,067,836	(2,658,063,474)	3,142,004,363
유동성장기부채	728,022,000	(714,072,600)	13,949,400
미지급비용	17,248,316	19,052,485	36,300,801
당기법인세부채	69,698,854	277,333,565	347,032,419
Ⅱ.비유동부채	1,049,910,298	222,130,975	1,272,041,273
장기차입금	13,949,400	(13,949,400)	0
사채	649,900,000	0	649,900,000
퇴직급여충당부채	822,983,404	422,142,229	1,245,125,634
퇴직연금운용자산	(436,173,982)	(186,061,854)	(622,235,837)
국민연금전환금	(748,524)	0	(748,524)
부채총계	9,062,846,166	(2,576,265,181)	6,486,580,985
Ⅰ.자본금	268,000,000		268,000,000
보통주자본금	268,000,000	0	268,000,000
Ⅳ.기타포괄손익누계액			
매도가능증권평가이익			
Ⅴ.이익잉여금	2,344,695,190	1,286,020,535	3,630,715,724
이익준비금	10,720,000	10,720,000	21,440,000
미처분이익잉여금	2,333,975,190	1,275,300,535	3,609,275,724
자본총계	2,612,695,190	1,286,020,535	3,898,715,724
부채및자본총계	11,675,541,355	(1,290,244,646)	10,385,296,709

　㈜북극해의 기중 손익 현황은 다음과 같다. 매출액은 전전년도 149억, 전년도 172억, 당년도 206억으로 건실한 성장을 보이고 있다. 전체 매출원가율은 75~76%의 안정적인 추세를 보이고 있으나, 제품매출원가율은 증가하고 있어 이에 대한 원인분석이 필요하다. 판매비와 관리비율은 매출 대비 17~18%로 안정적인 지출 형태를 보여주고 있다. 판매비와 관리비 그리고 제조경비는 월별 변동 추세를 반드시 검토하여야 한다. 월별 추세만 검토하여도 비용계정별 특이사항을 파악할 수 있기 때문이다.

[㈜북극해의 손익 현황]

(단위: 원)

구 분	년도별 손익현황			매출액 대비 비용율		
	제1차년도	제2차년도	제3차년도	제1차년도	제2차년도	제3차년도
Ⅰ.매출액(주석18)	22,257,144,273	25,737,472,417	30,777,430,525	100.0%	100.0%	100.0%
상품매출	19,041,784,999	21,642,759,978	24,970,334,610	85.6%	84.1%	81.1%
제품매출	3,020,121,545	3,886,590,365	5,495,640,552	13.6%	15.1%	17.9%
수입수수료(주석18)	195,237,729	208,122,074	311,455,363	0.9%	0.8%	1.0%
Ⅱ.매출원가(주석18,20)	16,992,664,502	19,617,854,133	23,180,283,086	76.3%	76.2%	75.3%
상품매출원가	14,260,351,462	16,370,002,198	18,586,003,855	64.1%	63.6%	60.4%
제품매출원가	2,732,313,040	3,247,851,935	4,594,279,231	12.3%	12.6%	14.9%
Ⅲ.매출총이익	5,264,479,771	6,119,618,284	7,597,147,439	23.7%	23.8%	24.7%
Ⅳ.판매비와관리비	3,891,604,614	4,748,439,203	5,433,194,812	17.5%	18.4%	17.7%
Ⅴ.영업이익	1,372,875,157	1,371,179,081	2,163,952,627			
Ⅵ.영업외수익	404,399,687	445,652,354	1,175,590,394			
Ⅶ.영업외비용	961,952,426	810,208,546	664,739,543			
Ⅷ.법인세차감전순이익	815,322,418	1,006,622,889	2,674,803,478			
Ⅸ. 법인세등	172,508,023	176,481,556	595,369,844			
Ⅹ.당기순이익	642,814,395	830,141,333	2,079,433,634			

3) 분개장의 망라성 검토

회사의 재무분석이 끝나면 적발감사의 주요 단계로 분개장의 입수와 정리가 필요하다. 분개장은 회사의 모든 거래가 집계되어 있는 회계상의 원천자료라고 할 수 있다. 분개장에 기장된 거래들은 각 계정별로 분류 집계되어 재무제표에 표시된다. 오늘날에는 컴퓨터 회계 프로그램에 원천 자료만 정확히 입력되면 나머지 과정은 약간의 결산과정만 반영하면 별다른 어려움 없이 재무제표가 완성된다.

그러나 때때로 장부 작성과정의 자동 작업에 대한 검증이 필요하다. 컴퓨터에 의한 입력, 처리, 출력 과정은 통상적으로 프로그램을 처음 도입할 때를 제외하고는 검증 없이 당연히 맞는 것으로 간주하여 사용한다. 그러나 프로그램은 사용 목적에 따라 회사 경영자나 실무자에 의해 수정되기도 하고, 시간의 흐름에 따라 프로그램상 버그가 만들어져 당초 의도된 로직을 이탈할 수도 있기 때문에 이에 대한 검증이 필요하다.

그러한 이유로 분개장에 사용된 계정들과 재무제표상에 표시되는 계정 간의 컨버전(conversion) 과정에 대한 검토는 중요하다. ㈜북극해의 분개장에 사용된 계정 내용과 사용빈도 수는 다음과 같다.

[㈜북극해의 분개장 사용 계정의 확인]

연번	계정명	사용빈도수	연번	계정명	사용빈도수	연번	계정명	사용빈도수
1	AS비	41	43	사무용품비	11	85	이자비용	150
2	가수금	8	44	사채	2	86	이자수익	49
3	가스수도료	2	45	상여금	61	87	임원급여	12
4	가지급금	10	46	상품	708	88	임차관리비	27
5	감가상각누계액	7	47	상품매출	4,099	89	임차보증금	7
6	감가상각비	16	48	상품매출원가	24	90	잡급	17
7	감강상각누계액	1	49	선급금	1,227	91	잡손실	42
8	개발비	12	50	선급비용	39	92	잡이익	1,808
9	건설가계정	6	51	선납세금	25	93	잡이익-부품매출	567
10	경상연구개발비	6	52	선수금	264	94	장기성예금	18
11	광고선전비-기타	108	53	세금과공과금	133	95	장기차입금	1
12	광고선전비-전시회	22	54	소모품	100	96	재고자산폐기손실	3
13	광고선전비-지면	56	55	소모품비	2	97	재공품	24
14	교육훈련비	40	56	소모품비-PART	1	98	접대비	825
15	급여	2	57	소모품비-소모품비	593	99	정기예적금	38
16	기타보증금	3	58	소모품비-타계정	1	100	제조	26
17	단기차입금	23	59	소프트웨어	1	101	제품	263
18	대손상각비	17	60	수도광열비	132	102	제품매출	1,591
19	대손충당금	16	61	수선비 - I/C	11	103	제품매출원가	13
20	대손충당금환입	1	62	수선비-일반	59	104	지급수수료	2,878
21	도서인쇄비	83	63	수입수수료	1,062	105	지급임차료	201
22	무형고정자산상각	15	64	시설장치	1	106	직원급여	197
23	미수금	839	65	실용신안권	2	107	차량운반구	10
24	미수금-카드미수금	247	66	여비교통비	305	108	차량유지-기타	810
25	미수수익	9	67	예수금	981	109	차량유지-보험,세금	20
26	미지급금-일반	3,502	68	외상매입금	1,391	110	차량유지비	2
27	미지급금-카드	2,133	69	외상매출금	12,114	111	차량유지-수선비	78
28	미지급배당금	2	70	외화예금	128	112	차량유지-유류대	497
29	미지급비용	12	71	외화환산손실	2	113	통신비	2
30	미지급세금	3	72	외화환산이익	8	114	통신비-개인이동전화	424
31	미착품	4,754	73	외환차손	132	115	통신비-기타	191
32	받을어음	95	74	외환차익	222	116	통신비-우편	120
33	법인세등	1	75	운반비	723	117	퇴직급여	13
34	보통예금	9,372	76	원재료	24	118	퇴직급여충당금	19
35	보험료	30	77	원재료비	24	119	퇴직연금운용자산	18
36	복리후생비	2	78	유가증권	8	120	특허권	1
37	복리후생비-기타	241	79	유가증권처분손실	4	121	판매수수료	323
38	복리후생비-식대음료	440	80	유동성장기부채	14	122	판매장려금	39
39	복리후생-의보,고용	226	81	유형자산처분손실	1	123	판매촉진비	65
40	부가세대급금	3,252	82	유형자산처분이익	3	124	해외여비교통비	38
41	부가세예수금	6,039	83	이월이익잉여금	1	125	현금	387
42	비품	86	84	이익준비금	1	총계		68,238

　　북극해의 경우 회계구조를 분석하여 보면 상기 표에서 보듯이 외상매출금 계정이 12,114회로 가장 많이 사용되었으며, 1년간 계정의 총 사용빈도 수는 68,238회임을 알 수 있다. 회사의 분개장에는 총 125개의 계정을 사용하고 있음을 알 수 있다. 그러나 실제 재무제표에 표시되는 계정은 이보다 적다. 분개장과 재무제표에 사용된 계정은 다음과 같다.

[분개장의 망라성 검토_북극해]

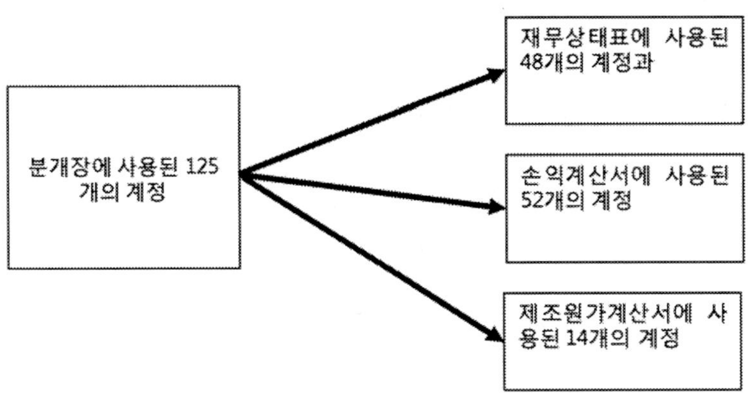

아직도 분개장에 사용된 125개의 계정 수와 재무제표에 사용된 계정수와는 11개의 차이가 나고 있으며, 이 차이는 내부관리 목적을 위하여 일부 비용 항목을 세분하여 사용한 것으로 밝혀졌다. 아울러 관련 계정들의 수치적 합계의 검증 결과 재무제표의 각 계정에 집계된 금액과 일치함을 확인하였다. 즉, 몇 개의 계정은 필요에 따라 세분하여 사용하고 있는데 이러한 계정에는 광고선전비, 미지급금, 복리후생비, 소모품비, 잡이익, 차량유지비, 통신비가 있다.

4) 제1차 표본추출

분개장에서 추출할 제1차 표본 수를 산정한다. 제1차 표본추출을 위하여 신뢰수준과 기대오류율, 허용오류율을 결정한다. 통상 95%의 신뢰수준과 1%의 기대오류율, 그리고 5%의 허용오류율을 가정한다. 이렇게 신뢰수준과 기대오류율, 허용오류율이 결정되면 이에 따른 추출할 샘플 단위가 결정된다. 이 경우 아래 테이블에 따라 93개의 표본 수가 결정된다.

만일 기대오류율과 허용오류율을 더 정밀하게 하고자 한다면 표본 수는 증가할 것이다. 예를 들어 모집단의 기대오류율을 0.25%, 허용오류율을 2%로 한다면 표본 수는 236단위가 될 것이다. 표본 수를 얼마로 할 것인가는 시간과 비용 및 감사 목적에 따라 판단하여야 한다. 그러나 통상은 1%의 기대오류율과 5%의 허용오류율을 많이 적용한다.

〈표 1〉 내부통제의 시사를 위한 통계적 표본 크기의 결정(95% 신뢰수준)

모집단의 기대오류율	허용오류율(tolerable deviation rate)										
	2%	3%	4%	5%	6%	7%	8%	9%	10%	15%	20%
0.00%	149(0)	99(0)	74(0)	59(0)	49(0)	42(0)	36(0)	32(0)	29(0)	19(0)	14(0)
0.25%	236(1)	157(1)	117(1)	93(1)	78(1)	66(1)	58(1)	51(1)	46(1)	30(1)	22(1)
0.50%	*	157(1)	117(1)	93(1)	78(1)	66(1)	58(1)	51(1)	46(1)	30(1)	22(1)
0.75%	*	208(2)	117(1)	93(1)	78(1)	66(1)	58(1)	51(1)	46(1)	30(1)	22(1)
1.00%	*	*	156(2)	93(1)	78(1)	66(1)	58(1)	51(1)	46(1)	30(1)	22(1)
1.25%	*	*	156(2)	124(2)	78(1)	66(1)	58(1)	51(1)	46(1)	30(1)	22(1)
1.50%	*	*	192(3)	124(2)	103(2)	66(1)	58(1)	51(1)	46(1)	30(1)	22(1)
1.75%	*	*	227(4)	153(3)	103(2)	88(2)	77(2)	51(1)	46(1)	30(1)	22(1)
2.00%	*	*	*	181(4)	127(3)	88(2)	77(2)	68(2)	46(1)	30(1)	22(1)
2.25%	*	*	*	208(5)	127(3)	88(2)	77(2)	68(2)	61(2)	30(1)	22(1)
2.50%	*	*	*	*	150(4)	109(3)	77(2)	68(2)	61(2)	30(1)	22(1)
2.75%	*	*	*	*	173(5)	109(3)	95(3)	68(2)	61(2)	30(1)	22(1)
3.00%	*	*	*	*	195(6)	129(4)	95(3)	84(3)	61(2)	30(1)	22(1)
3.25%	*	*	*	*	*	148(5)	112(4)	84(3)	61(2)	30(1)	22(1)
3.50%	*	*	*	*	*	167(6)	112(4)	84(3)	76(3)	40(2)	22(1)
3.75%	*	*	*	*	*	185(7)	129(5)	100(4)	76(3)	40(2)	22(1)
4.00%	*	*	*	*	*	*	146(6)	100(4)	89(4)	40(2)	22(1)
5.00%	*	*	*	*	*	*	*	158(8)	116(6)	40(2)	30(2)
6.00%	*	*	*	*	*	*	*	*	179(11)	50(3)	30(2)
7.00%	*	*	*	*	*	*	*	*	*	68(5)	37(3)

주: 상기 자료는 미국공인회계사회의 sampling table임.

　( )는 기대되는 이탈사항의 수를 나타냄.

　*표시는 표본의 크기가 커서 비용이 효익을 초과하는 경우에 해당됨.

　표본 수가 결정되면 무작위 표본추출방법으로 표본을 추출하게 되며, 본 사례의 경우는 다음의 표본 93개가 선택되었다.

[㈜북극해의 제1차 추출된 표본]

연번	년/월/일	계 정 과 목	차　변	대　변	추출코드	적　요	표본추출
1	2012/11/30	광고선전비-기타	53,000		20120100	2012국제존선해양산업전-식대	0.999864
2	2012/05/22	미지급금-일반		701,800	20120020	로드쇼전단제작	0.999997
3	2012/11/29	미지급금-일반		60,566	20120040	TYOBUS12437/76B-120690	0.999954
4	2012/04/16	미지급금-일반	4,510,479		20120350	지급-현대오일뱅크	0.999521
5	2012/11/19	미지급금-일반		92,867	20120490	TYOBUS12551/76-#120710	0.999282
6	2012/02/15	미지급금-일반	60,198		20120690	경비지급	0.999010
7	2012/12/13	미지급금-일반		60,159	20120770	TYOBUS1307676B-#120787	0.998885
8	2012/04/20	미지급금-일반		605,000	20120840	기장료	0.998726
9	2012/03/23	미착품	8,089,980		20120050	#120117-LC(외)-VJ-1624W-JPY?	0.999935
10	2012/05/31	미착품		30,000	20120060	#897714	0.999921
11	2012/03/28	미착품		2,984,192	20120180	#120159-MUTOH-INKCARD/PARTS	0.999707
12	2012/05/25	미착품	851,400		20120210	#120245	0.999675
13	2012/04/19	미착품		12,102,175	20120510	#896471-GEDRUCK	0.999248
14	2012/03/30	미착품		243,749	20120540	#Y1202066-GRAPHTEC	0.999201
15	2012/01/31	미착품	928,265		20120600	#Y1201012-GRAPHTEC	0.999093
16	2012/09/24	미착품	60,830		20120670	#1208037	0.999039
17	2012/07/17	미착품		82,200	20120760	#CS12-00283	0.998905
18	2012/11/29	미착품		270,200	20120870	TYOBUS12437/76B-120690	0.998704
19	2012/01/02	보통예금		115,000	20120030	지급-동서대리점	0.999975
20	2012/12/28	보통예금	22,011,000		20120080	제예금 입금 대체	0.999873

연번	년/월/일	계 정 과 목	차 변	대 변	추출코드	적 요	표본추출
21	2012/12/03	보통예금	16,500		20120340	제예금 입금 대체	0.999522
22	2012/11/05	보통예금	5,280,000		20120560	제예금 입금 대체	0.999164
23	2012/08/17	보통예금	20,000,000		20120610	제예금 입금 대체	0.999090
24	2012/12/31	보통예금		28,860	20120620	지급-한전	0.999086
25	2012/06/07	보통예금	1,333,200		20120720	제예금 입금 대체	0.998996
26	2012/10/22	보통예금	1,343,101		20120900	제예금 입금 대체	0.998653
27	2012/05/09	보통예금	102,597		20120910	제예금 입금 대체	0.998653
28	2012/12/04	보통예금	22,000		20120930	제예금 입금 대체	0.998617
29	2012/11/21	복리후생비-식대음료	42,700		20120780	야근식대	0.998860
30	2012/12/07	부가세대급금	68,300		20120440	YOKBUS1282676-Y1211019	0.999379
31	2012/07/31	부가세대급금	5,215		20120500	전기사용료-302-120611¯120710	0.999264
32	2012/02/29	부가세대급금	12,644		20120580	KIWA소재발송	0.999112
33	2012/12/31	부가세대급금	90,000		20120750	폐합성수지	0.998956
34	2012/03/16	부가세예수금		112,000	20120070	부가세예수금_DOMESTIC	0.999885
35	2012/12/03	부가세예수금		180,000	20120160	부가세예수금_DOMESTIC	0.999743
36	2012/10/10	부가세예수금		88,400	20120170	부가세예수금_DOMESTIC	0.999715
37	2012/04/02	부가세예수금		10,000	20120200	부가세예수금_DOMESTIC	0.999681
38	2012/02/16	부가세예수금		1,810,000	20120360	부가세예수금_DOMESTIC	0.999519
39	2012/08/13	부가세예수금		8,000	20120470	부가세예수금_DOMESTIC	0.999319
40	2012/01/09	부가세예수금		1,008,000	20120530	부가세예수금_DOMESTIC	0.999222

연번	년/월/일	계 정 과 목	차 변	대 변	추출코드	적 요	표본추출
41	2012/05/31	부가세예수금		594,000	20120700	부가세예수금_DOMESTIC	0.999004582
42	2012/10/10	부가세예수금		-	20120790	수출-EXPAND- #K12-067-	0.998849825
43	2012/01/26	부가세예수금		10,000	20120890	부가세예수금_DOMESTIC	0.998667927
44	2012/06/29	상품	240,000		20120550	상품 구매	0.999179603
45	2012/12/17	상품매출		2,393,000	20120220	상품 매출	0.999658895
46	2012/10/31	상품매출		(5,280,000)	20120230	상품 매출	0.999655604
47	2012/10/19	상품매출		1,529,200	20120250	상품 매출	0.999616538
48	2012/01/10	상품매출		389,000	20120280	상품 매출	0.999577787
49	2012/03/30	상품매출		27,000,000	20120320	상품 매출	0.999544623
50	2012/05/03	상품매출		240,000	20120450	상품 매출	0.999376527
51	2012/11/06	상품매출		20,640,000	20120660	상품 매출	0.999039797
52	2012/12/12	상품매출		650,000	20120740	상품 매출	0.998956713
53	2012/10/23	상품매출		3,613,000	20120850	상품 매출	0.998718837
54	2012/09/07	상품매출		15,300	20120880	상품 매출	0.998672773
55	2012/05/22	상품매출		132,600	20120920	상품 매출	0.998636928
56	2012/04/30	선급금		660,000	20120190	4/24 입금완료	0.999700698
57	2012/06/22	선급금		22,000	20120270	#900591/900592/900633	0.999598853
58	2012/04/30	소모품		4,576,533	20120680	#120268-MUTOH-INKCARD	0.999017294
59	2012/09/18	예수금		310	20120150	장비판매수수료(이동현721210-	0.999771676
60	2012/02/23	외상매입금		66,152,139	20120630	#892230/31/71-GEDRUCK-DPI880	0.999079503

연번	년/월/일	계 정 과 목	차 변	대 변	추출코드	적 요	표본추출
61	2012/03/30	외상매입금		341,040	20120730	#51277-WASATCH-UPGRADE	0.998962869
62	2012/09/07	외상매출금		833,333	20120130	외상매출금 감소(제예금)	0.999788882
63	2012/08/24	외상매출금	4,290,000		20120260	외상매출금 증가(상품)	0.999608186
64	2012/05/31	외상매출금	330,000		20120330	외상매출금 증가(제품)	0.999542029
65	2012/12/27	외상매출금		8,000,000	20120390	외상매출금 감소(제예금)	0.999454031
66	2012/06/14	외상매출금	33,000		20120420	오류송금재반환	0.999405569
67	2012/12/12	외상매출금	1,449,250		20120460	외상매출금 증가(상품)	0.999360196
68	2012/06/15	외상매출금		1,567,500	20120480	외상매출금 감소(제예금)	0.999312537
69	2012/10/30	외상매출금		10,173,900	20120590	외상매출금 감소(제예금)	0.999098224
70	2012/04/05	외상매출금	36,300		20120650	외상매출금 증가(저장품)	0.99905453
71	2012/05/31	외상매출금	138,600		20120830	외상매출금 증가(제품)	0.998743647
72	2012/01/11	외환차손	304,043		20120290	외화송금 JPY 14,355,200	0.999576165
73	2012/03/26	잡이익		41,600	20120090	법인카드할인	0.999870971
74	2012/10/31	잡이익		409,927	20120240	연체이자	0.999636832
75	2012/01/09	잡이익		32,667	20120390	현대카드지연수금이자-빅포미	0.999551243
76	2012/10/08	잡이익		8,334	20120410	현대카드이자-헤드원-한성기	0.99941535
77	2012/08/31	잡이익		54,355	20120640	연체이자	0.999056005
78	2012/12/31	잡이익		(783,690)	20120800	중소기업기술혁신협회 인턴지	0.998825136
79	2012/03/30	접대비	155,000		20120140	거래처접대비(신용카드)	0.999781624
80	2012/04/30	접대비	19,600		20120400	거래처접대비(신용카드)	0.999419441

연번	년/월/일	계 정 과 목	차 변	대 변	추출코드	적 요	표본추출
81	2012/03/30	접대비	139,150		20120570	거래처접대비(신용카드)	0.999112069
82	2012/09/19	접대비	3,500		20120860	거래처접대비(신용카드)	0.998715988
83	2012/12/31	제조	344,279,000		20120430	12월제품입고에따른공정대체	0.999383695
84	2012/05/29	제품	49,746,000		20120380	제품 구매	0.999471856
85	2012/11/09	제품	8,784,000		20120820	제품 구매	0.998788864
86	2012/07/26	제품매출		10,380,000	20120120	제품 매출	0.999822056
87	2012/05/31	제품매출		24,448,000	20120520	제품 매출	0.999225644
88	2012/09/07	지급수수료	39,906		20120110	현대카드수수료-헤드원-하은택	0.999844682
89	2012/08/09	차량유지-기타	50,000		20120370	하이패스통행료	0.999486697
90	2012/04/30	차량유지-수선비	47,849		20120310	법인차량수리-공제	0.99954474
91	2012/10/24	차량유지-유류대	174,093		20120810	유류#1094-157L	0.998801535
92	2012/09/28	통신비-기타	239,800		20120010	OFFICE365사용료	0.999999845
93	2012/01/31	통신비-우편	2,070		20120710	우편발송료	0.999003314

5) 제1차 감사 수행

(1) 가치유입계정의 감사 – 매출계정

매출계정은 가치유입계정의 대부분을 차지하고 있는 중요한 계정이다. 상품매출에 대하여 추출된 표본들의 거래방정식의 성립 여부를 검토한바, 다음과 같다.

표본 47, 86, 87번은 거래방정식이 성립하지 않는 것으로 판명되었다. 실제 내용은 동표본에 대한 유출가치를 추정하기 위하여 관련 보조부인 매출장과 해당 거래의 수불부를 대조하였으나 해당 거래일에 대한 수불부가 매출장의 수량과 상이하거나 87번의 경우는 제품수불부에 해당 품목이 설정조차 되지 않았다.

이러한 불일치는 매출 거래에 대한 내부통제제도가 불비함을 나타낸다고 할 수 있다. 이러한 거래는 제2차 표본추출 시에 고려되어야 한다. 표본 47번의 경우, 상품 매출이 반품된 것으로 이에 대해서는 반품 관련 내부통제제도가 적정하게 수행되고 있는지 검토되어야 한다.

그 외의 표본에 대한 감사는 모두 거래방정식을 충족하고 있는 것으로 추정되었다. 그러나 거래방정식을 충족하고 있다고 하여도 제2차 거래방정식을 충족하고 있는지에 대하여도 추가 검토가 필요하다. 즉, 개별 거래의 유입가치가 유출가치를 초과한다고 하여도 해당 거래의 과거 거래와 비교하여 가치의 순유입 규모가 감소하였다면 그에 대한 검토를 수행하여야 한다.

이러한 2차 검토는 회사의 주요 거래에 대하여 수행할 필요가 있으며 파레토 법칙에 따라 20%의 원인이 80%의 결과를 가져오는 거래를 대상으로 중점적으로 검토한다. 2차 검토를 위해서는 해당 거래에 관련된 과거 3개년 이상의 자료를 분석하여야 한다.

[㈜북극해의 가치유입계정–매출계정 제1차 표본]

연번	년/월/일	계 정 과 목	차 변	대 변	매출처코드	적 요	유입가치	유출가치	방정식성립
45	2012/12/17	상품매출		2,393,000	20120220	상품 매출	2,393,000	1,578,252	yes
46	2012/10/31	상품매출		(5,280,000)	20120230	상품 매출	- 5,280,000	(5,280,000)	yes
47	2012/10/19	상품매출		1,529,200	20120250	상품 매출	1,529,200	1,529,300	no
48	2012/01/10	상품매출		389,000	20120280	상품 매출	389,000	233,375	yes
49	2012/03/30	상품매출		27,000,000	20120320	상품 매출	27,000,000	24,000,000	yes
50	2012/05/03	상품매출		240,000	20120450	상품 매출	240,000	189,697	yes
51	2012/11/06	상품매출		20,640,000	20120660	상품 매출	20,640,000	15,523,973	yes
52	2012/12/12	상품매출		650,000	20120740	상품 매출	650,000	400,000	yes
53	2012/10/23	상품매출		3,613,000	20120850	상품 매출	3,613,000	1,931,427	yes
54	2012/09/07	상품매출		15,300	20120880	상품 매출	15,300	15,300	yes
55	2012/05/22	상품매출		132,600	20120920	상품 매출	132,600	132,600	yes
86	2012/07/26	제품매출		10,380,000	20120120	제품 매출	10,380,000	11000000	no
87	2012/05/31	제품매출		24,448,000	20120520	제품 매출	24,448,000	25000000	no

(2) 가치유출계정 관련 감사 – 구매 등

가치유출계정은 회사의 경우 상품매출원가와 제품매출원가가 많은 바 상품과 원자재의 구매에 관련된 비용의 비중이 크다. 그에 따라 금액적 중요성이 큰 거래에 치중하여 표본을 추출할 수 있으나, 1차 표본추출 시에는 금액적 중요성을 감안하지 않고 표본추출하였다.

가치유출계정의 표본은 다음과 같다. 가치유출계정의 경우 유출되는 가치는 명확히 측정이 가능하지만 유입되는 물적 자산이나 서비스의 유입가치는 측정이 용이하지 않다. 유입가치는 시장 상품인 경우 물가정보지 등을 참조하여 그 시가를 추정한다. 만일 그러한 시가 자료를 구하기 어려울 경우에는 기업의 과거자료를 통하여 시가를 추정하여야 한다.

제1차 표본감사의 목적은 가치방정식의 성립 여부를 판단하는 목적도 있으나 다른 한편으로는 구매되는 물품이나 서비스에 대한 거래와 관련한 증빙 등이 빠짐없이 잘 관리되고 있는지와 관련 지출활동에 대한 내부통제 활동의 설정 및 운영의 적정성 유무를 판단하려는 목적도 있다.

[㈜북극해의 가치유출계정 제1차 표본]

연번	년/월/일	계 정 과 목	차 변	대 변	추출코드	적 요	유입가치	유출가치	방정식성립
1	2012/11/30	광고선전비-기타	53,000		20120100	2012국제존선해양산업전-식대	53,000	53,000	yes
9	2012/03/23	미착품	8,089,980		20120050	#120117-LC(외)-VJ-1624W-JPY7,350,000	8,089,980	8,089,980	yes
12	2012/05/25	미착품	851,400		20120210	#120245	851,400	851,400	yes
15	2012/01/31	미착품	928,265		20120600	#Y1201012-GRAPHTEC	928,265	928,265	yes
16	2012/09/24	미착품	60,830		20120670	#1208037	60,830	60,830	yes
29	2012/11/21	복리후생비-식대음료	42,700		20120780	야근식대	42,700	42,700	yes
44	2012/06/29	상품	240,000		20120550	상품 구매	240,000	240,000	yes
79	2012/03/30	접대비	155,000		20120140	거래처접대비(신용카드)	155,000	155,000	yes
80	2012/04/30	접대비	19,600		20120400	거래처접대비(신용카드)	19,600	19,600	yes
81	2012/03/30	접대비	139,150		20120570	거래처접대비(신용카드)	139,150	139,150	yes
82	2012/09/19	접대비	3,500		20120860	거래처접대비(신용카드)	3,500	3,500	yes
88	2012/09/07	지급수수료	39,906		20120110	현대카드수수료-헤드원-하은텍스타일	39,906	39,906	yes
89	2012/08/09	차량유지-기타	50,000		20120370	하이패스통행료	50,000	50,000	yes
90	2012/04/30	차량유지-수선비	47,849		20120310	법인차량수리	40,000	47,849	no
91	2012/10/24	차량유지-유류대	174,093		20120810	유류#1094-157L	174,093	174,093	yes
92	2012/09/28	통신비-기타	239,800		20120010	OFFICE365사용료	239,800	239,800	yes
93	2012/01/31	통신비-우편	2,070		20120710	우편발송료	2,070	2,070	yes

가치유출 거래 표본 중 일반 비용들에 대한 표본인 접대비, 차량유지비 등에 대한 감사 중점은 관련 증빙들이 잘 비치되어 있는가에 대한 검토가 중요하다. 표본 90번의 경우 차량수선비에 대한 증빙이 세무서에서 인정되는 적격 증빙이 아닌 간이영수증에 의한 지출이 발생하였다. 이러한 간이영수증에 의한 지출은 비용으로 인정되지 않는바, 관련 지출에 대한 내부통제제도의 보완이 필요하다.

6) 제2차 표본추출

제1차 표본감사를 바탕으로 이상 발생 사항에 대하여 관련된 품목이나 관련 구매 절차에 대해 2차 추가 표본을 추출한다.

(1) 가치유입계정 매출의 표본 선정

가치유입계정인 매출에 대한 표본을 선정하기 위해 신뢰수준 90%, 기대오류율 1%, 허용오류율 5%로 하여 표본 테이블에서 표본 수를 선정하면 77개의 표본 수가 산정되며 이를 회사의 매출장으로부터 추출한다.

〈표 2〉 내부통제의 시사를 위한 통계적 표본 크기의 결정(90% 신뢰수준)

모집단의 기대오류율	허용오류율(tolerable deviation rate)										
	2%	3%	4%	5%	6%	7%	8%	9%	10%	15%	20%
0.00%	114(0)	76(0)	57(0)	45(0)	38(0)	32(0)	28(0)	25(0)	22(0)	15(0)	11(0)
0.25%	194(1)	129(1)	96(1)	77(1)	64(1)	55(1)	48(1)	42(1)	38(1)	25(1)	18(1)
0.50%	194(1)	129(1)	96(1)	77(1)	64(1)	55(1)	48(1)	42(1)	38(1)	25(1)	18(1)
0.75%	265(2)	129(1)	96(1)	77(1)	64(1)	55(1)	48(1)	42(1)	38(1)	25(1)	18(1)
1.00%	*	176(2)	96(1)	77(1)	64(1)	55(1)	48(1)	42(1)	38(1)	25(1)	18(1)
1.25%	*	221(3)	132(2)	77(1)	64(1)	55(1)	48(1)	42(1)	38(1)	25(1)	18(1)
1.50%	*	*	132(2)	105(2)	64(1)	55(1)	48(1)	42(1)	38(1)	25(1)	18(1)
1.75%	*	*	166(3)	105(2)	88(2)	55(1)	48(1)	42(1)	38(1)	25(1)	18(1)
2.00%	*	*	198(4)	132(3)	88(2)	75(2)	48(1)	42(1)	38(1)	25(1)	18(1)
2.25%	*	*	*	158(4)	88(2)	75(2)	65(2)	42(1)	38(1)	25(1)	18(1)
2.50%	*	*	*	209(6)	110(3)	75(2)	65(2)	58(2)	38(1)	25(1)	18(1)
2.75%	*	*	*	*	132(4)	94(3)	65(2)	58(2)	52(2)	25(1)	18(1)
3.00%	*	*	*	*	132(4)	94(3)	65(2)	58(2)	52(2)	25(1)	18(1)
3.25%	*	*	*	*	153(5)	113(4)	82(3)	58(2)	52(2)	25(1)	18(1)
3.50%	*	*	*	*	194(7)	113(4)	82(3)	73(3)	52(2)	25(1)	18(1)
3.75%	*	*	*	*	*	131(5)	98(4)	73(3)	52(2)	25(1)	18(1)
4.00%	*	*	*	*	*	149(6)	98(4)	73(3)	65(3)	25(1)	18(1)
5.00%	*	*	*	*	*	*	160(8)	115(6)	78(4)	34(2)	18(1)
6.00%	*	*	*	*	*	*	*	182(11)	116(7)	45(3)	25(2)
7.00%	*	*	*	*	*	*	*	*	199(4)	52(4)	25(2)

주: 상기 자료는 미국공인회계사회의 sampling table임.

　( )는 기대되는 이탈사항의 수를 나타냄.

　*표시는 표본의 크기가 커서 비용이 효익을 초과하는 경우에 해당됨.

[㈜북극해의 매출에 대한 2차 표본]

연번	출고일자	출고번호	품번	수량	단가	공급가	표본추출
1	2012/05/11	MC1205000274	C07203-0022	24	45,000	1,080,000	0.999997
2	2012/11/28	MC1211000589	C07202-0062	72	13,000	936,000	0.999991
3	2012/08/29	MC1208000465	C43301-0003	3	1,100,000	3,300,000	0.999984
4	2012/01/04	MC1201000062	C07203-0019	3	60,000	180,000	0.999966
5	2012/02/03	MC1202000081	TGR-B-537	1	450,000	450,000	0.999905
6	2012/10/23	MC1210000430	CMU4-DG-40311	3	42,000	126,000	0.999813
7	2012/04/30	MC1204000409	C07212-0008	4	55,000	220,000	0.999751
8	2012/12/17	MC1212000355	CMU211-0006	1	240,000	240,000	0.999725
9	2012/09/25	MC1209000515	TGR-GL820E	1	2,700,000	2,700,000	0.99967
10	2012/04/09	MC1204000105	C50253-0004	1	180,000	180,000	0.999659
11	2012/07/11	MC1207000172	CMU211-0004	1	240,000	240,000	0.999633
12	2012/06/07	MC1206000123	C50252-0005	7	800,000	5,600,000	0.999587
13	2012/05/07	MC1205000145	CMU4-DF-42889	20	6,000	120,000	0.999575
14	2012/06/18	MC1206000380	CMU4-DG-42458	1	38,000	38,000	0.999524
15	2012/10/05	MC1210000051	C07203-0019	12	42,000	504,000	0.999519
16	2012/02/08	MC1202000140	C99207-0088	4	80,000	320,000	0.999393
17	2012/03/02	MC1203000008	CMU4-DF-49029	1	850,000	850,000	0.99939
18	2012/06/21	MC1206000459	CGR112-0028	2	23,670,000	47,340,000	0.999275
19	2012/12/17	MC1212000357	C07203-0022	1	13,000	13,000	0.999237
20	2012/12/17	MC1212000351	CMU101-0007	4	20,890,000	83,560,000	0.999174

연번	출고일자	출고번호	품번	수량	단가	공급가	표본추출
21	2012/07/30	MC1207000526	CGR4-682132232	1	130,000	130,000	0.999131
22	2012/12/17	MC1212000347	CGR221-0001	3	49,000	147,000	0.999096
23	2012/05/30	MC1205000703	CGR4-792130703	1	238,000	238,000	0.99902
24	2012/03/21	MC1203000341	CMU211-0006	1	290,000	290,000	0.999003
25	2012/07/06	MC1207000112	CMU4-DF-43621	20	9,400	188,000	0.998952
26	2012/05/15	MC1205000357	C07202-0063	40	13,000	520,000	0.998929
27	2012/04/16	MC1204000189	C07203-0020	2	63,000	126,000	0.998846
28	2012/01/31	MC1201000398	CMU4-DE-22258	3	5,100	15,300	0.99883
29	2012/11/08	MC1211000128	TGE-X5012-TBA2	2	340,000	680,000	0.998763
30	2012/04/27	MC1204000377	C99207-0100	3	60,000	180,000	0.998748
31	2012/03/09	MC1203000149	CMU101-0007	1	19,350,000	19,350,000	0.998725
32	2012/05/24	MC1205000596	C07202-0050	4	13,000	52,000	0.99867
33	2012/12/04	MC1212000045	CMU4-DF-49028	2	23,800	47,600	0.998606
34	2012/11/06	MC1211000087	CGN211-0018	2	160,000	320,000	0.998539
35	2012/05/10	MC1205000237	C43301-0003	1	1,100,000	1,100,000	0.998531
36	2012/12/31	MC1212000670	TGR-GL220	1	1,340,000	1,340,000	0.998521
37	2012/04/03	MC1204000016	C50253-0004	1	180,000	180,000	0.99843
38	2012/11/02	MC1211000039	CMU4-DF-40490	1	945,000	945,000	0.998408
39	2012/02/29	MC1202000427	CMU4-DG-40711	20	33,200	664,000	0.998357
40	2012/08/06	MC1208000049	CMU211-0004	1	240,000	240,000	0.998345

연번	출고일자	출고번호	품번	수량	단가	공급가	표본추출
41	2012/06/28	MC1206000629	C07203-0020	24	45,000	1,080,000	0.998335
42	2012/05/07	MC1205000127	C07212-0007	5	60,000	300,000	0.998321
43	2012/11/28	MC1211000601	CMU4-DE-22407	2	498,000	996,000	0.998319
44	2012/12/04	MC1212000045	CMU4-DF-49021	1	106,300	106,300	0.998296
45	2012/06/27	MC1206000584	CMU102-0023	1	18,750,000	18,750,000	0.998295
46	2012/05/02	MC1205000031	C52225-0008	1	10,000	10,000	0.998284
47	2012/12/26	MC1212000525	CMU4-DE-12792	1	12,800	12,800	0.998244
48	2012/07/27	MC1207000506	TGR-B-538	2	925,000	1,850,000	0.998226
49	2012/08/13	MC1208000177	C07212-0010	4	60,000	240,000	0.998175
50	2012/09/25	MC1209000514	TGR-GL820E	2	2,060,000	4,120,000	0.998051
51	2012/06/26	MC1206000563	C07202-0053	-14	13,000	- 182,000	0.998031
52	2012/06/19	MC1206000405	111	1	50,000	50,000	0.997994
53	2012/04/16	MC1204000175	TGE-IO800A	3	46,000	138,000	0.997985
54	2012/06/29	MC1206000670	CMU4-DF-49697	1	21,300	21,300	0.997921
55	2012/04/19	MC1204000265	C50253-0004	2	180,000	360,000	0.997913
56	2012/06/04	MC1206000048	C52225-0008	1	10000	10000	0.997906
57	2012/02/28	MC1202000392	CGR4-095013010	2	8000	16000	0.997879
58	2012/01/11	MC1201000170	C07203-0019	6	65000	390000	0.997835
59	2012/07/09	MC1207000137	CMU211-0005	1	240000	240000	0.997711
60	2012/11/12	MC1211000204	C07212-0009	-3	60000	-180000	0.9977

연번	출고일자	출고번호	품번	수량	단가	공급가	표본추출
61	2012/01/09	MC1201000114	TGE-PM620-10B,	1	2450000	2450000	0.997663
62	2012/10/08	MC1210000078	CMU4-DG-41919	2	103000	206000	0.99764
63	2012/04/17	MC1204000206	C07203-0020	36	59000	2124000	0.997576
64	2012/08/24	MC1208000402	C99207-0038	3	80000	240000	0.997562
65	2012/07/03	MC1207000044	C99207-0037	1	90000	90000	0.99756
66	2012/12/03	MC1212000019	C07203-0021	24	45000	1080000	0.997522
67	2012/12/06	MC1212000113	C07202-0064	24	13000	312000	0.997437
68	2012/02/07	MC1202000118	C99202-0034	20	15000	300000	0.997317
69	2012/11/30	MC1211000681	C50253-0004	-1	180000	-180000	0.997305
70	2012/03/19	MC1203000281	C07202-0051	264	10500	2772000	0.997236
71	2012/03/09	MC1203000150	C07202-0053	1	13000	13000	0.997192
72	2012/05/21	MC1205000489	CMU4-DF-43949	1	800000	800000	0.997189
73	2012/07/16	MC1207000274	C07203-0020	24	45000	1080000	0.997101
74	2012/06/15	MC1206000346	CMU4-DF-40490	2	1100000	2200000	0.996976
75	2012/07/23	MC1207000411	CGP301-0018	3	1100000	3300000	0.99696
76	2012/03/30	MC1203000531	CGR221-0005	1	340000	340000	0.996737
77	2012/11/14	IS1211000057	C99207-0055	48	128623	6173929	0.99671

(2) 가치유출계정 매입의 표본 선정

가치유입계정 매출에서 표본을 선정한 것과 같은 방법으로 신뢰수준 90%, 기대오류율 1%, 허용오류율 5%로 하여 ㈜북극해의 매입장에서 77개의 표본을 선정한다.

연번	입고일자	거래구분	마감번호	No.	품번	수량	단가	공급가	표본추출
1	2012/04/30	DOMESTIC	PC1204000057	4	C99207-0056	60	100,000	6,000,000	0.999903171
2	2012/01/25	DOMESTIC	PC1201000026	6	C07203-0020	-14	40,000	-560,000	0.999786308
3	2012/12/17	DOMESTIC	PC1212000024	5	C99207-0042	16	75,000	1,200,000	0.999764657
4	2012/06/21	DOMESTIC	PC1206000028	3	C07203-0019	120	30,000	3,600,000	0.999227763
5	2012/10/31	T/T	PC1210000058	3	CMU4-DF-40735	2	18,097	36,194	0.998784287
6	2012/09/28	T/T	PC1209000085	3	CMU4-DF-40982	170	1,409	239,640	0.998442229
7	2012/08/31	T/T	PC1208000059	1	CMU217-0004	200	5,870	1,174,069	0.998241669
8	2012/07/17	MASTER L/C	PC1207000034	1	CMU101-0017	16	12,529,163	200,466,612	0.998043051
9	2012/09/18	DOMESTIC	PC1209000027	3	C07202-0064	480	9,000	4,320,000	0.99790534
10	2012/03/27	DOMESTIC	PC1203000034	3	TDO-F177	8	300,000	2,400,000	0.9972999
11	2012/06/29	T/T	PC1206000068	8	TIM-1190036	1	401,513	401,513	0.997216463
12	2012/04/30	DOMESTIC	PC1204000052	1	C99202-0030	120	4,000	480,000	0.996966664
13	2012/10/10	DOMESTIC	PC1210000007	1	C99212-0031	1	40,000	40,000	0.996958282
14	2012/04/25	T/T	PC1204000034	1	CMU211-0007	4	208,802	835,210	0.996949842
15	2012/07/17	MASTER L/C	PC1207000042	4	CMU111-0031	5	8,672,056	43,360,284	0.996795527
16	2012/07/31	DOMESTIC	PC1207000062	2	C50253-0009	10	127,000	1,270,000	0.996775504
17	2012/04/30	DOMESTIC	PC1204000053	4	C50252-0003	2	1,332,000	2,664,000	0.995927572
18	2012/05/29	DOMESTIC	PC1205000043	1	C43301-0003	40	300,000	12,000,000	0.995921826
19	2012/09/24	T/T	PC1209000037	2	TIS-5800CEANUS-6	1	6,377,505	6,377,505	0.99533263
20	2012/12/31	DOMESTIC	PC1212000069	3	C07202-0064	792	9,000	7,128,000	0.995116544

연번	입고일자	거래구분	마감번호	No.	품번	수량	단가	공급가	표본추출
21	2012/07/17	T/T	PC1207000035	4	CGR112-0029	1	5,618,998	5,618,998	0.994847696
22	2012/09/05	MASTER L/C	PC1209000004	3	CMU111-0031	5	8,668,876	43,344,381	0.994799137
23	2012/10/29	T/T	PC1210000052	10	CS1213-0018	2	76,495	152,991	0.994775644
24	2012/10/16	DOMESTIC	PC1210000018	3	C07202-0052	192	9,000	1,728,000	0.994534603
25	2012/02/23	T/T	PC1202000047	7	TGE-A5076-TBA2CAH	14	255,430	3,576,026	0.994218092
26	2012/06/14	DOMESTIC	PC1206000010	1	TDO-000437	1	409,090	409,090	0.994111059
27	2012/05/09	DOMESTIC	PC1205000003	8	C07212-0004	20	25,000	500,000	0.994031938
28	2012/11/23	DOMESTIC	PC1211000036	1	C07202-0051	480	9,000	4,320,000	0.994022118
29	2012/02/27	T/T	PC1202000061	3	CMU4-DE-22407	1	287,009	287,009	0.993766633
30	2012/04/25	DOMESTIC	PC1204000045	7	C07203-0021	24	40,000	960,000	0.993731349
31	2012/09/12	DOMESTIC	PC1209000016	12	C07212-0013	10	15,000	150,000	0.993726959
32	2012/10/29	T/T	PC1210000054	19	TGE-PACE 1001	1	2,951,375	2,951,375	0.993023813
33	2012/06/22	T/T	PC1206000033	15	CGR4-621353020	1	5,200	5,200	0.992600191
34	2012/11/30	T/T	PC1211000065	15	CMU4-DF-49040	2	14,382	28,765	0.992537386
35	2012/06/29	DOMESTIC	PC1206000053	1	C43301-0003	30	300,000	9,000,000	0.992082121
36	2012/01/25	DOMESTIC	PC1201000021	7	C99207-0043	8	75,000	600,000	0.992061157
37	2012/02/08	DOMESTIC	PC1202000007	2	TDO-LENS-16-85	1	736,364	736,364	0.992034729
38	2012/08/14	DOMESTIC	PC1208000007	6	C07202-0063	36	9,000	324,000	0.991843051
39	2012/05/31	T/T	PC1205000072	2	TIS-935-14-61/TTI	3	307,666	922,999	0.991788112
40	2012/09/13	T/T	PC1209000021	2	CMU211-0004	4	196,551	786,207	0.991550188

연번	입고일자	거래구분	마감번호	No.	품번	수량	단가	공급가	표본추출
41	2012/12/27	T/T	PC1212000053	1	CGR4-621281054	5	32,271	161,355	0.991360004
42	2012/10/29	DOMESTIC	PC1210000056	1	C99207-0053	35	100,000	3,500,000	0.991298798
43	2012/01/31	DOMESTIC	PC1201000051	3	C07203-0021	120	40,000	4,800,000	0.991126968
44	2012/04/30	T/T	PC1204000066	4	CMU4-DE-22253	2	12,780	25,560	0.991044001
45	2012/02/21	T/T	PC1202000031	10	CMU4-DF-43937	20	34,052	681,051	0.990691265
46	2012/01/26	T/T	PC1201000032	7	CGR4-621112100	20	5,219	104,382	0.990476804
47	2012/10/10	DOMESTIC	PC1210000006	7	C99207-0059	15	100,000	1,500,000	0.990439299
48	2012/06/29	DOMESTIC	PC1206000071	1	TDO-000463	2	502,600	1,005,200	0.989838532
49	2012/07/12	DOMESTIC	PC1207000009	6	C07202-0064	192	9,000	1,728,000	0.989797099
50	2012/07/31	T/T	PC1207000082	7	CMU4-DF-40735	8	19,688	157,506	0.989623641
51	2012/10/31	DOMESTIC	PC1210000081	1	C99251-0011	60	3,200	192,000	0.989408522
52	2012/05/25	MASTER L/C	PC1205000034	1	CMU101-0017	9	12,376,211	111,385,905	0.989337886
53	2012/04/17	DOMESTIC	PC1204000013	7	C99207-0043	16	75,000	1,200,000	0.989285138
54	2012/04/30	T/T	PC1204000066	3	CMU4-DE-12793	1	26,818	26,818	0.989213496
55	2012/03/15	DOMESTIC	PC1203000015	1	C52225-0008	100	2,500	250,000	0.989002263
56	2012/04/17	DOMESTIC	PC1204000022	6	C07202-0060	60	9,000	540,000	0.988881223
57	2012/09/05	T/T	PC1209000003	18	TGE-PDCR2200-1938	1	991,830	991,830	0.988461245
58	2012/04/25	DOMESTIC	PC1204000044	2	C99252-0044	4	600,000	2,400,000	0.988246809
59	2012/11/23	DOMESTIC	PC1211000038	7	C07203-0026	50	5,000	250,000	0.988129403
60	2012/07/31	DOMESTIC	PC1207000086	1	CEXPORT-00011	130	85,000	11,050,000	0.988127421

연번	입고일자	거래구분	마감번호	No.	품번	수량	단가	공급가	표본추출
61	2012/12/31	DOMESTIC	PC1212000066	8	C07202-0062	168	9,000	1,512,000	0.987864386
62	2012/09/28	T/T	PC1209000087	1	TAM-FIBER CABLE	6	94,065	564,392	0.987798297
63	2012/01/25	DOMESTIC	PC1201000024	4	C07202-0053	240	9,000	2,160,000	0.98779803
64	2012/01/31	DOMESTIC	PC1201000048	4	C99202-0037	50	15,000	750,000	0.987571777
65	2012/10/29	T/T	PC1210000054	24	TGE-X5072-TBA2CBH	1	300,266	300,266	0.987550512
66	2012/09/28	T/T	PC1209000071	1	C99207-0084	10	59,612	596,121	0.987276022
67	2012/12/31	T/T	PC1212000080	6	TET-SINGLE SCENE	1	5,717,914	5,717,914	0.987272799
68	2012/07/27	DOMESTIC	PC1207000046	3	C99212-0024	2	80,000	160,000	0.986236743
69	2012/07/17	MASTER L/C	PC1207000042	2	CMU102-0023	5	13,224,880	66,124,402	0.986184057
70	2012/10/31	DOMESTIC	PC1210000061	2	C50252-0007	1	660,000	660,000	0.986032968
71	2012/07/31	DOMESTIC	PC1207000059	5	C99207-0041	16	75,000	1,200,000	0.985205395
72	2012/06/21	DOMESTIC	PC1206000027	3	C07212-0007	130	25,000	3,250,000	0.985139316
73	2012/10/31	T/T	PC1210000080	17	TGE-X5072-TCA2CAH	3	216,572	649,717	0.984858097
74	2012/04/16	T/T	PC1204000008	9	TGE-DPI615PC-150F	3	3,792,439	11,377,317	0.984788166
75	2012/12/21	DOMESTIC	PC1212000038	1	C07202-0052	-3	9,000	-27,000	0.984068667
76	2012/04/17	DOMESTIC	PC1204000015	5	C07202-0060	48	9,000	432,000	0.983285065
77	2012/05/31	DOMESTIC	PC1205000051	2	C99225-0001	100	9,000	900,000	0.982796076

유출가치 중 가장 큰 비중을 차지하는 구매가치는 일반적으로 오류나 부정이 개입될 여지가 적다. 그러나 오류나 부정이 개입될 경우 그 영향이 크므로 구매 부분에 대해서는 보다 세심한 검사가 필요하다. 파레토 법칙에 따르면 20%의 원인이 80%의 결과를 가져온다고 한다. 구매 부분 중에서 소수의 품목이 80%의 가치를 차지하는 경우가 많다. 따라서 이러한 품목에 대해서는 상황에 맞는 검증틀[69]을 개발하여 구매의 정당성을 확인하여야 한다.

(3) 기타 가치유출 및 교환계정의 표본 산정

가치유출 및 교환계정 중 매입에 포함되지 않는 판매비와 관리비 그리고 제조경비 및 가치교환

[㈜북극해의 가치유출 및 교환계정의 표본 산정]

연번	일자	계 정 과 목	차 변	대 변	거래처코드	적 요	표본추출
1	2012/08/02	미지급금-일반		77,000	3013510	수출-EXPAND-K12-055	0.999983545
2	2012/12/31	미지급금-일반		400,800	3013870	경비지급	0.999953921
3	2012/07/16	현금		7,000	3013490	당일소액지급-현금	0.999952482
4	2012/12/31	선수금		72,000	3013880	외상->선수금	0.99990381
5	2012/11/30	현금	3,000		3013770	보통예금	0.999903769
6	2012/08/28	보통예금		386,800	3013540	지급	0.999884066
7	2012/11/30	미지급금-일반		95,450	3013780	5205546216-#910095,910141,910094	0.999879588
8	2012/01/31	외환차손	22,518		3013070	일본경비 엔화 정산시 외환차액	0.999856358
9	2012/02/14	잡이익-부품매출		290,000	3013140	저장품 상품대체 매출	0.999850251
10	2012/01/06	잡이익		48,611	3013030	현대카드지연수금이자	0.999828006
11	2012/11/06	보통예금	2,082,671		3013750	제예금 입금 대체	0.999810993
12	2012/09/10	예수금	9,693,890		3013590	소득세납부	0.999790774
13	2012/12/07	보통예금	1,030,425		3013810	제예금 입금 대체	0.999787539
14	2012/02/07	보통예금	662,200		3013110	입금-현대카드	0.999735386
15	2012/12/31	사무용품비	420,530		3013890	제조->판관비	0.999719581
16	2012/03/30	미지급금-일반		153,770	3013240	#KA12/23258-IMC	0.99966974
17	2012/04/18	지급수수료	50,000		3013320	인재검색서비스	0.999596894
18	2012/04/30	외상매출금		3,808,880	3013340	외상매출금 감소(제예금)	0.999594255
19	2012/06/29	미지급금-일반		484,000	3013450	지게차사용료	0.999574069
20	2012/12/27	외상매출금		60,000,000	3013860	외상매출금 감소(제예금)	0.999560968

---

[69] 일례로 회사의 구매 자재 중 파레토 법칙에 따른 자재 중 주요 자재 간의 변동추이에 대한 자료를 수집하여 자재 간의 변동 추이에 대한 유의성을 검증할 수 있음.

연번	일자	계 정 과 목	차 변	대 변	거래처코드	적 요	표본추출
21	2012/02/29	운반비	49,587		3013190	IMC수리장비발송	0.999552839
22	2012/08/10	외상매출금		55,000	3013530	외상매출금 감소(제예금)	0.999486257
23	2012/03/23	미수금	20,000		3013230	축의금	0.999485113
24	2012/12/31	선수금		100	3013900	외상->선수금	0.999418189
25	2012/02/16	보통예금		305,994,605	3013160	신용장결재-신한-#110693-Y21,000,000	0.999357965
26	2012/08/31	지급수수료	30,600		3013550	오렌지광고채권압류및추심명령비-송달	0.999325816
27	2012/02/07	보통예금	355,577		3013120	입금-현대카드	0.999324838
28	2012/09/28	광고선전비-전시회	5,617,700		3013630	전시회사용비-KIPES-부스비	0.999279071
29	2012/06/11	세금과공과금	489,810		3013420	국민연금납부	0.999272158
30	2012/11/01	보통예금		770,000	3013730	지급-사인	0.999218946
31	2012/10/23	판매수수료	930,710		3013710	장비판매수수료	0.999197683
32	2012/07/02	보통예금		80,000	3013470	지급	0.999168174
33	2012/12/31	외화환산손실	259,799		3013910	외화부채평가손익조정	0.999162633
34	2012/02/15	보통예금	55,000		3013150	제예금 입금 대체	0.999143484
35	2012/08/31	미지급금-일반		363,904	3013560	경비지급	0.999125503
36	2012/04/09	외상매출금		500,000	3013310	외상매출금 감소(제예금)	0.999111231
37	2012/06/07	외상매출금		857,143	3013390	외상매출금 감소(제예금)	0.99910634
38	2012/12/07	보통예금	1,244,720		3013820	제예금 입금 대체	0.999104233
39	2012/12/10	외상매출금		82,000	3013830	외상매출금 감소(제예금)	0.999045505
40	2012/03/30	외상매입금		7,535,000	3013250	외상매입금 증가(제품 구매)	0.999045429

연번	일자	계 정 과 목	차 변	대 변	거래처코드	적 요	표본추출
41	2012/12/31	미지급금-카드		50,000	3013920	주유소-12.07	0.999004377
42	2012/03/06	지급수수료	8,819		3013200	현대카드수수료	0.998973797
43	2012/01/02	미지급금-일반	4,180,000		3013020	지급	0.998959586
44	2012/09/19	미지급금-일반	222,000		3013610	경비지급	0.998901737
45	2012/12/31	운반비	10,800		3013930	12월퀵사용비	0.998889355
46	2012/03/30	접대비	36,500		3013260	거래처식사	0.99882997
47	2012/02/10	지급임차료	400,000		3013130	대전사무소월세	0.9988166
48	2012/09/06	잡이익		12,500	3013580	현대카드이자-대한미디어-무지개간판	0.998801171
49	2012/06/08	외상매출금		435,707	3013410	외상매출금 감소(제예금)	0.998794025
50	2012/04/04	외상매출금		6,981	3013270	외상매출금 감소(제예금)	0.998781676
51	2012/08/03	외상매입금		15,950,000	3013520	외상매입금 증가(상품 구매)	0.998742775
52	2012/11/06	보통예금	1,036,201		3013760	제예금 입금 대체	0.99870985
53	2012/01/31	미지급금-카드		64,500	3013080	#4391	0.998707585
54	2012/10/31	퇴직급여충당금	17,442,926		3013720	퇴직정산	0.998704667
55	2012/10/18	수입수수료		100,000	3013680	수입수수료-용역매출	0.998665475
56	2012/06/05	판매수수료	310,230		3013380	장비판매	0.998657379
57	2012/10/22	통신비-개인이동전화	97,695		3013700	법인핸드폰사용료	0.998628804
58	2012/06/07	외상매출금		1,000,000	3013400	외상매출금 감소(제예금)	0.998620906
59	2012/04/30	수입수수료		100,000	3013350	수입수수료-용역매출	0.998617598
60	2012/01/09	잡이익		29,167	3013040	현대카드지급연수금이자	0.998600215

연번	일자	계 정 과 목	차 변	대 변	거래처코드	적 요	표본추출
61	2012/01/25	판매수수료	103,410		3013050	장비판매수수료	0.998590389
62	2012/11/05	보통예금	1,584,000		3013740	제예금 입금 대체	0.998584791
63	2012/04/06	지급수수료	8,527		3013280	현대카드	0.998470893
64	2012/12/20	잡이익		29,167	3013840	현대카드	0.998382401
65	2012/07/27	보통예금	298,100,000		3013500	기업A->기업B	0.998355802
66	2012/10/19	수입수수료		100,000	3013690	수입수수료-용역매출	0.998338687
67	2012/04/30	보통예금	2,173,600		3013360	제예금 입금 대체	0.998328366
68	2012/01/31	미지급금-일반		143,600	3013090	경비지급	0.998273405
69	2012/06/19	보통예금	386,040		3013430	입금-관세사	0.998266888
70	2012/04/19	외상매출금		100,000,000	3013330	외상매출금 감소(제예금)	0.998247468
71	2012/09/19	복리후생비-기타	8,000		3013620	비닐봉투	0.998245978
72	2012/09/13	미수금	25,200		3013600	삼성카드수수료	0.99821929
73	2012/10/16	미지급금-일반		7,962,520	3013670	#1209049-YOKBUS1195876	0.998154037
74	2012/03/09	외상매출금		58,500	3013220	외상매출금 감소(제예금)	0.998145315
75	2012/04/06	지급수수료	8,527		3013290	현대카드수수료	0.998114224
76	2012/07/09	지급임차료	300,000		3013480	월세납부	0.998107973
77	2012/10/04	보통예금		111,745,663	3013650	기업L/C #120323 JPY54,348	0.99808643
78	2012/03/06	잡이익-부품매출		51,000	3013210	저장품 상품대체 매출	0.998084006
79	2012/06/25	지급수수료	458,000		3013440	측량비	0.99807338
80	2012/01/01	외상매출금		100,000	3013010	외출->선수금	0.998070706

연번	일자	계 정 과 목	차 변	대 변	거래처코드	적 요	표본추출
81	2012/12/03	미지급금-일반	1,144,000		3013790	지급	0.998046467
82	2012/08/31	비품	12,462,530		3013570	데모장비	0.998042814
83	2012/02/21	통신비-기타	2,600		3013180	네비게이션사용료	0.997984846
84	2012/10/10	예수금	5,036,540		3013660	건강보험료납부	0.997921237
85	2012/12/06	보통예금	2,970,000		3013800	제예금 입금 대체	0.997915506
86	2012/04/06	보통예금	522,669		3013300	현대카드입금	0.997913023
87	2012/06/01	보통예금		38,500	3013370	지급-보수작업	0.997897863
88	2012/01/27	미수금		193,661	3013060	휴대폰요금외공제	0.997873417
89	2012/06/29	미지급금-일반		877,300	3013460	경비지급	0.997857837
90	2012/09/28	보통예금	11,976,316		3013640	제예금 입금 대체	0.997851678
91	2012/02/02	미지급금-일반	166,100		3013100	경비지급	0.997792812
92	2012/02/17	미지급금-일반		227,920	3013170	수출-EXPAND-K12-055	0.997718745
93	2012/12/26	여비교통비	15,000		3013850	출장비	0.997707911

계정에 대한 표본 산정이다. 경우에 따라 급여 인원이 많은 서비스업종의 경우에는 인건비만 별도로 표본을 산정할 수 있다. 제조업이나 도매업의 경우에는 급여의 비중이 크지 않으므로 기타비용으로 표본을 함께 산출한다. 가치유출 및 교환계정 중 기타의 경우에는 95% 신뢰수준, 1%의 기대오류율, 5%의 허용오류율 하에서 93개의 표본을 선정한다.

7) 제2차 감사 수행

제2차 표본추출이 완료되면 그에 따라 제2차 감사를 수행한다. 감사의 수행은 유입가치계정과 가치유출계정, 기타 가치유출기타계정과 교환계정에 대한 감사를 중심으로 수행한다.

(1) 가치유입계정 매출의 표본감사

매출에서 제2차 표본으로 선정된 77개의 표본에 대하여 감사를 실시한다. 2차 감사에서는 유입가치와 유출가치를 비교하는 것 이외에 내부통제제도의 적정성을 동시에 감사한다. 내부통제제도의 적정성을 감사하기 위해 내부통제제도의 주요 부분인 승인통제, 물리통제, 기록통제에 대하여 검토한다. 이러한 통제제도는 앞의 내부통제제도에서 설명한 바 있다.

검토한 결과의 일부분인 연번 1~10번까지의 내용은 다음과 같다. 검토한 내용에 따르면 3번 표본 이외에는 모두 적정한 것으로 추정된다. 3번 표본의 경우 유입가치가 유출가치를 초과

연번	출고일자	출고번호	품번	출고수량	단가	공급가	유입가치	유출가치	승인통제	물리통제	기록통제
1	2012/05/11	MC1205000274	C07203-0022	24	45,000	1,080,000	1,080,000	864,000	O	O	O
2	2012/11/28	MC1211000589	C07202-0062	72	13,000	936,000	936,000	767,520	O	O	O
3	2012/08/29	MC1208000465	C43301-0003	3	1,100,000	3,300,000	3,300,000	2,739,000	O	X	X
4	2012/01/04	MC1201000062	C07203-0019	3	60,000	180,000	180,000	162,000	O	O	O
5	2012/02/03	MC1202000081	TGR-B-537	1	450,000	450,000	450,000	427,500	O	O	O
6	2012/10/23	MC1210000430	CMU4-DG-40311	3	42,000	126,000	126,000	113,400	O	O	O
7	2012/04/30	MC1204000409	C07212-0008	4	55,000	220,000	220,000	198,000	O	O	O
8	2012/12/17	MC1212000355	CMU211-0006	1	240,000	240,000	240,000	216,000	O	O	O
9	2012/09/25	MC1209000515	TGR-GL820E	1	2,700,000	2,700,000	2,700,000	2,210,148	O	O	O
10	2012/04/09	MC1204000105	C50253-0004	1	180,000	180,000	180,000	163,800	O	O	O

하여 거래방정식을 충족시키고는 있으나 내부통제제도 중 물리통제와 기록통제가 불비한 것으로 나타났다. 이에 대한 추가적인 절차가 필요함을 알 수 있다.

(2) 가치유출계정 매입의 표본감사

매입에서 2차 표본으로 선정된 77개의 표본에 대하여 감사를 실시한다. 매출에서와 마찬가지로 유입가치와 유출가치의 거래방정식 성립 여부와 내부통제제도의 적정성 여부를 검토한다. 77개의 표본 중 연번 1~10번까지의 검토 결과는 아래와 같다. 매입의 경우 거래방정식을 모두 만족하고 있으며, 내부통제제도 운영도 적정한 것으로 추정된다.

연번	입고일자	입고번호	No.	품번	수량	단가	공급가	유입가치	유출가치	승인통제	물리통제	기록통제
1	2012/04/30	PC1204000057	4	C99207-0056	60	100,000	6,000,000	6,600,000	6,600,000	0	0	0
2	2012/01/25	PC1201000026	6	C07203-0020	-14	40,000	-560,000	-616,000	-616,000	0	0	0
3	2012/12/17	PC1212000024	5	C99207-0042	16	75,000	1,200,000	1,320,000	1,320,000	0	0	0
4	2012/06/21	PC1206000028	3	C07203-0019	120	30,000	3,600,000	3,960,000	3,960,000	0	0	0
5	2012/10/31	PC1210000058	3	CMU4-DF-40735	2	18,097	36,194	36,194	36,194	0	0	0
6	2012/09/28	PC1209000085	3	CMU4-DF-40982	170	1,409	239,640	239,640	239,640	0	0	0
7	2012/08/31	PC1208000059	1	CMU217-0004	200	5,870	1,174,069	1,174,069	1,174,069	0	0	0
8	2012/07/17	PC1207000034	1	CMU101-0017	16	12,529,163	200,466,612	200,466,612	200,466,612	0	0	0
9	2012/09/18	PC1209000027	3	C07202-0064	480	9,000	4,320,000	4,752,000	4,752,000	0	0	0
10	2012/03/27	PC1203000034	3	TDO-F177	8	300,000	2,400,000	2,640,000	2,640,000	0	0	0

(3) 가치유출기타계정과 교환계정에 대한 표본감사

가치유출기타계정과 교환계정에 대한 표본감사 중 일부인 연번 51~60번까지의 내용은 다음과 같다. 거래방정식은 모두 충족하고 있으나, 내부통제제도에 있어 54번 표본의 경우 승인통제와 기장통제가 불비한 것이 발견되었다. 54번 퇴직급여충당금의 계산과 지급에 대한 사후검토와 계산 검증이 불비한 것으로 밝혀졌다.

퇴직금의 계산에 있어서 정확성을 확보할 수 있도록 퇴직금 계산과정을 자동화하는 방법과 그에 대한 검토가 상급자에 의해 수행되도록 한다. 57번 역시 승인통제가 미비한 것으로 나타났다.

I	일자	계정과목	차변	대변	거래처코드	유입가치	유출가치	승인통제	물리통제	기록통제
51	2012/08/03	외상매입금		15,950,000	3013520	15,950,000	15,950,000	o	o	o
52	2012/11/06	보통예금	1,036,201		3013760	1,036,201	1,036,201	o	o	o
53	2012/01/31	미지급금-카드		64,500	3013080	64,500	64,500	o	o	o
54	2012/10/31	퇴직급여충당금	17,442,926		3013720	17,442,926	17,442,926	x	o	x
55	2012/10/18	수입수수료		100,000	3013680	100,000	100,000	o	o	o
56	2012/06/05	판매수수료	310,230		3013380	310,230	310,230	o	o	o
57	2012/10/22	통신비-개인이동전화	97,695		3013700	97,695	97,695	x	o	o
58	2012/06/07	외상매출금		1,000,000	3013400	1,000,000	1,000,000	o	o	o
59	2012/04/30	수입수수료		100,000	3013350	100,000	100,000	o	o	o
60	2012/01/09	잡이익		29,167	3013040	29,167	29,167	o	o	o

8) 보고서 작성

1차와 2차에 걸친 표본의 선정과 선정된 표본의 감사를 통하여 회사의 거래에 포함된 오류와 부정을 파악하게 된다. 이렇게 밝혀진 사항들은 빠짐없이 보고서에 체계적으로 기록되어야 한다. 보고서를 바탕으로 회사의 내부통제제도 중 취약한 부분이 나타나고 이에 대한 내부통제제도에 대한 보완이 수행된다. 또한 경영자에게 회사의 취약한 부분에 대한 주의를 기울이게 하여 차후에 발생할 오류와 부정을 사전에 방지할 수 있게 해준다. 보고서에는 다음과 같은 사항들이 포함되어야 한다.

① 적발감사 보고서의 개요
② 오류 발생 사항 및 대책
③ 부정 발생 사항 및 대책
④ 내부통제제도 취약점 및 대책
⑤ 적발감사 성과

2. 서비스업에서의 적발감사

1) 감사 개요

㈜인도양은 용역서비스업을 주업으로 하고 있으며 회사 직원 수는 2천여 명에 달하고 지점과 현장이 전국 20여 곳에 산재하여 운영 중인 중견 용역서비스회사다. 최근 들어 회사의 매출액이 445억에서 600억에 달할 정도로 급성장하여 회사의 경영층은 현장별 관리가 통일적으로 운영되지 못하고 있어 관리의 비효율이 발생하고 있음을 알게 되었다.

자사의 내부통제제도가 기업의 성장과 규모에 비하여 체계적이지 못함을 인식한 경영층은 내부통제제도의 적정성에 대하여 확신을 얻고자 하며 미비한 내부통제제도가 발견될 경우 그에 대한 보완 방법을 모색하고자 외부에 컨설팅을 의뢰하였다.

2) 적발감사 예비단계

회사의 과거 3개년의 감사보고서를 입수하고 회사의 영업 형태, 지배구조, 임직원 현황, 회사의 개략적인 회계구조 등을 파악한다. 회사의 손익계산서에 대한 분석적 검토를 위하여 각 연도별 영업비용율 등을 검토한바 다음과 같다.

(단위: 원)

과 목	최근 3개년도 손익 현황			매출액 대비 비용율		
	1차년도	2차년도	3차년도	1차년도	2차년도	3차년도
Ⅰ.매출액(주석18)	37,871,206,662	44,596,450,630	57,227,663,113	100.0%	100.0%	100.0%
용역수입	37,871,206,662	44,596,450,630	57,227,663,113	100.0%	100.0%	100.0%
Ⅱ.매출원가(주석18,20)	34,143,326,579	40,209,291,573	51,716,799,581	90.2%	90.2%	90.4%
용역원가	34,143,326,579	40,209,291,573	51,716,799,581	90.2%	90.2%	90.4%
Ⅲ.매출총이익	3,727,880,083	4,387,159,057	5,510,863,532	9.8%	9.8%	9.6%
Ⅳ.판매비와관리비	3,457,362,018	3,452,124,622	3,687,814,361	9.1%	7.7%	6.4%
Ⅴ.영업이익	270,518,065	935,034,435	1,823,049,171	0.7%	2.1%	3.2%
Ⅵ.영업외수익	372,729,738	100,243,709	206,861,256	1.0%	0.2%	0.4%
Ⅶ.영업외비용	83,761,779	177,078,766	198,596,075	0.2%	0.4%	0.3%
Ⅷ.법인세차감전순이익	559,486,024	858,199,379	1,831,314,352	1.5%	1.9%	3.2%
Ⅸ. 법인세등	86,277,263	240,095,355	408,485,415	0.2%	0.5%	0.7%
Ⅹ.당기순이익	473,208,762	618,104,023	1,422,828,937	1.2%	1.4%	2.5%

회사의 매출원가율은 매출액 대비 약 90.2% 선을 유지하고 있으나 판매비와 관리비율이 9.1%에서 6.4%까지 계속적으로 낮아지고 있으며, 그에 따라 회사의 당기순이익률은 1.2%에서 2.5%로 향상되고 있음을 알 수 있다. 또한 회사의 유출거래 중 인건비(용역원가 중 노무비 포함) 비중이 매출액 대비 77.6%에 이르러 회사의 지출거래 중 가장 큰 비율을 차지하고 있음을 알 수 있다.

3) 분개장의 망라성 검토

제1차 표본추출을 위하여 회사의 모든 거래가 망라되어 있는 분개장을 엑셀 형식으로 다운받아 그에 대한 정보를 수집하였다. 엑셀 형식의 분개장에 대해 계정별 총사용빈도 수를 집계한바 다음과 같다.

[분개장에서 사용된 계정의 사용빈도 수]

연번	계정명	사용빈도	연번	계정명	사용빈도
1	현금	25,549	56	이자수익	74
2	미지급금	8,818	57	세금과공과금(판)	73
3	보통예금	8,583	58	급여(도)	70
4	용역미수금	8,018	59	정기예.적금	65
5	복리후생비(도)	7,257	60	사무용품비(판)	64
6	부가세대급금	6,438	61	단기대여금	57
7	당좌예금	6,131	62	잡비(판)	50
8	부가세예수금	5,385	63	접대비(판)	48
9	용역수입	4,724	64	기부금	42
10	소모품비(도)	3,005	65	광고선전비(판)	40
11	차량유지비(도)	2,122	66	상여금(도)	37
12	차량유지비(판)	1,977	67	비품	33
13	복리후생비(판)	1,735	68	이자비용	33
14	공사미수금	1,674	69	선납세금	27
15	잡급(도)	1,569	70	퇴직급여(도)	26
16	통신비(도)	1,517	71	협회비(도)	26
17	전도금	1,491	72	관리비(판)	25
18	위탁수입	1,447	73	리스료(판)	24
19	예수금	1,397	74	장기미지급금	24
20	카드접대비(도)	1,342	75	장기성예금	24
21	카드접대비(판)	1,130	76	직원급여(판)	24
22	미수금	1,001	77	받을어음	22
23	광고선전비(도)	910	78	임차보증금	22
24	여비교통비(판)	885	79	법인세등	21
25	통신비(판)	843	80	보상비(도)	19
26	지급임차료(도)	764	81	배당금수익	16
27	지급수수료(판)	584	82	감가상각누계액	13
28	공사손실충당금환입(도)	482	83	임대료수입	13
29	공사손실충당금전입(도)	416	84	차량운반구	13
30	사무용품비(도)	403	85	기타보증금	9

㈜인도양에서 가장 많이 사용된 계정은 현금으로, 총사용빈도 수가 25,549번임을 알 수 있다.

[분개장에서 사용된 계정의 사용빈도 수]

연번	계정명	사용빈도	연번	계정명	사용빈도
31	여비교통비(도)	388	86	투자유가증권	9
32	외주비(도)	381	87	상여금(판)	8
33	교육훈련비(도)	354	88	소프트웨어	7
34	소모품비(판)	343	89	시설장치	7
35	보험료(도)	313	90	유형자산처분손실	7
36	잡이익	262	91	감가상각비(판)	4
37	지급수수료(도)	245	92	대손상각비(판)	4
38	위탁관리비(도)	240	93	미수수익	4
39	교육훈련비(판)	228	94	유형자산처분이익	3
40	운반비(도)	192	95	단기차입금	2
41	관리비(도)	187	96	미완성공사(도급)	2
42	접대비(도)	175	97	선수금	2
43	도서인쇄비(판)	174	98	대손충당금	1
44	도서인쇄비(도)	168	99	도급공사매출원가	1
45	세금과공과금(도)	166	100	무형고정자산상각(판)	1
46	보험료(판)	139	101	부도어음과수표	1
47	잡손실	134	102	선급비용	1
48	수도광열비(도)	131	103	유가증권	1
49	퇴직급여충당부채	125	104	유가증권처분익	1
50	운반비(판)	121	105	이월이익잉여금	1
51	지급임차료(판)	109	106	이익준비금	1
52	퇴직연금운용자산	97	107	잡급(판)	1
53	수도광열비(판)	89	108	퇴직급여(판)	1
54	협회비(판)	81	109	투자자산처분손실	1
55	선급금	80	110	회원권	1
	총사용빈도				113,625

㈜인도양이 사용하는 계정 수는 총 110개이며, 모든 계정의 총사용빈도 수는 113,625번임을 알 수 있다. 분개장의 사용 계정 수 110개와 재무제표에 나타난 계정 수는 재무상태표가 40개, 손익계산서가 45개로 분개장에서 사용된 계정 수와는 25개의 차이가 발생하고 있다.

이러한 차이는 판매관리비계정 외에 공사원가 계정이 사용됨으로 인하여 발생한 것으로 확인되었다. 사용 계정의 매핑과 관련 계정의 금액적 일치 여부가 확인되어 ㈜인도양의 전산 계정의 사용에 대한 망라성 검토는 이상이 없는 것으로 검토되었다.

4) 제1차 표본추출

제1차 표본추출을 위하여 신뢰수준과 기대오류율, 허용오류율을 결정한다. 통상 95%의 신뢰수준과 1%의 기대오류율, 그리고 5%의 허용오류율을 가정한다. 이렇게 신뢰수준과 기대오류율, 허용오류율이 결정되면 이에 따른 샘플 추출할 단위가 결정된다. 이 경우 아래 테이블에 따라 93개의 표본 수가 결정된다.

〈표 1〉 내부통제의 시사를 위한 통계적 표본 크기의 결정(95% 신뢰수준)

모집단의 기대오류율	허용오류율(tolerable deviation rate)										
	2%	3%	4%	5%	6%	7%	8%	9%	10%	15%	20%
0.00%	149(0)	99(0)	74(0)	59(0)	49(0)	42(0)	36(0)	32(0)	29(0)	19(0)	14(0)
0.25%	236(1)	157(1)	117(1)	93(1)	78(1)	66(1)	58(1)	51(1)	46(1)	30(1)	22(1)
0.50%	*	157(1)	117(1)	93(1)	78(1)	66(1)	58(1)	51(1)	46(1)	30(1)	22(1)
0.75%	*	208(2)	117(1)	93(1)	78(1)	66(1)	58(1)	51(1)	46(1)	30(1)	22(1)
1.00%	*	*	156(2)	93(1)	78(1)	66(1)	58(1)	51(1)	46(1)	30(1)	22(1)
1.25%	*	*	156(2)	124(2)	78(1)	66(1)	58(1)	51(1)	46(1)	30(1)	22(1)
1.50%	*	*	192(3)	124(2)	103(2)	66(1)	58(1)	51(1)	46(1)	30(1)	22(1)
1.75%	*	*	227(4)	153(3)	103(2)	88(2)	77(2)	51(1)	46(1)	30(1)	22(1)
2.00%	*	*	*	181(4)	127(3)	88(2)	77(2)	68(2)	46(1)	30(1)	22(1)
2.25%	*	*	*	208(5)	127(3)	88(2)	77(2)	68(2)	61(2)	30(1)	22(1)
2.50%	*	*	*	*	150(4)	109(3)	77(2)	68(2)	61(2)	30(1)	22(1)
2.75%	*	*	*	*	173(5)	109(3)	95(3)	68(2)	61(2)	30(1)	22(1)
3.00%	*	*	*	*	195(6)	129(4)	95(3)	84(3)	61(2)	30(1)	22(1)
3.25%	*	*	*	*	*	148(5)	112(4)	84(3)	61(2)	30(1)	22(1)
3.50%	*	*	*	*	*	167(6)	112(4)	84(3)	76(3)	40(2)	22(1)
3.75%	*	*	*	*	*	185(7)	129(5)	100(4)	76(3)	40(2)	22(1)
4.00%	*	*	*	*	*	*	146(6)	100(4)	89(4)	40(2)	22(1)
5.00%	*	*	*	*	*	*	*	158(8)	116(6)	40(2)	30(2)
6.00%	*	*	*	*	*	*	*	*	179(11)	50(3)	30(2)
7.00%	*	*	*	*	*	*	*	*	*	68(5)	37(3)

주: 상기 자료는 미국공인회계사회의 sampling table임.

( )는 기대되는 이탈사항의 수를 나타냄.

*표시는 표본의 크기가 커서 비용이 효익을 초과하는 경우에 해당됨.

표본 수가 결정되면 무작위 표본추출방법으로 표본을 추출하게 되며, 본 사례의 경우는 다음의 표본 93개가 선택되었다.

[㈜인도양의 제1차 표본추출]

연번	전표일자	전표NO	구분	코드	계정과목명	차변	대변	거래처 코드	Random Sampling
1	2012-03-31	00220	출금	101	현금		20,000	01525	0.999988274
2	2012-11-06	00043	출금	611	복리후생비(도)	14,600		00965	0.999983251
3	2012-06-30	50163	차변	120	용역미수금	105,481,200		00778	0.999979862
4	2012-03-07	00030	출금	641	공사손실충당금전입(도	50,000		00806	0.999977581
5	2012-07-31	50100	대변	412	용역수입		171,948,610	04567	0.999968815
6	2012-04-13	00015	입금	101	현금	342,539		98000	0.999952283
7	2012-08-23	50024	대변	255	부가세예수금		219,000	01519	0.999945677
8	2012-02-29	00733	차변	640	잡급(도)	1,099,748		04357	0.99993942
9	2012-09-01	50006	차변	644	위탁관리비(도)	1,144,545		03182	0.999915704
10	2012-06-01	00097	출금	101	현금		500,000	03615	0.999915506
11	2012-11-30	50287	대변	407	위탁수입		56,925	02835	0.999914908
12	2012-08-03	00156	대변	103	보통예금		1,842,804	98061	0.999914886
13	2012-01-05	00047	대변	123	미수금		350,000	00333	0.999913602
14	2012-04-30	50044	대변	412	용역수입		30,679,800	00178	0.999884427
15	2012-09-18	00030	출금	101	현금		45,891	04359	0.999882746
16	2012-05-07	00142	출금	649	카드접대비(도)	30,000		02610	0.999881187
17	2012-08-03	00140	출금	630	소모품비(도)	98,650			0.999874462
18	2012-10-24	00018	출금	101	현금		350,000		0.999870066
19	2012-07-11	00051	출금	101	현금		28,020	01260	0.999845342
20	2012-05-31	50166	대변	255	부가세예수금		9,301,400	00153	0.999838189

연번	전표일자	전표NO	구분	코드	계정과목명	차변	대변	거래처 코드	Random Sampling
21	2012-05-11	50014	차변	644	위탁관리비(도)	230,500		04651	0.999837503
22	2012-03-30	00005	차변	103	보통예금	1,802,900		98000	0.9998356
23	2012-08-14	00151	대변	123	미수금		585,881	04083	0.99982555
24	2012-04-19	00089	대변	123	미수금		276,587	00333	0.999811342
25	2012-12-18	00003	입금	101	현금	5,778,634		98000	0.999804958
26	2012-04-30	50095	차변	135	부가세대급금	8,727		04246	0.999788101
27	2012-09-13	00083	입금	254	예수금		37,400	00309	0.999784237
28	2012-08-07	00002	차변	960	잡손실	500		02432	0.999780103
29	2012-07-12	00149	출금	611	복리후생비(도)	1,287,400		02430	0.999776972
30	2012-01-31	00015	입금	101	현금	15,000,000		98000	0.999734036
31	2012-08-02	50005	차변	120	용역미수금	71,500		03778	0.999732443
32	2012-07-05	00178	대변	253	미지급금		112,000	02613	0.999725021
33	2012-08-07	00037	출금	822	차량유지비(판)	7,000		03097	0.999715989
34	2012-12-14	00001	대변	120	용역미수금		30,451,300	02336	0.999715501
35	2012-03-09	00153	차변	253	미지급금	269,720		01955	0.999709816
36	2012-11-09	50016	차변	630	소모품비(도)	850,000		04433	0.999696896
37	2012-02-17	00233	출금	101	현금		143,000	00778	0.99969237
38	2012-03-30	50012	차변	120	용역미수금	12,690,700		03171	0.999685672
39	2012-08-24	00037	출금	622	차량유지비(도)	5,000		03691	0.999684166
40	2012-02-27	00008	입금	103	보통예금		3,535,790	98000	0.99968018

연번	전표일자	전표NO	구분	코드	계정과목명	차변	대변	거래처 코드	Random Sampling
41	2012-07-31	50074	차변	120	용역미수금	52,364,400		00184	0.999633669
42	2012-10-10	00120	출금	101	현금		4,300	01964	0.99962331
43	2012-01-31	00137	출금	101	현금		100,000	02148	0.999621585
44	2012-12-11	00080	출금	101	현금		5,450	02610	0.999613832
45	2012-08-31	00165	대변	253	미지급금		1,775,000	04354	0.999610772
46	2012-12-31	01167	대변	212	비품		3,800,000		0.999609152
47	2012-09-24	00005	입금	101	현금	9,000,000		98000	0.999603158
48	2012-06-22	50018	차변	135	부가세대급금	7,000		03538	0.999545595
49	2012-09-10	50025	차변	135	부가세대급금	4,888		02374	0.999537146
50	2012-07-20	00107	출금	101	현금		19,000	03691	0.999535259
51	2012-03-14	00205	출금	611	복리후생비(도)	69,420		03929	0.999534124
52	2012-11-09	00005	대변	120	용역미수금		44,892,540	01872	0.999527443
53	2012-12-31	00468	출금	101	현금		38,200	03834	0.999527216
54	2012-08-21	00002	대변	120	용역미수금		1,288,000	00166	0.999504827
55	2012-03-15	00213	출금	640	잡급(도)	40,000		03729	0.999501018
56	2012-09-28	00364	입금	254	예수금		3,494,290	00311	0.999497685
57	2012-02-27	50092	차변	602	외주비(도)	1,370,000		04436	0.999469634
58	2012-08-16	50008	대변	412	용역수입		90,909	04667	0.999469169
59	2012-05-24	00018	출금	625	교육훈련비(도)	200,000		04475	0.9994673
60	2012-10-24	50037	대변	253	미지급금		853,600	01232	0.999465911

연번	전표일자	전표NO	구분	코드	계정과목명	차변	대변	거래처 코드	Random Sampling
61	2012-11-01	00003	차변	103	보통예금	358,386		98000	0.999451264
62	2012-08-31	50170	차변	120	용역미수금	3,822,500		03009	0.999436874
63	2012-10-16	00110	대변	123	미수금		1,240,094	04083	0.999436527
64	2012-10-02	00040	출금	101	현금		42,252,288	01225	0.999436044
65	2012-03-06	00022	출금	101	현금		821,000	03798	0.999435165
66	2012-10-04	50008	차변	619	지급임차료(도)	18,710,682		04083	0.999423016
67	2012-09-17	00090	출금	101	현금		13,200	01519	0.999408172
68	2012-02-29	00955	차변	821	보험료(판)	1,325,550		00309	0.999407061
69	2012-04-06	00096	출금	101	현금		38,500	02610	0.99939887
70	2012-08-20	00046	출금	822	차량유지비(판)	100,000		02148	0.999397222
71	2012-03-26	50098	대변	103	보통예금		55,530	98005	0.999396579
72	2012-08-14	00049	출금	849	카드접대비(판)	170,000		02169	0.99939075
73	2012-07-24	50042	차변	630	소모품비(도)	396,000		01452	0.999353133
74	2012-06-29	00150	출금	101	현금		16,350	02148	0.999352235
75	2012-05-25	50082	대변	103	보통예금		126,610	98005	0.999349548
76	2012-06-15	00056	출금	101	현금		224,500	01525	0.999321049
77	2012-03-16	00081	출금	101	현금		192,500	01525	0.999318588
78	2012-05-16	00145	출금	101	현금		175,000	01525	0.999315592
79	2012-06-13	00050	출금	101	현금		50,000	01962	0.999315519
80	2012-06-28	50010	차변	135	부가세대급금	168,000		03917	0.999301863

연번	전표일자	전표NO	구분	코드	계정과목명	차변	대변	거래처 코드	Random Sampling
81	2012-11-07	00053	출금	101	현금		27,000	02169	0.999301845
82	2012-10-17	00168	출금	101	현금		537,400	01525	0.99929088
83	2012-12-12	00112	차변	253	미지급금	14,250		03096	0.999289533
84	2012-10-10	00216	대변	102	당좌예금		165,000	98003	0.99928498
85	2012-05-30	50043	대변	255	부가세예수금		59,091		0.999276858
86	2012-01-05	00048	대변	930	잡이익		1,192,760		0.99927648
87	2012-02-28	50016	차변	614	통신비(도)	50,000		04393	0.999270436
88	2012-11-26	50083	차변	135	부가세대급금	1,920		02374	0.99926116
89	2012-10-31	00083	출금	101	현금		690,000	02169	0.999257034
90	2012-07-18	50004	대변	102	당좌예금		1,089,000	98003	0.999240427
91	2012-01-31	50006	출금	101	현금		66,220	00351	0.999225546
92	2012-03-30	00096	출금	848	잡비(판)	300,000		02148	0.999100882
93	2012-11-05	00185	차변	811	복리후생비(판)	159,600		02613	0.998559764

추출된 표본을 계정별로 집계하면 다음과 같다.

계정과목명	표본횟수	계정과목명	표본횟수
현금	28	공사손실충당금전입(도)	1
용역미수금	8	교육훈련비(도)	1
보통예금	6	보험료(판)	1
미지급금	5	복리후생비(판)	1
부가세대급금	5	비품	1
미수금	4	외주비(도)	1
복리후생비(도)	3	위탁수입	1
부가세예수금	3	잡비(판)	1
소모품비(도)	3	잡손실	1
용역수입	3	잡이익	1
당좌예금	2	지급임차료(도)	1
예수금	2	차량유지비(도)	1
위탁관리비(도)	2	카드접대비(도)	1
잡급(도)	2	카드접대비(판)	1
차량유지비(판)	2	통신비(도)	1
		표본 총계	93

5) 제1차 감사 수행

추출된 표본에 대한 감사를 효율적으로 수행하기 위하여 추출된 표본을 계정별 또는 계정군별로 분류한다. 먼저 매출과 외상매출금에 대한 표본을 집계하면 다음과 같다.

(1) 유입가치의 평가-매출과 매출채권

표본 중 매출과 매출채권에 대한 감사 내용을 요약하면 다음과 같다.

연번	전표일자	전표NO	계정과목명	차변	대변	거래처코드	유입가치	유출가치	평가
3	2012-06-30	50163	용역미수금	105,481,200		00778	105,481,200	103,372,780	거래방정식충족
5	2012-07-31	50100	용역수입		171,948,610	04567	171,948,610	168,511,601	거래방정식충족
14	2012-04-30	50044	용역수입		30,679,800	00178	30,679,800	30,066,554	거래방정식충족
31	2012-08-02	50005	용역미수금	71,500		03778	71,500	70,071	거래방정식충족
34	2012-12-14	00001	용역미수금		30,451,300	02336	30,451,300	29,842,622	거래방정식충족
38	2012-03-30	50012	용역미수금	12,690,700		03171	12,690,700	12,437,031	거래방정식충족
41	2012-07-31	50074	용역미수금	52,364,400		00184	52,364,400	51,317,710	거래방정식충족
52	2012-11-09	00005	용역미수금		44,892,540	01872	44,892,540	43,995,202	거래방정식충족
54	2012-08-21	00002	용역미수금		1,288,000	00166	1,288,000	1,262,255	거래방정식충족
58	2012-08-16	50008	용역수입		90,909	04667	90,909	89,092	거래방정식충족
62	2012-08-31	50170	용역미수금	3,822,500		03009	3,822,500	3,746,094	거래방정식충족

매출과 매출채권에 대한 감사는 유입가치의 경우에는 입금될 현금과 입금된 현금으로 확정되나, 유출가치의 경우에는 실제 투입된 원가를 구하여 비교해보아야 한다.

(2) 유출가치의 평가-매입과 매입채무

유출가치는 관련 매출에 사용된 매출원가를 파악한다.

- 제조업의 경우는 관련 제조원가
- 판매업의 경우는 상품매출원가
- 서비스업의 경우는 직접투입원가

유출가치는 해당 매출에 대한 직접원가를 추적하여 집계하고 판매비와 일반관리비 등의 공통비의 경우에는 과거 3개년 치의 평균율을 고려하여 평가한다. 상기 매출 관련한 감사에서는 표본추출된 거래 모두가 거래방정식(유입가치)=유출가치)을 충족하고 있으므로 매출에 대한 내부통제는 1차 표본추출 감사결과 적정하다고 판단할 수 있다.

- **미지급비용(매입채무)**

미지급비용에 대한 감사 내용은 다음과 같다.

연번	전표일자	전표NO	구분	코드	계정과목명	차변	대변	거래처코드	유입가치	유출가치	평가
32	2012-07-05	00178	대변	253	미지급금		112,000	02613	112,000	112,000	거래방정식충족
35	2012-03-09	00153	차변	253	미지급금	269,720		01955	269,720	269,720	거래방정식충족
45	2012-08-31	00165	대변	253	미지급금		1,775,000	04354	1,775,000	1,775,000	거래방정식충족
60	2012-10-24	50037	대변	253	미지급금		853,600	01232	853,600	853,600	거래방정식충족
83	2012-12-12	00112	차변	253	미지급금	14,250		03096	14,250	14,250	거래방정식충족

미지급금에 대한 감사에서 유출가치는 지급될 현금과 지급된 현금으로 확정되지만, 유입가치에 대해서는 건별로 유입가치의 적정성을 검토하여야 한다.

- **현금**

현금지급과 입금에 대한 감사 내용을 요약하면 다음과 같다.

연번	전표일자	전표NO	구분	코드	계정과목명	차변	대변	거래처코드	유입가치	유출가치	평가
66	2012-01-31	00015	입금	101	현금	15,000,000		98000	15,000,000	15,000,000	거래방정식충족
67	2012-01-31	00137	출금	101	현금		100,000	02148	100,000	100,000	거래방정식충족
68	2012-01-31	50006	출금	101	현금		66,220	00351	66,220	66,220	거래방정식충족
69	2012-02-17	00233	출금	101	현금		143,000	00778	143,000	143,000	거래방정식충족
70	2012-03-06	00022	출금	101	현금		821,000	03798	821,000	821,000	거래방정식충족
71	2012-03-16	00081	출금	101	현금		192,500	01525	192,500	192,500	거래방정식충족
72	2012-03-31	00220	출금	101	현금		20,000	01525	20,000	20,000	거래방정식충족
73	2012-04-06	00096	출금	101	현금		38,500	02610	38,500	38,500	거래방정식충족
74	2012-04-13	00015	입금	101	현금	342,539		98000	342,539	342,539	거래방정식충족
75	2012-05-16	00145	출금	101	현금		175,000	01525	175,000	175,000	거래방정식충족
76	2012-06-01	00097	출금	101	현금		500,000	03615	500,000	500,000	거래방정식충족
77	2012-06-13	00050	출금	101	현금		50,000	01962	50,000	50,000	거래방정식충족
78	2012-06-15	00056	출금	101	현금		224,500	01525	224,500	224,500	거래방정식충족
79	2012-06-29	00150	출금	101	현금		16,350	02148	16,350	16,350	거래방정식충족

연번	전표일자	전표NO	구분	코드	계정과목명	차변	대변	거래처코드	유입가치	유출가치	평가
80	2012-07-11	00051	출금	101	현금		28,020	01260	28,020	28,020	거래방정식충족
81	2012-07-20	00107	출금	101	현금		19,000	03691	19,000	19,000	거래방정식충족
82	2012-09-17	00090	출금	101	현금		13,200	01519	13,200	13,200	거래방정식충족
83	2012-09-18	00030	출금	101	현금		45,891	04359	45,891	45,891	거래방정식충족
84	2012-09-24	00005	입금	101	현금	9,000,000		98000	9,000,000	9,000,000	거래방정식충족
85	2012-10-02	00040	출금	101	현금		42,252,288	01225	42,252,288	42,252,288	거래방정식충족
86	2012-10-10	00120	출금	101	현금		4,300	01964	4,300	4,300	거래방정식충족
87	2012-10-17	00168	출금	101	현금		537,400	01525	537,400	537,400	거래방정식충족
88	2012-10-24	00018	출금	101	현금		350,000		350,000	350,000	거래방정식충족
89	2012-10-31	00083	출금	101	현금		690,000	02169	690,000	690,000	거래방정식충족
90	2012-11-07	00053	출금	101	현금		27,000	02169	27,000	27,000	거래방정식충족
91	2012-12-11	00080	출금	101	현금		5,450	02610	5,450	5,450	거래방정식충족
92	2012-12-18	00003	입금	101	현금	5,778,634		98000	5,778,634	5,778,634	거래방정식충족
93	2012-12-31	00468	출금	101	현금		38,200	03834	38,200	38,200	거래방정식충족

예금인출에 의한 현금 입금은 동일한 유입가치와 유출가치가 교환될 것이며, 다음 현금 지출의 경우 지출에 따른 가치 분에 해당하는 서비스와 유형의 자산이 유입되었는지 감사한다.

6) 제2차 표본추출

제1차 표본감사를 바탕으로 제2차 표본추출을 위하여 각 계정(군)별 표본 수를 산정한다. 여기서 업종별 특성과 각 기업이 갖고 있는 기업 특유의 요인들 그리고 제1차 취약한 것으로 판명된 근거를 고려하여 표본을 추출한다. 제1차 표본감사에서 파악된 사항과 기업의 고유 특성을 감안한 다음 사항들이 고려되어야 한다.

① 지급 증빙이 없었고, 이중 지급된 것으로 밝혀진 외주비에 대하여 표본 수를 확대한다.

② 용역서비스업의 특성상 인건비의 비중(매출액 대비 77.6%)이 매우 크고 인원수가 많은 바 인건비만 한정하여 표본을 추출한다.

③ 재무상태표상의 계정과목과 손익계산서상의 계정과목을 고려하여 표본 수를 산정한다.

계정명	계정 사용빈도	계정통합후	표본산출수
전체계정(제1차표본추출)	113,625		93
현금예금(장단기 예적금포함)	40,352	176	77
용역미수금,부가세예수금,용역수입,공사미수금,위탁수입	21,248	328	77
미지급금, 부가세대급금	15,256	15,256	77
급여 및 임금	128		77
판매관리비, 도급경비	36,641	36,641	93

본 사례에서는 회사의 지출항목 중 가장 비중이 큰 급여 및 임금과 관련한 샘플 추출을 예로 들면 다음과 같다.

[㈜인도양의 제2차 표본추출]

연번	지급번호	total_amt	sum_taxamt	sum_realamt	난수
1	20141485	1,200,220	30,890	1,169,330	0.995927
2	20112777	1,480,104	61,930	1,418,174	0.993614
3	20105871	2,254,163	196,820	2,057,343	0.994729
4	20106085	1,648,152	136,480	1,511,672	0.990291
5	20104526	1,615,588	139,740	1,475,848	0.997738
6	20051894	1,664,908	137,060	1,527,848	0.995972
7	20063366	1,596,010	130,560	1,465,450	0.995051
8	20133252	1,551,902	129,940	1,421,962	0.991827
9	20105312	2,838,516	265,950	2,572,566	0.98988
10	20077828	1,466,857	122,150	1,344,707	0.989743
11	20142399	1,362,726	114,760	1,247,966	0.98824
12	20121181	1,630,685	142,710	1,487,975	0.987084
13	20141484	1,040,220	34,820	1,005,400	0.988103
14	20117061	1,160,944	92,040	1,068,904	0.998481
15	20117065	1,156,788	91,330	1,065,458	0.989413
16	20050592	1,060,000	32,750	1,027,250	0.984896
17	20078346	1,116,866	87,270	1,029,596	0.986055
18	20079130	1,420,000	58,360	1,361,640	0.98415
19	20099388	1,070,120	33,060	1,037,060	0.993184
20	20140135	1,216,640	41,780	1,174,860	0.994382

연번	지급번호	total_amt	sum_taxamt	sum_realamt	난수
21	20105819	1,733,824	153,010	1,580,814	0.993338
22	20115505	2,640,914	244,580	2,396,334	0.985007
23	20134056	2,223,700	173,140	2,050,560	0.995661
24	20113793	2,341,647	210,380	2,131,267	0.983643
25	20141504	1,933,813	151,540	1,782,273	0.998295
26	20123226	2,452,887	229,430	2,223,457	0.988704
27	20123165	1,894,258	165,380	1,728,878	0.984716
28	20125420	1,020,000	80,890	939,110	0.984021
29	20140196	4,384,350	557,170	3,827,180	0.997873
30	20140847	1,154,160	106,570	1,047,590	0.987929
31	20140309	1,861,330	165,480	1,695,850	0.985888
32	20140259	1,591,630	131,530	1,460,100	0.984509
33	20140494	2,291,898	212,380	2,079,518	0.998298
34	20140457	2,318,744	211,590	2,107,154	0.997783
35	20140523	2,609,312	250,070	2,359,242	0.983761
36	20090672	1,396,720	115,940	1,280,780	0.996645
37	20096195	463,170	58,910	404,260	0.985287
38	20122021	1,730,412	141,410	1,589,002	0.985088
39	20097307	1,571,529	138,670	1,432,859	0.993931
40	20064250	3,296,112	409,490	2,886,622	0.998858

266

7) 제2차 표본감사

연번	지급번호	total_amt	sum_taxamt	sum_realamt	난수
41	20064261	3,102,774	356,940	2,745,834	0.986593
42	20063663	2,734,545	280,680	2,453,865	0.998042
43	20133259	2,115,287	171,620	1,943,667	0.993392
44	20142249	1,603,619	133,530	1,470,089	0.999387
45	20142278	2,037,349	159,090	1,878,259	0.985841
46	20135325	1,057,886	86,040	971,846	0.997322
47	20137820	1,027,000	37,370	989,630	0.995588
48	20137808	966,000	78,620	887,380	0.991997
49	20122202	1,130,000	42,450	1,087,550	0.992098
50	20102687	1,975,000	167,480	1,807,520	0.998253
51	20132602	1,635,000	136,880	1,498,120	0.999958
52	20061800	1,049,000	105,620	943,380	0.990999
53	20082073	1,049,000	149,990	899,010	0.989232
54	20135476	1,500,000	128,970	1,371,030	0.98606
55	20121779	2,124,425	195,830	1,928,595	0.992369
56	20121789	1,536,415	138,060	1,398,355	0.992175
57	20138968	1,450,000	125,400	1,324,600	0.995465
58	20132764	981,035	30,310	950,725	0.98707
59	20121953	980,000	77,280	902,720	0.993963
60	20139408	1,750,000	156,690	1,593,310	0.983866
61	20012006	1,172,936	52,620	1,120,316	0.994457
62	20031282	1,332,160	67,540	1,264,620	0.993527
63	20092217	1,398,185	101,000	1,297,185	0.993663
64	20129239	1,239,944	96,150	1,143,794	0.991698
65	20143522	1,261,289	9,990	1,251,299	0.989435
66	20136553	1,250,000	102,540	1,147,460	0.996354
67	20081219	1,297,285	43,940	1,253,345	0.989069
68	20067221	1,252,905	99,540	1,153,365	0.99797
69	20135119	1,448,388	127,480	1,320,908	0.996607
70	20122268	2,366,718	207,630	2,159,088	0.997812
71	20122265	2,357,654	104,760	2,252,894	0.989294
72	20143503	599,646	3,290	596,356	0.991599
73	20080095	2,029,870	178,020	1,851,850	0.994089
74	20113158	1,400,986	105,280	1,295,706	0.984682
75	20137892	1,331,986	100,760	1,231,226	0.988674
76	20136595	1,465,000	117,950	1,347,050	0.998598
77	20138604	-	-	-	0.996771

추출된 표본에 대하여 감사를 수행한다. 용역서비스업의 특성상 인건비의 비중이 매우 높은바, 여기서는 급여 관련 샘플링에 대한 감사 내용을 예로 든다. 급여의 경우 지급액 계산의 오류 여부, 퇴직자에 대한 급여 지급 여부와 더 나아가 가공인물에 대한 급여 여부에 대하여 검토한다.

8) 보고서 작성

1차와 2차에 걸친 표본의 선정과 선정된 표본의 감사를 통하여 회사의 거래에 포함된 오류와 부정을 파악하게 된다. 이렇게 밝혀진 사항들은 빠짐없이 보고서에 체계적으로 기록되어야 한다. 보고서를 바탕으로 회사의 내부통제제도 중 취약한 부분이 나타나고 이에 대한 내부통제제도에 대한 보완이 수행된다. 또한 경영자에게 회사의 취약한 부분에 대한 주의를 기울이게 하여 차후에 발생할 오류와 부정을 사전에 방지할 수 있게 해준다. 보고서에는 다음과 같은 사항들이 포함되어야 한다.

① 적발감사 보고서의 개요
② 오류 발생 사항 및 대책
③ 부정 발생 사항 및 대책
④ 내부통제제도 취약점 및 대책

프랑스어로 '나비'라는 뜻의 '파피용'은 영화 제목으로 더 유명하다. 1974년에 개봉했고 이후 1990년에 재개봉한 이 영화는 종신형을 선고받은 죄수 앙리 샤리엘의 실화를 바탕으로 제작됐다. 샤리엘은 가슴에 나비 문신이 있어 이름 대신 '파피용'이라 불렸다. 살인죄 누명을 쓰고 무더위와 강제노동 등으로 악명 높은 감옥에서 인간 이하로 생활하던 파피용은 탈옥을 시도한다. 탈옥 시도가 실패로 돌아가고 파피용은 사방이 절벽과 파도로 막혀 있는 외딴섬의 독방에 갇히게 된다.

이 독방에서 굶주림으로 허기진 그가 바닥을 기어가는 바퀴벌레를 잡아먹는 장면은 많은 이들의 뇌리에 박혀 있다. 하지만 그는 탈출에 성공한다. 그가 탈출할 수 있었던 것은 거세게 부딪치는 무시무시한 파도를 보면서도 희망을 버리지 않았기 때문.

오류와 부정에 의하여 누명을 쓰고 외딴섬에서 인간 이하의 대우를 받으면서 살아가는 한 인간이 모든 상황에 좌절하지 않고 그 무시무시한 상황에서 자유의 몸이 되는 과정을 그린 영화로, 정말 감명 깊게 보았던 영화다. 사람에게 '희망'이라는 단어가 어떻게 초인적인 힘을 줄 수 있는지 잘 보여준 영화다. 마지막에 코코넛 나무로 만든 뗏목을 띄우고 탈출하는 장면은 참으로 통쾌했다.

12장 부정직한 사건을 방지하기 위한 방안 및 남은 숙제들

  본서의 제1장에서 일부 언급하였지만, 강조의 의미로 다시 한 번 더 인용하고자 한다. 부정직한 사건은 해당 기업의 경쟁력을 위태롭게 할 뿐만 아니라 사회적으로도 부정적인 영향을 미친다. 최근 국제조사 결과에 따르면 우리나라는 아시아 선진국 중 최악의 부패국이라는 결과가 나왔다고 한다. 관련 기사를 인용[70]하면 다음과 같다.

  2013년, "한국은 아시아 선진국 중 최악의 부패국가"라는 조사 결과가 나왔다. 아시아 각국에서 활동 중인 외국인 기업인들을 상대로 현지 부패수준을 질문한 결과, 한국은 싱가포르와 일본, 호주, 홍콩 등에 비하여 최소한 2~3배나 더 부패한 것으로 평가받았다. 한국보다 부패점수가 높았던 곳은 인도, 인도네시아, 필리핀, 베트남, 미얀마, 캄보디아, 중국 정도였다.

  특히, 한국은 기업 부패의 정도와 부패에 대한 '솜방망이' 처벌에서 아시아 2위의 불명예를 기록했다. 2013년 7월 14일, '세계일보'가 단독 입수한 홍콩 정치경제리스크컨설턴시(PERC) 보고서에 따르면, 아시아 17개국(미국, 홍콩, 마카오 포함)이 얼마나 부패했는지에 대한 설문조사 결과, 한국은 6.98점을 기록했다.

  1976년 설립된 PERC는 아시아 각국에 상주 연구원을 두고 각국 정치 및 경제이슈를 분석하고, 국가와 기업 리스크 관리를 자문하는 업체다. 이곳은 리스크 자문을 위해 20여 년 전부터 매년 각국에서 활동한 외국 기업인 1~2천 명이 현지국가의 부패 정도(최악 부패 10점~최고 청렴 0점)를 평가하는 설문조사를 실시하고 있다.

  PERC는 2013년 조사 보고서에서 한국의 부패조사 결과를 "아시아 선진국(Developed Countries) 가운데 최악이자, 지난 10년 이래 최악"으로 평가했다. 2004년 6.67점까지 상승했던 부패지수가 2010년 4.88점까지 떨어졌으나 이후로 다시 상승, 이번 조사에서 최고점을 경신한 것이다. 외국인들이 바라보는 한국의 청렴도가 10년 전만도 못하다는 이야기다.

  PERC 관계자는 "더욱 심각한 것은 부패에 둔감한 한국의 도덕관이 국경을 넘어선 부패에까

---

[70] 한국, 아시아 선진국 중 최악의 부패국가, 2013.7. epoque.egloos.com/3966825.

지 기여하는 점"이라며, "부패의 뿌리가 정경(政經) 피라미드의 최상층부까지 뻗어 있다."고 꼬집었다. '국경을 넘어선 부패'란 한국기업들이 벌인 해외사업에서의 비리를 의미한다. 반면, 싱가포르는 10여 년간 부패점수 0.37~1.3점으로 부동의 아시아 청렴도 1위를 지켰다. 일본과 호주는 각각 2.35점, 홍콩은 3.77점, 미국은 3.82점, 중국은 7.79점이었다.

한국의 부패수준에 대한 차가운 평가는 불명예만으로 끝날 문제가 아니다. 부패가 심각한 나라는 공정경쟁 기회가 적고, 경영 리스크가 높은 것으로 인식되어 외자 유치에 마이너스 요소로 작용할 수밖에 없기 때문이다.

윤은기 한국부패학회장은 "국제투명성기구(TI)의 부패인지도 기준으로 부패가 1단위 줄어들면, 1인당 국내총생산(GDP)이 2.64% 상승한다는 연구결과도 있다."고 지적하며 "싱가포르의 기적 같은 경제성장은 반(反)부패 활동을 통하여 가능했다."고 말했다.

또한, PERC는 한국에 대한 평가에서 단적으로 "지난 20년간 한국의 10대 재벌 중 SK를 포함해 6곳이 유죄선고를 받았는데, 형기를 마친 사례는 단 한 건도 없었다."고 언급하면서 "재벌 총수는 유죄를 선고받아도 집행유예나 특별사면 등 다양한 방법으로 풀려나 법 위에 군림하고 있다."고 단언하는가 하면, 모 전(前) 중앙부처 차관의 성(性) 추문 의혹으로 인한 사임사건도 만연한 부패 실상을 보여주는 사례로 거론하였다.

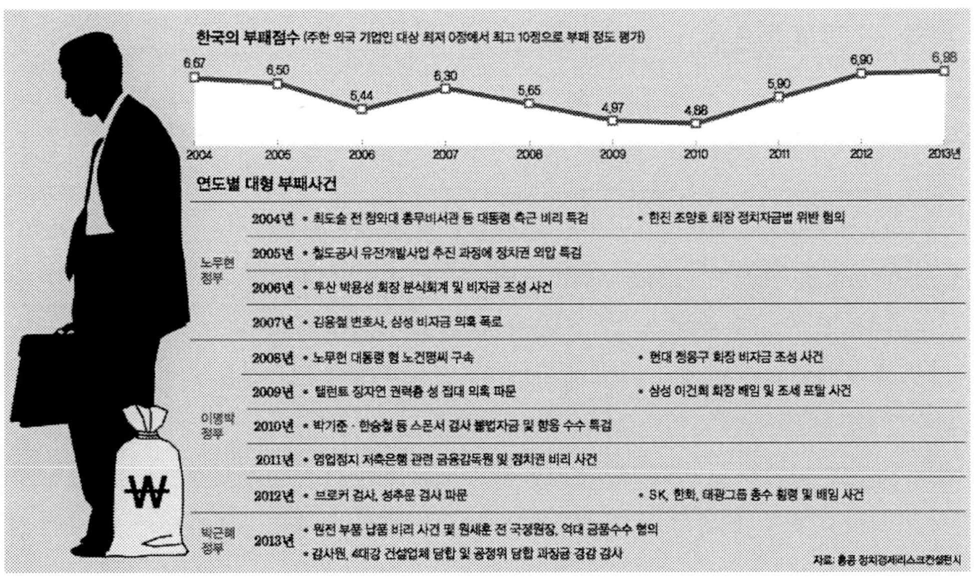

심리학 이론에 따르면 인간이 부정직한 사건을 일으키는 이유로 다음과 같은 것을 들고 있다. 첫째는 필요성 때문에 그렇게 한다는 것이다. 인간이 행동을 일으킴에 있어 필요에 의하여 부정을 저지르게 된다는 것이다. 이 경우 부정을 저지름으로써 초래될 수 있는 범죄에 대한 불이익에 대해서는 생각을 하지 않는다는 것이다.

두 번째로는 그러한 부정이 발각되지 않고 완전범죄로 끝날 수 있다는 자신감 때문에 실행한다는 것이다. 완전범죄에 대한 환상이 부정으로 이끈다는 것이다. 세 번째로는 주위 친한 동료의 부추김과 지원 때문에 부정을 시작한다는 것이다. 이 경우 부정에 대해 매우 가볍게 생각한다는 것이다. 위의 경우 모두 '도덕적 해이'가 그 주요 원인이라고 할 수 있다.

1. 도덕적 해이(moral hazard)[71]

'도덕적 해이'를 뜻하는 도덕적 해이(moral hazard)는 원래 보험시장에서 사용됐던 용어다. 화재보험에 가입한 보험가입자가 보험에 들지 않았더라면 게을리하지 않았을 화재 예방에 대한 주의 의무를 보험에 들고 게을리함으로써 오히려 화재가 발생하여 보험회사가 보험금을 지불하게 되는 경우가 있다.

만일 보험회사가 보험가입자의 화재 예방 노력을 하나하나 모두 파악할 수 있다면 화재 예방 노력에 따라 보험료를 다르게 적용하거나 보험 가입 자체를 거부할 수 있겠지만, 현실적으로는 불가능한 일이다. 보험회사가 보험가입자를 개별적으로 다 파악할 수 없는 이러한 상황을 '정보의 비대칭'이라고 하며, 이같이 어느 한쪽이 상대방을 충분히 파악할 수 없는 정보의 비대칭 상황 하에서는 항상 도덕적 해이가 발생할 소지가 있다.

2. 정보의 비대칭

경제학적으로 '도덕적 해이'란 정보의 비대칭이 존재하는 상황에서 주인(principal)이 대리인(agent)의 행동을 완전히 관찰할 수 없을 때 대리인이 자신의 효용을 극대화하는 과정에서 나타난다. 예를 들어 노동자가 감시가 소홀할 때 일을 열심히 하지 않는 것, 보험을 든 자가 보험을 들고 나서 사고에 대비한 주의를 덜 하는 것, 의사가 의료 보험금을 많이 타내기 위해 과잉진료를 하는 것 등이 모두 도덕적 해이에 해당한다.

반대의 경우도 성립할 수 있다. 즉 대리인이나 노동자가 기업의 경영정보를 잘 알지 못함으로 해서 기업이 어려움에 처해 있음에도 노조활동 등을 통한 경영층에의 압박은 기업 전체에 불리한 영향을 가져올 수밖에 없다. 그런 면에서 정보의 비대칭을 해소하기 위한 재무정보의 공개나 시장상황에 대한 정보의 공유 등에 대한 노력이 필요하다.

미시경제학의 한 분야인 정보경제학에 따르면 '정보'에는 경제적 가치가 있다고 한다. 이러

---

[71] 경제학사전 경연사 http://www.genyunsa.com/new/genyunsa/genyunsa.htm

한 사실은 우리 주위에서도 쉽게 많은 사례를 접할 수 있다. 가령 주식시장에서의 내부자 정보라든지 산업스파이를 통한 정보의 획득 등은 정보에 엄청난 가치가 있음을 실증하고 있다.

이렇듯 '도덕적 해이'가 발생하는 주요 원인인 '정보의 비대칭'은 본서의 기중 블랙박스 모형에서도 잘 제시되고 있다. 아무리 기업에 내부통제제도를 잘 구축하였다 하더라도 이에 대한 측정과 평가가 이루어지지 않는다면 깜깜한 블랙박스 안을 들여다보는 것처럼 정보의 비대칭이 존재할 수 있다.

이러한 정보의 비대칭은 무작위 표본추출에 의한 표본감사를 수행함으로써 극복하거나 완화할 수 있다. 표본감사에 의하여 개별 거래를 유입가치와 유출가치로 분석함으로써 회사의 거래에 대한 세부내역을 검토하고 내부통제제도의 운영 효과성에 대하여 검토함으로써 정보의 비대칭을 완화할 수 있다.

부외거래(簿外去來)란 실제 존재하는 거래를 회사 장부에 기록하지 않는 것을 말한다. 이와는 반대로 실제 존재하지 않는 거래를 장부에 계상하는 가공거래(架空去來)가 있는데 가공거래는 앞에서 설명하였다.

부외거래에는 차입금의 누락, 미지급비용 및 매입채무 등의 과소 기록 등 부외부채거래가 대표적이나 부외자산의 경우도 있을 수 있고, 실제 지급된 비용의 누락 및 실제 입금된 수입의 누락 등도 있을 수 있다. 사회적으로 종종 매스미디어에서 논란이 되곤 하는 분식회계의 전형적인 유형의 하나다.

부정(不淨)과 오류에 관련된 부외거래는 적발하는 데 있어서 장부에 기록된 부정과 오류보다 더 어려운 것이 사실이다. 그러나 거래의 기본 속성에 따른 검토를 수행한다면 적발하는 것이 그리 어려운 것도 아니다. 거래별로 예를 들면 다음과 같은 유형의 오류와 부정이 있을 수 있다.

3. 부외거래 감사

1) 매출의 누락

매출 누락은 국세청의 세무감사 시 가장 예민한 부분이다. 만일 매출 누락이 밝혀진다면 그에 따라 추징되는 세금이 매출 누락액과 비슷할 정도로 커서 기업에 미치는 영향이 크다. 따라서 국세청 감사에서는 매우 중요하게 다루어진다. 매출 누락은 재고수불부의 검토와 기말 재고실사를 통하여 밝혀질 수 있다.

(1) 재고수불부

상품이나 제품판매업의 경우 재고자산수불부를 검토하게 되면 매출 누락 여부를 판단할 수 있다. 재고자산수불부는 재고 실물의 움직임을 기록한다. 예를 들어 재고수불부상 재고의 유입과 유출을 장부상의 매출 부분과 연계하여 검토하면 누락된 매출 부분이 밝혀지게 된다.

재고수불부는 주요 장부는 아니지만 회사 경영에 매우 중요하다. 재고수불부는 재고자산이 언제 얼마의 수량이 입고되고 출고되었는지를 기록하는 보조부로, 회사의 재고자산을 관리하는 데 있어 정확하게 작성되어야 할 장부다.

재고자산의 불출이 있었는데도 그에 따른 매출이 기록되지 않았다면 그 거래는 매출누락 여부를 검토하여야 한다. 재고자산의 입고에 대해서도 입고된 재고에 대한 거래명세표와 검수보고서 등이 실제로 구비되어 있는지 검토되어야 한다. 만일 그러한 증빙 없이 입고된 재고라면 이는 부외자산이 될 것이다.

(2) 기말 재고실사

재고수불부는 상품 또는 원재료의 기초 수량에서 출발하여 입고 수량은 가산하고 출고 수량은 차감하여 장부상 기말 재고수량이 계산된다. 회사는 기말에 내부통제제도의 가장 중요한 절차 중의 하나인 재고실사를 수행한다. 기말의 재고실사는 사전에 계획되어 현장부서와 관리부서의 참여 하에 수행된다. 이러한 절차를 통하여 기말의 실제 재고자산 수량이 확정된다.

실사를 통한 실사재고 수량은 장부상의 기말 재고수량과 비교되며, 장부상의 재고 수량보다 실사 재고 수량이 적은 재고 품목은 재고가 불출되었음에도 장부에 반영되지 않은바, 매출의 누락 여부를 검토하여야 한다. 만일 매출의 누락이 없었다면 재고자산에 대한 물리적 통제의 취약성 여부를 검토하여야 한다.

재고실사에 대한 절차와 결과에 대해서는 재고실사보고서를 작성하여 경영층의 승인을 반드시 받아야 한다. 일부 기업의 경우 재고실사가 형식적으로 수행되는 경우가 있는데, 이는 내부통제제도 상 매우 큰 취약점으로 지적되어야 한다.

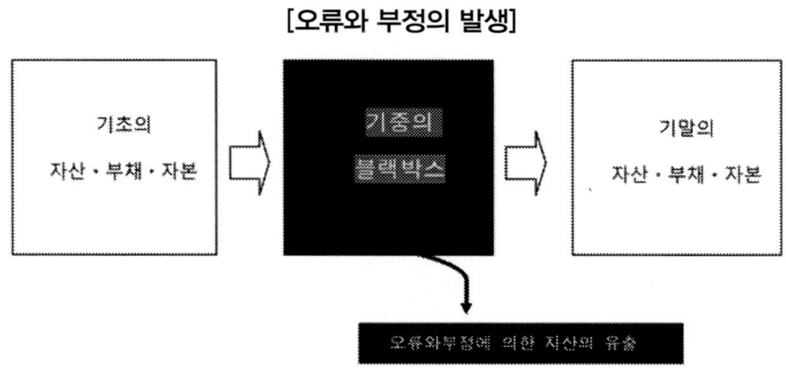

앞의 '오류와 부정' 그림에서 기초의 자산에 기중거래를 감안하여 기말자산이 되는 것을 알 수 있다. 수식으로 표시하면 다음과 같다.

> 기초(재고)자산 + 기중의 입고자산 - 기중의 출고자산 = 기말의 (재고)자산

기말 재고자산 수량의 실사를 통한 확정은 기중거래의 적정성에 대한 확신을 주는 방파제 역할을 한다. 만일 이 방파제가 무너진다면 기중거래에 대한 통계적 개별거래 검토에 대한 신뢰성이 손상될 수밖에 없다.

따라서 기말 재고실사는 철저하게 수행되어야 하며 그에 대한 결과보고서가 중요한 경영보고서의 하나로 보고되어야 한다. 기말 재고실사는 통상 연 1회 수행되는 것이 보통인데, 이는 너무 적은 횟수다. 회사의 형편과 관련해 재고자산의 중요도에 따라 분기별 또는 월별로도 수행되어야 한다.

이러한 재고수불부 개념은 회사의 모든 자산에 대해 통용될 수 있다. 예를 들어 유가증권의 경우에도 과거 거래로부터 현재까지의 구매 현황과 매각 현황 그리고 현재의 잔고 수량이 철저하게 관리되어야 한다. 또 한 예로 유형자산의 경우에도 취득일, 취득원가, 구매수량, 매각일, 매각수량 등이 기록되어야 하며 현재 보유하고 있는 유형자산의 종류와 수량이 실사되고 관리되어야 한다.

이처럼 회사 자산에 대한 재고수불부는 통상 상품에 관련된 재고자산뿐만 아니라 회사의 모든 자산에 대하여 기록 관리되고 있다. 본 적발감사론의 중요한 바탕인 거래방정식의 논리적 바탕 역시 유입가치와 유출가치의 비교를 통하여 개별 거래를 검토하고 회사의 기말 자산을 감사함으로써 회사의 모든 거래에 대한 적정성을 검토하는 것이다. 이러한 거래 검토 방식은 이하 모든 거래에 대해 공통적으로 적용할 수 있다.

(3) 가공매출

매출의 누락과는 반대로 재고 실물 이동 없이 세금계산서만 발행하여 매출이 발생하는 가공매출의 경우가 있다. 이를 '순환거래' 또는 '뺑뺑이거래'라고도 하며, 세금계산서만 발행하여 매출을 발생시키는 전형적인 분식회계의 일종이다. 아메바 경영을 주창한 일본의 이나모리 가즈오는 이에 대해 정확하게 지적하였다.[72]

---

[72] 아메바 경영, 이나모리 가즈오 지음, 우성주 옮김, 도서출판 예문, 2007.4.30.
　　P158 일대일 대응의 원칙
　　"물건이나 돈이 움직이면 그 결과를 나타내는 전표가 일대일 대응으로 첨부되어 확실하게 처리되어야 한다. 이는 언뜻 당연한 일로 보이지만 이를 철저히 하는 것은 결코 쉬운 일이 아니다. 예를 들어 상품만 먼저 보내놓고 전표는 다음날 발행하는 경우가 종종 있다. 담당자는 '나중에 전표를 발행하면 되니까'라는 가벼운 마음으로 했겠지만, 바쁜 나머지 잊어버려 결과적으로 대금이 회수되지 못하는 사태를 초래할 수도 있다. 전표만 멋대로 움직이거나 물건만 먼저 움직이는 일은 있을 수 없는 일로 만드는 것이다. '일대일 대응'의 원칙을 엄수하는 것은

순환거래는 ① A회사가 실물자산 없이(경우에 따라서는 실물자산이 일부 포함될 수 있음) B 회사에 10억 원의 매출을 발생시킨다. ② B회사는 10억 원을 결제하고 이 자산을 C회사에 12억 원에 매출한다. ③ C회사는 12억 원을 결제하고 이를 D회사에 15억 원의 매출 세금계산서를 발행한다. ④ D회사는 15억 원을 결제하고 이를 20억 원에 원래의 A에게 매출을 발생시킨다. ⑤ A회사는 20억 원을 결제하고 다시 B회사에게 매출을 발생시켜야 하는데, 이때 불안을 느낀 B회사가 세금계산서 수취를 거절할 경우에 순환거래의 폭탄이 터진다.

A회사는 10억 원의 손실을 고스란히 떠안을 수밖에 없게 되어 기업에 막대한 손실을 초래하게 된다. 그림으로 표시하면 다음과 같다.

[그림– 순환거래의 개요]

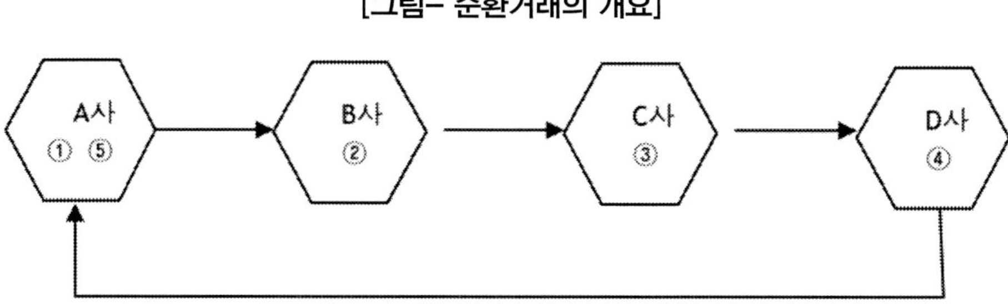

실제 사례는 앞의 예와는 달리 매우 복잡하게 발생한다. 2013년도에 부가가치세 600억 원의 탈세와 관련하여 국세청과 검찰청의 합동수사에서 밝혀진 자료상[73]에 관련된 내용은 다음과 같다.

밀수 등으로 입수한 무자료 골드바(gold-bar)를 유통시키기 위해 가짜 '금 스크랩'(금이 일부 함유된 합금)으로 골드바를 생산한 것처럼 위장하여 부가가치세를 부정 환급받은 대규모 자료상들이 부가가치세를 포탈한 구조를 보면 다음과 같다.

경영 숫자를 바르게 받아들이기 위한 필요조건임과 동시에 부정이나 실수를 미연에 방지하는 최상의 방법이라 하겠다.

[73] 자료상: 유령업체를 설립하여 사업자등록을 한 후 다른 사업자에게 재화나 용역을 공급한 사실이 없음에도 마치 공급한 것처럼 가짜 세금계산서를 만들어주어 그 다른 사업자의 부가가치세 등의 포탈을 도와주는 일을 전문으로 하면서 대가를 받는 업자를 말함.

[그림– 무자료 골드바 거래 구조도]

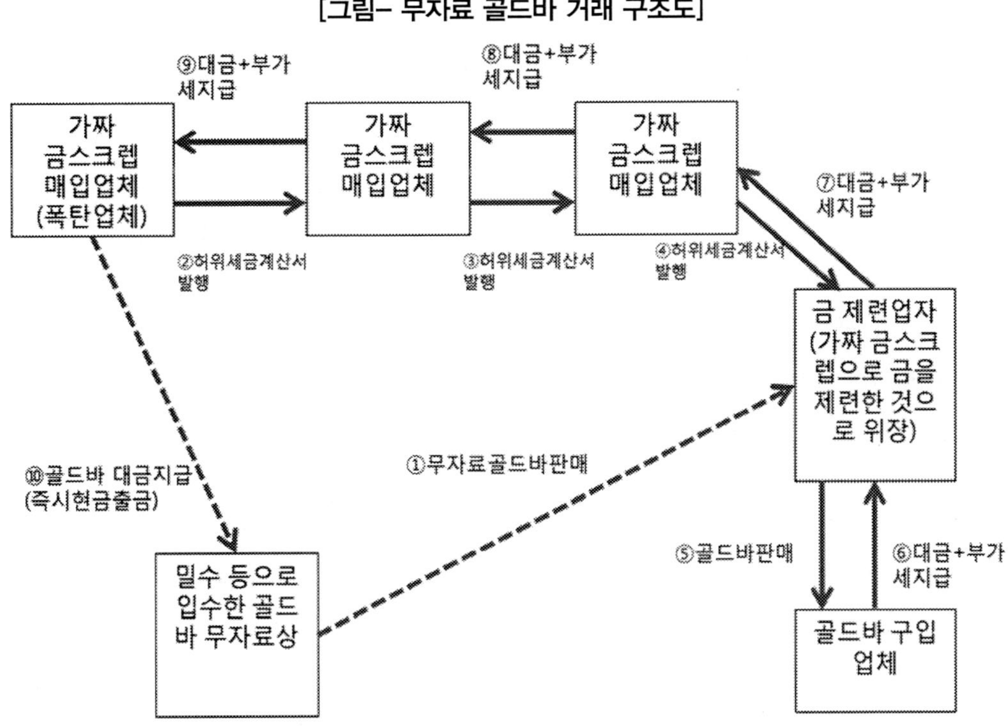

※ ⑥단계는 금지금 부가세 납부제도 시행으로 직접 지급하지 아니하고 부가세 관리기관의 금 거래계좌를 이용하여 지급함.

2) 자산 처분의 누락

회사의 자산이 처분되었음에도 처분 내용이 기록되지 않는다면 자산의 처분은 오류와 부정의 대상이 될 수 있다. 이러한 오류를 방지하기 위해서는 회사 자산에 대한 구매 거래와 매각 거래가 정확히 기록되어야 하며, 연도 말 등의 일정 시점에 관련 자산에 대한 재물조사가 정확하게 적시에 수행되어야 한다.

재물조사 후 장부상의 수량과 실제 수량과의 차이 부분에 대한 원인이 규명되어야 한다. 일반적인 회사의 경우 재물조사가 잘 수행되지 않고 있으며, 수행되어도 형식적으로 수행되거나 관리부서의 입회 없이 현장 근무 인원만으로 수행되는 경우가 많다.

이렇게 회사 자산에 대한 재물조사가 소홀한 것은 재물조사의 중요성을 잘 인식하지 못하는 것과 재물조사에 의하여 차이가 나타날 경우에 발생할 책임문제를 피하고자 하는 것에 기인한다. 재고자산을 포함한 모든 자산의 기말 재고에 대한 기말 실사는 매출의 누락에서 설명하였듯이 매우 중요하다.

왜냐하면 기중에 많은 감사를 수행한 것이 기말실사로 그 결론에 이를 수 있기 때문이며, 기중 기업활동과 기중 감사활동 등이 제대로 수행되었는지 판단할 수 있기 때문이다. 따라서 본 서를 읽는 독자들은 재고실사에 진지하게 임하여야 함을 충분히 인식하였으리라고 본다.

3) 차입의 누락

일반적인 회사의 경우 회사의 채권과 채무는 빠짐없이 회사의 재무상태표에 표시되어야 한다. 그러나 일부 회사의 경우 외부에 회사의 재무상태를 건전한 것으로 보이게 하기 위하여 회사의 차입금 등 부채를 재무상태표에 누락하는 경우가 발생한다.

이 경우 회사의 재무상태는 왜곡되어 회사 재무정보 정보이용자를 오도하게 되어 회사의 건전성 판단에 오류를 초래하게 된다. 따라서 회사의 차입 등이 재무상태표에 누락되지 않았는지 검토하는 것이 필요하다.

누락된 차입금 등을 찾아내기 위해서는 회사가 이용하는 금융기관에 대한 신용조회나 은행조회가 필요하며, 장부에 계상되지 않은 채무에 지급되는 지급이자를 밝혀내야 한다. 제도권 내에 있는 은행을 통한 차입금은 외부 회계감사 대상 회사의 경우 조회 절차를 통하여 모두 파악할 수 있다.

문제는 사채를 통한 채무의 발생인데, 이에 대해서는 앞에서 일부 설명했던 복식부기의 대차 발생의 원리를 통하여 추적할 수 있다. 영업활동을 통한 현금의 조달이 원활하지 않게 되면 금융기관을 통한 재무조달을 모색하게 된다. 그러나 이마저도 쉽지 않다면 회사의 경영층은 사채를 통한 자금 조달을 하게 되며, 이 경우 대표이사의 가수금 형식을 빌려 조달하게 된다. 이러한 대표이사와의 가수금 거래는 올바른 차입금 계정에 계상되도록 하여야 한다.

일부 내부통제제도가 취약한 중소기업의 경우 매출 기록을 누락하고 매출에 따른 매출채권 회수액을 대표이사의 가수금으로 하여 회사에 현금 입금을 하고 이를 회사의 운영 자금으로 사용하는 경우가 있다. 이는 모두 기업회계기준과 관련 법령에 위배되는 것으로 이러한 거래는 회계 전문가에게 금방 밝혀지게 된다. 기업에서 발생하는 모든 거래는 관련 회계기준과 법에 따라 처리하여야 한다.

4. 방지 방안

한국부패학회 윤은기 회장의 말을 빌리면 "국제투명성기구(TI)의 부패인지도 기준으로 부패가 1단위 줄어들면, 1인당 국내총생산(GDP)이 2.64% 상승한다."고 한다. 이는 기업의 경우에도 똑같이 해당된다고 보는바 부정직한 사건이 기업의 존속과 발전에 위험을 초래하는 것을 방지하기 위한 방안으로 다음과 같은 것을 들 수 있다.

첫째, 명실상부(名實相符)한 재무제표를 산출할 수 있는 효율적인 내부통제제도의 구축이다. 재무제표의 재고자산이 100억으로 기록되어 있으면 실제 재고자산도 실제 가치가 100억에 부합하는 자산이 있어야 한다. 매출채권이 200억으로 기록되어 있으면 실제 회수할 수 있는 금액이 200억과 부합하여야 한다. 이를 위해 업무분장에 의한 내부통제제도의 구축과 상급자에 의한 승인과정의 통제는 부정직한 사건을 방지하고 명실상부한 재무제표를 생산하는 데 효과적이다.

둘째, 개별 거래에 대한 통계적 검증방법을 정기적 또는 수시로 수행함으로써 회사의 내부통제제도 효과성을 측정하고 부족한 부분은 그 즉시 보완하는 것이다. 인간은 망각의 동물이기 때문에 내부통제관리에 대한 주의를 수시로 환기시킴으로써 도덕적 해이와 정보의 비대칭에서 오는 차이를 극복할 수 있다.

셋째, 월말, 분기, 연도 말 등을 기준으로 회사의 모든 자산에 대한 재고실사와 재물조사를 실시하고 실사된 자산명세와 장부상의 명세 차이에 대하여 명확한 차이분석이 수행되어야 한다. 기말 재고실사는 매우 중요하게 다루어져야 할 관리수단이다.

넷째, 경영진은 부정의 예방을 강조하여 부정이 발생할 기회를 감소시키고, 부정의 억제를 강조함으로써 각 개인이 부정의 발견 및 이에 대한 처벌의 가능성을 의식하여 부정을 저지르지 않도록 설득하는 것이 중요하다. 이는 정직하고 윤리적으로 행동하는 문화의 창조의지와 관련되며, 지배기구의 적극적인 감시에 의하여 더욱 강화될 수 있을 것이다.[74]

다섯째, 자산에 대한 접근 통제다. 자산에 대한 접근은 허락받은 사람에게만 허용되어야 하며, 허용되지 않은 사람에게는 자산에 대한 접근이 불가능하여야 한다. 예를 들어 재고자산, 비품, 유가증권 등이 있을 수 있으며 이러한 자산에는 유형자산뿐만 아니라 무형자산도 포함된다. 특허권 등 기밀사항 등을 외부의 경쟁회사에 유출하는 행위 등이 매스미디어에 자주 뉴스가 되곤 한다.

여섯째, 가장 중요한 것으로 조직구성원들의 사기와 명예심을 높이는 것이다. 이는 부정이 발생할 수 있는 세 가지 요소, 즉 부정의 동기, 부정의 기회, 부정의 합리화 중에서 부정의 합리화에 대한 것이다. 만일 구성원들의 사기가 높아 부정에 대하여 매우 비판적이라면 이러한 조직에서는 부정이 발생할 수 없다. 따라서 기업에서는 구성원의 사기를 높이는 방법에 대하여 노력하고 구성원의 사기가 정체되었는지 아니면 쇠퇴하고 있는지에 대하여 항상 주의를 기울여야 한다.

---

[74] 한국회계감사기준 240 문단 4.

5. 남은 숙제들

지금까지 조직의 내부통제제도의 유용성과 그에 관련된 평가 그리고 내부통제제도가 가질 수밖에 없는 한계들에 대하여 설명하였다. 이러한 한계점을 극복하기 위하여 통계를 통한 무작위 표본추출에 의한 개별 거래의 검증에 의한 적발감사의 절차를 설명하였다.

동 절차를 통하여 조직의 블랙박스가 밝혀져 정보의 비대칭이 완화되어 구성원들의 도덕적 해이가 감소할 것으로 설명하였다. 그럼에도 불구하고 다음과 같은 숙제들이 남아있다. 이에 대해서는 차후 빅데이터의 발전이나 감사기법의 고도화로 보완할 수 있는 기회가 오리라고 기대한다.

1) 신뢰수준 95%의 한계

신뢰수준 95%는 직관적으로 말하면 100번의 시행 중에서 95번이 신뢰할 수 있다는 것을 의미한다고 하였다. 이때 해당되지 않는 5%의 의미는 무엇인가 하는 것이다. 사실 오류와 부정은 몇 번에 걸쳐 발생할 수도 있지만 단 한 번만의 시도로 끝날 수도 있다. 즉 감사되지 않은 5% 안에 포함되어 속성표본감사에 의한 적발감사 기법이 그 한계를 갖지 않겠는가 하는 것이다.

이는 충분히 그럴 가능성이 있다고 할 수 있다. 만일 검토되지 않은 5%에 묻혀 오류와 부정이 감추어진다면 우리의 수고는 무의미해질 수도 있다. 만일 빠져나가는 5%의 가능성을 막기 위해 현재로써는 모든 거래 건에 대하여 전수 조사를 하여야 할 것이다. 그러나 이는 현실적으로 불가능하다.

그러나 앞으로 오류와 부정에 관련된 전산 자료상의 빅데이터 활용이 가능해진다면 나머지 5%에 대한 적정성 유무도 가려낼 수 있을 것이다. 그러나 그렇게 되기 위해서는 좀 더 시간이 필요할 것이다.

2) 기업거래방정식의 한계

본서에서는 표본추출된 개별 거래 건에 대하여 거래방정식의 성립 여부를 검토하여 해당 거래의 적정성을 판단하였다. 그러나 개별 건에 대하여 유입가치와 유출가치를 검증하는 것이 생각보다 쉽지 않다는 데 그 한계가 있다. 물론 매출 관련 거래의 경우에는 유입가치는 화폐수량으로 확인되고 유출가치 역시 기업 내의 적절한 원가계산 방식에 의하여 확정될 수 있기 때문에 그나마 용이하다고 할 수 있다.

그러나 구매 등의 거래에 있어서는 유출가치는 화폐수량으로 확정되지만 유입되는 가치는 유동적일 수 있다. 왜냐하면 유입가치에 대한 시장가격을 구하기가 쉽지 않기 때문이다. 시장가격을 구할 수 없는 경우에 기업 자체 내의 과거로부터의 해당 상품에 대한 가격정보와 유사

상품에 대한 가격 추이로 해당 거래의 적정성을 판단하게 된다. 그러나 앞에서 서술하였지만 이 또한 쉽지 않은 과정이다.

위의 경우 해당 거래에 대한 역사적 자료가 풍부하게 축적되고 관련 자료 간 상관성이 통계적으로 밝혀진다면 관련 거래는 보다 유용하게 그 적정성을 판단할 수 있을 것이다.

3) 검증틀 구성의 어려움

거래방정식의 검토를 위하여 주요 거래에 대해서는 검증틀을 구성하여야 하나 이를 구축하는 것이 생각만큼 쉽지 않다. 검증틀을 구성하기 위해서는 과거 자료의 이용과 관련 자료 간의 상관관계를 알아야 하는데 이를 추출하기가 쉽지 않다. 이를 위해서는 기업 내에 다년간의 자료가 축적되어야 하는 한계가 있다.

또한, 관련 자료 간의 상관관계를 밝혀내기 위해서는 통계적 기법의 사용이 불가결하다. 따라서 관련 분야에 대한 교육적 투자가 필요하게 된다.

4) 구성원 사기(士氣) 측정의 어려움

기업에서 발생하는 오류와 부정을 방지하기 위해서는 궁극적으로 구성원의 사기가 높아야 한다. 구성원의 사기를 높이기 위한 방법들을 모색하기 위하여 구성원의 사기를 측정하여야 하는데, 측정에 사용될 일반화된 표준 척도가 없다. 따라서 구성원의 사기가 향상되고 있는지 쇠퇴하고 있는지 측정하기가 용이하지 않다.

또한 사기를 측정함에 있어서도 기업 구성원들의 실질적인 사기를 측정하여야 하는데, 이러한 측정에 있어 구성원들이 자신의 의견을 정확히 밝히기가 어렵다. 왜냐하면 의견을 밝힘으로써 초래될 불이익에 대한 염려 때문이다. 이러한 불이익을 회피하기 위해서는 사기 측정에 있어 기업 구성원들이 자신의 의견을 솔직히 밝힐 수 있는 제3의 외부기관 이용도 검토할 필요가 있다.

5) 추출된 표본 검토의 어려움

추출된 표본은 의외로 많아질 수 있다. 1차 표본 시에 93개의 표본을 추출하여 검토하고 이를 바탕으로 각 계정별 또는 계정군별로 표본을 추출하게 되면 약 400~500개의 표본이 추출된다. 이렇게 추출된 표본을 전문화된 인력에 의하여 평가하더라도 그에 소요되는 시간과 비용이 적지 않다. 이러한 작업을 어떻게 단순화 또는 전산에 의해 수행되게 하느냐 하는 숙제가 남는다.

영화 속의 오류와 부정 – JFK(케빈 코스트너 주연)

1963년 11월 22일 낮 12시 30분, 미국 대통령 존 F. 케네디(John F. Kennedy)는 댈러스 방문 도중 의문의 총탄에 의해 암살당한다. 곧 어느 극장에서 리 하비 오스왈드(Lee Harvey Oswald)라는 사람이 검거되고 'JFK 암살사건'의 진범으로 지목되지만, 오스왈드는 자신의 무죄를 주장한다.

'JFK 암살사건'의 조사단은 '리 하비 오스왈드'의 단독범행으로 「워렌보고서」를 작성하고 발표하는 것으로 서둘러 사건을 마무리 짓는다. 뉴올리언스의 지방검사 짐 개리슨(Jim Garrison, 케빈 코스트너)은 「워렌보고서」와 정부의 조사과정에 대해 의문을 갖고 결국 3년 후 나름대로 'JFK 암살사건'에 대해 다시 조사를 시작한다. 그에게 문제의 핵심은 '누가 죽였는가'가 아니라 '왜 죽였는가'이다.

이 영화는 205분(3시간 25분)이라는 살인적인 러닝타임과 진중한 메시지에도 불구하고 상당히 몰두했다. 수많은 암살 배후설(說) 중 '군수업체 관련'설을 통한 그럴듯한 접근이 흥미로웠다.

케네디 대통령의 암살 배후에는 수많은 오류와 부정이 숨겨 있을 것이다. 영화처럼 많은 이권과 기득권의 보호 등을 위하여 때때로 나타나는 야만성은 우리 사회의 또 다른 단면을 보여준다고 하겠다.

부록 1. 부정청탁 및 금품등 수수의 금지에 관
한 법률(약칭: 청탁금지법)
부록 2. 재무제표감사에서 부정에 관한 감사
인의 책임(회계감사기준 240)

부정청탁 및 금품등 수수의 금지에 관한 법률(약칭: 청탁금지법)

[시행 2016.11.30.] [법률 제14183호, 2016.5.29., 타법개정]

국민권익위원회(청탁금지제도과) 044-200-7621

제1장 총칙

제1조(목적) 이 법은 공직자 등에 대한 부정청탁 및 공직자 등의 금품 등의 수수(收受)를 금지함으로써 공직자 등의 공정한 직무수행을 보장하고 공공기관에 대한 국민의 신뢰를 확보하는 것을 목적으로 한다.

제2조(정의) 이 법에서 사용하는 용어의 뜻은 다음과 같다.

　1. "공공기관"이란 다음 각 목의 어느 하나에 해당하는 기관·단체를 말한다.

　가. 국회, 법원, 헌법재판소, 선거관리위원회, 감사원, 국가인권위원회, 중앙행정기관(대통령 소속 기관과 국무총리 소속 기관을 포함한다)과 그 소속 기관 및 지방자치단체

　나. 「공직자윤리법」 제3조의2에 따른 공직유관단체

　다. 「공공기관의 운영에 관한 법률」 제4조에 따른 기관

　라. 「초·중등교육법」, 「고등교육법」, 「유아교육법」 및 그 밖의 다른 법령에 따라 설치된 각급 학교 및 「사립학교법」에 따른 학교법인

　마. 「언론중재 및 피해구제 등에 관한 법률」 제2조 제12호에 따른 언론사

　2. "공직자등"이란 다음 각 목의 어느 하나에 해당하는 공직자 또는 공적 업무종사자를 말한다.

　가. 「국가공무원법」 또는 「지방공무원법」에 따른 공무원과 그 밖에 다른 법률에 따라 그 자격·임용·교육훈련·복무·보수·신분보장 등에 있어서 공무원으로 인정된 사람

　나. 제1호 나목 및 다목에 따른 공직유관단체 및 기관의 장과 그 임직원

　다. 제1호 라목에 따른 각급 학교의 장과 교직원 및 학교법인의 임직원

　라. 제1호 마목에 따른 언론사의 대표자와 그 임직원

　3. "금품등"이란 다음 각 목의 어느 하나에 해당하는 것을 말한다.

　가. 금전, 유가증권, 부동산, 물품, 숙박권, 회원권, 입장권, 할인권, 초대권, 관람권, 부동산 등의 사용권 등 일체의 재산적 이익

　나. 음식물·주류·골프 등의 접대·향응 또는 교통·숙박 등의 편의 제공

　다. 채무 면제, 취업 제공, 이권(利權) 부여 등 그 밖의 유형·무형의 경제적 이익

　4. "소속기관장"이란 공직자등이 소속된 공공기관의 장을 말한다.

제3조(국가 등의 책무) ① 국가는 공직자가 공정하고 청렴하게 직무를 수행할 수 있는 근무 여건을 조성하기 위하여 노력하여야 한다.

② 공공기관은 공직자등의 공정하고 청렴한 직무수행을 보장하기 위하여 부정청탁 및 금품등의 수수를 용인(容認)하지 아니하는 공직문화 형성에 노력하여야 한다.

③ 공공기관은 공직자등이 위반행위 신고 등 이 법에 따른 조치를 함으로써 불이익을 당하지 아니하도록 적절한 보호조치를 하여야 한다.

제4조(공직자등의 의무) ① 공직자등은 사적 이해관계에 영향을 받지 아니하고 직무를 공정하고 청렴하게 수행하여야 한다.

② 공직자등은 직무수행과 관련하여 공평무사하게 처신하고 직무관련자를 우대하거나 차별해서는 아니 된다.

제2장 부정청탁의 금지 등

제5조(부정청탁의 금지) ① 누구든지 직접 또는 제3자를 통하여 직무를 수행하는 공직자등에게 다음 각 호의 어느 하나에 해당하는 부정청탁을 해서는 아니 된다. 〈개정 2016.5.29.〉

　1. 인가·허가·면허·특허·승인·검사·검정·시험·인증·확인 등 법령(조례·규칙을 포함한다. 이하 같다)에서 일정한 요건을 정하여 놓고 직무관련자로부터 신청을 받아 처리하는 직무에 대하여 법령을 위반하여 처리하도록 하는 행위

　2. 인가 또는 허가의 취소, 조세, 부담금, 과태료, 과징금, 이행강제금, 범칙금, 징계 등 각종 행정처분 또는 형벌부과에 관하여 법령을 위반하여 감경·면제하도록 하는 행위

　3. 채용·승진·전보 등 공직자등의 인사에 관하여 법령을 위반하여 개입하거나 영향을 미치도록 하는 행위

　4. 법령을 위반하여 각종 심의·의결·조정 위원회의 위원, 공공기관이 주관하는 시험·선발 위원 등 공공기관의 의사결정에 관여하는 직위에 선정 또는 탈락되도록 하는 행위

　5. 공공기관이 주관하는 각종 수상, 포상, 우수기관 선정 또는 우수자 선발에 관하여 법령을 위반하여 특정 개인·단체·법인이 선정 또는 탈락되도록 하는 행위

　6. 입찰·경매·개발·시험·특허·군사·과세 등에 관한 직무상 비밀을 법령을 위반하여 누

설하도록 하는 행위

7. 계약 관련 법령을 위반하여 특정 개인 · 단체 · 법인이 계약의 당사자로 선정 또는 탈락되도록 하는 행위

8. 보조금 · 장려금 · 출연금 · 출자금 · 교부금 · 기금 등의 업무에 관하여 법령을 위반하여 특정 개인 · 단체 · 법인에 배정 · 지원하거나 투자 · 예치 · 대여 · 출연 · 출자하도록 개입하거나 영향을 미치도록 하는 행위

9. 공공기관이 생산 · 공급 · 관리하는 재화 및 용역을 특정 개인 · 단체 · 법인에게 법령에서 정하는 가격 또는 정상적인 거래관행에서 벗어나 매각 · 교환 · 사용 · 수익 · 점유하도록 하는 행위

10. 각급 학교의 입학 · 성적 · 수행평가 등의 업무에 관하여 법령을 위반하여 처리 · 조작하도록 하는 행위

11. 병역판정검사, 부대 배속, 보직 부여 등 병역 관련 업무에 관하여 법령을 위반하여 처리하도록 하는 행위

12. 공공기관이 실시하는 각종 평가 · 판정 업무에 관하여 법령을 위반하여 평가 또는 판정하게 하거나 결과를 조작하도록 하는 행위

13. 법령을 위반하여 행정지도 · 단속 · 감사 · 조사 대상에서 특정 개인 · 단체 · 법인이 선정 · 배제되도록 하거나 행정지도 · 단속 · 감사 · 조사의 결과를 조작하거나 또는 그 위법사항을 묵인하게 하는 행위

14. 사건의 수사 · 재판 · 심판 · 결정 · 조정 · 중재 · 화해 또는 이에 준하는 업무를 법령을 위반하여 처리하도록 하는 행위

15. 제1호부터 제14호까지의 부정청탁의 대상이 되는 업무에 관하여 공직자등이 법령에 따라 부여받은 지위 · 권한을 벗어나 행사하거나 권한에 속하지 아니한 사항을 행사하도록 하는 행위

② 제1항에도 불구하고 다음 각 호의 어느 하나에 해당하는 경우에는 이 법을 적용하지 아니한다.

1. 「청원법」, 「민원사무 처리에 관한 법률」, 「행정절차법」, 「국회법」 및 그 밖의 다른 법령 · 기준(제2조 제1호 나목부터 마목까지의 공공기관의 규정 · 사규 · 기준을 포함한다. 이하 같다)에서 정하는 절차 · 방법에 따라 권리침해의 구제 · 해결을 요구하거나 그와 관련된 법령 · 기준의 제정 · 개정 · 폐지를 제안 · 건의하는 등 특정한 행위를 요구하는 행위

2. 공개적으로 공직자등에게 특정한 행위를 요구하는 행위

3. 선출직 공직자, 정당, 시민단체 등이 공익적인 목적으로 제3자의 고충민원을 전달하거나 법령 · 기준의 제정 · 개정 · 폐지 또는 정책 · 사업 · 제도 및 그 운영 등의 개선에 관하여 제안

· 건의하는 행위

4. 공공기관에 직무를 법정기한 안에 처리하여 줄 것을 신청·요구하거나 그 진행상황·조치
결과 등에 대하여 확인·문의 등을 하는 행위

5. 직무 또는 법률관계에 관한 확인·증명 등을 신청·요구하는 행위

6. 질의 또는 상담형식을 통하여 직무에 관한 법령·제도·절차 등에 대하여 설명이나 해석을
요구하는 행위

7. 그 밖에 사회상규(社會常規)에 위배되지 아니하는 것으로 인정되는 행위

제6조(부정청탁에 따른 직무수행 금지) 부정청탁을 받은 공직자등은 그에 따라 직무를 수행
해서는 아니 된다.

제7조(부정청탁의 신고 및 처리) ① 공직자등은 부정청탁을 받았을 때에는 부정청탁을 한 자
에게 부정청탁임을 알리고 이를 거절하는 의사를 명확히 표시하여야 한다.

② 공직자등은 제1항에 따른 조치를 하였음에도 불구하고 동일한 부정청탁을 다시 받은 경우
에는 이를 소속기관장에게 서면(전자문서를 포함한다. 이하 같다)으로 신고하여야 한다.

③ 제2항에 따른 신고를 받은 소속기관장은 신고의 경위·취지·내용·증거자료 등을 조사하
여 신고 내용이 부정청탁에 해당하는지를 신속하게 확인하여야 한다.

④ 소속기관장은 부정청탁이 있었던 사실을 알게 된 경우 또는 제2항 및 제3항의 부정청탁에
관한 신고·확인 과정에서 해당 직무의 수행에 지장이 있다고 인정하는 경우에는 부정청탁을
받은 공직자등에 대하여 다음 각 호의 조치를 할 수 있다.

1. 직무 참여 일시중지

2. 직무 대리자의 지정

3. 전보

4. 그 밖에 국회규칙, 대법원규칙, 헌법재판소규칙, 중앙선거관리위원회규칙 또는 대통령령으
로 정하는 조치

⑤ 소속기관장은 공직자등이 다음 각 호의 어느 하나에 해당하는 경우에는 제4항에도 불구하
고 그 공직자등에게 직무를 수행하게 할 수 있다. 이 경우 제20조에 따른 소속기관의 담당관 또
는 다른 공직자등으로 하여금 그 공직자등의 공정한 직무수행 여부를 주기적으로 확인·점검
하도록 하여야 한다.

1. 직무를 수행하는 공직자등을 대체하기 지극히 어려운 경우

2. 공직자등의 직무수행에 미치는 영향이 크지 아니한 경우

3. 국가의 안전보장 및 경제발전 등 공익증진을 이유로 직무수행의 필요성이 더 큰 경우

⑥ 공직자등은 제2항에 따른 신고를 감독기관·감사원·수사기관 또는 국민권익위원회에도

할 수 있다.

⑦ 소속기관장은 다른 법령에 위반되지 아니하는 범위에서 부정청탁의 내용 및 조치사항을 해당 공공기관의 인터넷 홈페이지 등에 공개할 수 있다.

⑧ 제1항부터 제7항까지에서 규정한 사항 외에 부정청탁의 신고·확인·처리 및 기록·관리·공개 등에 필요한 사항은 대통령령으로 정한다.

제3장 금품등의 수수 금지 등

제8조(금품등의 수수 금지) ① 공직자등은 직무 관련 여부 및 기부·후원·증여 등 그 명목에 관계없이 동일인으로부터 1회에 100만 원 또는 매 회계연도에 300만 원을 초과하는 금품등을 받거나 요구 또는 약속해서는 아니 된다.

② 공직자등은 직무와 관련하여 대가성 여부를 불문하고 제1항에서 정한 금액 이하의 금품등을 받거나 요구 또는 약속해서는 아니 된다.

③ 제10조의 외부강의등에 관한 사례금 또는 다음 각 호의 어느 하나에 해당하는 금품등의 경우에는 제1항 또는 제2항에서 수수를 금지하는 금품등에 해당하지 아니한다.

1. 공공기관이 소속 공직자등이나 파견 공직자등에게 지급하거나 상급 공직자등이 위로·격려·포상 등의 목적으로 하급 공직자등에게 제공하는 금품등

2. 원활한 직무수행 또는 사교·의례 또는 부조의 목적으로 제공되는 음식물·경조사비·선물 등으로서 대통령령으로 정하는 가액 범위 안의 금품등

3. 사적 거래(증여는 제외한다)로 인한 채무의 이행 등 정당한 권원(權原)에 의하여 제공되는 금품등

4. 공직자등의 친족(「민법」 제777조에 따른 친족을 말한다)이 제공하는 금품등

5. 공직자등과 관련된 직원상조회·동호인회·동창회·향우회·친목회·종교단체·사회단체 등이 정하는 기준에 따라 구성원에게 제공하는 금품등 및 그 소속 구성원 등 공직자등과 특별히 장기적·지속적인 친분관계를 맺고 있는 자가 질병·재난 등으로 어려운 처지에 있는 공직자등에게 제공하는 금품등

6. 공직자등의 직무와 관련된 공식적인 행사에서 주최자가 참석자에게 통상적인 범위에서 일률적으로 제공하는 교통, 숙박, 음식물 등의 금품등

7. 불특정 다수인에게 배포하기 위한 기념품 또는 홍보용품 등이나 경연·추첨을 통하여 받는 보상 또는 상품 등

8. 그 밖에 다른 법령·기준 또는 사회상규에 따라 허용되는 금품등

④ 공직자등의 배우자는 공직자등의 직무와 관련하여 제1항 또는 제2항에 따라 공직자등이 받는 것이 금지되는 금품등(이하 "수수 금지 금품등"이라 한다)을 받거나 요구하거나 제공받기로

약속해서는 아니 된다.

⑤ 누구든지 공직자등에게 또는 그 공직자등의 배우자에게 수수 금지 금품등을 제공하거나 그 제공의 약속 또는 의사표시를 해서는 아니 된다.

제9조(수수 금지 금품등의 신고 및 처리) ① 공직자등은 다음 각 호의 어느 하나에 해당하는 경우에는 소속기관장에게 지체 없이 서면으로 신고하여야 한다.

1. 공직자등 자신이 수수 금지 금품등을 받거나 그 제공의 약속 또는 의사표시를 받은 경우

2. 공직자등이 자신의 배우자가 수수 금지 금품등을 받거나 그 제공의 약속 또는 의사표시를 받은 사실을 안 경우

② 공직자등은 자신이 수수 금지 금품등을 받거나 그 제공의 약속이나 의사표시를 받은 경우 또는 자신의 배우자가 수수 금지 금품등을 받거나 그 제공의 약속이나 의사표시를 받은 사실을 알게 된 경우에는 이를 제공자에게 지체 없이 반환하거나 반환하도록 하거나 그 거부의 의사를 밝히거나 밝히도록 하여야 한다. 다만, 받은 금품등이 다음 각 호의 어느 하나에 해당하는 경우에는 소속기관장에게 인도하거나 인도하도록 하여야 한다.

1. 멸실ㆍ부패ㆍ변질 등의 우려가 있는 경우

2. 해당 금품등의 제공자를 알 수 없는 경우

3. 그 밖에 제공자에게 반환하기 어려운 사정이 있는 경우

③ 소속기관장은 제1항에 따라 신고를 받거나 제2항 단서에 따라 금품등을 인도받은 경우 수수 금지 금품등에 해당한다고 인정하는 때에는 반환 또는 인도하게 하거나 거부의 의사를 표시하도록 하여야 하며, 수사의 필요성이 있다고 인정하는 때에는 그 내용을 지체 없이 수사기관에 통보하여야 한다.

④ 소속기관장은 공직자등 또는 그 배우자가 수수 금지 금품등을 받거나 그 제공의 약속 또는 의사표시를 받은 사실을 알게 된 경우 수사의 필요성이 있다고 인정하는 때에는 그 내용을 지체 없이 수사기관에 통보하여야 한다.

⑤ 소속기관장은 소속 공직자등 또는 그 배우자가 수수 금지 금품등을 받거나 그 제공의 약속 또는 의사표시를 받은 사실을 알게 된 경우 또는 제1항부터 제4항까지의 규정에 따른 금품등의 신고, 금품등의 반환ㆍ인도 또는 수사기관에 대한 통보의 과정에서 직무의 수행에 지장이 있다고 인정하는 경우에는 해당 공직자등에게 제7조 제4항 각 호 및 같은 조 제5항의 조치를 할 수 있다.

⑥ 공직자등은 제1항 또는 같은 조 제2항 단서에 따른 신고나 인도를 감독기관ㆍ감사원ㆍ수사기관 또는 국민권익위원회에도 할 수 있다.

⑦ 소속기관장은 공직자등으로부터 제1항 제2호에 따른 신고를 받은 경우 그 공직자등의 배우

자가 반환을 거부하는 금품등이 수수 금지 금품등에 해당한다고 인정하는 때에는 그 공직자등의 배우자로 하여금 그 금품등을 제공자에게 반환하도록 요구하여야 한다.

⑧ 제1항부터 제7항까지에서 규정한 사항 외에 수수 금지 금품등의 신고 및 처리 등에 필요한 사항은 대통령령으로 정한다.

제10조(외부강의등의 사례금 수수 제한) ① 공직자등은 자신의 직무와 관련되거나 그 지위·직책 등에서 유래되는 사실상의 영향력을 통하여 요청받은 교육·홍보·토론회·세미나·공청회 또는 그 밖의 회의 등에서 한 강의·강연·기고 등(이하 "외부강의등"이라 한다)의 대가로서 대통령령으로 정하는 금액을 초과하는 사례금을 받아서는 아니 된다.

② 공직자등은 외부강의등을 할 때에는 대통령령으로 정하는 바에 따라 외부강의등의 요청 명세 등을 소속기관장에게 미리 서면으로 신고하여야 한다. 다만, 외부강의등을 요청한 자가 국가나 지방자치단체인 경우에는 그러하지 아니하다.

③ 공직자등은 제2항 본문에 따라 외부강의등을 미리 신고하는 것이 곤란한 경우에는 그 외부강의등을 마친 날부터 2일 이내에 서면으로 신고하여야 한다.

④ 소속기관장은 제2항에 따라 공직자등이 신고한 외부강의등이 공정한 직무수행을 저해할 수 있다고 판단하는 경우에는 그 외부강의등을 제한할 수 있다.

⑤ 공직자등은 제1항에 따른 금액을 초과하는 사례금을 받은 경우에는 대통령령으로 정하는 바에 따라 소속기관장에게 신고하고, 제공자에게 그 초과금액을 지체 없이 반환하여야 한다.

제11조(공무수행사인의 공무 수행과 관련된 행위제한 등) ① 다음 각 호의 어느 하나에 해당하는 자(이하 "공무수행사인"이라 한다)의 공무 수행에 관하여는 제5조부터 제9조까지를 준용한다.

1. 「행정기관 소속 위원회의 설치·운영에 관한 법률」 또는 다른 법령에 따라 설치된 각종 위원회의 위원 중 공직자가 아닌 위원

2. 법령에 따라 공공기관의 권한을 위임·위탁받은 법인·단체 또는 그 기관이나 개인

3. 공무를 수행하기 위하여 민간부문에서 공공기관에 파견 나온 사람

4. 법령에 따라 공무상 심의·평가 등을 하는 개인 또는 법인·단체

② 제1항에 따라 공무수행사인에 대하여 제5조부터 제9조까지를 준용하는 경우 "공직자등"은 "공무수행사인"으로 보고, "소속기관장"은 "다음 각 호의 구분에 따른 자"로 본다.

1. 제1항 제1호에 따른 위원회의 위원: 그 위원회가 설치된 공공기관의 장

2. 제1항 제2호에 따른 법인·단체 또는 그 기관이나 개인: 감독기관 또는 권한을 위임하거나 위탁한 공공기관의 장

3. 제1항 제3호에 따른 사람: 파견을 받은 공공기관의 장

4. 제1항 제4호에 따른 개인 또는 법인 · 단체: 해당 공무를 제공받는 공공기관의 장

제4장 부정청탁 등 방지에 관한 업무의 총괄 등

제12조(공직자등의 부정청탁 등 방지에 관한 업무의 총괄) 국민권익위원회는 이 법에 따른 다음 각 호의 사항에 관한 업무를 관장한다.

1. 부정청탁의 금지 및 금품등의 수수 금지 · 제한 등에 관한 제도개선 및 교육 · 홍보계획의 수립 및 시행
2. 부정청탁 등에 관한 유형, 판단기준 및 그 예방 조치 등에 관한 기준의 작성 및 보급
3. 부정청탁 등에 대한 신고 등의 안내 · 상담 · 접수 · 처리 등
4. 신고자 등에 대한 보호 및 보상
5. 제1호부터 제4호까지의 업무 수행에 필요한 실태조사 및 자료의 수집 · 관리 · 분석 등

제13조(위반행위의 신고 등) ① 누구든지 이 법의 위반행위가 발생하였거나 발생하고 있다는 사실을 알게 된 경우에는 다음 각 호의 어느 하나에 해당하는 기관에 신고할 수 있다.

1. 이 법의 위반행위가 발생한 공공기관 또는 그 감독기관
2. 감사원 또는 수사기관
3. 국민권익위원회

② 제1항에 따른 신고를 한 자가 다음 각 호의 어느 하나에 해당하는 경우에는 이 법에 따른 보호 및 보상을 받지 못한다.

1. 신고의 내용이 거짓이라는 사실을 알았거나 알 수 있었음에도 신고한 경우
2. 신고와 관련하여 금품등이나 근무관계상의 특혜를 요구한 경우
3. 그 밖에 부정한 목적으로 신고한 경우

③ 제1항에 따라 신고를 하려는 자는 자신의 인적사항과 신고의 취지 · 이유 · 내용을 적고 서명한 문서와 함께 신고 대상 및 증거 등을 제출하여야 한다.

제14조(신고의 처리) ① 제13조 제1항 제1호 또는 제2호의 기관(이하 "조사기관"이라 한다)은 같은 조 제1항에 따라 신고를 받거나 제2항에 따라 국민권익위원회로부터 신고를 이첩받은 경우에는 그 내용에 관하여 필요한 조사 · 감사 또는 수사를 하여야 한다.

② 국민권익위원회가 제13조 제1항에 따른 신고를 받은 경우에는 그 내용에 관하여 신고자를 상대로 사실관계를 확인한 후 대통령령으로 정하는 바에 따라 조사기관에 이첩하고, 그 사실을 신고자에게 통보하여야 한다.

③ 조사기관은 제1항에 따라 조사 · 감사 또는 수사를 마친 날부터 10일 이내에 그 결과를 신고자와 국민권익위원회에 통보(국민권익위원회로부터 이첩받은 경우만 해당한다)하고, 조사 ·

감사 또는 수사 결과에 따라 공소 제기, 과태료 부과 대상 위반행위의 통보, 징계 처분 등 필요한 조치를 하여야 한다.

④ 국민권익위원회는 제3항에 따라 조사기관으로부터 조사 · 감사 또는 수사 결과를 통보받은 경우에는 지체 없이 신고자에게 조사 · 감사 또는 수사 결과를 알려야 한다.

⑤ 제3항 또는 제4항에 따라 조사 · 감사 또는 수사 결과를 통보받은 신고자는 조사기관에 이의신청을 할 수 있으며, 제4항에 따라 조사 · 감사 또는 수사 결과를 통지받은 신고자는 국민권익위원회에도 이의신청을 할 수 있다.

⑥ 국민권익위원회는 조사기관의 조사 · 감사 또는 수사 결과가 충분하지 아니하다고 인정되는 경우에는 조사 · 감사 또는 수사 결과를 통보받은 날부터 30일 이내에 새로운 증거자료의 제출 등 합리적인 이유를 들어 조사기관에 재조사를 요구할 수 있다.

⑦ 제6항에 따른 재조사를 요구받은 조사기관은 재조사를 종료한 날부터 7일 이내에 그 결과를 국민권익위원회에 통보하여야 한다. 이 경우 국민권익위원회는 통보를 받은 즉시 신고자에게 재조사 결과의 요지를 알려야 한다.

제15조(신고자등의 보호 · 보상) ① 누구든지 다음 각 호의 어느 하나에 해당하는 신고 등(이하 "신고등"이라 한다)을 하지 못하도록 방해하거나 신고등을 한 자(이하 "신고자등"이라 한다)에게 이를 취소하도록 강요해서는 아니 된다.

1. 제7조 제2항 및 제6항에 따른 신고

2. 제9조 제1항, 같은 조 제2항 단서 및 같은 조 제6항에 따른 신고 및 인도

3. 제13조 제1항에 따른 신고

4. 제1호부터 제3호까지에 따른 신고를 한 자 외에 협조를 한 자가 신고에 관한 조사 · 감사 · 수사 · 소송 또는 보호조치에 관한 조사 · 소송 등에서 진술 · 증언 및 자료제공 등의 방법으로 조력하는 행위

② 누구든지 신고자등에게 신고등을 이유로 불이익조치(「공익신고자 보호법」 제2조 제6호에 따른 불이익조치를 말한다. 이하 같다)를 해서는 아니 된다.

③ 이 법에 따른 위반행위를 한 자가 위반사실을 자진하여 신고하거나 신고자등이 신고등을 함으로 인하여 자신이 한 이 법 위반행위가 발견된 경우에는 그 위반행위에 대한 형사처벌, 과태료 부과, 징계처분, 그 밖의 행정처분 등을 감경하거나 면제할 수 있다.

④ 제1항부터 제3항까지에서 규정한 사항 외에 신고자등의 보호 등에 관하여는 「공익신고자 보호법」 제11조부터 제13조까지, 제14조 제3항부터 제5항까지 및 제16조부터 제25조까지의 규정을 준용한다. 이 경우 "공익신고자등"은 "신고자등"으로, "공익신고등"은 "신고등"으로 본다.

⑤ 국민권익위원회는 제13조 제1항에 따른 신고로 인하여 공공기관에 재산상 이익을 가져오거나 손실을 방지한 경우 또는 공익의 증진을 가져온 경우에는 그 신고자에게 포상금을 지급할 수 있다.

⑥ 국민권익위원회는 제13조 제1항에 따른 신고로 인하여 공공기관에 직접적인 수입의 회복·증대 또는 비용의 절감을 가져온 경우에는 그 신고자의 신청에 의하여 보상금을 지급하여야 한다.

⑦ 제5항과 제6항에 따른 포상금·보상금 신청 및 지급 등에 관하여는 「부패방지 및 국민권익위원회의 설치와 운영에 관한 법률」 제68조부터 제71조까지의 규정을 준용한다. 이 경우 "부패행위의 신고자"는 "제13조 제1항에 따라 신고를 한 자"로, "이 법에 따른 신고"는 "제13조 제1항에 따른 신고"로 본다.

제16조(위법한 직무처리에 대한 조치) 공공기관의 장은 공직자등이 직무수행 중에 또는 직무수행 후에 제5조, 제6조 및 제8조를 위반한 사실을 발견한 경우에는 해당 직무를 중지하거나 취소하는 등 필요한 조치를 하여야 한다.

제17조(부당이득의 환수) 공공기관의 장은 제5조, 제6조, 제8조를 위반하여 수행한 공직자등의 직무가 위법한 것으로 확정된 경우에는 그 직무의 상대방에게 이미 지출·교부된 금액 또는 물건이나 그 밖에 재산상 이익을 환수하여야 한다.

제18조(비밀누설 금지) 다음 각 호의 어느 하나에 해당하는 업무를 수행하거나 수행하였던 공직자등은 그 업무처리 과정에서 알게 된 비밀을 누설해서는 아니 된다. 다만, 제7조 제7항에 따라 공개하는 경우에는 그러하지 아니하다.

 1. 제7조에 따른 부정청탁의 신고 및 조치에 관한 업무
 2. 제9조에 따른 수수 금지 금품등의 신고 및 처리에 관한 업무

제19조(교육과 홍보 등) ① 공공기관의 장은 공직자등에게 부정청탁 금지 및 금품등의 수수 금지에 관한 내용을 정기적으로 교육하여야 하며, 이를 준수할 것을 약속하는 서약서를 받아야 한다.

② 공공기관의 장은 이 법에서 금지하고 있는 사항을 적극적으로 알리는 등 국민들이 이 법을 준수하도록 유도하여야 한다.

③ 공공기관의 장은 제1항 및 제2항에 따른 교육 및 홍보 등의 실시를 위하여 필요하면 국민권익위원회에 지원을 요청할 수 있다. 이 경우 국민권익위원회는 적극 협력하여야 한다.

제20조(부정청탁 금지 등을 담당하는 담당관의 지정) 공공기관의 장은 소속 공직자등 중에서 다음 각 호의 부정청탁 금지 등을 담당하는 담당관을 지정하여야 한다.

 1. 부정청탁 금지 및 금품등의 수수 금지에 관한 내용의 교육·상담

2. 이 법에 따른 신고 · 신청의 접수, 처리 및 내용의 조사

3. 이 법에 따른 소속기관장의 위반행위를 발견한 경우 법원 또는 수사기관에 그 사실의 통보

제5장 징계 및 벌칙

제21조(징계) 공공기관의 장 등은 공직자등이 이 법 또는 이 법에 따른 명령을 위반한 경우에는 징계처분을 하여야 한다.

제22조(벌칙) ① 다음 각 호의 어느 하나에 해당하는 자는 3년 이하의 징역 또는 3천만 원 이하의 벌금에 처한다.

1. 제8조 제1항을 위반한 공직자등(제11조에 따라 준용되는 공무수행사인을 포함한다). 다만, 제9조 제1항 · 제2항 또는 제6항에 따라 신고하거나 그 수수 금지 금품등을 반환 또는 인도하거나 거부의 의사를 표시한 공직자등은 제외한다.

2. 자신의 배우자가 제8조 제4항을 위반하여 같은 조 제1항에 따른 수수 금지 금품등을 받거나 요구하거나 제공받기로 약속한 사실을 알고도 제9조 제1항 제2호 또는 같은 조 제6항에 따라 신고하지 아니한 공직자등(제11조에 따라 준용되는 공무수행사인을 포함한다). 다만, 공직자등 또는 배우자가 제9조 제2항에 따라 수수 금지 금품등을 반환 또는 인도하거나 거부의 의사를 표시한 경우는 제외한다.

3. 제8조 제5항을 위반하여 같은 조 제1항에 따른 수수 금지 금품등을 공직자등(제11조에 따라 준용되는 공무수행사인을 포함한다) 또는 그 배우자에게 제공하거나 그 제공의 약속 또는 의사표시를 한 자

4. 제15조 제4항에 따라 준용되는 「공익신고자 보호법」 제12조 제1항을 위반하여 신고자등의 인적사항이나 신고자등임을 미루어 알 수 있는 사실을 다른 사람에게 알려주거나 공개 또는 는 보도한 자

5. 제18조를 위반하여 그 업무처리 과정에서 알게 된 비밀을 누설한 공직자등

② 다음 각 호의 어느 하나에 해당하는 자는 2년 이하의 징역 또는 2천만 원 이하의 벌금에 처한다.

1. 제6조를 위반하여 부정청탁을 받고 그에 따라 직무를 수행한 공직자등(제11조에 따라 준용되는 공무수행사인을 포함한다)

2. 제15조 제2항을 위반하여 신고자등에게 「공익신고자 보호법」 제2조 제6호 가목에 해당하는 불이익조치를 한 자

3. 제15조 제4항에 따라 준용되는 「공익신고자 보호법」 제21조 제2항에 따라 확정되거나 행정소송을 제기하여 확정된 보호조치결정을 이행하지 아니한 자

③ 다음 각 호의 어느 하나에 해당하는 자는 1년 이하의 징역 또는 1천만 원 이하의 벌금에 처한다.

1. 제15조 제1항을 위반하여 신고등을 방해하거나 신고등을 취소하도록 강요한 자

2. 제15조 제2항을 위반하여 신고자등에게 「공익신고자 보호법」 제2조 제6호 나목부터 사목 까지의 어느 하나에 해당하는 불이익조치를 한 자

④ 제1항 제1호부터 제3호까지의 규정에 따른 금품등은 몰수한다. 다만, 그 금품등의 전부 또 는 일부를 몰수하는 것이 불가능한 경우에는 그 가액을 추징한다.

제23조(과태료 부과) ① 다음 각 호의 어느 하나에 해당하는 자에게는 3천만 원 이하의 과태료 를 부과한다.

1. 제5조 제1항을 위반하여 제3자를 위하여 다른 공직자등(제11조에 따라 준용되는 공무수행 사인을 포함한다)에게 부정청탁을 한 공직자등(제11조에 따라 준용되는 공무수행사인을 포 함한다). 다만, 「형법」 등 다른 법률에 따라 형사처벌을 받은 경우에는 과태료를 부과하지 아니하며, 과태료를 부과한 후 형사처벌을 받은 경우에는 그 과태료 부과를 취소한다.

2. 제15조 제4항에 따라 준용되는 「공익신고자 보호법」 제19조 제2항 및 제3항(같은 법 제22조 제 3항에 따라 준용되는 경우를 포함한다)을 위반하여 자료 제출, 출석, 진술서의 제출을 거부한 자

② 제5조 제1항을 위반하여 제3자를 위하여 공직자등(제11조에 따라 준용되는 공무수행사인 을 포함한다)에게 부정청탁을 한 자(제1항 제1호에 해당하는 자는 제외한다)에게는 2천만 원 이하의 과태료를 부과한다. 다만, 「형법」 등 다른 법률에 따라 형사처벌을 받은 경우에는 과 태료를 부과하지 아니하며, 과태료를 부과한 후 형사처벌을 받은 경우에는 그 과태료 부과를 취소한다.

③ 제5조 제1항을 위반하여 제3자를 통하여 공직자등(제11조에 따라 준용되는 공무수행사인 을 포함한다)에게 부정청탁을 한 자(제1항 제1호 및 제2항에 해당하는 자는 제외한다)에게는 1천만 원 이하의 과태료를 부과한다. 다만, 「형법」 등 다른 법률에 따라 형사처벌을 받은 경 우에는 과태료를 부과하지 아니하며, 과태료를 부과한 후 형사처벌을 받은 경우에는 그 과태료 부과를 취소한다.

④ 제10조 제5항에 따른 신고 및 반환 조치를 하지 아니한 공직자등에게는 500만 원 이하의 과 태료를 부과한다.

⑤ 다음 각 호의 어느 하나에 해당하는 자에게는 그 위반행위와 관련된 금품등 가액의 2배 이상 5배 이하에 상당하는 금액의 과태료를 부과한다. 다만, 제22조 제1항 제1호부터 제3호까지의 규정이나 「형법」 등 다른 법률에 따라 형사처벌(몰수나 추징을 당한 경우를 포함한다)을 받 은 경우에는 과태료를 부과하지 아니하며, 과태료를 부과한 후 형사처벌을 받은 경우에는 그

과태료 부과를 취소한다.

1. 제8조 제2항을 위반한 공직자등(제11조에 따라 준용되는 공무수행사인을 포함한다). 다만, 제9조 제1항·제2항 또는 제6항에 따라 신고하거나 그 수수 금지 금품등을 반환 또는 인도하거나 거부의 의사를 표시한 공직자등은 제외한다.

2. 자신의 배우자가 제8조 제4항을 위반하여 같은 조 제2항에 따른 수수 금지 금품등을 받거나 요구하거나 제공받기로 약속한 사실을 알고도 제9조 제1항 제2호 또는 같은 조 제6항에 따라 신고하지 아니한 공직자등(제11조에 따라 준용되는 공무수행사인을 포함한다). 다만, 공직자등 또는 배우자가 제9조 제2항에 따라 수수 금지 금품등을 반환 또는 인도하거나 거부의 의사를 표시한 경우는 제외한다.

3. 제8조 제5항을 위반하여 같은 조 제2항에 따른 수수 금지 금품등을 공직자등(제11조에 따라 준용되는 공무수행사인을 포함한다) 또는 그 배우자에게 제공하거나 그 제공의 약속 또는 의사표시를 한 자

⑥ 제1항부터 제5항까지의 규정에도 불구하고 「국가공무원법」, 「지방공무원법」 등 다른 법률에 따라 징계부가금 부과의 의결이 있은 후에는 과태료를 부과하지 아니하며, 과태료가 부과된 후에는 징계부가금 부과의 의결을 하지 아니한다.

⑦ 소속기관장은 제1항부터 제5항까지의 과태료 부과 대상자에 대해서는 그 위반 사실을 「비송사건절차법」에 따른 과태료 재판 관할법원에 통보하여야 한다.

제24조(양벌규정) 법인 또는 단체의 대표자나 법인·단체 또는 개인의 대리인, 사용인, 그 밖의 종업원이 그 법인·단체 또는 개인의 업무에 관하여 제22조 제1항 제3호[금품등의 제공자가 공직자등(제11조에 따라 제8조가 준용되는 공무수행사인을 포함한다)인 경우는 제외한다], 제23조 제2항, 제23조 제3항 또는 제23조 제5항 제3호[금품등의 제공자가 공직자등(제11조에 따라 제8조가 준용되는 공무수행사인을 포함한다)인 경우는 제외한다]의 위반행위를 하면 그 행위자를 벌하는 외에 그 법인·단체 또는 개인에게도 해당 조문의 벌금 또는 과태료를 과한다. 다만, 법인·단체 또는 개인이 그 위반행위를 방지하기 위하여 해당 업무에 관하여 상당한 주의와 감독을 게을리하지 아니한 경우에는 그러하지 아니하다.

부칙 <제14183호, 2016.5.29.> (병역법)

제1조(시행일) 이 법은 공포 후 6개월이 경과한 날부터 시행한다. 〈단서 생략〉

제2조부터 제4조까지 생략

제5조(다른 법률의 개정) ①부터 ⑪까지 생략

⑫ 법률 제13278호 부정청탁 및 금품등 수수의 금지에 관한 법률 일부를 다음과 같이 개정한다.

제5조 제1항 제11호 중 "징병검사"를 "병역판정검사"로 한다.

⑬부터 ㉒까지 생략

청탁금지법의 시행과 국민권익위 참고사례

부정청탁 및 금품등 수수의 금지에 관한 법률(약칭: 청탁금지법)이 2016년 9월부터 시행 중에 있다. 청탁금지법은 총 24개의 법조문으로 구성되어 있어 사실 간단한 법률이다. 그리고 그 내용도 부정청탁을 금지하는 것(제5조 부정청탁의 금지)과 그 적용대상(공직자등, 공직사인)에 관한 것이다. 실제 적용에서 많은 혼선이 발생하는 것은 법의 취지를 정확하게 이해하지 않고 막연히 우선은 피하고 보자는 심리가 작용하고 있는데 기인하며 이는 국민 소비까지 위축하게 만들어 심각한 사회 문제로 대두되고 있다. 이제 시행 몇 개월이 지났으니 이에 대한 이해를 정확히 하여 우리 사회가 투명하게 되고 아울러 건전한 소비문화가 정착되어야 할 시점이다. 청탁금지법 제1조는 다음과 같이 국민의 신뢰를 확보하는 것을 목적으로 하고 있는바, 정부 주무 부처인 국민권익위원회의 청탁금지법 관련 사례를 본서에 게재하여 동 법이 국민 생활 속에 빨리 뿌리 내려 우리 사회가 청렴하게 바뀌기를 기대한다.

[청탁금지법 제1조_목적]

이 법은 공직자 등에 대한 부정청탁 및 공직자 등의 금품 등의 수수(收受)를 금지함으로써 공직자 등의 공정한 직무수행을 보장하고 공공기관에 대한 국민의 신뢰를 확보하는 것을 목적으로 한다.

청탁금지법의 적용은 다음 2단계로 접근하는 것이 효율적이라 생각된다.

제1단계, 공직자등, 공직사인에 해당하는가?
제2단계, 청탁금지법에서 정한 금품 등의 한도를 초과하는가?

'제1단계, 공직자등, 공직사인에 해당하는가?'는 아래 예시와 청탁금지법을 참조하고 제2단계는 첨부된 국민권익위의 별첨 사례를 참조하면 청탁금지법 위반을 피하는 데 도움이 될 것이다.

청탁금지법 적용대상 기관 및 적용대상자 판단기준

2016. 9.

국민권익위원회

목차

Ⅰ. 적용대상 기관 현황 ·································· 301

Ⅱ. 유형별 적용대상자 판단기준 ·················· 304

1. 행정기관 적용대상자 판단기준 ·················· 304

2. 공직유관단체 등 적용대상자 판단기준 ·················· 305

3. 학교·학교법인 적용대상자 판단기준 ·················· 305

4. 언론사 적용대상자 판단기준 ·················· 306

5. 공무수행사인 판단기준 ·················· 307

[첨부] 적용대상 관련 Q&A ·················· 309

 **적용대상 기관 현황**

□ 대상기관 총괄

분 류	세 부 현 황	
중앙행정기 관 등	◦ 국회, 법원, 헌법재판소, 감사원, 선관위, 인권위	6
	◦ 「정부조직법」에 따른 중앙행정기관 42개 ◦ 개별법에 따른 행정기관 등 9개	51
지방자치단 체	◦ 지방자치단체 - 광역(17개), 기초(226개), 시도교육청(17개)	260
공직유관단 체	◦ 「공직자윤리법」 제3조의2에 따른 공직유관단체	982
공공기관	◦ 「공공기관 운영에 관한 법률」 제4조에 따른 기관 ※ 319개 기관은 공직유관단체와 중복	321
각급 학교	◦ 「초·중등교육법」, 「고등교육법」, 「유아교육법」 및 그 밖의 다른 법령에 따라 설치된 각급 학교 ※ 3개 학교는 공직유관단체와 중복	21,201
학교법인	◦ 「사립학교법」에 따른 학교법인 ※ 1개 법인은 공직유관단체와 중복	1,211
언론사	◦ 「언론중재 및 피해구제 등에 관한 법률」 제2조 제12호에 따른 언론사	17,210
총 계		40,919

※ 법 적용 대상기관 수 등 세부현황은 조사 시점에 따라 달라질 수 있음

□ 국가기관 및 지방자치단체

○ 중앙행정기관 등(57개 기관)

- 국회, 법원, 헌법재판소, 선거관리위원회, 감사원, 국가인권위원회

- 중앙행정기관(42개 기관)

- (개별법에 따른 행정기관) 개인정보보호위원회, 공정거래위원회, 금융위원회, 방송통신
위원회, 새만금개발청, 원자력안전위원회, 행정중심복합도시건설청, 국민권익위원회,
민주평화통일자문회의사무처

○ 지방자치단체 및 교육청(260개 기관)

- 지방자치단체 : 17개 광역자치단체, 226개 기초자치단체

- 교육청 : 17개 시·도교육청

□ 공직유관단체 및 「공공기관 운영에 관한 법률」에 따른 기관

○ 공직유관단체 : 982개('16. 6. 30. 기준)

- 「공직자윤리법」 제3조의2에 따라 **인사혁신처**에서 재산등록 공직유관단체로 고시한
기관

○ 공공기관 : 321개('16. 7. 15. 기준)

- 「공공기관 운영에 관한 법률」 제4조에 따라 **기획재정부**에서 **고시한 기관**

※ (재)한국장기기증원, 한국인체조직기증원을 제외한 319개 기관은 공직유관단체와
중복

□ 각급 학교 및 학교법인('15. 4월 기준)

○ 각급 학교 : 「초·중등교육법」, 「고등교육법」, 「유아교육법」 및 그 밖의 다른 법령에 따라
설치된 각급 학교

- 「유아교육법」 : 유치원 8,930개

- 「초·중등교육법」 : 초·중·고등학교 등 11,799개, 외국인학교 44개

- 「고등교육법」 : 일반대·전문대·대학원 등 398개

- 다른 법령에 따른 학교 : 30개(고등학교 1, 대학 27, 대학원 2)

○ 학교법인 : 「사립학교법」에 따른 학교법인 1,211개

□ **언론중재법에 따른 언론사('16. 6월 기준)**

○ 방송사업자(320개 기관)

- 「방송법」 제2조 제3호에 따른 지상파방송사업자 48개, 종합유선방송사업자 30개, 위성방송사업자 1개, 방송채널사용사업자 241개

  ※ 종합유선방송사업자, 위성방송사업자, 방송채널사용사업자는 '16. 8월 기준

○ 신문사업자(3,400개 기관)

- 「신문 등의 진흥에 관한 법률」 제2조 제3호에 따른 신문

○ 잡지 등 정기간행물사업자(7,320개 기관)

- 「잡지 등 정기간행물의 진흥에 관한 법률」 제2조 제2호에 따른 정기간행물사업자 중 잡지 5,071개, 기타간행물 2,249개 기관

○ 뉴스통신사업자(21개 기관)

- 「뉴스통신 진흥에 관한 법률」 제2조 제3호에 따른 뉴스통신사업을 위해 등록한 자로서 뉴스통신을 경영하는 법인

○ 인터넷신문사업자(6,149개 기관)

- 「신문 등의 진흥에 관한 법률」 제2조 제4호에 따른 인터넷신문사업자

  ☞ 기관의 숫자는 방송채널, 발행신문 등 매체 기준으로 일부 법인은 중복될 수 있음

Ⅱ 유형별 적용대상자 판단기준

1 행정기관 적용·대상자 판단기준

> (법 제2조 제2호 가목)「국가공무원법」 또는「지방공무원법」에 따른 공무원과 그 밖에 다른 법률에 따라 그 자격·임용·교육훈련·복무·보수·신분보장 등에 있어서 **공무원으로 인정된 사람**

○ 공무원

- 「국가공무원법」,「지방공무원법」에 따른 **공무원**
  - ※ 경력직공무원(일반직, 특정직), 특수경력직공무원(정무직, 별정직), 임기제공무원(「국가공무원법」 제26조의5)

○ 공무원으로 인정된 사람

- 다른 법률에 따라 그 자격·임용·교육훈련·복무·보수·신분보장 등에 있어서 **공무원으로 인정**된 자
  - ※ (예시)「법원조직법」에 따른 사법연수생,「국가공무원법」에 따른 수습(견습)으로 근무하는 자, 수습 중인 지역인재공무원, 실무수습 중인 임용 전 교육자,「농어촌의료법」에 따른 공중보건의사,「청원경찰법」에 따른 청원경찰,「청원산림보호직원 배치에 관한 법률」에 따른 청원산림보호직원 등

○ 비적용대상

- 공공기관에 근무하는 사람 중 **공무원 등이 아닌 자**
  - ※ (예시) 기간제근로자, 무기계약직 근로자 등

2 공직유관단체 등 적용대상자 판단기준

> (법 제2조 제2항 나목)「공직자윤리법」제3조의2에 따른 공직유관단체 및 「공공기관의 운영에 관한 법률」제4조에 따른 기관의 장과 그 임직원

○ 임원

- 임원(이사, 감사) 등 **상임·비상임을 모두 포함**

○ 직원

- 공직유관단체 및 공공기관과 **직접 근로계약을 체결하고 근로를 제공하는 자**

○ 비적용대상

- 공직유관단체 및 공공기관과 **용역(도급)계약** 등을 체결한 법인·단체 및 개인
  ※ (예시) 경비, 환경미화원, 시설관리원, 식당책임자, 영양사, 조리원 등

3 각급 학교·학교법인 적용대상자 판단기준

> (법 제2조 제2항 다목)「초 · 중등교육법」,「고등교육법」,「유아교육법」 및 그 밖에 다른 법령에 따라 설치된 각급 학교의 장과 교직원 및 「사립학교법」에 따른 학교법인의 임직원

○ 임원

-「사립학교법」에 따른 이사 및 감사 등 **상임·비상임을 모두 포함**

○ 교원

-「초 · 중등교육법」,「고등교육법」,「유아교육법」 및 그 밖에 다른 법령에 따른 교원
  ※「초 · 중등교육법」,「유아교육법」에 따라 교원으로 인정되는 **기간제교원** 포함

○ 직원

- 학교 운영에 필요한 행정직원 및 조교 등 **학교·학교법인과 직접 근로계약을 체결하고 근**

로를 제공하는 자

※ (예시) 교육공무직, 행정실무원, 학교운동부 코치, 급식보조 등

○ **비적용대상**

- 「고등교육법」에서 **교원으로 인정되지 않는 자**

    ※ (예시) 명예교수, 겸임교원, 시간강사 등

- 학교·학교법인과 **용역(도급)계약** 등을 체결한 법인·단체 및 개인

    ※ (예시) 건물관리(경비, 환경미화, 시설관리, 당직 등) 또는 구내식당(매점, 카페 등)
    운영업체 종사자, 위탁계약에 의한 방과 후 과정 담당자

- 학교·학교법인과 **근로계약을 체결하지 않은** 학생조교, 근로장학생, 자원봉사자(명예교
    사, 학교보안관) 등

4 언론사 적용대상자 판단기준

> (법 제2조 제2항 라목) 「언론중재 및 피해구제 등에 관한 법률」 제2조 제12호에 따른 **언론사
> 의 대표자와 그 임직원**

○ **대표자**

- 대표자는 「언론중재법」 제2조 제13호에 따라 **언론사의 경영**에 관하여 **법률상 대표권이
    있는 자** 또는 그와 같은 지위에 있는 자

○ **임원**

- 임원(이사, 감사) 등 **상임·비상임을 모두 포함**

○ **직원**

- 언론사와 **직접 근로계약을 체결하고 근로를 제공하는 자**
- 보도·논평·취재와 그 밖에 경영, 기술, 지원업무 등에 종사하는 자

    ※ 인턴기자와 같은 **단시간근로자 및** 언론사의 **지사·지국도 근로계약을 체결한 경우는**

직원에 포함

※ 사보 등을 발행하여 부수적으로 언론활동을 하는 기업 등이 '잡지 등 정기간행물사업자'로서 언론사에 해당하는 경우 정기간행물 발행업무 종사자만 직원에 포함

○ 비적용대상

- 언론사와 **용역(도급)계약** 등을 체결한 법인·단체 및 개인

　※ (예시)

　　·법인·단체 : 프로그램 공급계약을 체결한 외주제작사, 언론사와 뉴스공급 계약을 체결한 지사·지국, 건물관리(경비, 환경미화, 시설관리, 당직 등) 또는 구내식당(매점, 카페 등) 운영하는 자 등

　　·개인 : 프리랜서 기자·작가, 출연계약을 체결하여 방송 등에 출연하는 자, 원고료를 지급 받는 만평작가·기고 제공자, 해외 통신원 등

5　공무수행사인 판단기준(공통사항)

○ **(법 제11조 제1항 제1호)** 「행정기관 소속 위원회의 설치·운영에 관한 법률」 또는 **다른 법령**에 따라 설치된 각종 위원회의 위원 중 **공직자가 아닌 위원**

- 법령의 범위에는 법률·대통령령·국무총리령·부령(조례·규칙을 포함)과 법령에 위임 또는 그에 근거한 고시·훈령·지침 등도 포함(이하 같음)

　※ 각종 위원회는 심의회, 협의회 등 명칭을 불문하고 행정기관의 소관 사무에 관하여 자문에 응하거나 조정, 협의, 심의 또는 의결 등을 하기 위한 복수의 구성원으로 이루어진 합의제 기관

　※ (예시)

　　·「초·중등교육법」에 따른 학교운영위원회, 「학교폭력 예방 및 대책에 관한 법률」에 따른 학교폭력대책자치위원회, 「고등교육법」에 따른 등록금심의위원회, 「교육공무원법」에 따른 인사위원회 등

　　·「방송법」에 따른 시청자위원회, 「신문법」에 따른 편집위원회, 「신문법」에 따른 독자권익위원회 등

○ **(법 제11조 제1항 제2호) 법령에 따라** 공공기관의 **권한을 위임·위탁**받은 법인·단체 또는 그 기관이나 개인

- 권한을 위임·위탁받은 법인·단체 또는 기관의 경우 **대표자와 실질적 업무종사자를 포함**

  ※ (예시) 공인회계사 등록·등록취소 등의 업무를 위탁받은 공인회계사회, 연수교육을 위탁받은 대한변호사협회, 누리과정 운영 어린이집, 감정평가사사무소의 개설·변경·폐업신고 접수업무를 위탁받은 감정평가협회 등

○ **(법 제11조 제1항 제3호) 공무를 수행**하기 위하여 **민간부문에서 공공기관에 파견** 나온 사람

  -「파견근로자법」에 따라 근로자파견계약을 체결하였거나 이와 유사한 다른 규정에 따라 파견 나온 자

○ **(법 제11조 제1항 제4호) 법령에 따라 공무상 심의·평가** 등을 하는 개인 또는 법인·단체

  ※ (예시) 공사감리자, 지능형 건축물 인증기관 등

참 고	적용대상 관련 예상 쟁점 Q&A

〈중앙행정기관, 지자체 관련〉

> **Q1. 청탁금지법 제2조 제2호 가목의 '다른 법률에 따라 공무원으로 인정된 자'는 어떤 사람인지?**
>
> ☞ 「법원조직법」에 따른 사법연수생, 「국가공무원법」에 따라 수습으로 근무하는 자, 「농어촌의료법」에 따른 공중보건의사, 「청원경찰법」에 따른 청원경찰, 「청원산림보호직원 배치에 관한 법률」에 따른 청원산림보호직원 등이 그 예입니다.

> **Q2. 국회의원이 청탁금지법 적용대상에서 제외된 것이 사실인지?**
>
> ☞ 국회의원은 「국가공무원법」상 공무원으로 청탁금지법 적용대상이며, 부정청탁 및 금품수수 금지 규정 적용을 받습니다.
> 다만, 선출직 공직자등이 공익적인 목적으로 제3자의 고충민원을 전달하거나 법령·기준의 제정·개정 등에 관하여 제안·건의하는 행위가 부정청탁의 예외사유에 해당하는 것입니다.

> **Q3. 행정기관에서 근무하는 기간제근로자도 법 적용대상인지?**
>
> ☞ 기간제근로자는 신분상 공무원 또는 공무원으로 인정된 사람이 아니므로 법 적용대상에 해당하지 않습니다.
> 행정기관에 근무하는 기간제근로자에 대해서는 공무원 행동강령 운영지침 보완을 통해 공무원에 준하여 관리가 가능하도록 할 계획입니다.

Q4. 행정기관에서 계약직으로 근무하는 자도 법 적용대상인지?

☞ 행정기관에서 일정 기간을 정하여 근무하는 임기제공무원은 공무원에 해당하여 법 적용대상입니다. 다만, 무기계약근로자의 경우에는 신분상 공무원이 아니므로 법 적용대상에 해당하지 않습니다.

행정기관에 근무하는 무기계약직 근로자에 대해서는 공무원 행동강령 운영지침 보완을 통해 공무원에 준하여 관리가 가능하도록 할 계획입니다.

〈공직유관단체, 공공기관 관련〉

Q5. 공직유관단체에서 근무하는 기간제근로자도 법 적용대상인지?

☞ 공직유관단체의 직원은 해당 기관과 직접 근로계약을 체결하고 근로를 제공하는 자를 의미합니다.

따라서 기간제근로자는 직원에 포함되어 법 적용대상에 해당합니다.

Q6. 공공기관의 비상임이사도 법 적용대상인지?

☞ 공공기관의 임원은 이사 및 감사를 의미하며, 상임 및 비상임을 모두 포함하므로, 비상임이사도 공공기관의 임원으로 법 적용대상에 해당합니다.

Q7. 공공기관과 용역계약을 체결한 자도 법 적용대상인지?

☞ 공공기관과 용역계약 등을 체결한 자는 계약의 상대방에 해당할 뿐 공공기관 소속 임직원이 아니므로 법 적용대상에 해당하지 않습니다.

〈각급학교, 학교법인 관련〉

Q8. 대학의 시간강사는 법 적용대상인지?

☞ 시간강사는 현행 「고등교육법」 제14조 제2항에 따른 교원에 해당하지 않으며, 제14조 제3항의 직원에도 해당하지 않으므로 청탁금지법 적용대상에 해당되지 않습니다.

앞으로 「고등교육법」 일부개정법률(안)이 시행되는 '18. 1. 1.부터는 시간강사도 교원으로서의 지위를 부여받게 되므로 청탁금지법 적용대상에 포함될 예정입니다.

Q9. 초중등학교와 유치원의 기간제교사는 법 적용대상인지?

☞ 초중등학교와 유치원의 기간제교사는 「교육공무원법」 제32조, 「사립학교법」 제54조의4에 따라 '교원'으로 임용할 수 있다고 규정하여 교원에 해당하므로 청탁금지법 적용대상에 해당합니다.

Q10. 대학의 명예교수, 겸임교원, 초중등학교의 산학겸임교사 등 비전임 교원도 법 적용대상인지?

☞ 「고등교육법」 상 겸임교원, 명예교수 등은 해당 법률에서 '교원 외'로 구분하고 있어 교직원에 해당하지 않으며, 「초중등교육법」 상 산학겸임교사, 명예교사, 강사도 해당 법률에서 '교원 외'로 구분하고 있어 교직원에 해당하지 않으므로 법 적용대상에 해당하지 않습니다.

Q11. 청탁금지법 제2조 제1호 라목의 '다른 법령에 따라 설치된 각급 학교'는 어떤 종류가 있나요?

☞ 「경찰대학 설치법」 에 따른 경찰대학, 「사관학교 설치법」 에 따른 육군·해군·공군사관학교, 「한국농수산대학 설치법」 에 따른 한국농수산대학, 「공군항공과학고등학교 설치법」 에 따른 공군항공과학고등학교 등이 그 예입니다.

〈언론사 관련〉

Q12. 언론사의 임직원 중 취재·보도·논평 등의 직무에 종사하는 자 이외에 경영·기술·지원 부서 인력도 법 적용대상인지?

☞ 언론사와 직접 근로계약을 맺고 근로를 제공하는 자는 언론사의 임직원으로 법 적용대상에 해당하므로, 언론사에서 경영·기술·지원 부서에 근무하는 자도 청탁금지법 적용대상입니다.

Q13. 언론사와 근로계약을 체결하지 않은 객원 논설위원, 프리랜서, 방송작가 등의 경우에도 법 적용대상인지?

☞ 근로계약을 체결하지 않은 객원 논설위원, 프리랜서, 방송작가 등은 언론사의 직원이라고 할 수 없으므로 법 적용대상에 해당하지 않습니다.

Q14. 포털 등 인터넷뉴스서비스 사업자는 법 적용대상인지?

☞ 인터넷뉴스서비스 사업자는 「언론중재 및 피해구제 등에 관한 법률」에 따른 언론사에 해당하지 않아 법 적용대상이 아닙니다.

Q15. 종합유선방송사업자, 위성방송사업자의 경우에는 언론사에 해당하는데, 비슷한 기능을 하는 IPTV 사업자도 법 적용대상인지?

☞ IPTV 사업자는 「언론중재 및 피해구제 등에 관한 법률」에 따른 언론사에 해당하지 않아 청탁금지법 적용대상이 아닙니다.

IPTV법을 폐지하고 방송법으로 일원화하는 통합 방송법('16. 6. 17. 국회 제출, 정부발의)이 통과되면 IPTV 사업자도 법 적용대상에 포함되게 됩니다.

Q16. 기업이 사보 등을 발행할 경우, 해당 기업에서 근무하는 임직원도 이 법 적용대상인지?

☞ 기업에서 발행하는 사보(사외보)가 「잡지 등 정기간행물의 진흥에 관한 법률」 에 따른 잡지나 기타간행물로 등록된 경우 해당 사업자는 언론사에 해당하여 법 적용대상에 해당합니다.

다만, 이 경우 해당 기업에서 근무하는 모든 임직원이 아니라 사보 발행업무에 종사하는 자만 법 적용대상에 해당합니다.

Q17. 외국의 신문 등 외국 언론사의 국내 지국(지사) 사업자도 법 적용대상인지?

☞ 외국 언론사의 국내 지국(지사)는 「언론중재 및 피해구제 등에 관한 법률」 에 따른 언론사에 해당되지 않아 법 적용대상에 해당하지 않습니다.

Q18. 방송국의 외주제작사의 경우 법 적용대상인지?

☞ 외주제작사의 경우 방송제작 위탁계약을 체결한 계약의 상대방에 해당할 뿐 언론사와 직접 근로계약을 맺은 임직원이 아니므로 법 적용대상에 해당하지 않습니다.

〈공무수행사인 관련〉

Q19. 행정기관의 권한을 위임·위탁받은 법인·단체의 경우 공무수행사인으로 법 적용대상에 포함되는 범위는 어디까지인지?

☞ 법령에 따라 권한을 위임·위탁받은 법인·단체뿐만 아니라 실질적으로 위임·위탁받은 업무를 수행하는 법인·단체의 구성원도 공무수행사인에 해당합니다.

Q20. 행정기관에 설치된 자문위원회 등 모든 위원회의 위원이 공무수행사인에 해당하는지?

☞ 「행정기관 소속 위원회의 설치·운영에 관한 법률」 또는 다른 법령에 따라 설치된 위원회의 위원만 공무수행사인에 해당하고, 법령에 따라 설치된 위원회가 아닌 경우에는 공무수행사인에 해당하지 않습니다.

여기서 법령이란, 법률, 대통령령, 국무총리령, 부령뿐만 아니라 조례·규칙을 포함하며, 상위법령의 위임에 따라 또는 그에 근거하여 제정된 고시·훈령도 포함됩니다.

재무제표감사에서 부정에 관한 감사인의 책임(회계감사기준 240)

차 례

서론 _316

이 감사기준서의 범위 ·· 316

부정의 특성 ··· 316

부정의 예방 및 발견에 대한 책임 ·· 316

시행일 ··· 317

목적 _318

용어의 정의 _318

요구사항 _318

전문가적 의구심 ··· 318

업무팀 내부의 토의 ·· 319

위험평가절차 및 관련 활동 ··· 319

부정에 의한 중요한 왜곡표시 위험의 식별과 평가 ······························ 320

부정에 의한 중요한 왜곡표시의 평가된 위험에 대한 대응 ··················· 321

감사증거의 평가 ··· 323

감사인이 업무를 계속 수행할 수 없는 경우 ··· 323

경영진 진술 ··· 324

경영진 및 지배기구에 대한 커뮤니케이션 ·· 324

규제감독기관에 대한 커뮤니케이션 ··· 325

문서화 ··· 325

이 감사기준서는 감사기준서 200 "독립된 감사인의 전반 목적 및 감사기준에 따른 감사의 수행"과 함께 이해하여야 한다.

◆ 서론

이 감사기준서의 범위

1. 이 감사기준서는 재무제표감사에 있어서 부정에 관한 감사인의 책임을 다룬다. 특히 이 감사기준서는 부정에 의한 왜곡표시 위험과 관련하여 감사기준서 315[75]와 감사기준서 330[76]이 어떻게 적용되어야 하는지에 대하여도 상세히 기술한다.

부정의 특성

2. 재무제표의 왜곡표시는 부정이나 오류에 의해 발생될 수 있다. 부정과 오류를 구별하는 요소는 재무제표의 왜곡표시를 초래하는 기초행위가 의도적인지 비의도적인지 여부이다.

3. 부정은 광범위한 법률적 개념이지만, 감사인은 감사기준의 목적상 재무제표의 중요한 왜곡표시를 초래하는 부정에 관심을 둔다. 감사인에게 의미있는 의도적 왜곡표시에는 두 가지 유형, 즉 부정한 재무보고에 의한 왜곡표시와 자산의 횡령 등에 의한 왜곡표시가 있다. 감사인은 부정의 발생을 의심할 수 있고, 드물게는 이를 식별할 수도 있으나, 부정이 실제로 발생했는지 여부에 대하여는 법률적 결정을 내리지 아니한다(문단 A1- A6 참조).

부정의 예방 및 발견에 대한 책임

4. 부정과 오류의 예방과 발견에 대한 주된 책임은 기업의 지배기구와 경영진에게 있다. 지배기구의 감시와 더불어, 경영진은 부정의 예방을 강조하여 부정이 발생할 기회를 감소시키고, 또 부정의 억제를 강조함으로써 각 개인들이 부정의 발견 및 이에 대한 처벌의 가능성을 의식하여 부정을 저지르지 않도록 설득하는 것이 중요하다. 이는 정직하고 윤리적으로 행동하는 문화의 창조의지와 관련되며, 지배기구의 적극적인 감시에 의하여 더욱 강화될 수 있을 것이다. 기업의 성과와 수익성에 대한 재무분석가들의 인식에 영향을 주기 위해 이익을 조정하려는 경영진의 노력과 같이, 지배기구의 감시에는 재무보고절차에 대한 통제를 무력화하거나 기타 부적절한 영향력을 행사할 가능성에 대해 고려하는 것이 포함된다.

감사인의 책임

5. 감사기준에 따라 감사를 수행하는 감사인은 재무제표가 전체적으로 부정이나 오류에 의

한 중요한 왜곡표시가 없다는 합리적 확신을 얻을 책임이 있다. 그러나 감사기준서 200에 기술된 바와 같이, 감사인이 감사기준에 따라 적절하게 감사를 계획하고 수행하여도 감사의 고유한계에 의하여 재무제표의 중요한 왜곡표시 중 일부가 발견되지 못할 불가피한 위험이 존재한다.[77]

6. 감사기준서 200[78]에서 기술된 바와 같이 고유한계의 잠재적인 영향은 부정에 의한 왜곡표시의 경우 특히 유의적이다. 부정에 의한 중요한 왜곡표시를 발견하지 못할 위험은 오류에 의한 경우보다 크다. 이는 부정의 경우 그 사실을 은폐하기 위해 위조, 거래의 기록에 대한 계획적인 누락 또는 감사인에 대한 의도적인 거짓 진술 등 정교하고 면밀하게 설계된 수단들이 이용되기 때문이다. 이러한 은폐 시도에 공모가 수반되는 경우에는 훨씬 더 발견하기 어려울 수 있다. 공모가 있으면 감사증거가 실제로는 허위임에도 감사인은 그 증거가 설득적이라고 믿게 될 것이다. 감사인의 부정발견 능력은 부정을 저지르는 자의 숙련도, 조작의 빈도와 정도, 공모의 정도, 조작된 개별금액의 상대적 크기, 그리고 관련자들의 조직 내 직위 등 제 요인에 따라 다르다. 감사인은 부정이 수행될 잠재적 기회는 식별할 수는 있으나, 회계추정치와 같이 판단이 수반되는 영역의 왜곡표시는 그것이 부정에 의한 것인지 오류에 의한 것인지 결정하기 어렵다.

7. 또한, 감사인이 경영진의 부정에 의한 중요한 왜곡표시를 발견하지 못할 위험은 종업원의 부정에 의한 경우보다 크다. 경영진은 회계기록을 직·간접적으로 조작하고 허위의 재무정보를 제공하거나, 다른 종업원에 의해 유사한 부정이 예방되도록 설계된 통제 절차를 무력화할 수 있는 위치에 있는 경우가 빈번하기 때문이다.

8. 감사인은 합리적 확신을 얻을 때, 경영진에 의한 통제무력화 가능성을 고려하고, 오류의 발견에는 효과적일 수 있는 감사절차가 부정의 발견에는 그렇지 않을 수 있다는 사실을 인식하면서 감사의 전 과정을 통하여 전문가적 의구심을 유지할 책임이 있다. 이 감사기준서의 요구사항은 감사인이 부정에 의한 중요한 왜곡표시 위험을 식별·평가하고 그러한 왜곡표시를 발견할 수 있는 절차를 설계하는 데 도움이 되도록 설계되어 있다.

시행일

9. 이 감사기준서는 2013년 12월 31일 이후 개시하는 보고기간의 재무제표에 대한 감사부터 시행한다.

---

[77] 감사기준서 200 문단 A51
[78] 감사기준서 200 문단 A51

◆ 목적

10. 이 감사기준서와 관련된 감사인의 목적은 다음과 같다.
    (a) 부정에 의한 재무제표의 중요한 왜곡표시 위험의 식별과 평가
    (b) 적절한 대응을 설계하고 수행하여 부정에 의한 중요한 왜곡표시의 평가된 위험과 관련하여 충분하고 적합한 감사증거를 입수
    (c) 감사 중에 식별된 부정 또는 의심되는 부정에 대한 적합한 대응

◆ 용어의 정의

11. 이 감사기준서에서 사용하는 용어의 정의는 다음과 같다.
    (a) 부정 - 경영진, 지배기구, 종업원 또는 제3자 중 1인 이상이 부당하거나 불법적인 이득을 취하기 위해 기만행위가 연루된 의도적 행위
    (b) 부정위험요소 - 부정을 행할 동기 또는 압력을 나타내거나, 부정을 행할 기회를 나타내는 사건이나 상황

◆ 요구사항

전문가적 의구심

12. 감사인은 감사기준서 200[79]에 따라, 기업의 경영진 및 지배기구의 정직성과 성실성에 대한 감사인의 과거 경험과 관계없이, 부정에 의한 중요한 왜곡표시의 가능성이 존재한다는 것을 인식하면서 감사의 전 과정을 통하여 전문가적 의구심을 유지하여야 한다(문단 A7 - A8 참조).

13. 그렇지 아니하다고 믿을 이유가 없는 한, 감사인은 회계기록이나 문서가 진실하다고 받아들일 수 있다. 감사인은 감사 중 식별된 상황으로 인해 문서가 진실하지 아니하거나 문서 내의 문구가 변경되었음에도 불구하고 감사인에게 공개되지 아니하였다고 믿는다면, 추가적인 조사를 실시하여야 한다(문단 A9 참조).

14. 감사인의 질문에 대하여 경영진 또는 지배기구의 답변이 일관성이 없는 경우, 감사인은 그 불일치를 조사하여야 한다.

---

[79] 감사기준서 200 문단 15.

업무팀 내부의 토의

15. 감사기준서 315는 업무팀원 간의 토의를 요구하고 있으며, 토의에 참여하지 않은 팀원에 대하여는 업무수행이사가 어떠한 사항을 커뮤니케이션할지 결정하도록 요구하고 있다.[80] 이러한 토의에서는 부정이 어떻게 발생할 것인지 등 기업의 재무제표가 부정에 의하여 어디서 어떻게 중요하게 왜곡표시될 위험성이 높은지를 특히 강조하여야 한다. 이러한 토의는 경영진과 지배기구가 정직하고 성실하다는 업무팀원들의 믿음을 배제하고 수행되어야 한다(문단 A10-A11 참조).

위험평가절차 및 관련 활동

16. 감사인은 감사기준서 315[81]의 요구에 따라, 기업의 내부통제 등 기업과 그 환경을 이해하기 위한 위험평가절차 및 관련 활동을 수행할 때, 부정에 의한 중요한 왜곡표시 위험을 식별하기 위한 정보를 입수하기 위하여 문단 17-24의 절차를 수행하여야 한다.

17. 감사인은 경영진에게 다음에 관한 질문을 하여야 한다.

    (a) 재무제표가 부정에 의해 중요하게 왜곡표시 될 위험에 대한 경영진의 평가. 이러한 평가에는 그 성격, 범위 및 빈도를 포함한다(문단 A12-A13 참조).

    (b) 경영진이 기업의 부정위험을 식별하고 대응하는 절차. 이러한 절차에는 경영진이 식별하였거나 주목하게 된 특정의 부정위험, 그리고 부정위험이 존재할 가능성이 있는 거래유형과 계정과목 및 공시를 포함한다(문단 A14 참조).

    (c) 해당 사항이 있는 경우, 기업의 부정위험을 식별하고 대응하는 절차에 관하여 경영진이 지배기구에게 행한 커뮤니케이션

    (d) 해당 사항이 있는 경우, 기업의 영업 실무와 윤리적 행동에 대한 경영진의 견해에 관하여 경영진이 종업원에게 행한 커뮤니케이션

18. 감사인은 기업에 영향을 주는 부정으로서 실제로 발생하였거나 의심되는 부정 또는 혐의 중인 부정을 알고 있는지 여부를 결정하기 위해 경영진 및 기업 내의 적합한 자에게 질문을 하여야 한다(문단 A15-A17 참조).

19. 내부감사 기능이 있는 기업의 경우, 감사인은 내부감사부서에 질문을 하여 기업에 영향을 주는 부정으로서 실제로 발생하였거나 의심되는 부정 또는 혐의 중인 부정을 내부감사부서가 알고 있는지 여부를 결정하고, 부정위험에 관한 이들의 견해를 파악하기 위해 내부감사부서에 질문을 하여야 한다(문단 A18 참조).

---

[80] 감사기준서 315 문단 10.
[81] 감사기준서 315 문단 5-24.

지배기구

20. 지배기구의 모든 구성원이 그 기업의 경영에 참여하고 있지 않는 한,[82] 감사인은 기업의 부정위험을 식별하고 대응하기 위한 경영진의 절차와 이러한 부정위험을 감소시키기 위하여 경영진이 수립한 내부통제에 대하여 지배기구가 어떠한 감시기능을 수행하고 있는지 이해하여야 한다.

21. 지배기구의 모든 구성원이 그 기업의 경영에 참여하고 있지 않는 한, 감사인은 기업에 영향을 주는 부정으로서 실제로 발생하였거나 의심되는 부정 또는 혐의 중인 부정을 지배기구가 인지하고 있는지 여부를 결정하기 위해 지배기구에 질문하여야 한다. 지배기구에 이러한 질문을 하는 것은 경영진에 대한 질문의 답변내용을 보강하는 목적도 있다.

식별된 비정상적이거나 예상되지 아니한 관계

22. 감사인은 수익계정 등에 대한 분석적 절차를 수행할 때 비정상적이거나 예상되지 아니한 관계가 식별된 경우, 이것이 부정에 의한 중요한 왜곡표시 위험을 나타내는지 여부를 평가하여야 한다.

기타 정보

23. 감사인은 입수한 기타 정보가 부정에 의한 중요한 왜곡표시 위험을 나타내는지 여부를 고려하여야 한다(문단 A22 참조).

부정위험요소의 평가

24. 감사인은 다른 위험평가절차 및 관련 활동의 수행을 통해 입수한 정보가 하나 이상의 부정위험요소가 존재하고 있음을 나타내는지 여부를 평가하여야 한다. 부정위험요소가 반드시 부정의 존재를 나타내는 것은 아니지만, 이는 종종 부정이 발생하였던 환경에서 있어 왔으므로 부정에 의한 중요한 왜곡표시 위험을 나타내는 것일 수 있다(문단 A23-A27 참조).

부정에 의한 중요한 왜곡표시 위험의 식별과 평가

25. 감사기준서 315에 따라, 감사인은 재무제표 수준, 거래유형 및 계정잔액 그리고 공시에 대한 경영진주장의 수준에서 부정에 의한 중요한 왜곡표시 위험을 식별하고 평가하여야 한다.[83]

26. 부정에 의한 중요한 왜곡표시 위험을 식별하고 평가할 때, 감사인은 수익의 인식에 부정

---

[82] 감사기준서 260 문단 13.
[83] 감사기준서 315 문단 25.

위험이 존재한다는 가정에 기초하여 어떤 유형의 수익이나 수익거래 또는 경영진 주장
이 그러한 위험을 발생시키는지 평가하여야 한다. 문단 47은 감사인이 해당 업무의 상황
에는 수익인식에 부정위험이 존재한다는 추정이 적용되지 아니한다고 결론을 내리고,
따라서 수익의 인식을 부정에 의한 중요한 왜곡표시 위험으로 식별하지 아니한 경우에
요구되는 문서화를 정하고 있다(문단 A28-A30 참조).

27. 감사인은 부정에 의한 중요한 왜곡표시의 평가된 위험을 유의적 위험으로 취급하여야
하며, 따라서 아직 수행하지 않은 부분이 있다면 기업의 통제활동 등 그러한 위험에 관련
된 통제를 이해하여야 한다(문단 A31-A32 참조).

부정에 의한 중요한 왜곡표시의 평가된 위험에 대한 대응

전반적인 대응

28. 감사인은 재무제표 수준의 부정에 의한 중요한 왜곡표시의 평가된 위험에 대하여 감사
기준서 330에 따라 전반적인 대응을 결정하여야 한다[84](문단 A33 참조).

29. 감사인은 재무제표 수준의 부정에 의한 중요한 왜곡표시의 평가된 위험에 대하여 전반
적인 대응을 결정할 때, 다음의 절차를 수행하여야 한다.

(a) 유의적 업무수행 책임을 부여할 개별 구성원의 지식, 기술 및 능력과 해당 감사업무
에 있어서 부정에 의한 중요한 왜곡표시 위험에 대한 감사인의 평가결과를 고려하여
업무를 배정하고 감독함(문단 A34-A35 참조)

(b) 특히 주관적인 측정과 복잡한 거래와 관련된 경우, 회계정책의 선택과 적용이 경영
진의 이익조정 노력에 따른 부정한 재무보고의 징후인지 여부를 평가함

(c) 감사절차의 성격, 시기 및 범위를 선택할 때, 예측 불가능성 요소를 포함시킴(문단
A36 참조)

경영진 주장 수준의 부정에 의한 중요한 왜곡표시의 평가된 위험에 대응한 감사절차

30. 감사기준서 330에 따라, 감사인은 경영진 주장 수준의 부정에 의한 중요한 왜곡표시의
평가된 위험에 대응할 수 있도록 후속 감사절차의 성격, 시기 및 범위를 설계하고 수행하
여야 한다[85](문단 A37-A40 참조).

---

[84] 감사기준서 330 문단 5.
[85] 감사기준서 330 문단 6.

경영진에 의한 통제무력화 위험에 대응한 감사절차

31. 경영진은 그렇지 않았다면 효과적으로 운영된다고 보이는 통제를 무력화하여 회계기록
을 조작하고 부정한 재무제표를 작성할 수 있는 능력이 있기 때문에 부정을 저지를 특별
한 위치에 있다. 경영진에 의한 통제무력화의 위험은 기업마다 그 정도가 다를 것이나,
이러한 위험 자체는 모든 기업에 존재한다. 이 같은 통제무력화는 예측 불가능하게 발생
될 수 있기 때문에 이는 부정에 의한 중요한 왜곡표시 위험의 하나이며, 따라서 유의적
위험이다.

32. 경영진에 의한 통제무력화 위험에 대한 감사인의 평가결과에 관계없이 감사인은 다음의
감사절차를 계획하고 수행하여야 한다.

(a) 총계정원장에 기록된 분개와 재무제표 작성 시 이루어진 조정사항의 적절성을 테스
트함. 이러한 테스트를 위한 감사절차를 설계하고 수행할 때 감사인은 다음의 절차
를 수행하여야 한다.

(i) 분개 및 기타 조정사항의 처리와 관련하여 부적합하거나 비정상적인 행위가 있었
는지에 대하여 재무보고절차에 관여하는 자들에게 질문함

(ii) 보고기간 말에 이루어진 분개 및 기타 조정사항을 선택함

(iii) 보고기간 전체를 통하여 이루어진 분개 및 기타 조정사항을 테스트할 필요가 있
는지 고려함(문단 A41-A44 참조).

(b) 회계추정치에 편의가 있는지 검토하고, 편의가 있다면 이를 유발하는 환경이 부정에
의한 중요한 왜곡표시 위험을 나타내는 것인지 여부를 평가함. 감사인은 이러한 검
토를 할 때 다음의 절차를 수행하여야 한다.

(i) 경영진이 재무제표에 반영된 제반 회계추정을 할 때 행한 판단과 결정이 비록 개
별적으로는 합리적이라고 하더라도 부정에 의한 중요한 왜곡표시 위험을 의미할
수 있는 경영진의 편의 가능성을 나타내는 것인지 여부를 평가함. 만약 그렇다면
감사인은 회계추정치를 전반적으로 다시 평가함

(ii) 전기 재무제표에 반영된 유의적 회계추정치에 관련된 경영진의 판단과 가정들을
소급해서 재검토함(문단 A45-A47 참조)

(c) 기업의 정상적인 사업과정을 벗어나는 거래 또는 기업과 그 환경에 대한 감사인
의 이해와 감사 중에 입수한 정보에 근거했을 때 비정상적으로 보이는 유의적 거
래의 경우, 감사인은 해당 거래의 사업상 논리적 근거(또는 그 결여)에 비추어볼
때 그러한 거래가 부정한 재무보고를 수행하거나 자산 횡령을 은폐하기 위하여
체결되었음을 나타내는 것인지 여부를 평가하여야 한다(문단 A48 참조).

33. 감사인은 식별된 경영진의 통제무력화 위험에 대응하기 위하여 문단 32의 절차에 추가

하여 다른 감사절차를 수행할 필요가 있는지 여부를 결정하여야 한다(즉, 문단 32의 요구사항에 따라 수행하는 절차로는 해결되지 아니하는 경영진의 추가적인 통제무력화의 위험이 구체적으로 존재하는 경우).

감사증거의 평가(문단 A49 참조)

34. 감사인은 재무제표가 기업에 대해 감사인이 이해한 바와 일치하는지 전반적인 결론을 내릴 때, 감사의 종결에 근접하여 수행된 분석적 절차가 부정에 의한 중요한 왜곡표시 위험으로서 전에는 인식하지 못했던 위험을 나타내는지 여부를 평가하여야 한다(문단 A50 참조).

35. 감사인은 왜곡표시를 식별한 경우 그러한 왜곡표시가 부정의 징후인지 여부를 평가하여야 한다. 만약 그러한 징후가 있으면 감사인은 특정의 부정사례가 단독으로 발생된 사건이 아닐 수 있음을 인식하고, 감사의 다른 측면, 특히 경영진 진술의 신뢰성과 관련하여 해당 왜곡표시가 미치는 시사점을 평가하여야 한다(문단 A51 참조).

36. 감사인이 그 중요성과 관계없이 어떤 왜곡표시를 식별하였으며, 그 왜곡표시는 부정의 결과이거나 결과일 가능성이 있고, 경영진(특히 상위 경영진)이 관여되었다고 믿을 이유가 있다면, 감사인은 부정에 의한 중요한 왜곡표시 위험의 평가 및 그러한 평가에 대응하였던 감사절차의 성격, 시기 및 범위에 미치는 영향을 재평가하여야 한다. 감사인은 또한 이전에 입수한 증거의 신뢰성을 재고할 때, 상황이나 조건들이 종업원, 경영진 또는 제3자가 관여된 공모의 가능성을 나타내는지를 고려하여야 한다(문단 A52 참조).

37. 감사인이 재무제표가 부정의 결과로 중요하게 왜곡표시 되었음을 확인하였을 때, 또는 재무제표가 부정의 결과로 중요하게 왜곡표시 되었는지 여부에 대한 결론을 내릴 수 없을 때에는 당해 감사에 미치는 시사점을 평가하여야 한다(문단 A53 참조).

감사인이 업무를 계속 수행할 수 없는 경우

38. 부정 또는 부정으로 의심되는 사건에 의한 왜곡표시의 결과로 감사인이 해당 감사를 계속하여 수행할 감사인의 능력에 의문을 초래하는 예외적인 환경에 직면한 경우, 감사인은 다음의 절차를 수행하여야 한다.

   (a) 감사인을 선임한 당사자 또는 경우에 따라 감독당국에 대한 보고 등 해당 상황에 맞는 전문가로서의 책임과 법률적 책임을 결정함

   (b) 관련 법규상 감사업무의 해지가 가능한 경우, 해당 감사업무를 해지하는 것이 적절한지 여부를 고려함.

(c) 감사인이 감사를 해지하는 경우에는 다음의 절차를 수행하여야 한다.

  (i) 감사인이 감사업무를 해지한다는 사실과 그 이유에 대해 적합한 수준의 경영진 및 지배기구와 토의

  (ii) 감사인을 선임한 당사자 또는 경우에 따라 감독당국에 감사인의 감사업무 해지와 그 이유를 보고할 전문가로서의 요구사항이나 법률적인 요구사항이 존재하는지 결정(문단 A54-A57 참조)

경영진 진술

39. 감사인은 다음 사항에 대하여 경영진 그리고 적절한 경우 지배기구의 서면진술을 입수하여야 한다.

  (a) 부정의 예방과 발견을 위한 내부통제 설계와 실행 및 유지할 책임이 이들에게 있다는 사실을 인정한다는 것

  (b) 부정에 의하여 재무제표가 중요하게 왜곡표시 될 위험에 대한 경영진의 평가결과를 감사인에게 공개하였다는 것

  (c) 다음의 자들이 연루되고 기업에 영향을 미치는 부정 또는 의심되는 부정에 대하여 이들이 알고 있는 바를 감사인에게 공개하였다는 것

   (i) 경영진

   (ii) 내부통제에 유의적인 역할을 수행하는 종업원

   (iii) 부정이 재무제표에 중요한 영향을 미칠 수 있는 기타의 자들

  (d) 기업의 재무제표에 영향을 미치는 부정 또는 부정으로 의심되는 주장들로서, 이들이 종업원, 과거의 종업원, 분석가, 규제기관 등으로부터 알고 있는 사항은 감사인에게 모두 공개하였다는 것(문단 A58-A59 참조)

경영진 및 지배기구에 대한 커뮤니케이션

40. 감사인이 부정을 식별하였거나 부정이 존재할 가능성을 나타내는 정보를 입수한 경우, 감사인은 부정의 예방과 발견에 주된 책임이 있는 자들에게 그 주어진 책임과 관련된 사항들을 알리기 위하여 적합한 수준의 경영진에게 적시에 커뮤니케이션을 하여야 한다(문단 A60 참조).

41. 지배기구의 모든 구성원이 그 기업의 경영에 참여하고 있지 않는 한, 감사인이 (a) 경영진, (b) 내부통제에 유의적인 역할을 수행하는 종업원이 관여되어 있는 부정 또는 (c) 재무제표에 중요한 왜곡표시가 초래되는 기타의 자가 관여되어 있는 부정이나 의심되는

부정을 식별하였거나 의심하는 경우, 감사인은 지배기구에게 이러한 사항들을 적시에 커뮤니케이션하여야 한다. 만약 감사인이 경영진이 관여된 부정이라고 의심하는 경우에는 이러한 의심에 대하여 지배기구에게 커뮤니케이션하고, 감사를 완료하기 위하여 필요한 감사절차의 성격, 시기 및 범위를 이들과 논의하여야 한다(문단 A61-A63 참조).

42. 감사기준서 260 "지배기구와의 커뮤니케이션"에 따라 감사인은 지배기구의 책임이라고 판단되는 기타의 부정과 관련된 사항들에 대하여 이들과 커뮤니케이션을 하여야 한다 (문단 A64 참조).

규제감독기관에 대한 커뮤니케이션

43. 감사인이 부정을 식별하였거나 의심하는 경우, 감사인은 기업 외부의 당사자에게 그러한 부정사건 또는 의심을 보고할 책임이 있는지 여부를 결정하여야 한다. 감사대상 기업의 정보에 대하여 비밀을 준수할 감사인의 전문가적 의무에 따라 그러한 보고가 배제될 수도 있으나, 상황에 따라서는 감사인에 대한 법률적 책임에 의해 그러한 전문가적 의무가 무시될 수도 있을 것이다(문단 A65-A67 참조).

문서화

44. 감사인은 감사기준서 315의 요구에 따른 기업과 그 환경에 대한 감사인의 이해 그리고 중요한 왜곡표시 위험의 평가에 대하여 다음 사항을 감사문서에 포함시켜야 한다.[86] [87]

   (a) 업무팀이 기업의 재무제표가 부정에 의하여 중요하게 왜곡표시 될 취약성에 대해 토론한 결과 도달된 유의적 결정들

   (b) 재무제표 수준과 경영진주장 수준에서 부정에 의해 중요하게 왜곡표시 되었다고 식별되고 평가된 위험

45. 감사인은 중요한 왜곡표시의 평가된 위험에 대하여 감사기준서 330의 요구에 따라 수행한 대응과 관련하여 다음 사항을 감사문서에 포함시켜야 한다.[88]

   (a) 재무제표 수준의 부정에 의한 중요한 왜곡표시의 평가된 위험에 대처하기 위한 전반적인 대응, 감사절차의 성격, 시기 및 범위, 그리고 이들 감사절차와 경영진 주장 수준의 부정에 의한 중요한 왜곡표시의 평가된 위험과의 연계성

   (b) 경영진의 통제무력화 위험에 대응하기 위하여 설계된 절차 등 감사절차의 적용결과

---

86 감사기준서 230 문단 8-11, A6.
87 감사기준서 315 문단 32.
88 감사기준서 330 문단 28.

46. 감사인은 부정과 관련하여 경영진, 지배기구, 규제감독기관 및 기타 당사자와 수행한 커뮤니케이션을 감사문서에 포함시켜야 한다.

47. 감사인은 수익인식과 관련하여 부정에 의한 중요한 왜곡표시 위험이 존재한다는 가정을 해당 감사업무의 상황에 적용할 수 없다고 결론을 내린 경우, 그러한 결론을 내리게 된 이유를 감사문서에 포함시켜야 한다.

찾아보기

ㄱ

가공매출 275
가치유입 사이클 79
가치유출 사이클 79
가치중심경영(VBM) 48
감사의 구분 39
감사의 주목적 38
거래(기업)의 생존부등식 54
거래의 파악 49
검증(cross check) 76
검증틀 231
경영결과의 공유시스템(OBM-Open Book Manage
　-ment) 47
계적 내부통제제도 72
과대신뢰위험 145
관리적 내부통제제도 72
괴테 45
교환가치(value in exchange) 55
교환거래 49
구매 사이클 86
구매 사이클의 거래의 승인-통제목적, 부정오류의
　유형, 통제 절차 89
95% 신뢰수준의 의미 139
국제투명성기구(TI)의 부패인지도 278
급여사이클의 거래의 승인-통제목적, 부정 오류의
　유형, 통제 절차 98
기업존속방정식 207
기중거래 개념도 134
기타 보조장부 52

ㄴ

내부감사 39
내부통제체계 74

ㄴ (우단)

내부통제 효과 곡선 109
내부통제의 효시 35
내부통제제도의 구성요인 73
내부통제제도의 목표 72
내부통제제도의 유용성 77
내부통제제도의 의의 71
내부통제제도의 한계 109
내부통제제도의 한계 극복 111
내부회계관리제도 108

ㄷ

도덕적 해이(moral hazard) 272
디지털 신경망(digital nervous system) 107

ㄹ

래핑 적발 프로세스 173
래핑(lapping) 76
리틀톤(Littleton) 36

ㅁ

망라성 196
맥그리거의 XY이론 184
머니볼(Moneyball) 이론 138
명실상부(名實相符)함 116
모집단과 표본의 크기 145
무작위표본추출(Random Sampling) 133
문서화(documentation) 76

ㅂ

방어기제(防禦機制, defense mechanism) 164
베어링 파산 42
보조기입장 53

보조원장 53
vouching기법 37
복식부기법 36
복잡계(complex system) 106
부외거래(簿外去來) 273
부외부채(簿外負債) 68
부외자산(簿外資産) 68
부정 및 횡령의 유형 165
부정의 기회 162
부정의 특징 161
부패지수 32, 270
분개 원칙 205
분개 원칙의 위배 사례 206
분개(分介) 49
분개의 법칙 51
분개장의 분석 62, 66
블랙박스에 등불 달기 133
빅 데이터(big data) 46, 137

사개송도치부법 35
사개송도치부법 정해 208
사베인스-옥슬리(Sarbanes-Oxley)법 79
사용가치(value in use) 55
산업혁명 37
상관계수(상관관계) 140
상관관계(correlation) 132
새티암(Satyam Computer) 회계부정사건 38
색출표본감사(discovery sampling) 136
속성표본감사(attribute sampling) 135
손익거래 49
수익 사이클(revenue cycle) 79
수익 사이클에 있어서의 거래의 승인-통제목적, 오류
　　부정 유형 및 통제 절차 82
순환거래 275
스톡(stock) 사이클 79
승인(authorization) 75

시간과 가치의 관계 56
시사(試査)의 방법 37
신용거래 36

아메바 경영 275
업무감사 41
업무분장(segregation of duties) 75
A/B테스트 139
엔론 사태 158
오류와 부정의 동기 161
오류의 특징 160
완전성 테스트(completeness test) 61
외부감사 39
월드컴 사태 159
위험중심접근법(RBA, Risk Based Approach) 66
일대일 대응의 원칙 275
일반감사 42

자료상 276
자기통제(self control) 165
장부외(帳簿外) 거래 68
재고실사 65
재무보고 37
재무상태표 계정의 개별 특징 114
적발감사 42
전기(傳記) 51
정보기술 위험 67
정보의 비대칭 106, 272
제조 사이클의 거래의 승인-통제목적, 부정오류의
　　유형, 통제 절차 104
주식회사의 출현 37
주요장부 52
준거 테스트(vouching test) 61
중요성에 따른 표본의 배분 212

ㅊ

청렴도와 소득의 상관관계 25
취약한 내부통제제도 152

ㅋ

카이팅(kiting) 227

ㅌ

통계의 역사 129
통계의 유용성 131
통제평가중심접근법(CBA, Control Based Approach) 67
투서와 고발에 의한 접근법 183

ㅍ

파레토(Pareto) 법칙 133
파레토 층별 무작위 표본추출 84, 212
파치올리 35
평균으로의 회귀(regression to the mean) 129
포렌식 접근법 183
포렌식 회계학 186

폰지 사기 172
표본감사 접근법 182
표본감사의 종류 134
표본통계학 130
표본 크기의 결정 146
플로우(flow) 사이클 79
p 값 139

ㅎ

한국의 청렴도 32
허용오류율 145
혼합거래 49
홍콩 정치경제리스크컨설턴시(PERC) 32, 270
화폐경제 36
확률론 129
회계 프로세스 48
회계 프로세스의 시사점 53
회계감사 41
회계구조(계정)의 파악 61
회계의 기본 개념 54
회계장부의 체계 53

표 및 그림 찾아보기

구분	페이지	장/절/항
[그림 - 공금유용등의 연도별 추세선]	170	7-1-1
[그림 - 기중거래 개념도]	134	4-2-4
[그림 - 내부통제 효과 곡선]	109	3-6-1
[그림 - 내부통제체계]	74	3-2-1
[그림 - 무자료 골드바 거래구조도]	277	12-3-1
[그림 - 손익계산서 계정의 개별 특징]	115	3-7-2
[그림 - 스톡(stock) 사이클]	105	3-4-5
[그림 - 시간과 가치의 관계]	56	2-3-2
[그림 - 오류와 부정의 발생 개념도]	209	6-1
[그림 - 재무상태표 계정의 개별 특징]	114	3-7-2
[그림 - 전산시스템의 망라성 검토]	201	9-3-2
[그림 - 표본감사의 분류]	135	3-1
[그림 - 순환거래의 개요]	276	12-3-1
[표 - 각 나라의 청렴도 순위와 소득순위 비교표]	26	1-1-1
[표 - 감사의 구분]	39	1-2
[표 - 공금유용등의 증가 추세 현황]	169	7-1-1
[표 - 기업존속방정식]	208	9-5-1
[표 - 모집단과 표본의 크기]	145	5-1-1
[표 - 부정과 오류 유발요인들]	162	6-2-1
[표 - 부정의 기회 요인들]	163	6-3-1
[표 - 부채, 자본에 대한 오류가능성]	196	9-2-3
[표 - 상장사 A의 계정별 거래 건수]	64	2-4-2
[표 - 연도별 징계현황]	168	7-1-1
[표 - 오류와 부정에 대한 계정별 민감성]	223	9-9-1
[표 - 자산에 대한 오류가능성]	195	9-2-3
[표 - ㈜CNU상사의 계정별 연간 발생 건수 집계]	63	2-4-2
[표 - 청탁금지법 적용 대상자 예시]	301	부록
[표 - 특정계정과 관련될 수 있는 계정]]	205	9-4-1
[표 - 파레토법칙에 따른 표본수 배분]	212	9-6-2
[표 - 허용오류율의 수준에 영향을 미치는 요소들 간의 상관관계의 예]	146	5-1-3
[표 - 회계장부의 체계]	53	2-2-6
〈표1 - 내부통제의 시사를 위한 통계적 표본 크기의 결정〉	147	5-1-5
〈표2 - 내부통제의 시사를 위한 통계적 표본 크기의 결정〉	148	5-1-5

참고문헌

『경제학 사전』, 경연사

'머니볼(Moneyball) 이론', "에듀윌 정보통신/오늘의 일반상식", 평생교육 No.1 에듀윌, (2012년 01월 11일).

『미래예측 확률과 통계』, 임종두 지음, 이슈투데이 편집국, 2010.2.15

미주 한국일보, 2012.6.1

『법과학과 수사』, 유영찬 지음, 현암사, 2002

『빅데이터를 지배하는 통계의 힘』, 니시우치 히로우 지음, 신현호 역, 홍종선 감수, 비전코리아, 2013.12.5

『사개송도치부법 정해』, 현병주 지음, 이원로 번역 및 해설, 다산북스, 2011.1.5

『사개송도치부법의 발자취』, 조익수, 정석우 공저, 박영사, 2006.3.10

『생각의 속도』, 빌 게이츠 지음, 이규행 감역, 안진환 역, 청림출판, 1999

『세금이야기』, 전태영 지음, 생각의 나무, 2005.5.30

『아메바경영』, 이나모리 가즈오 지음, 우성주 역, 예문 2007.4.30.

재무감사매뉴얼, 감사원

『천재들의 주사위』, 데이비드 살스버그 지음, 최정규 역, 뿌리와 이파리

『포렌식 부정적발회계론』, 최영곤, 계명대학교출판사, 2011

'한국, 아시아 선진국 중 최악의 부패국가', 2013.7. epoque.egloos.com/3966825

한국공인회계사회 회계감사기준서

『회계감사』, 이창우 · 전규안 · 권오상 공저, 경문사, 2011.3.5

『회계사상사』, 마이클 체트필드 지음, 이정호 역, 경문사, 1985.9.20

『1494베니스회계』, 루카파치올리 지음, 이원로 번역 및 해설, 다산북스, 2011.11.5

Audit Sampling, AICPA, Audit Guide, March 1. 2012

James Manyika & Michael Chui, ≪Big data: The next frontier for innovation, competition, and productivity≫, McKinsey Global Institute, (2011년 05월)

John Gantz & David Reinsel, ≪Extracting Value from Chaos≫, IDC IVIEW June, (2011)

≪Those Who Influence The Markets Most≫, The Wall Street Journal, (November 10, 2003)